中央财政支持地方高校资金资助
贵州省区域内一流学科资金资助

贫困治理中的就业与失业社会保险深化改革研究

王飞跃 杨阳 著

中国社会科学出版社

图书在版编目（CIP）数据

贫困治理中的就业与失业社会保险深化改革研究/王飞跃，杨阳著.—北京：中国社会科学出版社，2019.3

ISBN 978-7-5203-4010-6

Ⅰ.①贫… Ⅱ.①王…②杨… Ⅲ.①失业保险制度—保险改革—研究—中国 Ⅳ.①F842.615

中国版本图书馆 CIP 数据核字（2019）第 021971 号

出 版 人	赵剑英
责任编辑	郭晓鸿
特约编辑	张金涛
责任校对	周　昊
责任印制	戴　宽

出　　版	中国社会科学出版社
社　　址	北京鼓楼西大街甲 158 号
邮　　编	100720
网　　址	http://www.csspw.cn
发 行 部	010-84083685
门 市 部	010-84029450
经　　销	新华书店及其他书店
印　　刷	北京明恒达印务有限公司
装　　订	廊坊市广阳区广增装订厂
版　　次	2019 年 3 月第 1 版
印　　次	2019 年 3 月第 1 次印刷
开　　本	710×1000　1/16
印　　张	25
插　　页	2
字　　数	346 千字
定　　价	99.00 元

凡购买中国社会科学出版社图书，如有质量问题请与本社营销中心联系调换
电话：010-84083683
版权所有　侵权必究

前　言

　　1986年3月，第六届全国人民代表大会第四次会议将"老少边穷"地区迅速摆脱经济和文化落后的状态作为一项重要内容，列入《国民经济和社会发展"七五"计划》。同年6月，国务院贫困地区经济开发领导小组成立（后更名为：国务院扶贫开发办公室），这一方面标志着中国在社会主义事业建设上根除了"左"的思想影响，客观面对和正视经济建设和改革中的社会发展问题；另一方面，也标志着中国不仅在法理上，而且在行政上开始了"有组织、有计划、大规模的农村扶贫开发活动"。从此，中国的反贫困事业以政府组织垂直构架为核心主体，以非政府横向组织为辅助，构建起责任主体多元、方式多样、基础设施与投资开发并举和社会管理制度建设跟进的具有中国特色的反贫困治理体系。这其中的社会管理制度建设的核心是：社会保障制度建设的全覆盖成为当今世界最大的保障网，有效地阻断和遏制了贫困的再发生，为中国决胜扶贫攻坚，全面建成小康社会发挥了应有的制度保障作用。

　　各国及国际组织反贫困的实践表明，贫困治理的难度在于：贫困的结果都一样，但贫困的原因则是千千万，而中国30多年的反贫困实践则表明，贫困既是一个发展问题，也是一个社会问题。按照市场规律实施扶贫开发，必然导致就业、失业和低保等社会问题，这就使得健全完善的社会保障制度体系成为巩固扶贫开发成果、遏制贫困发生的最后一道堤坝。因此，2015年11月中共中央国务院召开的扶贫工作会议所明确的为"精准扶贫、脱贫"战略而实施的"五个一批"工程之一，就是"社会保障的兜底"工程。

中国特色社会主义社会保障制度构建是以有效遏制贫困为起底的，即"两免除一解除"①（免除所有人的生存危机、免除疾病恐惧与解除所有人的养老后顾之忧），而非照搬西方国家的"从摇篮到坟墓"或"效率优先"。以此为基础，通过不断的改革与完善，不仅整合了改革开放以来社会保障制度建设的"碎片"状况，而且建立起了层次清晰、体系全面的社会保障制度，实现了社会保障制度的全覆盖。但一方面，我国经济快速发展而引起的社会巨大变革，使得社会保障制度不仅在内容上，而且在制度之间的衔接上都难以适应这种变化。正如中国共产党第十九次全国代表大会报告中所指出的那样："经过长期努力，中国特色社会主义进入了新时代，这是我国发展新的历史方位。"② 面临新时代，社会保障各项制度虽然已经定型，但制度之间的衔接及运行机制还有待于深入研究。为此，我们在中央财政支持地方高校建设专项资金和贵州省省级重点特色学科资金的持续支持下，从2014年起就开始探索就业政策及制度、失业社会保险制度和最低生活保障制度之间的有效衔接机制，以及这些制度建设在贵州整个反贫困进程中发挥的基础和主导作用。

"天无三日晴，地无三分平，人无三分银"是贵州自然地理和贫困的历史写照，同时民谣"高山彝苗水仲家（布依族），仡佬族住在石旮旯""苗家住山头，夷家（指布依族）住水头，客家（少数民族对汉族的称呼）住街头"等，客观地反映了贵州经济社会发展和结构的复杂性。这就使得贵州是全中国贫困深度最深、贫困密度最大、贫困发生率最高，扶贫

---

① 郑功成：《中国社会保障改革与发展战略研究——理念、目标与行动方案》，人民出版社2008年版，第2页。
② 习近平：《决胜全面建成小康社会 夺取新时代中国特色社会主义伟大胜利》，人民出版社2017年版，第10页。

开发难度最大，扶贫关系最为复杂的省份。同时，贵州作为国务院颁布的《中国农村扶贫开发纲要（2011—2020年）》中划定的11个（加上西藏、四川省藏区、新疆南疆三地州共14个地区）集中连片特困地区之一，是为扶贫攻坚的主战场。这其中，与贵州关联的就有乌蒙山区、武夷山区和滇贵黔石漠化地区，根据2015年国家统计的7017万尚未脱贫的人口中有60%以上居住在这三个地区。因此，探讨和总结贵州扶贫开发成效，尤其是社会保障制度作用，不仅有利于发挥社会保障制度的"兜底"作用，而且具有普遍的指导和借鉴意义。

本研究成果共有七章。第一章，在较为系统地梳理贫困及反贫困理论的基础上，全面地分析了中国反贫困治理体系的构建和基本内容及成效，并以贵州的实践予以实证。第二章，在梳理和分析就业及就业政策的基础上，以贵州为例，对就业政策在反贫困方面的效果进行总结分析。第三章，采用实证分析方法，对产业扶贫中的就业集聚效应进行分析和对策研究。第四章，针对贫困地区工业化进程对就业的影响进行实证分析，提出完善就业政策的方法和路径。第五章，为了有效规避"农村贫困"转移为"城镇贫困"，本章探究了新生代农民工的就业质量问题，为城镇化进程中提升农村劳动力转移的就业质量，提供决策依据。第六章，在对失业理论进行归纳分析的基础上，就进一步深化失业保险制度改革进行了探讨。第七章，结合中国当前反贫困治理体系，就失业保险制度的进一步深化改革，尤其在决胜扶贫攻坚中，如何"扎紧""织密"社会保障网，"兜住"贫困这个"底"进行了分析探讨。

2010年贵州实施的第十二个五年计划中，提出了实施"四化"（工业化、农业现代化、城镇化和信息化）战略，使得贵州省经济从"十二五"开始就持续保持在两位数的增长速度，经济社会发生了前所未有的变化，至今经济增长速度仍然处于全国前列。为了反映贵州省经济起飞对反贫困的重要作用，笔者作为劳动经济学硕士生导师，从2010级起就要求研究生关注贵州"四化"战略，尤其是就业对反贫困的效果研究，并以此为硕士论文选题。他们是 2013 级的田忠、2014 级的郭怀亮、2015 级的田宋和 2016 级的祝冰洁同学，可以说本成果是在他们的硕士学位论文为构架的基础上得以完成。同时 2014 级劳动与社会保障专业的研究生魏丹、孙兰妹、王晓蕾和 2017 级劳动经济专业的研究生季锡也为研究付出了辛勤的劳动，在这里表示感谢。本书的最后成稿由贵州财经大学人事处杨阳教授协助完成。

将贫困、就业和失业社会保险整合研究，涉及不同学科门类，本身就是一次跨学科的创新尝试和探索，受制于我们的能力和水平，书中难免存在很多不足，恳请专家和读者予以斧正！

贵州财经大学公共管理学院

王飞跃　杨阳

2017 年 12 月

目 录

第一章 贫困治理与中国的反贫困实践 ······················· 1
　第一节　贫困的相关理论 ··························· 1
　第二节　贫困与反贫困的思想与理论 ··················· 8
　第三节　反贫困的政策、措施与成效
　　　　　——基于中国的思想理论与实践 ················ 21

第二章　就业与就业政策 ···························· 53
　第一节　就业的基本理论 ··························· 53
　第二节　就业政策及反贫困中的实践分析
　　　　　——以贵州省为例 ························ 66

第三章　就业政策效应的实证研究：产业集聚的就业效应 ········ 82
　第一节　产业集聚理论的形成与发展 ···················· 83
　第二节　贵阳产业和就业的发展现状分析 ················ 98
　第三节　产业集聚的就业吸纳机制：理论层面的考察 ········ 120
　第四节　产业集聚对就业影响的实证研究
　　　　　——以贵阳市为例 ······················· 136
　第五节　研究结论与政策建议 ······················· 166

第四章　工业化进程中的农村劳动力转移实践分析 …………… 173

第一节　农村劳动力转移历程与现状 ………………………… 173

第二节　农村劳动力转移规模的预测 ………………………… 182

第三节　贵州工业化进程中农村劳动力转移的历程 ………… 195

第四节　集中连片特困地区劳动力转移调研情况
　　　　——以贵州省威宁县为例 …………………………… 207

第五节　促进农村劳动力转移的对策 ………………………… 220

第五章　新生代农民工就业问题探讨 ………………………… 228

第一节　概念界定及相关理论 ………………………………… 228

第二节　新生代农民工就业质量研究设计 …………………… 237

第三节　提高新生代农民工就业质量的建议 ………………… 288

第六章　失业与社会失业保险制度 …………………………… 295

第一节　失业 …………………………………………………… 295

第二节　失业理论 ……………………………………………… 301

第三节　失业保险制度概述 …………………………………… 316

第四节　中外失业保险制度的比较与借鉴 …………………… 328

第五节　失业保险制度效果分析：基于贵州的实践 ………… 333

第七章　贫困治理中的失业保险制度改革与深化 …………… 363

第一节　关于小康社会 ………………………………………… 363

第二节　贫困与社会失业保险基于贵州的实践分析 ………… 377

第三节　失业保险的反贫困功能 ……………………………… 383

第四节　失业贫困问题的解决对策 …………………………… 386

后　记 …………………………………………………………… 391

第一章 贫困治理与中国的反贫困实践

反贫困是国家治理重器之一，早在1603年英国颁布了世界上第一部反贫困法律——《济贫法》，标志着政府肩负起了反贫困的义务和责任。伴随英国工业革命及其工业化进程的发展，推动着人类社会逐步走向现代文明。与此同时，贫困及反贫困也构成了世界各国和国际社会所共同关注的热点问题和面临的解决难题，消除贫困已经成为世界各国国家治理的一项基本国策和制度性安排。为了给政府制定反贫困政策和实施相应的制度安排提供决策依据，贫困及反贫困的理论探索紧随时代发展的步伐，在实践中不断地得到丰富、发展和积累，成为人类反贫困事业的宝贵财富。

第一节 贫困的相关理论

一 贫困的定义

关于对贫困的界定，学术理论界经历了从最初的物质和经济层面到现代的能力、文化、环境等多方面研判过程，贫困的内涵在这一过程中不断深入和发展。早期的学者注重从经济层面研究贫困问题，英国的朗特里在对约克市的贫困状况进行调查后，提出：一个家庭处于贫困状态的原因在于其收入不足以维持其生理功能的最低需要，这种需要包含食品、衣着等生活必需品。[①] 伴随经济发展而引起的社会经济水平的差异，目前对贫困的界定一般划分为绝对贫困和相对贫困。通常将绝对贫困（又称为生存贫困）定义为在特定的社会生产方式和生活条件下，个人或家庭依靠劳动所得或其他合法收入，却不能维持其基本生活的状态。一般采用贫困线作为其衡量的水准，国际标准将绝对贫困线标准定为 2150 千卡热量，食品支出占总支出的 63%，我国农村绝对贫困线为 2100 千卡热量，食品支出占总支出的 60%。而相对贫困是指由于不同地区之间，各个社会阶层之间，各阶层内部不同成员之间的收入差别而产生的低于社会认定的某种水平的状况。在我国，作为世界上最大的发展中国家之一，国家统计局的"中国城镇居民贫困问题研究"课题组和"中国农村贫困标准"课题组同样从绝对贫困的层面出发对贫困进行界定："贫困一般是指一个人或一个家庭的生活水平达不到一种社会可以接受的最低标准。"

随着经济和社会的发展，人们对贫困的理解不再局限于经济学层面物质匮乏的绝对贫困，而是将更多的社会、政治因素融入贫困的定义中。其中，最具代表性的是 1998 年诺贝尔经济学奖得主：印度经济学家阿玛蒂亚·森提出的"可行能力"视角对贫困做出的分析，他将贫困看作对基本可行能力的剥夺，而不仅仅是收入低下。基本可行能力是指由一系列功能组成的，包括免于饥饿、疾病和接受教育的功能等。他认为，导致贫困的原因在于能力的缺乏。"能力贫困说"认为解决贫困和失业的根本途径是提高个人的能力，而非单纯的物质救济。但是"能力贫困说"仅是从个人主观能力出发，却忽视了很多贫困并非是由于缺乏必要能力导致的，而是缺乏发挥自身能力的客观的权利和机会。权利不足造成机会有限，机会有

---

① Rowntree Benjamin S., *Poverty: A Study of Town Life*, London: Macmillan, 1901, p. 103.

限影响了经济收入，并最终导致了贫困。① 奥本海默在《贫困真相》一书中提出"贫困夺去了人们建立未来大厦——'你的生存机会'的工具，它悄悄地夺去了人们享受生命不受疾病侵害、有体面的教育、有安全的住宅和长时间的退休生涯的机会"。在被剥夺概念的基础上，阿玛蒂亚·森又提出著名的"权利贫困"概念，他认为贫困者之所以贫困，根本在于穷人应该享有的基本权利往往被系统性剥夺，从而使他们陷入贫困的恶性循环。

阿玛蒂亚·森的"可行能力"和"权利贫困说"得到了世界范围内学理界和各国政府、国际组织的广泛关注和认可。世界银行在《1990年世界发展报告》中提到贫困是"缺少达到最低生活水平标准的能力，包括教育、营养和健康等"②，之后在《2000/2001年世界银行发展报告：向贫困开战》中对贫困的定义加入了没有发言权、脆弱和无助等。③ 我国学者康晓光认为，"贫困是人的一种生存状态，在这种生存状态中，人由于不能合法地获得基本的物质生活条件和参与基本的社会活动的机会，以至于不能维持一个人生理和社会文化可以接受的生活水准"。④ 童星、林闽钢在对我国农村贫困的研究中，以及唐钧在对我国城市居民贫困的研究中均提到贫困不仅是缺乏最低的生活保障，其本质是缺乏发展的机会、权利和手段。郭熙保将其概括为两种形式的剥夺——"第一种是生理形式的剥夺，包括营养、健康、教育、住所等物质或生理上的基本需要无法得到满足；第二种是社会形式的剥夺，包括脆弱性、无话语权、无权无势、无尊严和无自主权利等"。⑤

根据上述的介绍和分析，可以看出：贫困不只是收入的贫困，它是一

---

① 朱霞梅：《反贫困的理论与实践研究——基于人的发展视角》，博士学位论文，复旦大学，2015年。
② 世界银行：《1990年世界发展报告》，中国财政经济出版社1991年版。
③ 世界银行：《2000年世界发展报告》，中国财政经济出版社2001年版。
④ 康晓光：《中国贫困与反贫困理论》，广西人民出版社1995年版。
⑤ 郭熙保、罗知：《论贫困概念的演进》，《江西社会科学》2005年第11期。

个涉及经济、政治和社会等多维度的现象。胡鞍钢将其归纳为四个维度"收入贫困、人类贫困、知识贫困和生态贫困"。[①] 在这里，我们认为，应从以下三个方面把握贫困的定义：其一，贫困是经济、政治和社会等各种历史过程相互作用的结果，贫困的定义和标准随着社会的发展处于不断变化之中；其二，贫困的外在直接表现是一种物质生活层面的缺乏状态，其内在本质是教育、健康、安全、机会和权利等在内的多方面的匮乏；其三，随着经济社会的不断发展，对贫困的理解需要从收入水平上的经济表象转移到贫困的本质，包括贫困者的能力、权利、机会以及社会制度等方面。具体来说，就是在经济社会发展到一定的阶段，绝对贫困就会向相对贫困转移，又会赋予贫困新的内涵。例如，英国在1942年《贝弗里奇报告》的基础上构建起了世界上第一个"从摇篮到坟墓"的福利国家，而到了20世纪50年代，伦敦经济学院学者汤森用60个指标（后整理为13个）解释了英国福利国家的贫困。

二 贫困的类型

根据不同的角度或不同的标准，可以把贫困划分为不同的类型，具有代表性的划分方式有以下四种。

（一）广义贫困和狭义贫困

根据贫困概念所包含的内容，可以分为广义贫困和狭义贫困。狭义贫困是指经济上的物质或财富的匮乏状况。广义贫困则不仅指经济收入，还包括社会、文化、环境因素，如文化教育状况、医疗卫生状况、生活环境状况和人口预期寿命等。广义贫困大大扩展了狭义贫困的内涵。广义和狭义之分在于是否仅指经济方面，还是包括其他方面，是就贫困包含的内容而言的，与贫困程度无关。

---

① 胡鞍钢：《中国减贫之路——从贫困大国到小康社会1949—2020年》，《国情报告（第十一卷）》2008年（下），社会科学文献出版社2012年版，第365页。

（二）绝对贫困和相对贫困

从衡量贫困程度出发，贫困可以分为绝对贫困和相对贫困。绝对贫困是指拥有的生活物品不能维持最低生理需求的状况。正如前面介绍的，国际标准将绝对贫困线标准定为2150千卡热量，食品支出占总支出的63%，我国农村绝对贫困线为2100千卡热量，食品支出占总支出的60%。相对贫困是指虽然解决了最低生存需要，但与其他个人、家庭和地区相比，存在着明显的差距，被社会认为处于贫困状态。这种分类主要关注贫困的经济收入方面，注重对贫困的测度性、可比性、可行性和操作性分析。

（三）个体贫困和群体贫困

从贫困的范围和层次出发，贫困可以划分为个体贫困和群体贫困。个体贫困是指某个人或家庭的贫困。贫困的个体存在于群体之中，但主要分布于贫困阶级和阶层。群体贫困指某个社会或集团整体的贫困，当社会没有物质和制度上的能力和资源来提供需要的商品和服务时，就会发生群体贫困。比如，我国农民工群体贫困现象就可以认为是群体贫困。

（四）生存型贫困、温饱型贫困和发展型贫困

根据贫困程度，可以将贫困划分为生存型贫困、温饱型贫困和发展型贫困。生存型贫困是指贫困者无法满足其最基本需要的状态；温饱型贫困虽然解决了温饱问题，但贫困者抵御自然灾害和社会风险的能力还很弱；发展型贫困是一种相对贫困，其主要内涵是指如何谋求社会生活的进一步发展而面临的一种发展相对缓慢的生活状态。

三 贫困的衡量标准

对于反贫困而言，明确贫困的内涵、成因和类型是非常重要的，但我们必须认识到仅对贫困进行定性研究是不够的，同时必须关注贫困的定量研究，明确判断贫困的量化标准，从而为正确制定和实施反贫困政策提供科学的依据和基础。贫困的衡量包括两个问题：一是贫困识别，即以何种

标准区分贫困人口和非贫困人口，主要是指贫困线的划分；二是贫困度量，即以何种指标准确地反映一个国家或者地区的贫困状况，主要有贫困率、多维贫困指数等。

（一）贫困线

贫困线是划分个人、家庭或者某一地区贫困与否的标准，通常用货币来衡量。它的主要功能表现为测算贫困发生率，确定和瞄准贫困群体，为政府分类指导、因地制宜制定扶贫政策提供依据，同时是实施减缓贫困的社会保障政策的判断指标。

确定贫困线的方法主要有预算标准法、恩格尔系数法、马丁法和国际贫困标准法。通过前三种方法测算出来的贫困线属于绝对贫困线，它是指维持基本生存所需要的消费水平，食物支出是维持生存的基础，所以在绝对贫困线制定过程中强调食物支出的地位。[①] 国际贫困标准法确定的贫困线是相对贫困线，即生活水平低于所在国家或地区平均水平的一定比例所划分的线，如 OECD 国家通常将贫困线定义为中位收入的 40% 或 50% 或 60%。

我国目前的贫困线是根据马丁法计算得出，2011 年确定的农村（人均纯收入）贫困标准为 2300 元，比 2010 年的 1274 元贫困标准提高了 80%。从绝对水平上看，我国 2300 元的贫困线水平虽然高于世界银行 1987 元的标准，但是世界银行的标准是根据极端贫困国家制定，与中高等收入国家相比还是处于较低的地位；从相对水平上看，2012 年，贫困线与平均收入之比达到历史最高值 29.1%，而国际标准中"极端贫困水平"为 30%，显然低于国际一般标准。[②]

（二）贫困发生率

贫困线确定以后，用人均纯收入的人口分组资料与贫困线相比较，即

---

① 池振合、杨宜勇：《贫困线研究综述》，《经济理论与经济管理》2012 年第 7 期。
② 王晓琦、顾昕：《中国贫困线水平研究》，《学习与实践》2015 年第 5 期。

可得出贫困人口数量，凡是人均纯收入水平低于贫困线标准的居民或家庭即可划入贫困者行列。处于贫困线以下的人口占总人口的比例即为贫困发生率（世界银行在《1990年世界发展报告》中把贫困发生率称为贫困人口调查指数）。计算公式为：

$$H = \frac{q}{n}$$

式中，q 为贫困人口总数，n 为人口总数，H 为贫困发生率。

贫困发生率是反映贫困规模的相对数，它与反映贫困规模的绝对数（贫困人口的数量规模）一起反映贫困面的大小。根据贫困发生率的地区差异、行业差异和阶层差异，可以确定扶贫的重点目标，监测扶贫效果。但是这一指标的缺陷在于它不能反映贫困的深化程度，即贫困人口的平均收入低于贫困线的程度，也无法反映贫困人口内部的收入不平等程度。

（三）多维贫困指数（森指数）

阿玛蒂亚·森的能力理论认为，贫困是对人的基本可行能力的剥夺，减贫就是要扩展人的能力，使其全面自由地发展。基本可行能力包括公平地获得教育、健康、饮用水、住房、卫生设施、市场准入等多个方面。多维贫困指数（森指数，MPI）源于森的能力方法理论，它是由 UNDP 与英国牛津贫困与人类发展中心合作开发的衡量贫困程度的指数，涵盖100多个发展中国家的贫困情况，反映了贫困个体或家庭在不同维度上的贫困程度。

该指数选取了三个维度共计10个指标，包括健康（营养状况和儿童死亡率）、教育（儿童入学率和受教育程度）和生活水平（饮用水、电、日常生活用燃料、室内空间面积、环境卫生和耐用消费品），具体的维度贫困线临界值，视研究现状和数据可获得性而定。MPI 指数取值越小，说明该个体或家庭贫困程度就越低，相反则越高。多维贫困指数从微观层面反映了个体贫困的情况和贫困深度，算法简单，操作方便，但是在各个维度和指标的权重分配上主观性较强。

综合上述分析，无论是针对贫困定义和贫困成因的分析，还是对贫困分类和贫困衡量的探讨，都是对贫困的认识的不断深化，其最终目的都在于为解决贫困问题提出可行方案和策略，这被学者称为"反贫困"。目前，随着对贫困研究的愈加成熟，反贫困理论也逐渐得到丰富完善和累积。

第二节 贫困与反贫困的思想与理论

进入21世纪人们回顾历史，认为推动20世纪人类经济社会发展的主要是古典自由主义、马克思主义和新自由主义，正是在这"三大主义"引领下，形成了人类经济社会走向现代文明中的各种思想理论，并指导和解决现实中的各种问题，贫困与反贫困的思想理论便是其中之一。

一 "三大主义"的贫困与反贫困思想

1. 古典自由主义的贫困与反贫困理论

西方古典自由主义的创始人亚当·斯密在《国民财富的性质和原因研究》中从劳动价值论的观点提出"一个人是贫是富，就看他在什么程度上享有人生的必需品、便利品和娱乐品"。他认为，独立的经济个体虽然追求的是个人利益，但由于"看不见的手"的作用，必然会导致普遍的福利，因此，反对国家或政府救济，认为国家或政府救济严重阻碍了劳动者对就业的自由选择，从而影响劳动力的自由流动。而马尔萨斯认为，贫困是私人问题而不是社会问题，贫困的主要责任在贫困者本身，是贫困人口过度增长的结果，因此，要消除贫困，就必须抑制人口增长。大卫·李嘉图一方面认为，一个人的贫富取决于其所能支配的必需品和奢侈品的多寡；另一方面将工人的贫困归罪于工人自身，认为济贫法不是改进穷人的状况，而是同时恶化穷人和富人的状况，不是使贫者富，而是使富者贫。

然而，萨伊则认为贫穷与懒惰有关，是一种自作自受，进而认为失业和贫困是个人不努力的结果，应由个人而不是由社会（经济制度）负责。可见，古典自由主义的贫困与反贫困理论是不主张政府救助，而是通过市场的作用，靠个人的勤奋来实现脱贫。

2. 马克思的贫困与反贫困思想

马克思、恩格斯对资本主义制度的深刻剖析的基础上，揭示了资本主义制度的运行规律和黑暗性，同时，也涉及了贫困方面的理论。马克思在他的巨作《资本论》中就曾得出结论"社会的财富即执行职能的资本越大，它的增长的规模和能力就越大，从而无产阶级的绝对数量和他们的劳动生产力越大，产业后备军也就越大。可供支配的劳动力同资本的膨胀力一样，是由同一些缘由发展起来的。因此，产业后备军的相对量和财富的力量一同增长。但是与现役劳动军相比，这种后备军越大，常备的过剩人口也就越多，他们的贫困同他们所受的劳动折磨成反比。最后，工人阶级中贫苦阶级和产业后备军越大，官方认为需要救济的贫民也就越多，这就是资本主义积累的绝对的、一般规律"。也就是说，资本主义原始积累时期的必然规律是资本积累增加，另一极必然是无产阶级贫困的增加。因此，马克思认为全世界无产阶级必须团结起来，推翻资本主义制度，建立体现社会公平与正义的社会主义，最终建立"各尽所能、按需分配"的人类理想的社会制度：共产主义社会。

3. 新自由主义的贫困与反贫困理论

哈耶克和弗里德曼是新自由主义代表人物。哈耶克被认为是"最彻底的自由主义者"。关于贫困问题，他认为，我们不应该由于目光短浅，不通过增加收入的途径，而是用收入再分配的方法去救治贫困，必须把我们的希望寄托在能够恢复经济快速发展的前景上，不管我们起点多么低，我们应该学会把我们所有的资源使用到最有助于使我们大家都变得更加富裕的地方上去。主张政府实施最低生活保障制度，但坚决反对政府通过收入再分配的方式建立国家控制的各种社会保险制度。弗里德曼的"负所得税方案"认为，消除贫困，对生活困难的人群给予补助是社会政府应尽的职责，如果一个国家决定向贫困开战，那么，它必须选用一种最有效而又简洁的武器。为此，他参照正所得税体系设计了一个补助穷人的"负所得税方案"，让低收入者依据其各自的收入得到政府向其补贴的不同的负所得税。

二 反贫困理论体系

基于上述"三大主义"的思想和理论影响，随着经济社会不同时代的发展及其变迁，逐步形成了较为完整的贫困和反贫困理论体系。最具代表性的主要包括如下8种学科视角理论。

1. 抑制人口增长理论

马尔萨斯在《人口原理》一书中关于贫困问题主要从两个方面进行了论述：第一，是什么原因导致贫困；第二，如果产生贫困的主要原因是人口因素，那么应该采取何种措施来缓解贫困。马尔萨斯认为，"人口增值力比土地生产人类生活资料力，是无限地较为巨大"，并且"贫穷，是这个法则的绝对必然的结果"。这就是他所提出的"人口法则"。在这个法则下，社会人口按几何级数增加，生活资料因土地有限则按算术级数增加，最终会因食物不足而导致人口过剩，从而出现贫困现象。所以，在他看来贫困问题是人口自然规律造成的，不是社会制度，因此，他不主张通过社会改革来解决这一难题，而是通过抑制人口增长，尤其是穷人的人口增长来缓解贫困。如何预防和抑制减少过剩人口以缓解贫困？马尔萨斯提出两个途径：一方面，用提高人口死亡率的办法来使人口与生活资料之间保持平衡，即通过战争、饥荒、疾病以及瘟疫等办法达到抑制人口增长的目的；另一方面，通过提倡禁欲、不婚、不育等方式在道德上限制生育的本能。

马尔萨斯的"抑制人口增长理论"受到后来诸多学者的批判，我国著名资产阶级民主革命家廖仲恺从经验事实出发驳斥了马尔萨斯人口按几何级数增长的错误,认为人口的发展变化与社会经济的发展变化是密不可分的。随着社会经济的不断发展,人口增长是有"自然的限度"的。其次,他批驳了马尔萨斯生活资料按算术级数增长的理论依据,在他看来,科学技术不断发展,人类完全可以利用新的科学方法来实现土地的充分开发以满足人口增长对生活资料的需求。①

此外,马尔萨斯通过对当时济贫法的批判,对穷人持否定态度,试图通过"消灭贫困者来消灭贫困",这种思想是严重错误的。其一,他代表当时资产阶级的利益,反对通过向富人征收济贫税方式来缓解或消除贫困。事实上,对富人征收济贫税,实行社会成员间的互助互济是现代社会保障思想的一个重要内容,也体现了社会文明程度。其二,他认为对贫民实行救济后会导致道德风险或使穷人失去自立精神。虽然这种现象在某种程度上可能会存在,但是不能因为少数人的道德问题就否定对整个穷人群体的救济。其三,他将穷人的贫穷完全归因于他们自身懒惰,因此主张不应对其进行救济,而没有意识到当时的工业革命和圈地运动是造成贫穷的最主要原因,政府或社会有责任对他们进行救济。但是,不可否认,他强调的"应该形成一种风气,把没有自立能力而陷于贫困看作一种耻辱"无疑是有其合理性的。

2. 发展经济学中的贫困与反贫困理论

建立在马尔萨斯人口理论假设基础上的纳克斯的贫困恶性循环论认为,发展中国家的问题表现为人均收入处于维持生命或接近维持生命低水平状态,在这种低收入的稳定均衡状态下,储蓄率和投资都很低,通过增加国民收入来提高储蓄的努力往往导致人口增长;而人口增长又把人均收入拉回到既定的均衡水平,从而使发展中国家的经济处于低水平均衡的陷阱。因此,贫穷既是贫穷的原因,又是贫穷的结果。刘易斯(W. A. Lewis)的

---

① 曾吉平:《论廖仲恺对马尔萨斯人口论的批判》,《求索》2005年第11期。

"二元结构理论"认为,发展中国家的经济大体上分为两个部门,即城市以制造业为中心的现代化部门和农村中以农业、手工业为主的传统部门。传统部门生产规模小,技术落后,生产动机主要是为自己消费,产品很少在市场上出售,而且存在着大量的失业。要解决和减少这种差异,必须加快农村现代化和产业化发展,增加科技投入,建立相应的社会保险机制。印度经济学家阿玛蒂亚·森指出"根本的问题要求我们按照人民能够实际享有的生活和他们实实在在拥有的自由来理解贫困和剥夺。发展人的可行能力要直接顺应这些基本要求"。所谓"可行能力"是指"实质自由包括免受困苦——诸如饥饿、营养不良、可避免的疾病、过早死亡之类——基本的可行能力"。他的观点成为当今国际社会制定反贫困战略和政策的重要理论依据之一。

3. 西方社会学理论中的贫困与反贫困理论

马克斯·韦伯为代表的西方社会学家认为,社会不平等的实质是社会资源或有价值物(如财富、收入、权利、声望、教育机会等)在社会成员中的分配不均等,而处在社会下层的贫困群体正是上述社会资源分配的匮乏者。被誉为"贝弗里奇革命"的英国《贝弗里报告》认为贫困、疾病、肮脏、懒惰和愚昧无知是影响社会进步的"五大毒瘤"。要消除贫困首先要改进国家保险,也就是说,国家要为中断或丧失谋生能力者提供生活保障。成熟的社会保险制度可以提供收入保障,这有助于消除贫困。为此,英国率先在世界上构建起"从摇篮到坟墓"的社会福利制度。此外,美国学者刘易斯(Oscer Lewis)在社会分层理论的基础上提出了贫困文化论。认为贫困是一种亚文化,是穷人长期脱离主流社会生活的结果和产物。贫困文化的实质是穷人的一种自我保护机制,是穷人接受和适应贫困的方法,是穷人对自己低下的社会地位的反映。当以一个分层的社会和经济体系崩溃或被另一种体系所取代,如封建社会向资本主义社会过渡或者在技术革命时期,贫困文化更易发展。所以,贫困文化是穷人在阶级分层和高度个体化的资本主义社会中对自己"边缘地位"的"反应和适应"。该理论对单一依靠改变物质生活条件来达到反贫困的观点,又添加了新的路径和领域。

4. 资本短缺论

资本短缺论又分为以下3种

第一,贫困恶性循环理论。1953年,美国经济学家纳克斯(R. Nurkse)在《发展中国家的资本形成》一书中,提出了"贫困恶性循环"理论,从资本形成的视角考察发展中国家存在长期贫困的原因。纳克斯认为,发展中国家之所以陷入长期贫困,并不是因为国内资源不足,而是因为经济中存在阻碍资本形成的"贫困恶性循环",他将这一理论总结为"一个国家因为穷所以穷"。根据均衡增长理论,一个国家实现经济增长的要素有三个——资本、劳动力和技术进步,在技术水平和劳动力不变的前提下,资本则成为经济增长的唯一途径。考察发展中国家的资本形成能力则有助于反映和解释该国经济增长状况和处于长期贫困的原因。纳克斯认为,在供给方面,发展中国家经济发展落后,人们的收入水平低,其能够用于储蓄的资金就少,低储蓄水平则会导致资本形成不足,故而生产规模难以扩大,导致生产率低下,低生产率又导致低产出,从而又造成低收入。这样周而复始,形成一个恶性循环,即"低收入—低储蓄能力—低资本形成—低生产率—低产出—低收入";在需求方面,发展中国家经济落后,人们收入水平低,则社会购买力不足,低购买力造成投资引诱不足,从而导致资本形成不足,接着又导致生产率低下,导致低产出和低收入。这样周而复始,又形成了一个"低收入—低购买力—低投资引诱—低资本形成—低生产率—低产出—低收入"的恶性循环。供给和需求方面的这两种循环相互影响,相互作用,使发展中国家经济停滞,长期陷入贫困的境地。贫困恶性循环理论的核心在于资本短缺是产生贫困恶性循环的根本原因,资本形成不足是经济发展的主要障碍和约束条件,所以,必须加大储蓄的力度,扩大投资,促使资本形成。纳克斯的贫困恶性循环理论反映了发展中国家贫困的主要特征,并初步探讨了贫困根源和反贫困的途径。但是，这一理论过于强调储蓄作用和资本积累的重要性，并且将个人储蓄作为储蓄的唯一来源，忽视了政府储蓄和企业储蓄，同时低估了发展中国家的储蓄能力，认为增加储蓄就可以摆脱贫困的恶性循环。这一观点过于乐观，经济增长受到诸多因素的制约，如政治经济制度和自然环境，因此这一理论受到学者们的批判。

第二，低水平均衡陷阱理论。1956年，美国经济学家纳尔逊（R. Nelson）在其《不发达国家的一种低水平均衡陷阱理论》一文中提出了"低水平均衡陷阱理论"。纳尔逊认为，发展中国家的经济生活中，人口增长和国民收入增长之间存在着一个恶性循环，即经济发展落后，人们收入水平低，生活贫困，则死亡率必然较高，人口增长缓慢；一旦经济增长情况好转，人们收入水平提高，生活状况改善，人口增长速度又会加快。快速的人口增长率又会使人均收入退回到原来的水平，甚至降低到更低的水平。这样，经济运行就陷入了一个"低水平均衡陷阱"。

如何跳出这一低水平均衡陷阱？纳尔逊认为，必须通过大规模的投资，使国民收入的增长超过人口的增长。但由于边际收益递减规律，资本的边际生产率将逐渐下降，资本投入推动的国民收入的增长也将逐渐下降。这一下降的趋势直到国民收入增长率与人口增长率相等时为止。这时，人口增长和国民收入的增长达到了一种新的均衡状态，但相对于以前的低水平均衡状态来说是一种更高水平的均衡。与纳克斯的贫困恶性循环理论相比，纳尔逊进一步证明了发展中国家贫困再生是一种稳定的现象，二者的理论中包含的共同思想是：发展中国家的持续性贫困状态是由于经济的欠发达，主要原因在于资本投资的缺乏，故而其反贫困战略的重点是提高资本积累。显然，将贫困问题归咎于资本稀缺以及单纯地强调资本的反贫困功能是片面的。

第三，循环积累因果关系理论。循环积累因果关系理论是由瑞典经济学家缪尔达尔1957年提出的。在动态的社会经济发展过程中，各种因素是相互影响、互为因果的，一个因素的变化会引起另一个或另一些因素发生相应的变化，并产生次级变化，强化先前因素，使经济发展过程沿着原先因素的发展方向发展，这是一种激烈的因果循环。因此，他认为市场因素的作用一般是强化而不是弱化区域间的不平等。在发展中国家，人均收入水平低，造成生活水平低，营养不良，卫生健康状况恶化，文化教育落后，人口质量下降，劳动力素质低，就业困难；反过来，劳动力素质低，劳动生产率也低，产出停滞或下降，造成低产出和低收入，导致贫困进一步恶化。如此一来，发展中国家总是陷入低收入和贫困的积累性循环中难以自拔。

缪尔达尔分析认为，收入水平低是发展中国家贫困的重要原因，而产生低收入的原因是多方面的，包括经济、政治和制度等多方面因素，但起重大作用因素的是资本形成不足和收入分配的不平等。他提出的政策建议是，应当通过权力关系、土地关系以及教育体制方面的改革，逐步使收入趋于平等，增加贫困人口的消费，从而提高投资引诱并增加储蓄，以促使资本形成，提高产出水平和生产率，带动人均收入水平的提高。这样，发展中国家将从低收入和贫困的循环积累的困境中摆脱出来，进入一个良性循环积累因果运动过程。

循环积累因果关系理论从整体上对经济、社会和制度现象进行分析，主张通过制度变革和增加投资来破解不良循环，并且主张采取地区间不平衡发展战略，通过发达地区的扩张效应来带动不发达地区的发展。这一理论得到了诸多学者的认可，基本符合发展中国家的实际情况，因而得到许多发展中国家政府的重视，如我国城乡统筹战略、加快东部沿海地区经济发展的实践以及扶贫政策中的对口帮扶，均反映了该理论的运用。

5. 福利经济学理论

福利经济学的开山鼻祖英国经济学家阿瑟·C. 庇古 1920 年出版的《福利经济学》，标志着福利经济学的诞生。他根据边沁的功利主义原则，把福利规定为个人获得的效用或满足，把一个人的福利规定为个人福利的总和，进而把社会福利规定为全体社会成员的个人福利的总和，并认为要使社会的福利增加，应当使社会上较多的人得到较大程度的满足，而社会福利的最大化也就是社会上最大多数人的最大满足。其次，庇古还根据边际效用递减学说提出实行收入均等化，如果把富人的一部分收入转移给穷人，富人损失的福利将小于穷人增加的福利，净福利是正的，整个社会的福利将增加。那么，如何把富人的部分收入转移给穷人呢？庇古提出四种办法：一是自愿转移，即拿出一部分财产兴办教育、医疗卫生等基础设施；二是强制转移，政府通过收入再分配手段，利用征税集中一部分国民收入，再通过社会福利制度的补助使穷人的收入增加，也可以补贴那些为穷人生产产品的机构，使产品价格降低。这样，如果财产的转移使得穷人和富人的边际效用相等，这时，就实现了"福利最大化"。三是直接转移，就是举办一些社会保险和社会福利措施。四是间接转移，对于穷人最迫切需要的食品（如面包、马铃薯等）的生产部门和生产单位，由政府给予一定的补贴，促使这些部门和企业降低这些食品的价格，使得穷人受益，或者由政府对工人住宅的建筑进行补贴，以降低房屋造价，降低房租，使穷人受益或者由政府补贴垄断性的公用事业，以便降低服务价格。

  20世纪30年代后形成的新福利经济学认为，如果在社会上某些人的福利增加的同时，减少了其他人的福利，就不能认为社会的福利增加了。并认为只有在两种情况下社会的福利才能增加：一是社会上所有人的福利都增加；二是有些人的福利增加，而其他人的福利并没有减少。这就是通常所说的帕累托最优状态标准（简称"帕累托标准"）。在此基础上，以卡多尔、希克斯等英美经济学家为代表建立的新福利经济学派认为，将福利经济学建立在边际效用序数论的基础上而非边际效用基数论的基础之上，并且反对收入均等化，主张福利经济学应侧重于研究效率问题而非公平问题，效率问题是指社会经济达到帕累托最优状态具备的条件，并据此提出，社会上至少有一个人的福利增加，而没有一个人的福利减少，那么整个社会的福利就是增加的。但是帕累托标准有一个重大的缺陷：现实中的大多数变化往往都是使一部分人的福利增加而同时使另一部分人的福利减少,对此帕累托标准则无能为力。卡多尔—希克斯理论的补偿原则对此做出解释,经济政策的改变引起价格体系的变化,从而必然导致一方获利而另一方受损,但是,如果利用税收政策或价格政策,使受损者得到补偿,那么这项政策则不失为增加社会福利的政策。根据希克斯标准我们可以得出,如果收入分配政策变动使资本家在国民收入中所占的相对份额提高,劳动人民在国民收入中所占的相对份额降低,只要劳动人民的境况比他们以前的境况有所改善,这种收入分配变动仍然会增加社会福利,因而是可取的。如此一来,一些西方经济学家指出,卡多尔—希克斯理论是使富者愈富、贫者愈贫的理论。

6. 人力资本理论

1960年,美国经济学家西奥多·舒尔茨在出任美国经济学会会长时发表了题为《人力资本投资》的著名演讲,提出了人力资本理论。舒尔茨认为,人力资本是体现在劳动者身上的以劳动者的数量和质量表示的非物质资本。人力资本首先体现在人的身上,表现为人的知识、技能、资历、经验和技术的熟练程度等能力和素质;在人的素质既定以后,人力资本表现为从事工作的总人数以及劳动市场上总的工作时间。跟物质资本一样,人力资本的形成也是投资的结果,无论是个人还是社会对其投资都必然会有收益。人力资本主要通过医疗保健、教育培训和人力资源流动等方面的投资积累形成的,其中,教育在人力资本形成中是起决定作用的投资形式。

人力资本理论高度重视人力资本对缓解贫困的作用,认为反贫困的关键是加强人力资本投资。舒尔茨认为,发展中国家经济落后的根本原因不在于物质资本的短缺,而在于人力资本的匮乏以及这些国家对人力资本投资的过分轻视。他指出,"与发达国家相比,发展中国家低估人力投资的情况可能更为严重,人力投资更加受到人们的忽视。这是许多此类国家的领导人和代表人物所固有的思想倾向。我们的经济增长理论教条的输出已对此起到作用。这些教条总是把非人力资本的形成置于突出的地位,而以为人力资源的过剩是理所当然之事。炼铁厂成了工业化的实际标志"。基于此，舒尔茨提出：发展教育，提高教育质量是一个国家增加人力资本积累的最佳方式。另外，针对发展中国家传统农业落后和农民贫困的问题，舒尔茨指出，政府应该通过发展教育和培训、农业科学技术研究和推广、提高农民健康水平等方面入手来改造传统农业，提高农业生产效率。舒尔茨的反贫困理论将资本积累的重点从物质资本转移到人力资源，更加触及贫困的根源，对发展中国家制定反贫困政策具有重要意义。

7. 赋权理论

"赋权"一词来源于印度经济学家阿玛蒂亚·森所著《贫困与饥荒》一书，它的含义是充分挖掘与激发个体和群体的潜能，并赋予其权利的一种过程和实践活动，这里的"权利"强调的是个人或者群体拥有的能力，是对外界的控制力和影响力。

森认为，贫困的真正含义是贫困人口创造收入能力和机会的贫困，根本原因在于其基本能力的剥夺和机会的丧失，而不仅仅是收入低下。[①] 因此，森提出重建个人能力来避免和消除贫困，同时，森提出用权利方法去研究贫困。传统的经济学认为饥荒是由食物短缺引起的，必须通过足够的粮食储备和国际援助来防范饥荒。但是，森认为对于大部分人来说，唯一可以出卖的就是劳动力，因此个人的能力决定了个人的权利，而个人的权利又决定了他是否可以获得足够的粮食。由此可见，造成饥荒的主要原因并不是食物的短缺，而是社会群体获取粮食的能力和权利的丧失。森所指的权利包括以生产为基础的权利、以贸易为基础的权利、自己劳动的权利以及继承和转移的权利。[②] 由于社会利益的分化和制度安排等原因，处于社会底层和边缘的贫困人群缺乏实现自我利益的权利和能力，森认为若想改变这种状态，就必须对权利进行再分配，走赋权的途径。

森深刻分析了隐藏在贫困背后的生产方式作用，以及贫困的实质，将

---

① ［印度］阿玛蒂亚·森：《贫困与饥荒》，王宇、王文玉译，商务印书馆2001年版，第86页。
② 同上书，第6—7页。

贫困的实质定义为权利和能力的缺乏，这一观点突破了传统思维，同时将反贫困的战略转向更加关注人的发展。赋权理论在扶贫方面的应用在于赋予贫困者同其他群体一样应有的各项经济社会权利，增加他们的社会参与度，逐渐改变整个社会的权利结构，从而达到改善贫困状况的目的。

8. 贫困文化理论

贫困文化理论是美国人类学家刘易斯在 20 世纪 60 年代研究墨西哥贫困的过程中提出的理论，该理论的提出源于单纯的经济学理论解释贫困现象失败后引发的反思。贫困文化论者认为，发展过程中出现的贫困现象应该不单单是经济现象，而是一个根源于经济、社会、文化的综合现象。刘易斯等人认为，所谓"贫困文化"就是贫困阶层具有的"一种独特生活方式，是长期生活在贫困之中的一群人的行为方式、习惯、风俗、心理定式、生活态度和价值观等非物质形式"。这种贫困文化在贫困恶性循环的模式中得到代代传承。

"贫困文化"主要表现有四：其一，生活于贫困境况中的人们，由于从小就受到贫困文化的熏陶，他们缺少向上的动力，环境也使他们难以有较高的动机；其二，低成就动机导致的社会流动，受教育的机会少，层次较低，这使他们在就业上的竞争力薄弱；其三，低教育水平、较弱的竞争力，导致他们只能进入低收入职业；其四，低收入职业和低的社会地位使其更为贫困。这种贫困的恶性循环大多发生在一个家族中，显示出子代贫困群体的成长是一种周而复始的循环，贫困文化通过培养自己的传承载体具有了复制和滋生贫困的功能。所以，刘易斯指出贫困文化的最可怕之处在于具有复制贫困的功能。如何摆脱贫困文化的复制和传递，刘易斯认为要加强对贫困群体中子代的教育和培养，用现代科学知识丰富他们的头脑，使其掌握摆脱贫困的知识和技能，坚定他们锐意进取、改变命运的信心和决心，将有效地阻止贫困文化的代际传递，破坏贫困文化复制贫困的功能。

三 关于贫困与反贫困的几点认识

通过上述对国外关于贫困的理论和实践的简要梳理，我们得出以下四点结论。

第一，英国《济贫法》的颁布，不仅是给予穷人救济，更为重要的是正式明确了政府在反贫困中的义务与责任。一个不争的事实是，不管是古典自由主义，或是新自由主义，以及以此为基础的各种理论和学派都认为政府不应该干预和解决贫困问题，但贫困问题日益成为由一个国家责任逐步发展成为国际社会共同关注和面临的共同责任的普遍性问题。反之，也正是这些学术理论的形成与发展推动了一国政府和国际社会更加有效地推进反贫困政策的措施和进程。

第二，贫困与反贫困伴随时代的发展，在理论上已经形成了一套完整的体系，在实践中，也构建起了相应的指标体系。这些都为各个国家制定实施贫困治理政策提供了具体的指导，并取得相应的成效。

第三，伴随人类社会及文明发展的进程，反贫困的内容不仅局限在经济指标的衡量上，而且开始向人文和新出现的社会问题方向发展，如"人类贫困"和"收入贫困"两个概念就得到了国际社会的认同和采用。

第四，贫困并不是哪一个国家的专利，而是人类共同面临的普遍性问题，贫困在不同时代、不同的社会经济环境下，具有不同的表现形式。因此，关注贫困，积极开展对贫困与反贫困研究，并据此构建起治理贫困的长效机制，构成一国乃至国际社会及学术界不断探讨和加强，创新社会管理的重要任务之一。

第三节 反贫困的政策、措施与成效
——基于中国的思想理论与实践

中国历代政府对其国民遭受自然灾害都有救济的义务,"互助共济"是中华民族的传统美德,也产生了许多扶贫的思想理论。20世纪初叶,中国共产党在马克思主义思想指导下,结合中国实际,取得了中国革命的胜利,于1949年10月成立了中华人民共和国,在"一穷二白"的国情下,通过社会主义建设,在不断的探索和实践中,总结出以"经济建设为中心"的具有中国特色的社会主义建设道路,在中国特色社会主义市场经济建设中,贫困与反贫困始终成为党和政府的重要工作内容之一。1984年,中共中央、国务院发出《关于帮助贫困地区尽快改变面貌的通知》,1986年设立了第一个扶贫领导机构——国务院扶贫开发领导小组及办公室,标志着反贫困成为政府的一项事业,并发挥主导作用。同时成为学术理论界研究的一个热点之一。

一 中国党和国家反贫困思想理论及政策措施

中华人民共和国成立后,参照苏联模式实施了计划经济,奠定了社会主义经济基础和社会管理的框架,对鳏寡孤独实施了保吃、保医、保住、保葬、保学的"五保"社会保障制度。改革开放经济体制转轨引起的整个社会管理和结构的变革,市场经济运行规律决定的效率优先,使得原有的"平均主义"分配格局彻底改变。为此,在不断的改革实践中,构建起了社会主义市场经济运行体系,反贫困始终成为社会管理制度重建的重要内容之一。

1. 反贫困思想理论体系

20世纪70年代末期，在结束了"文革"之后，中国开始了改革开放。作为改革开放总设计师的邓小平同志就提出了"少部分人先富起来，最终走向共同富裕"，并在20世纪末，经济规模实现"翻两番"的基础上，人民生活达到"小康水平"的经济社会发展战略。

关于贫困，邓小平认为："马克思主义又叫共产主义，马克思主义的基本原则是，在社会主义阶段实行'各尽所能，按劳分配'，在共产主义阶段实行'各尽所能，按需分配'。按需分配要物资的极大丰富，难道一个贫穷的社会能够按需分配？共产主义能够是贫穷的吗？"[①]"搞社会主义，一定要使生产力发达，贫穷不是社会主义。我们坚持社会主义，要建设对资本主义具有优越性的社会主义，首先必须摆脱贫穷。"[②] 并认为只有社会主义才能消灭贫困，在总结中华人民共和国成立后取得的建设成就时他指出"靠的是马克思主义，是社会主义。中国搞资本主义不行，必须搞社会主义。如果不搞社会主义，而走资本主义道路，中国的混乱状态就不能结束，贫困落后的状态就不能改变。所以，我们多次重申，要坚持马克思主义，坚持走社会主义道路"[③]。1987年3月3日，在会见美国客人时，他指出如果走资本主义道路，可能产生一批百万富翁，形成一个新的资产阶级，但最多也不会达到人口的1%，而大量的人仍然摆脱不了贫穷，甚至连温饱问题都不可能解决。因此，"只有社会主义制度才能从根本上解决摆脱贫穷的问题，所以我们不会容忍有的人反对社会主义"[④]。基于当时农村人口占全国人口的80%，邓小平关于反贫困的思想，主要集中在如何解决农民脱贫致富方面。他指出"我们坚持走社会主义道路，根本目标是实现共同富裕，然而平均发展是不可能的。过去搞平均主义，吃'大锅饭'，

---

① 《邓小平文选》第3卷，人民出版社1993年版，第254页。
② 同上书，第10页。
③ 同上书，第63页。
④ 同上书，第208页。

实际上是共同落后,共同贫穷,我们就是吃了这个亏"①。指出"我们的改革是从农村开始的,在农村先见成效,但发展不平衡。有百分之十左右的农村地区还没有摆脱贫穷,主要是在西北干旱地区和西南的一部分地区"②。

在反贫困方面,邓小平认为:"我们的政策是让一部分人、一部分地区先富起来,以带动和帮助落后的地区,先进地区帮助落后地区是一个义务。"③他提出:"要允许一部分地区、一部分企业、一部分工人农民,由于辛勤努力成绩大而收入先多一些,生活先好起来。一部分人生活先好起来,就必然产生极大的示范力量,影响左邻右舍,带动其他地区、其他单位的人们向他们学习。这样,就会使整个国民经济不断地波浪式地向前发展,使全国各族人民都能比较快地富裕起来"④。可见,邓小平同志作为中国改革开放的总设计师,对中国的贫困与反贫困做出了深刻的分析,并为党和政府开展扶贫工作提供了丰富的思想理论和指导。

改革经历了从"计划经济为主,市场调节为辅"到"有计划的商品经济"的探索期,最终在1992年10月召开的中国共产党第十四次全国代表大会上,明确了中国经济体制改革的目标是"建立社会主义市场经济",而且以江泽民为核心的中国共产党第三代领导集体,提出了"三个代表"重要思想,其中"代表最广大人民的根本利益"就包含有"政治、经济和文化","三位一体"的利益,这就明确了社会主义市场经济建设就是要实现"建设者"应有的"经济根本利益"。

关于贫困,江泽民总书记认为"贫困往往成为一个国家、一个地区政治动荡和社会不稳定的重要根源"⑤,并指出:"我们搞社会主义,是要解

---

① 《邓小平文选》第3卷,人民出版社1993年版,第155页。
② 同上。
③ 同上。
④ 同上书,第152页。
⑤ 江泽民:《论社会主义市场经济》,中央文献出版社2006年版,第448页。

放和发展生产力,消灭剥削和贫穷,最终实现全体人民共同富裕。贫穷不是社会主义。一部分人富起来,一部分人长期贫困,也不是社会主义。""到本世纪末,建国半个多世纪了,如果还有几千万人吃不饱饭,无论如何是说不过去的"①。所以"我们党和国家开展扶贫开发,努力解决贫困人口的生产生活问题,是我国社会主义制度优越性的一个重要体现"②。

在反贫困方面,江泽民总书记提出了"扶贫攻坚"的思想,他明确指出:"实现扶贫攻坚目标,到21世纪末基本解决全国农村贫困人口的温饱问题,是我国社会主义现代化建设进程中必须完成的最艰巨的任务之一。"③ 并深刻地指出:"一个贫困的地方,要改变贫穷落后面貌,需要国家的扶持和社会有关方面的帮助,但最根本的还是要靠当地干部群众自身的努力,靠干部带领群众苦干实干。离开了这一条,再多的扶持也难以奏效,再优惠的政策也难以发挥作用。这是已经脱贫地方的根本经验,也是一些地方虽经长期扶持仍然山河依旧的主要教训。"④ 在具体措施上,一方面他指出:"实践说明,实行开发式扶贫,以市场需求为导向,依靠科技进步,开发利用当地资源,发展商品生产,不仅能解决温饱,而且可以脱贫致富。这样,把国家的扶持同贫困地区干部群众自力更生、艰苦奋斗结合起来,立足当地实际搞开发性生产,效果很好。搞开发扶贫,是扶贫工作的一个根本性转变,是一个重大创造,这个方针必须长期坚持。"⑤ 另一方面在组织保障方面,指出:"能否打胜扶贫攻坚战,关键是把扶贫工作放在什么位置,投入多大力度,党政第一把手是不是真抓实干,能不能把各方面力量组织起来,形成强大合力。"⑥ 同时要求:"各级党委和政府的

---

① 《江泽民文选》第1卷,人民出版社2006年版,第549页。
② 《江泽民文选》第3卷,人民出版社2006年版,第248页。
③ 江泽民:《论社会主义市场经济》,中央文献出版社2006年版,第319页。
④ 同上书,第322—323页。
⑤ 《江泽民思想年编(1989—2008)》,中央文献出版社2010年版,第150—151页。
⑥ 《江泽民文选》第1卷,人民出版社2004年版,第560页。

主要负责人要关心扶贫、过问扶贫,把扶贫作为关心群众疾苦和密切党群关系的一件大事来抓""各级党委和政府的主要负责人要统筹全局,重点抓好薄弱环节,要经常到贫困地区、民族地区去,同群众谈谈心,做些调查研究,亲自帮助那里的干部群众解决一些实际问题。"① 由此我们清晰地看出,以江泽民为核心的党的第三代领导集体,"探索出了一条适合中国国情的消除贫困的正确道路。这条道路,概括地说,就是摆正位置、找准路子、抓好班子"。② 这些思想和理论指导了中国反贫困事业的开展,并取得了举世瞩目的成就,也为人类反贫困事业做出了应有的贡献。

进入 21 世纪,伴随我国经济开放融入经济全球化、一体化的进程,经济社会建设取得了前所未有的成效,贫困人口的"温饱问题"得到了根本性的解决,以胡锦涛为总书记的党的领导集体,适应时代发展的要求,在"科学发展观"的引领下,提出了"全面建设小康社会"的战略思想。2011 年 11 月 30 日,在"中央扶贫开发工作会议"上,胡锦涛总书记做了重要讲话,深入阐述了"科学发展观"指引下的反贫困思想和路径。

关于贫困,胡锦涛总书记强调:"消除贫困、改善民生、实现共同富裕,是社会主义的本质要求,是改革开放和社会主义现代化建设的重大任务,是全党全国各族人民始终不渝的奋斗目标。新中国成立以来,党和国家始终高度重视扶贫开发事业。特别是改革开放以来,党和国家正式启动全国范围有计划、有组织的大规模开发式扶贫,取得了举世瞩目的巨大成就。扶贫开发事业取得的巨大成就,为促进我国经济发展、政治稳定、民族团结、边疆巩固、社会和谐发挥了重要作用,为全球减贫事业作出了重

---

① 江泽民:《论社会主义市场经济》,中央文献出版社 2006 年版,第 167 页。
② 王均伟:《消除贫困:治国安邦的大事——江泽民扶贫攻坚思想研究》,《党的文献》2011 年第 3 期。

大贡献。"① 在反贫困方面，胡锦涛总书记指出"做好新阶段扶贫开发工作，必须高举中国特色社会主义伟大旗帜，以邓小平理论和'三个代表'重要思想为指导，深入贯彻落实科学发展观，提高扶贫标准，加大投入力度，把集中连片特殊困难地区作为主战场，把稳定解决扶贫对象温饱、尽快实现脱贫致富作为首要任务，坚持政府主导，坚持统筹发展，更加注重转变经济发展方式，更加注重增强扶贫对象自我发展能力，更加注重基本公共服务均等化，更加注重解决制约发展的突出问题，努力推动贫困地区经济社会更好更快发展"。② 他要求"要坚持开发式扶贫方针，同时实行扶贫开发和农村最低生活保障制度有效衔接，把扶贫开发作为脱贫致富的主要途径，把社会保障作为解决温饱问题的基本手段；坚持统筹城乡发展，坚持扶贫开发与推进城镇化、建设社会主义新农村相结合，与生态环境保护相结合，促进经济社会发展与人口资源环境相协调。要坚持政府主导、分级负责，坚持突出重点、分类指导，坚持全社会参与、合力推进，坚持尊重扶贫对象主体地位、激发贫困地区内在活力"③。同时还明确了深入推进扶贫开发的总体目标是："稳定实现扶贫对象不愁吃、不愁穿，保障其义务教育、基本医疗和住房。贫困地区农民人均纯收入增长幅度高于全国平均水平，基本公共服务主要领域指标接近全国平均水平，扭转发展差距扩大趋势。"④

可见，以胡锦涛为核心的党的领导集体，不仅坚定不移地走中国特色的社会主义发展道路，而且依据时代发展的要求，赋予了新的历史使命。2007年10月15日，在中国共产党第十七次全国代表大会上提出了"全面建设小康社会"的新要求，为21世纪中国反贫困事业提供了新的动力和

---

① 胡锦涛：《中央扶贫开发工作会议讲话》，中国新闻网，2011年11月29日，http://www.chinanews.com/gn/2011/11-29/3495383.shtml。
② 同上。
③ 同上。
④ 同上。

目标方向。

2012年11月8日，中国共产党的第十八次全国代表大会产生了以习近平为总书记的新一届中国领导集体，提出了"全面建成小康社会"的发展目标和"创新、协调、绿色、开放、共享"的五大发展理念，高度重视农村扶贫开发，形成了扶贫开发新的战略思想，进一步推动了中国扶贫思想的创新和发展。

关于贫困，2013年2月26日，习近平总书记在中国共产党十八届二中全会上，指出："贫穷不是社会主义。如果贫困地区长期贫困，面貌长期得不到改变，群众生活长期得不到明显提高，那就没有体现我国社会主义制度的优越性，那也不是社会主义。"2015年11月27日，中央扶贫开发工作会议在北京召开，习近平总书记在会议上强调："消除贫困、改善民生、逐步实现共同富裕，是社会主义的本质要求，是我们党的重要使命。全面建成小康社会，是我们对全国人民的庄严承诺，脱贫攻坚战的冲锋号已经吹响。我们要立下愚公移山志，咬定目标、苦干实干，坚决打赢脱贫攻坚战，确保到2020年所有贫困地区和贫困人口一道迈入全面小康社会。"

在反贫困方面，习近平总书记提出了"精准"的反贫困思想。2013年11月3—5日，习近平在湖南湘西考察时，首次做出"实事求是、因地制宜、分类指导、精准扶贫"的重要指示，并在2015年11月27日召开的中央扶贫开发工作会议上，全面阐述了"精准扶贫"的具体内容体系和实施"精准扶贫"的路径。提出"扶贫开发贵在精准，重在精准，成败之举在于精准"；明确指出了"扶贫对象精准、项目安排精准、资金使用精准、措施到户精准、因村派人精准、脱贫成效精准"的"六个精准"标准，提出了"发展生产脱贫一批，易地搬迁脱贫一批，生态补偿脱贫一批，发展教育脱贫一批和社会保障兜底一批"的"五个一批"精准扶贫、精准脱贫路径。

习近平总书记建立的"精准扶贫、精准脱贫"的思想和方略，目前正领导和指引我国反贫困的"攻坚克难"工作，为实现"两个一百年"的奋斗目标而努力。

从上述对我国改革开放以来，党和国家领导人关于贫困与反贫困的思想理论的梳理，我们可以得出以下三点结论。

第一，构建起了马克思主义贫困理论中国化的思想理论体系。创造性地提出和明确了"共同富裕"是社会主义的本质之一。贫困不是社会主义，社会主义建设就是要消除贫困，最终实现共同富裕，已经成为几代中国共产党领导核心共同的思想理论和指导反贫困事业的理论基础，并成为中国社会主义事业建设的出发点和核心内容。

第二，提出了层次清晰的反贫困目标，从"解决温饱"到"建设小康社会"再到目前"全面建成小康"。每一个目标的实现，不仅是社会主义事业建设成就的体现，也是对人类反贫困事业的巨大贡献。

第三，中国反贫困事业所取得的成效，无不体现出了制度优势的存在。这主要体现在：一方面，制度保障了领导核心集体的思想理论体系的一贯性，并确保决策和政策的科学性；另一方面，组织体系的保障性能确保反贫困的各项政策措施得以有效地贯彻执行，并取得实质的成效和稳步推进，达到预期的效果。

2. 反贫困政策措施

在上述中国共产党领导核心的反贫困思想理论指导下，政府采取了积极有效的重大反贫困政策措施，推进改革开放的经济体制改革的同时，全面启动了反贫困事业。

1984年，中共中央、国务院发出《关于帮助贫困地区尽快改变面貌的通知》，1986年设立了第一个扶贫领导机构——国务院扶贫开发领导小组及办公室，开启了政府主导的反贫困事业，取得了积极的成效，贫困人口从1985年的1.25亿人减少至1993年的8000万人。为了彻底解决"温饱问题"，1994年国家实施了"八七扶贫攻坚计划"，即从1994年起用7年的时间解决8000万人口的温饱问题，"不把贫困带入21世纪"，并在1998年年底国家又实施了"西部大开发战略"，加大了扶贫开发的力度。2001

年 6 月国务院发布了《中国农村扶贫开发纲要（2001—2010 年）》（以下简称《纲要》），全国划定了 592 个国家扶贫开发工作重点县，主要集中分布在我国的少数民族地区、革命老区、边境地区和特困地区。《纲要》的总题目标是"尽快解决少数贫困人口温饱问题，进一步改善贫困地区的基本生产生活条件，巩固温饱成果，提高贫困人口的生活质量和综合素质，加强贫困乡村的基础设施建设，改善生态环境，逐步改变贫困地区经济、社会、文化的落后状况，为达到小康水平创造条件"。这标志着中国的扶贫已经由"收入扶贫"开始兼顾"人类扶贫"。与此同时，2011 年第一个"十年扶贫开发纲要"完成时，中国经济社会的发展已经取得了举世瞩目的减贫成就，成为全球首个实现联合国千年发展目标中贫困人口减半的国家。2011 年 12 月国务院印发了《中国农村扶贫开发纲要（2011—2020）》。到 2020 年，稳定实现扶贫对象不愁吃、不愁穿，保障其义务教育、基本医疗和住房。贫困地区农民人均纯收入增长幅度高于全国平均水平，基本公共服务主要领域指标接近全国平均水平，扭转发展差距扩大的趋势。2015 年 11 月 23 日，中共中央政治局召开会议，审议通过《关于打赢脱贫攻坚战的决定》，明确指出到 2020 年通过产业扶持、转移就业、易地搬迁、教育支持、医疗救助等措施解决 5000 万左右贫困人口脱贫，完全或部分丧失劳动能力的 2000 多万人口全部纳入农村低保制度覆盖范围，实行社保政策兜底脱贫。表明了国家扶贫开发从区域（如西部大开发）到县（国定贫困县）再到乡镇（整村推进），最后精准到目前的到户、到人的具体变化过程。这一过程不仅反映出国家致力于扶贫事业取得的举世瞩目的成效，同时从另一个方面也反映出反贫困进程中制度优势因素的决定性作用。

二 反贫困的措施与成效——以贵州为例

贫困是困扰世界各国经济社会发展的重要问题，特别是对于中国这样一个具有 13 亿人口的农业大国，贫困原因多重复杂，反贫困之路也是异常艰辛。贵州地处云贵高原和西南喀斯特地貌生态脆弱区的中心,受到自然地理、经济、社会等因素的影响,经济发展水平滞后,贫困面大,贫困程度深,成为我国重点贫困省份之一。根据《中国农村扶贫开发纲要(2011—2020年)》中划分的 11 个集中连片特困地区中,由贵州关联的有 3 个片区,使得贵州成为贫困深度最深、贫困密度最大、贫困面最广以及贫困关联度最高的地区。另一方面,由于特殊的地理地貌特征和历史原因,贵州一直处于欠开发、欠发达的经济社会状况。到 2013 年为止,在贵州全省 17.62 万平方千米土地上,贫困县面积仍达 11.63 万平方千米,占全省的 2/3;全省有 50 个国家扶贫开发工作重点县,占全省总县数的 56.81%;有 934 个重点贫困乡镇、1.4 万个重点贫困村,分别占全省乡镇总数和行政村总数的 61.11% 和 70.50%。[①] 与国家扶贫开发战略和各项政策举措落实相一致,贵州省的扶贫开发和政策总体上经历了经济体制改革推动扶贫阶段、大规模开发式扶贫阶段、八七扶贫攻坚阶段、综合扶贫阶段和多元化扶贫治理阶段以及当前的扶贫攻坚——"精准扶贫、脱贫"阶段。

(一)贵州省扶贫政策的历史沿革

1. 1978—1985 年经济体制改革推动扶贫阶段

改革开放这一时期,按照我国政府确定的贫困标准统计,1978 年全国贫困人口有 2.5 亿人,占农村总人口的 30.7%。造成这一阶段贫困的原因是多方面的,其主要原因在于人民公社制度无法适应农村生产力的发展。因此,缓解贫困的主要途径就是改变制度:以"家庭联产承包责任制"土地经营制度改革为主线,通过经营方式的创新和产权关系的调整提高农民生产经营积极性,促进乡镇企业发展,促进农村经济快速增长。具体的制度变革包括土地制度改革、农贸市场改革、改革支持农村金融组织和改变劳务输出限制。这些制度变革致使农村贫困状况大幅度缓解。1978—1985年,农村社会总产值从 2037.5 亿元增长到 6340 亿元,年增长率达到

[①] 王兴骥:《贵州社会发展报告(2014)》,社会科学文献出版社 2014 年版,第 213—214 页。

15.25%；农民人均纯收入由133.6元上升到397.6元；农村绝对贫困人口平均每年减少1786万人，数量从2.5亿人减少到1.25亿人，相应贫困发生率下降到14.8%。[①] 从贵州实际情况看，尽管在经济体制改革的推动下，农村经济有了长足发展，但是由于历史上"天无三日晴，地无三分平，人无三分银"的特殊自然、地理条件及既不沿边又不沿海的内陆喀斯特地貌，加上计划经济体制的影响，限制了经济体制改革对贵州省农村经济发展的促进作用。该阶段贵州贫困人口也发生了相应的变化，减少了87万人左右，贫困率下降10%左右，但仍然还有超过50%以上的农村贫困人口，到1985年贵州贫困人口数占全国贫困人口数的12%。

2. 1986—1993年大规模开发式扶贫阶段

此阶段主要是利用贫困地区的自然资源，进行开发性生产建设，逐步形成贫困地区和贫困户的自我积累和自我发展的能力，目标是通过开发贫困地区的自然资源达到解决贫困人口的"温饱问题"并实现一部分贫困人口脱贫致富。为此，1986年3月，六届全国人大四次会议将"老少边穷"地区迅速摆脱经济和文化落后的状态作为一项重要内容，列入《国民经济和社会发展"七五"计划》。同年6月，成立国务院扶贫开发领导小组，贫困地区也相应成立扶贫办。明确采取的扶贫政策措施有四：其一，设立专门的扶贫机构，使得扶贫工作有了制度保障和政策支持；其二，确立开发式扶贫政策方针，彻底摆脱救济式扶贫；其三，区域瞄准，明确了扶贫开发的重点区域为"老少边穷"地区；其四，确定贫困县的扶持标准，核定贫困县，分中央和地方两级重点扶持。通过这些政策措施的落实和贯彻执行，扶贫工作取得了积极的成效，从全国来看，国定贫困县农民人均纯收入从1985年的208元增加到1993年的483.7元，农村贫困人口由1.25亿人减少到8000万人，平均每年减少640万人，贫困发生率从14.8%下

[①] 张磊：《中国扶贫开发政策演变1949—2005年》，中国财政经济出版社2007年版，第5页。

降至8.72%。这一时期，贵州省在政府主导下，结合自身实际采取"造血型"的开发式扶贫模式，取得了初步的成效，贫困人口减少了500万人。但是由于扶贫资金主要投向以资源开发为主的产业和工业，贫困农民受益较少，绝对贫困情况依然严峻。

3. 1994—2000年国家"八七"（用七年的时间，解决八千万贫困人口的温饱问题）扶贫攻坚阶段。

伴随我国经济体制改革的不断深化，社会主义市场经济的确立，扶贫政策的贯彻实施及取得的实质性成效，使得以"老少边穷"地区为地域特征的贫困分布状况，逐步集中转化为中西部地区为特征。而这些地区主要是自然地理条件恶劣、基础设施落后和教育水平较低的深山区、石山区、荒漠区、高寒山区、黄土高原区、水库区和多民族杂居的地区等。为了从根本上解决这些地区的贫困问题，达到"温饱"的扶贫目标，1994年3月国务院颁布实施《国家八七扶贫攻坚计划》——"从1994年到2000年，集中人力、物力、财力，动员社会各界力量，力争用七年左右的时间，基本解决目前农村八千万贫困人口的温饱问题。"具体在原有以工代赈、科技扶贫、机关定点扶贫等措施的基础上，又采取了一些新的政策措施和举措，如表1-1所示①。

表1-1　　　　　　　　　国家扶贫的政策和举措

扶贫方式		起始年	投入或效果	管理机构
横向联合与对口帮扶	乡镇企业东西合作	1995		国务院，有关省（自治区）政府
	发达地区对口帮扶贫困地区	1996		

---

① 刘慧：《我国扶贫政策演变及其实施效果》，《地理科学进展》1998年第12期。

续 表

扶贫方式		起始年	投入或效果	管理机构
社会公益扶贫	光彩事业	1994	总投资 27.35 亿元	中共中央统战部和全国工商联
	幸福工程	1995	募捐 2000 多万元	幸福工程组委会
劳务输出		1994	输出劳动力 2500 万人（1994—1995）	劳动部门
异地搬迁移民			解决近百万人温饱	有关地方政府
国际合作（世界银行贷款）	西南项目	1995	42.3 亿元，其中世行贷款 2.47 亿美元	中国政府
	秦巴项目	1997	33.2 亿元，其中世行贷款 2 亿美元	

为此，为了加快这一目标的实现和进程，1998 年，国家实施了"西部开发"战略，极大地推动和有力地促进了"八七"扶贫攻坚计划的实现。

到 2000 年年底，国家"八七"扶贫攻坚目标基本实现，中国的扶贫开发取得了巨大成就。农村尚未解决温饱问题的贫困人口由 8000 万减少到 3200 万，农村贫困发生率下降到 3.4%，农民人均纯收入增加至 1337 元。[①] 这一阶段是贵州省经济发展最快、贫困状况改善最好的阶段。贫困人口减少了 700 万左右，贫困率下降了 25%，农民人均纯收入从 1993 年的 335 元提高到 2000 年的 1260 元。通过扶贫攻坚困扰贵州多年的农民"温饱"生存贫困问题得到基本解决，同时标志着"温饱"这一贫困的主要矛盾得以

---

① 《中国农村扶贫开发纲要》，中华人民共和国中央人民政府网站，2006 年 11 月 19 日，http://www.gov.cn/zwhd/ft2/20061117/content_447141.htm。

有效解决。但是随着中国经济社会因改革开放的不断深入和深化，收入差距凸显，城乡二元结构突出、东西部发展差距等现实问题，又导致了绝对贫困与相对贫困交织，进一步加重了扶贫、脱贫事业的复杂性。

4. 2000—2010 年综合扶贫阶段

"八七扶贫攻坚计划"完成以后，国务院制定实施了新阶段的扶贫政策——《中国农村扶贫开发纲要（2001—2010 年）》，将扶贫工作的重点着重于西部欠开发、欠发达地区和民族地区，国家扶贫政策采取了"项目扶贫、整村推进和劳动力培训转移"的"三位一体"模式。具体为：贫困县的政策依旧保留，贫困村成为扶贫的瞄准对象，将扶贫资金直接下放到贫困村。新的扶贫政策比起以往来说更加注重贫困地区的科教文卫事业的发展，强调人力资本的投资，重视贫困人口的发展能力，建立贫困者参与式扶贫、以村为基本单位的综合开发和整村推进扶贫模式，为贫困地区贫困人口达到小康水平创造条件。具体措施有：中西部地区"两基"（基本普及九年义务教育、基本扫除青壮年文盲）攻坚计划，普遍提高贫困地区劳动力的基本素质；建立农村贫困人口医疗救助制度和新型农村合作医疗制度，解决看病难的问题；村村通公路和广播电视工程，改善贫困地区的生活环境。2000—2010 年，全国贫困人口减少至 2688 万人，贫困发生率下降至 2.8%。

贵州根据国家扶贫开发的战略部署和政策措施安排，结合贵州实际采取综合扶贫发展，全面实现教育"两基"目标，贯彻落实社会保障"制度全覆盖"的各项民生工程，如实施新型农村合作医疗制度全面覆盖，参合率高达 98%。农村最低生活保障制度覆盖逐步实现了"应保尽保"，同时开展了新型农村养老保险制度的试点工作并不断推进到全省 88 个建制县。在经济发展和社会管理政策措施的共同治理作用下，2000—2008 年贵州省贫困人口减少 116 万人，低收入人口减少 201 万人。但由于 2008 年，绝对贫困标准和低收入标准合一，统一使用 1067 元作为扶贫标准。此后，随着消费价格指数等相关因素的变化，标准进一步上调至 1196 元，使得贵州贫困人口上升到535万人。这一定程度反映出贫困问题已由绝对贫困转变为收入不平等造成的"转型性贫困",反贫困进入深水区。

5. 2010—2015年多元化扶贫治理阶段

2009年确定1196元的新扶贫标准仍被视作偏低。2011年,中央决定,将农民年人均纯收入2300元(2010年不变价)作为新的国家扶贫标准,这一标准比2009年提高了92%,并将低收入人口全部纳入扶贫范围。2011年11月29日国务院发布了《中国农村扶贫开发纲要(2011—2020年)》,明确将扶贫标准以下具备劳动能力的农村人口作为主要对象,把六盘山区等11个连片特困地区和国家已经明确实施特殊政策的西藏、四川省藏区、新疆南疆三地州区作为扶贫开发的主战场。除了继续加大资金投入实施开放外,将"两不愁、三保障"(扶贫对象不愁吃、不愁穿,保障其义务教育、基本医疗和住房的)的"民生工程"作为社会扶贫目标。在此期间,贵州有65个县、市被划入武陵山集中连片特困地区、乌蒙山集中连片特困地区和滇黔桂石漠化区三大特困地区。2011年调整农村贫困线至2300元,导致贵州贫困面扩大和人口的增加。为此,根据国家的部署贵州省启动以集中连片特困地区为主的多元化扶贫机制,贫困人口从2011年的1149万人减少到2014年的623万人,减少农村贫困人口526万人。2014年贵州省农村贫困人口占全国总数的8.9%,贫困发生率为18%。此外,为规范扶贫开发行为,加快贫困地区经济社会发展,实现扶贫对象脱贫致富,缩小城乡和区域发展差距,全面建成小康社会,2013年1月18日贵州省第十一届人民代表大会常务委员会第三十三次会议正式通过《贵州省扶贫开发条例》。至此,贵州省扶贫开发正式以制度法规的方式规定下来,形成政府扶贫项目为主导,行业扶贫和社会扶贫为辅助,扶贫资金和政策措施为保障的多元扶贫治理机制。

6. 2015年至今,"精准扶贫、精准脱贫"阶段

改革开放以来,在"走向共同富裕"的中国特色社会主义思想指导下,持续不断且不断发力的反贫困政策和措施,取得了举世瞩目的反贫困

成效，使得7亿多农村贫困人口成功脱贫，但到2015年年底，仍有7017万贫困人口尚未脱贫，在2015年11月26日中共中央召开了中央扶贫开发工作会议，全面部署了"决不能落下一个贫困地区、一个贫困群众"的"精准扶贫、精准脱贫"反贫困攻坚工作。为此，提出了实施"五个一批"（一是发展生产脱贫一批。二是易地搬迁脱贫一批。三是生态补偿脱贫一批。四是发展教育脱贫一批。五是社会保障兜底一批）工程，并明确"十三五"期间脱贫攻坚的目标是，"到2020年稳定实现农村贫困人口不愁吃、不愁穿，农村贫困人口义务教育、基本医疗、住房安全有保障；同时实现贫困地区农民人均可支配收入增长幅度高于全国平均水平、基本公共服务主要领域指标接近全国平均水平"。根据中央的部署，贵州省委、省政府将"大扶贫"作为"十三五"期间的重要工作之一，在"精准识别"的基础上，采取"一人或一户，一策一项目"的瞄准机制，加上其他扶贫措施，全省上下齐动员，打响了"啃硬骨头"的扶贫攻坚战。根据统计，2014年贵州有贫困人口625万，2015年贵州省扶贫开发工作目标为减少贫困人口130万，新增10县160乡"减贫摘帽"，到2016年，贵州共减少贫困人口120.8万，6个贫困县、60个贫困乡镇摘帽，2300个贫困村退出。可见，"十三五"开局之年，扶贫开发工作，卓有成效。

（二）贵州省扶贫的举措特征分析

上面简要介绍了贵州省扶贫开发的历史沿革及取得的成效，不难看出，取得的每一项成绩，都与国家扶贫开发的总体战略部署和政策实施密不可分，归纳起来主要呈现出以下三个方面的转换。

第一，扶贫政策从"输血"向"造血"机制转换。20世纪80年代中期以前，扶贫政策的对象主要是丧失劳动能力和失去家庭成员支持的特殊贫困群体，以及因自然灾害处于短期贫困的人口，采取的方式是由国家或集体直接提供生活物资补助。随着改革开放的推进，经济社会水平不断提高，绝对贫困状况得到进一步的改善，但"输血"的救济式扶贫存在着

"治标"不"治本"的弊端，改变这种状况的路径在于通过扶贫要素和扶贫资源的投入，扶持贫困人口改善生产和生活条件，提升教育、医疗和科技文化水平，增强"造血"机能。这种"开发式"扶贫政策使得贫困人口大幅下降，同时针对大量的无劳动能力的贫困人口，农村社会保障制度的完善和覆盖面的扩大使得这部分人群得到社会保障制度保障的同时享受到国家的扶贫政策，因而现阶段的扶贫政策形成了开发式扶贫为重点救济式扶贫为托底的全面扶贫格局。

第二，扶贫政策主体从单一向多元主体转化。改革开放以来，党和国家担负起了扶贫开发的主体责任，如在1998—2001年，中央政府的扶贫投资占贫困县总投资的71%，加上地方政府的扶贫投资，这一比例高达83%。但随着我国社会主义市场经济建设逐步融入经济全球化、自由化，对外开放不断深化，经济发展取得了举世瞩目的成就，社会组织也得以蓬勃发展，在党和政府的鼓励和支持下，社会各界积极参与到扶贫开发项目中。中央和地方政府动员和安排的党政部门和大型国企事业单位的定点扶贫、东西对口扶贫、国内外第三部门、国际组织参与等，使得扶贫开发的主体从过去单一的政府责任，逐步向社会组织参与的多元化发展。例如，在贵州省黎平、松桃两县40个贫困村就由保时捷中国汽车有限公司与联合国儿童基金会合作开发实施"贫困地区农村儿童早期综合发展"项目；同时政府通过优惠政策鼓励金融机构参与农村信贷扶贫项目，等等。

第三，扶贫政策瞄准机制从区域向县、村再到家庭或个人转化。我国实施扶贫开发初期扶贫政策采取的是区域瞄准，针对18个集中贫困区域实施连片开发。在实现"温饱"目标阶段，中央政府将县作为基本的瞄准单位，确定592个贫困县作为"国家八七扶贫攻坚计划"和新的扶贫开发纲要的主要工作对象。但是随着贫困人口的减少，以县为瞄准单位的方式显现出扶贫对象大量漏出的弊端，因而2001年政府确定划分14.8万个贫困村，将瞄准单位的范围进一步缩小。随着贫困治理边际效益的递减，"大水漫灌"粗放式的扶贫方式使得资金和政策很难渗透到贫困人口，扶贫政策的受益群体往往是贫困地区的中高收入农户,而真正的贫困户由于个人能力和社会资本的匮乏很难得到真正的帮扶。[①] 所以,"十三五"期间党和国家将扶贫政策和措施下沉到村到户,通过对贫困家庭和贫困人口的精准帮扶,从根本上解决导致贫困发生的各种因素和障碍。可见,扶贫政策瞄准机制的变化反映了扶贫政策更加精细化和准确化,同时反映出我国政府彻底拔出"穷根"的决心和信心。

三 贵州省扶贫政策的实践分析

"天无三日晴,地无三尺平,人无三分银"表明了贵州贫困的客观性、历史性、自然性、综合性及复杂性和普遍性特征,也表明了贵州啃掉"贫困"这块"硬骨头"的艰巨性和长期性,但在党中央的坚强领导,国家政策的大力支持及全国人民的帮助下,贵州省委、省政府带领全省人民艰苦奋斗,持之以恒地实施"富民兴黔"战略,贵州"摘穷帽""拔穷根"逐步成为现实,与全国人民一道"全面建成小康社会"的发展目标,将在国家第十三个五年计划结束时全面达到,"多彩贵州"的亮丽名片,正从国内走向世界。这一历史性的巨变,得益于党和国家各项扶贫政策措施的持续综合发力。下面分两个部分予以论述。

(一)扶贫生态移民和易地搬迁并举

贵州省地处我国乌蒙山区—云贵高原,是我国长江、珠江两大水系的分水岭,常年降水量在1400—1700毫升,特殊的地理位置和环境使得贵州成为长江、珠江的重要生态屏障和可持续发展的重要保障,但由于喀斯特地貌和沟壑交错的地表结构又使得这种生态保障功能极其脆弱。另外,贫瘠的土地和耕地资源的匮乏,加上交通的闭塞,贫困成为该区域各族民众的普遍现象。这就使得发展和生态保护成为走传统脱贫致富之路的主要矛

---

① 王介勇、陈玉福、严茂超:《我国精准扶贫政策及其创新路径研究》,《中国科学院院刊》2016年第3期。

盾，因此，"守底线"便成为解决生态脆弱地区贫困人口脱贫致富的"禁区"。生态移民和易地搬迁就成为这些贫困地区"守住底线"，脱贫奔小康的重要政策措施之一。

1. 扶贫生态移民

贵州省铜仁市地处武夷山集中连片特困地区，按照国家和贵州省的政策目标和整体规划，秉承"搬得出、留得住、能就业、有保障"的扶贫理念，在2012年编制实施了《铜仁市扶贫生态移民工程总体规划（2012—2020年）》，规划采取"一次规划、分年实施、重点突破、整体推进、统筹建设、做大县城、配套园区、提升集镇"的总体思路和要求，计划到2020年全市计划搬迁30万人，覆盖全市10个区县，其中包括7个国家扶贫开发重点县，125个贫困乡镇，1781个贫困村。具体采取了如下四项政策措施。

第一，住房政策。铜仁市扶贫生态移民住房按户均80—120平方米标准建造，财政给予补助资金人均1.2万元。住房建设资金不足部分由移民自行解决，无力自筹的特殊困难户则由政府担保，向金融机构贷款解决，五年内还清。进入城镇安置的，为每户移民配置建设一个门面或者摊位，移民搬迁后原有的住房由当地政府组织复耕或进行生态恢复。

第二，公共基础设施建设政策。此项政策有二：一是依托产业园区企业的用工需求，把移民安置点建设与企业职工宿舍建设结合起来，合作共建、资源共享，配套相应的服务设施；二是依托民生项目和基础设施项目资源，按照特色旅游小城镇的发展要求，逐步完善医院、学校、商贸、文化等相关配套服务设施。在这些移民安置点实现"五通七有"，即通电、通路、通水、通光缆、通电视，有学校、有卫生室、有文体活动广场、有超市、有社区服务中心、有垃圾中转站、有公厕的目标。

第三，移民发展政策。此项政策有四：一是建立移民人力资源库。二是搭建移民就业服务平台。三是建立移民就业培训常态化机制。四是打造移民就业基地。例如，自2013年起，市、区县财政每年拿出1000万元，用于购买公益性岗位，重点安排"4050"人员，连续实施 5 年。五是开发移民创业项目。

第四，社会保障政策。移民搬迁农户以 2011 年 12 月 31 日户口簿为准。对于参军、上学、"两劳"人员等，按现居住地人口享受搬迁政策。搬迁后转为城镇居民的，实行属地管理，与当地城镇居民享有同等的教育、医疗卫生、养老保险、失业保险、社会救助、社会福利和慈善等社会保障政策；对孤寡、智障等丧失劳动能力的移民，由铜仁市当地政府统一集中供养；符合低保条件的移民（新建安置房不作为衡量条件）全部应保尽保；10 年内继续享受原有计生政策。搬迁后仍保留农村户籍的移民，在原住地享受的最低生活保障、医疗救助、新农合补助、养老保险等政策不变，由迁出、迁入地县级政府安排做好转移接续工作，解除移民后顾之忧。

上述全方位的政策措施共同发力，使得移民搬迁不仅解决了生态脆弱地区的贫困问题，而且生态得到了保护和恢复，同时促进和加快了城镇化的步伐和城乡统筹协调发展，农村劳动力资源得到了有效配置。2012—2014 年，铜仁市实际搬迁人数共计 32169 人，其中移民就业数据数达到 13239 万，移民的收入水平从过去的温饱线向小康水平迈进。其中，万山区扶持移民搬迁户从事商品经营、客货运输、餐饮服务等行业 3426 人，推荐到企业就业 2426 人，发展大棚蔬菜、特色种养等农业产业 2258 人。基本实现了预期扶贫搬迁目标。但由于移民搬迁是一项综合而复杂的系统工程，正如现实生活体现的那样"贫困的结果都一样，贫困的原因千千万"。因此，存在着政策执行中责任主体不明确，相关政策执行偏差，受限地方财力专项资金标准偏低，从事扶贫生态移民工程的工作人员缺乏系统的培训等具体而又实际的问题。为此，必须建立统一的移民搬迁社区公共服务机构，不仅承接移民搬迁的各项政策措施的落实，而且为搬迁后的移民提供后续的公共服务；同时负责统筹协调各项扶贫和民生工程的资金渠道，以确保整个移民搬迁各项政策措施的落实到位，真正做到"搬得出、留得住、能就业、有保障"的同时增强政府的公信力。

2. 黔西南州的易地扶贫搬迁

2015年11月27日召开的中共中央扶贫工作会议,针对我国7017万贫困人口,提出了实施"五个一批"工程(生产发展、易地搬迁、生态补偿、发展教育和社会保障)。各个地方根据自身的实际情况,尤其是集中连片特困地区都将打赢"扶贫攻坚"作为决战"十三五"经济社会发展的重要任务之一。贵州省黔西南布依族苗族自治州(以下简称"黔西南州")地处集中连片特困地区的滇桂黔石漠化地区,一半以上是因"困"而"贫"。"困"在"高山彝苗水仲家(布依族旧称),仡佬族住在石旮旯""苗家住山头、夷(布依族)住水头,客家(少数民族对汉族的旧称)住街头",道路交通不便,土地贫瘠,生态环境脆弱,鸡犬声相闻,老死不相往来,公共产品及服务配置效率和水平难以提高,尽管通过区域性的西部大开发和"整村推进"的扶贫重大措施和手段,难以发挥产业和城镇化的聚集效应,使得全州2014年年末户籍人口351.87万中按照扶贫部门建档立卡的贫困人口仍然有58.29万,农村低保人口29.338万,贫困人口与农村低保人口占总人口的比例分别为:16.6%、8.34%,贫困户与低保户合计占户籍总人口的比重高达24.9%,贫困人口占贵州全省贫困人口的比例为9.7%。更为突出的是,根据2015年的统计,黔西南州仍然未脱贫的43.23万贫困人口中,有22万人口需要通过"易地搬迁"解困。可见,贵州省黔西南州的贫困根源在于自然生存环境所"困"而"贫",因此,打赢"易地搬迁"攻坚战,是该州摘掉贫困帽子,全面建成小康社会的决胜之一役。

第一,因"迁"而"富"。搬出"困境",迈上小康的富民之路。贵州省黔西南州因"困"而"贫"的状况已经是全州上下的共识,在中央和贵州省委精准扶贫到户到人的指导思想和"易地扶贫搬迁"工程的政策支持下,在州委强有力的领导下制订了一整套科学严谨的"易地扶贫搬迁"方案,在2016年打响了"易地搬迁"攻坚战。基本内容有五:其一,彰显"四个特色",强化脱贫攻坚保障。坚持党建统领,突出群众主体,强化过程监督,注重机制创新。其二,着力"四个突出"。培育产业"强支撑",易地搬迁"挪穷窝",科技引领"补短板",兜底保障"全覆盖"。其三,树立"五共理念"。共商、共识、共建、共享、共担。其四,"四步工作"法:精准识别、措施制定、落实措施、效果评估。其五,效果评价"三方认账"。贫困群众认账,评估机构认账,验收单位认账。目前,一场啃硬骨头的攻坚战正按照上述战略规划和部署,在黔西南州大地稳扎稳打、有条不紊地步步推进。

第二,几个需要完善、细化和研究的问题。针对上述易地搬迁脱贫、扶贫方案,结合我们的实地调研,认为仍有如下四个方面的问题需要进一步细化和研究。

第一个方面,易地搬迁中的"五共理念"。我们认为应该完善为"六共理念",即需加上"共管或共治",因为,将分散在千沟万壑的贫困户或低保户集中到城镇,如何治理?应该按照社区构建原则,实施自治。这是确保搬迁后通过社会治理达到社会稳定的关键。

第二个方面,低保线高于贫困线的问题。这里涉及"并线"和"并库"的问题。我们认为,贫困是发展问题,而低保是社会问题,将二者并而解决需要进一步的深入研究,这是涉及规避从山区"贫困"转向城镇"贫困"的根本问题。

第三个方面,资产配置问题。易地搬迁后,原有使用权的土地或自然资源成为贫困者存在来源,搬入城镇后,原拥有使用权的资产性收入转变为具有所有权的固定资产(房屋所有权),二者之间的关系如何转换,需要进一步研究。

第四个方面,产业发展问题。如何因地制宜发展特色产业需要进一步研究或科学论证。当前在产业扶贫中,急功近利最突出的表现是全国都种蘑菇、全省都在搞"绿壳鸡蛋"等,这种不尊重市场规律的产业扶贫,是难以实现可持续发展的。

总之，我们认为"易地搬迁"单从搬迁上看，只是一个技术问题，而要规避"城镇贫民窟"现象，实现可持续发展，则是一个经济社会发展问题，必须综合考虑、统筹协调安排和科学规划。

（二）贫困地区劳动力资源开发

为了承接经济发展和扶贫开发而引起的农村劳动力转移，使得依靠祖祖辈辈代际传授的农业生产技术的农村劳动力适应工业化发展和农业现代化的技术、技能要求，实现农村劳动力资源的可持续发展。下面分五个部分予以论述。

1. "雨露计划"工程

2005 年国务院扶贫办出台了《关于加强贫困地区劳动力转移培训工作的通知》，2006 年又在全国范围内开始实施了"雨露计划"工程。这标志着我国的扶贫开发工作由以自然资源开发为主阶段，发展到自然资源开发与人力资源开发并举的新阶段。该项工程的基本思想是：通过提高贫困对象劳动力文化和职业技术水平，增强贫困地区劳动力从农业部门向城市部门转移能力，减缓贫困农户农业生产的"过密化"程度，提高贫困农户农业从业人口和务工人口的收入水平。

在前期"雨露计划"实施的基础上，结合新时期国家扶贫开发战略、政策和贵州贫困人口的特征，贵州省从 2014 年起，用三年的时间，紧紧围绕"六个到村到户"，做到"1 户 1 人"（每个建档立卡户至少 1 人接受中职以上学历教育，或 1 人接受职业技能培训后转移就业，或 1 人接受农业产业化技能培训，挂靠上一个龙头企业或合作社），使"雨露计划"实现对全省 180 万建档立卡户培训全覆盖实施项目。为此，在资金安排上，2014 年度贵州省"雨露计划"投入资金 8000 万元，计划完成培训 20 万人以上。其中，助学类项目资金 6500 万元，用于"助学工程"（含国办试点）资助中高职农村贫困生 3 万人、"圆梦行动"资助二本以上农村贫困大学新生 0.5 万人，合计 3.5 万人；各类技能培训资金 1500 万元，计划培训18.53万人。其中，重点县（50个）20万元/县、1000万元，非重点片区县（20个）10万/县、200万元，非片区县（18个）5万元/县、90万元，小计1290万元。此外，还设立了"赫章县平山乡雨露计划整乡素质提升工程"和"铜仁市雨露计划青年创业扶贫带富工程"两个省级示范项目，安排资金210万元。还在黔东南、黔南和黔西南三个自治州实施"锦绣扶贫工程"，资金在"民族民间技艺培训"切块资金中统筹。

2. 扶贫专项培训项目主要针对重点贫困县、历年培训较好、项目可靠、与主导产业及比较优势结合较紧密的地区

扶贫专项培训项目主要包括以下内容。

第一，十大扶贫产业普训。主要采取编印发放农民实用技术手册为主、辅之以现场培训和"师带徒"等方式，人均培训标准20元（含农民实用技术手册编印及发放、老师授课带徒费用等），培训10万人。2014年编印《西部大樱桃实用技术手册》《中国南方山区种草养羊实用技术百问百答》，还拟组织编印《突尼斯软籽石榴实用技术手册》《中国南方高原苹果实用技术手册》等。

第二，十大扶贫产业技术骨干培训（含创业培训）。人均培训标准500—1500元，培训3300人。通过"师带徒"、创办"创业园"等方式进行。

第三，民族民间技艺培训。人均培训标准800元，培训2000人。"锦绣扶贫工程"主要采取进村入寨、集中实训方式开展，与产品开发营销密切结合。

第四，企业"招工—培训—就业""三位一体"培训。人均培训标准100元，培训6万人。

第五，培训创新示范项目。"赫章县平山乡雨露计划整乡素质提升工程"100万元培训7000人、"铜仁市雨露计划青年创业扶贫带富工程"项目110万元培训8000人。

3. 产业化扶贫政策

产业化扶贫模式是新时期我国农村开发式扶贫的重点之一,它是根据贫困地区的资源状况,通过确立主导产业、建立生产基地、提供优惠政策、扶持龙头企业,探讨运行机制、实现农户和企业双赢,从而达到带动贫困户脱贫致富的目标。国家对产业化扶贫的主要手段是提供政策支持,主要包括信贷扶贫政策、税收优惠政策、土地使用政策和对口帮扶政策等。这些政策支持直接转换为对农业产业化龙头企业的资金支持,最具有代表性的是以"茶产业"为成功典型的贵州省"湄潭模式"。

湄潭模式:湄潭县位于贵州北部、遵义东部,是典型的内陆山区农业县,为革命老区、系武陵山片区区域发展与扶贫攻坚重点县。历史上的湄潭是老茶区,茶树的原产地,但由于历史和地理的原因,茶产业优势没有得以充分开发和发展。进入21世纪,在国家产业扶贫开发政策的支持下,走出了一条具有特色的产业扶贫新模式,全县茶园面积从2000年的不足3万亩扩展到2016年的60万亩,茶叶产量5.3万吨、茶叶产值35.9亿元、茶业综合产值88亿元,茶农茶青收入24.37亿元、人均增收6000余元,成为贵州省最大的茶区和全国茶园面积第一大县。2016年农村居民人均可支配收入超过11500元,农民茶园亩均收益占农民人均可支配收入的一半以上,实现贫困人口从"十五"期初的22750户72800人(农村居民人均可支配收入低于1067元/年)减少到"十二五"末的9600户27700人(农村居民人均可支配收入低于2800元/年),全县贫困发生率下降到2.6%,贫困镇发生率从33.3%下降到零,形成了产业扶贫的湄潭模式。湄潭的茶园分布在全县15个镇(街道),涉及8.8万农户、35.1万余人,分别占全县农户和农业人口的76%和81%,全县5个贫困镇、64个贫困村实现茶园全覆盖。茶叶受益贫困户5404户17800人,分别占全县贫困户和贫困人口的40%、41%,涉及茶园面积85057亩。到2015年年底,已实现相关贫困户脱贫60%,新建部分茶园陆续投产后,涉及的贫困户可实现全部脱贫。从具体做法来看,湄潭产业扶贫模式的成功之处在于"不折不扣"地贯彻执行了"产业扶贫"的各项政策措施。在政策上，该县根据国家和贵州省有关产业扶贫政策的规定，制定出台和实施了《加快茶产业发展的决定》《加快茶产业转型跨越的实施意见》《2013—2015年加快茶产业发展的实施意见》等政策措施，并通过县邮政银行、贵州银行等金融企业加创新信贷业务，针对茶叶生产实际，开发联户担保、小额信贷等多个金融信贷产品，从金融上大力支持茶产业发展，在财政方面按照"用途不变、渠道不乱、各记其功"思路，使得县级财政资金4000万元以上直接投入茶产业项目建设，累计实现水、电、路、讯等茶区基础设施等投入近30亿元。在产业方式上，构建起了以"公司（合作社）+基地+农户"为主体的产业化经营模式和利益联结机制。通过企业或专业合作社牵头对散户茶园进行"三统一"（统一肥料、统防统治、统一茶青收购）管理，实现贫困农户持续增收不返贫，具体做法为企业或专业合作社对贫困户肥料等生产资料投资进行垫支，从茶青收益中扣回。由此，茶农可以通过茶叶采摘、茶叶加工以及茶旅游等方式获得稳定和可持续发展的收入。

湄潭模式的综合效益。湄潭模式的意义有四。其一，实现从"茶农"到"职业农民"的转变。一方面农民参与到茶的"种、产、供、销"的整个产业链条中，实现脱贫增收致富。2016年，湄潭全县投产茶园48万亩，户均5.5亩、人均1.4亩，茶业一产产值24.37亿元。茶农通过"四自"（自种、自管、自采、自销）等自主经营管理模式，每年每亩投产茶园茶青收入稳定在5000元左右，确保农民持续增收；另一方面实现了从"单干"到"集约"茶园流转管理。湄潭积极推进土地承包经营权流转管理改革，财政对流转企业每亩茶园补助600元，一补三年不变，亩均投亩茶园流转费1500元左右，全县流转茶园面积达10万亩。从而实现了茶园相对规模集中高效经营，带动贫困农民致富。例如，西部生态茶业第一村核桃坝村通过流转茶园和产业化分工，吸引外来贫困人口3200余人来该村务工，该村居民实现人均可支配收入达15600元。其二，实现了劳动力和贫困人口从"外出打工"到"就地就近就业"的转移。茶叶加工、销售和茶旅一体化发展。积极转移农民特别是贫困人口就业，全县工业和农业园区带动农民就业 4 万余名，仅以茶旅一体为重点的旅游从业贫困人口就达 965 人，通过务工和惠农政策等多渠道增加农民收入，农民人均非农收入占比达 53.84%。其三，实现了"承办"制向"户户是股东、家家能分红"农业经营模式的转变。湄潭的"茶产业"积极推行"企业＋合作组织＋农户＋基地""园区＋企业＋农户""公司＋专业合作社＋股东"等经营模式和利益联结机制，实现资源变资产、资产变股金、农民变股东"三变"改革成果，仅专业合作社就带动贫困户 4700 户脱贫致富。其四，实现了"既要金山银山，又要绿水青山"的发展目标。湄潭县大力实施退耕还茶、林间种茶、荒山造茶等工程，其中计入森林覆盖率的 26 万亩茶园为全县 62.8% 的森林覆盖率贡献了 9.3 个百分点，加之未计入森林覆盖率的 34 万亩茶园，为生态环境提供了强力有效屏障，实现了茶产业发展与生态环境保护双丰收。①

可见，产业扶贫的"湄潭模式"其成功的根本在于：做到了"因地制宜、政策到位、大胆创新"。这赋予了产业化扶贫政策具有鲜明的特色和优势：其有利于贫困地区发展壮大龙头企业和提高农业生产组织化程度，有利于促进贫困地区特色产业的形成和结构调整，有利于增加农民收入。

4. 对口帮扶政策

我国改革开放的总设计师邓小平在改革开放之初就指出："我们的政策是让一部分人、一部分地区先富起来，以带动和帮助落后的地区，先进地区帮助落后地区是一个义务。"② 我国的改革开放，从东部沿海城市开始，取得了举世瞩目的成就。"对口帮扶"便是"先富带后富"的重要扶贫举措之一。对口帮扶包括三个体系：其一，由中央政府统一安排的东西部协作扶贫，即东部发达省市帮扶西部贫困省区；其二，中央和各级国家

---

① 资料来源：http://www.sohu.com/a/136688749_630264。
② 《邓小平文选》第 3 卷，人民出版社 1993 年版，第 155 页。

机关、企事业单位帮扶辖区内的贫困县、区；其三，社会各界自愿捐赠结对帮扶，即民间帮扶。2013年，在原国家"西部大开发战略"的基础上，国务院发布《中共中央国务院关于深入实施西部大开发战略的若干意见》，并针对贵州贫困状况，出台了《国务院关于进一步促进贵州经济社会又好又快发展的若干意见》进一步深化了和加大了对口帮扶的力度。为此，在原有对口帮扶的基础上，确定由辽宁、上海、江苏、浙江、山东、广东等6个省（直辖市）的8个城市，分别对口帮扶贵州的8个市（州），重点任务在于解决深入推进扶贫开发攻坚，增强基本公共服务能力，深化经济技术交流合作和加强干部和人才培养交流。

2013年，上海市根据对口帮扶工作遵义市的情况，出台了《上海市对口帮扶遵义市2013—2015年工作计划》《上海市对口帮扶遵义市项目管理暂行办法》等政策措施。其中，2013年启动实施对口帮扶项目31个，涉及项目资金5000万元。重点安排在"9+3"教育、新农村建设、产业发展、人力资源开发等民生领域。在涉及武陵山、乌蒙山两个集中连片特困地区的9个县（市）实施项目27个，安排资金3969万元。具体措施有以下三项。

第一，产业园区建设。由上海市政府牵头，带领上海国盛集团、上海建筑材料集团、上海月星集团等20多家企业先后赴遵考察，投资发展新型纳米碳酸钙生产线设备、新型防水材料（PPR铝塑复合管）生产项目等。上海浦发银行在遵义县建立"园区推荐+银行审查+公司担保"的"银园保"融资服务新模式，解决了入园企业融资难的问题。除此之外，积极合作建设农业产业园区，如正安县脱毒马铃薯扩繁基地、正安县大坎现代农业园、凤冈县现代烟草农业示范园等。利用上海市先进的技术和管理、丰厚的资本促进遵义市产业化发展水平，帮助实现经济的快速发展。

第二，智力和技术支持。上海市利用其教育资源优势，帮扶遵义市发展高等教育，派遣"博士服务团"支援高等教育建设；在中等职业教育方面，以合作办学等方式支持遵义职业教育的发展；在基础教育方面，对遵义市中小学校长培训、职业学科带头教师培训、挂职锻炼等予以支持。此外，针对教育培训基础设施方面，投资建设教学楼、宿舍楼等，如务川自治县职业教育培训中心学生公寓、习水县土城镇小坝小学寄宿制工程、遵义职业技术学院实验实训大楼等一批项目完工投入使用。

第三，干部队伍建设。上海市从有关市直单位和普陀、杨浦、奉贤又选派干部，到遵义市的相关单位和贫困县。同时，遵义市选派县级干部到上海有关区、县或部门挂职锻炼。此外，上海市将遵义作为上海年轻干部党性修养的教育基地，加强浦东干部学院与遵义干部学院的帮挂对接。

通过上述措施，不仅促进了极贫地区经济和社会发展，还不断提升了干部管理队伍的水平和素质，全面地、可持续地推动了减贫事业的发展。

5. 精准扶贫、脱贫的"五看"标准

通过上述综合政策措施的发力，取得了扶贫、脱贫的积极成效，尤其是在2015年12月党中央、国务院扶贫工作会议提出精准扶贫、脱贫"五个一批"工程。贫困地区各级政府层层分解目标责任，狠抓落实，精准扶贫、脱贫的"攻坚克难"战役全面打响，并逐步向"深度贫困"地区推进。这其中最为突出的是地处乌蒙山区腹地的贵州省威宁县迤那镇，作为集中连片"深度"贫困地区，在长期的反贫困实践中，探索出"三级自治体系"和鉴别"真脱贫"或是"假脱贫"的"五看法"。

所谓"三级自治体系"是指村民委员会下设自管委（党小组），自管委下设"十户一体"（由党员中心户履行党建、管理和产业职责），构建起了党组织和党员在扶贫、脱贫中的组织保障体系和发挥"攻坚克难"的坚强堡垒作用。这一体系的扶贫、脱贫作用效果，则通过"五看法"来衡量判定。具体为：一看房，包括住房条件、人均住房面积、出行条件、饮水条件和生产条件。二看粮，包括人均经营耕地面积、种植结构、人均占有粮食和人均家庭养殖收益。三看劳动能力强不强，包括劳动力占家庭人口数、劳动力素质和人均务工收入。四看家中有没有读书郎，包括教育负债和教育回报。五看健康不健康，主要指健康状况。

上述"五看法",不仅反映出贫困地区的"温饱"问题的解决,而且标志着贫困人口生活从"温饱"到"小康"的实现,根本上看是贫困地区基本人权的保障,即生命权(生存权)、教育权和健康权的具体体现,并由此折射出对人类反贫困事业发展的贡献。

小结

本章较为系统地介绍了关于贫困及反贫困的基本理论和相关界定,并结合中国的反贫困实践,特别是以喀斯特、多民族地区为特征且贫困深度最深、贫困密度最大的贵州省为实际例子,展现了反贫困的具体做法和取得的实质性成效。我们认为,中国之所以为全球反贫困事业贡献了70%的减贫实效,归结起来主要有以下四个方面的突出特征。

第一,政治制度是优势。1949年10月1日,毛泽东主席向世界庄严地宣告:"中国人民从此站起来了。""人民"成为中国共产党治国理政的核心。"为人民服务"始终成为中国共产党建设社会主义制度,体现社会公平与正义的矢志不渝的宗旨,即使经济发展取得举世瞩目成就的今天,也一如既往。正如习近平总书记在中国共产党第十九次全国代表大会上的报告中所指出的:"人民对美好生活的向往,就是我们的奋斗目标。"可见,不论是计划经济时期,还是有中国特色社会主义市场经济建设,政治、经济和社会等管理制度都以此为中心予以开展,并逐步建立起了完善的制度管理体系。这样的制度体系,体现在反贫困方面有四大优势。一是有利于在思想上和行动上,达成共识和统一,为扶贫政策和措施的贯彻执行提供了政治保障。二是有利于统筹、协调和动员各个方面的力量和资源,形成扶贫攻坚的共同体,综合发力,取得实际成效,从而提供人力和财力资源保障。三是有利于高效组织实施。一方面作为执政党,各级政府坚定和不折不扣地贯彻执行党中央做出的扶贫政策措施;另一方面,发挥作为先锋模范带头作用的党员干部,在思想和行动上做到始终与党中央保持一致，这就为各项反贫困政策措施的实施提供了强有力的组织保障。四是有利于反贫困事业的可持续发展和政策措施的连贯性。社会主义事业建设一个基本的原则就是坚持党的领导，反贫困作为党的事业的一部分，不论政府换届和领导人的更迭，反贫困的职责和与贫困斗争的举措始终不变，都按照党中央的部署和规划，稳步推进从"温饱"到"小康"再到"全面建成小康"社会的战略部署，给反贫困事业可持续保障。总之，从制度层面上看，中国反贫困事业之所以取得举世瞩目的成就，就不难理解了。

第二，经济发展是基础。在前面的理论介绍和分析中，我们得出一个最基本的结论——"贫困的原因千千万，贫困的结果都一样"，反贫困的根本就是人的基本权利的保障。这就必须解决贫困人口的基本生活问题，而这又取决于经济及发展水平。国际国内的经验都表明中国社会主义建设取得的成就，就在于确立了以"经济改革"为中心，"发展才是硬道理"，把党的工作重心转移到经济建设上。有经济发展这个基础，不仅改善了人民的生活，而且能为贫困地区劳动力转移提供充分的就业岗位；另一方面，经济发展了，国家才有充足的财力用于贫困地区资源开发，实现贫困地区的反贫困目标，牢牢抓住经济发展这个中心，逐步推进反贫困事业向深度贫困挺进，最终彻底根除贫困，实现"建成全面小康社会"。

第三，创新社会管理制度建设是保障。经济体制不断深化改革的同时，在计划经济体制下构建的社会状态发生了深刻的变化，计划经济体制下构建的社会管理模式难以适应时代发展的需要，跟进经济体制与国际接轨的发展形势，创新社会管理模式和机制，成为体现有中国特色社会主义制度公平与正义的标准。与经济发展水平相适应，借鉴国际经验与教训，民生工程逐步构建，其中最为突出的是构建起了当今世界规模最大，覆盖人群最多，体系完善的社会保障制度，并据此明确了社会保障在整个精准扶贫、脱贫事业中的兜底作用。基于这一视角，进一步深入分析，贫困户不一定是低保户，但低保户绝对是贫困户。在此精准识别的基础上，贫困户通过发展政策实现脱贫致富，低保户则采取社会保障制度或发展政策和社会保障制度共同作用，保障其小康生活目标的实现。

第四，战略规划是路径。中国的反贫困是作为有中国特色社会主义建设事业的内容之一来开展实施的，而不是对贫困人口的救助或慈善。因此，反贫困的每一进程都统一纳入党和国家发展战略规划并确定相应的脱贫目标。例如，最早20世纪80年代中期的"老边少穷"地区的"输血式扶贫"，到90年代的"八七"扶贫攻坚计划，再从跨世纪的"西部大开发"到"国定贫困县"，以及21世纪初划定的"集中连片特困地区"和目前实施的"精准扶贫、脱贫"战略部署。每一个战略环节都明确了具体的脱贫目标和任务，使得整个扶贫、脱贫事业从面到点，先易后难，层层推进，直至啃下深度贫困这块"硬骨头"，从而打赢反贫困这场战役，达到"全面建成小康社会"中国特色社会主义事业的建设发展目标，为实现中华民族伟大复兴"中国梦"奠定坚实的经济社会基础。

综上，尽管将中国特色社会主义建设已经取得的成就称为"中国经验"或"中国模式"，还有待时日。但从历史的纵向上看，在中国共产党的领导下，通过半个多世纪的努力奋斗和不断改革探索，将一个被殖民掠夺近百年，洗劫为一穷二白的半封建半殖民国家建设成为世界经济强国，却是不争的事实。

第二章 就业与就业政策

第一节 就业的基本理论

中国共产党第十八届三中全会通过的《中共中央关于全面深化改革若干重大问题的决定》指出"完善和发展中国特色社会主义制度,推进国家治理体系和治理能力现代化"是我国今后一个时期全面深化改革的总目标。在标志着我国经历了改革开放 30 多年的实践,经济社会取得举世瞩目成就的同时,中国特色社会主义道路建设逐步走向成熟和定型。兴起于 20 世纪末的现代公共管理理论中的"善治"包括两层含义:一是政府管理法制化;二是国家治理主体的多元化。具体来说,包括"政府行政行为、市场行为和社会行为的一系列制度和程序"①。可见,国家治理和治理能力现代化,不仅要将我国改革开放以来中央及各级地方政府管理的经验总结上升到国家层面予以制度性安排,同时在经济全球化一体的进程中,特别是"一带一路"倡议实施中,借鉴和创新管理模式,全面提升国家治理的能力和水平。伴随我国改革开放步伐而不断深入进行的反贫困事业中采取的就业政策和措施,就是国家治理贫困的重要组成内容之一。

---

① 俞可平主编:《推进国家治理与社会治理现代化》,当代中国出版社 2014 年版,第 2 页。

成立于1919年4月的国际劳工组织，其重要活动内容之一就是制定国际标准，其界定的就业是指一定年龄阶段内的人们从事的为获取报酬或经营收入进行的活动。2003年，中国劳动和社会保障部办公厅发布的《关于落实再就业政策考核指标几个具体问题的函》（劳动社厅函〔2003〕227号），对就业的界定为"就业人员是：在法定劳动年龄内（男16—60岁，女16—55岁），从事一定的社会经济活动，并取得合法劳动报酬或经营收入人员"。就业是民生之本，一个有劳动能力的人只有实现了就业，才能称为劳动者，才能获得满足基本生活需要发展的资金，才能摆脱贫困。为此，实现充分就业自工业化以来，不仅产生了丰富的理论思想，而且在市场经济发展进程中成为一国经济社会及管理治理的重要组成内容。

一 关于就业

由于就业涉及复杂的经济社会问题，对它的界定通常按照学科的研究领域和政府制定政策及实施制度安排时的情况而有所不同。例如，从劳动经济学的角度讲，"就业是劳动力与生产资料结合，生产社会物质财富并进行社会分配的过程；从劳动者个人的角度讲，就业是劳动者的谋生手段；从社会价值的角度讲，就业是使劳动力和生产资料两大资源得到合理利用的过程；从劳动法的角度讲，就业是指具有劳动能力的公民在法定劳动年龄内自愿从事有一定劳动报酬或经济收入的社会劳动"[①]。又如，我国劳动与社会保障部对就业的概念在《关于落实再就业政策考核指标几个具体问题的函》中的规定为：就业人员指在法定劳动年龄内（男16—60岁，女16—55岁），从事一定的社会经济活动，并取得合法劳动报酬或经营收入的人员。根据这一规定，若一个人同时满足以下四个条件，即视为实现了就业。

第一，在法定劳动年龄内。法定劳动年龄是国家法律规定的公民享有

---

① 贾俊玲主编：《劳动法学》，北京大学出版社2013年版，第45页。

就业主体资格的标志。为了保护未成年人和老年人的利益,世界各个国家都对劳动者的最低年龄和最高年龄做了严格的规定,只有在法定劳动年龄内的劳动者才算真正实现了就业。

第二,具备劳动能力并出自公民的自愿行为。就业主体只有具备劳动能力才能进行生产经营活动,并且该生产经营活动出自公民的自愿行为,严格禁止强迫劳动。

第三,从事的是合法经营活动,可以向社会提供需要的商品和服务。就业要求劳动者从事的是法律允许的有益于社会的社会劳动,能够为社会创造财富。

第四,以获得合法的劳动报酬收入或经营收入。劳动者选择就业的目的就是为了取得一定的物质利益,从而保障一家人的基本生活需要,因此,获得劳动报酬或经营收入是就业制度的一个重要方面。如果是为了满足自己的家务劳动、向社会提供的公益劳动等,不属于就业的范畴。

可见,关于就业有着丰富的内涵,在学理研究方面也因视角和所处的时代及背景不同,而产生了丰富的研究成果。

二 就业理论及发展

就业理论最早体现在西方古典自由经济学中,认为资本主义制度是一架可以自动调节的机器,认为市场是万能的,在它的作用下一切矛盾都会迎刃而解,反对政府对经济生活的干预,正如其代表人物亚当·斯密所说的"看不见的手"。斯密的自由主义经济思想理论,不仅为资本主义的发展奠定了理论基础,而且构建起了就业理论体系。下面介绍6种就业理论。

1. 古典自由主义的就业理论:亚当·斯密的社会分工理论

亚当·斯密(1723—1790),古典经济学派的奠基人,现代经济学的鼻祖,被誉为"经济学之父",1776年出版了《国民财富的性质和原因的研究》(简称《国富论》),该书在总结各国资本主义发展经验的基础上,对国民财富的性质、源泉、增长原因及如何促进其增长做了详细论述。在该书中，亚当·斯密提出社会分工理论，将分工置于经济学的基础地位，认为分工是提高劳动生产率、增加国民财富的主要途径。

分工有其产生的原因和发展过程，是经济发展阶段的产物，"是互通有无、物物交换、互相交易的倾向的结果"①。亚当·斯密将分工分为三种形式，分别是工场手工业内部分工、社会分工、国际分工。其中，工场手工业内部分工处于最低层次，社会分工处于较高层次，国际分工是最高层次的分工，而无论哪一层次的分工，都能够使操作简化，时间缩短，劳动生产率提高，从而促进国民经济的发展和人民生活水平的提高。

分工除了通过促进经济增长间接提高就业水平外，还能直接推动就业的增长，主要表现在由技术进步引起的分工将会扩大就业的需求。在技术进步条件下，人才资本与物质资本之间的关系是既有成本约束下的替代关系，又有生产技术函数上相互匹配的关系，技术含量越高的物质资本要求与其匹配的劳动力拥有更多的人才资本。同时专业分工的深化、分工链会加长，也会刺激物质资本、就业的需求，从而构成了资本积累与就业扩大因果累积的循环。就业增长与经济增长通过分工及其演进相互促进、相互发展。市场供给与需求是分工的两个方面，分工能创设岗位供给，增加就业机会，促进就业增长，在科技、物质资本的共同作用下，产生收益递增效应。这种机制将会带动经济的长期增长，而经济的持续增长又会反过来促进分工的发展，分工又会进一步推动岗位的创设，从而就业与经济同步增长，最终形成良性的互动循环。② 可见，亚当·斯密的社会分工理论对促进就业有积极作用。

2. 萨伊的就业自动均衡理论

让·巴蒂斯特·萨伊（1767—1832），古典经济学的代表人物，主张

---

① 莫荣：《国外就业理论、实践和启示》，中国劳动社会保障出版社2014年版，第25页。
② 夏守信、程小兵：《经济高增长下人才低就业问题的理论思考》，《重庆工商大学学报》2004年第6期。

通过增加生产供给来解决生产过剩的经济危机，即"萨伊定律"。"萨伊定律"是古典经济学派就业理论的基石，其基本内涵是供给创造需求。萨伊反对政府干预市场、干预经济，主张实行自由放任的经济政策。他断言，某种产品生产过多，供过于求，其价格必然下降，从而利润就会减少，迫使生产者减少其生产。反之，某种产品生产不足，供不应求，其价格必然上升，从而利润增加，促进该产品的生产。自由放任、自由竞争完全可以使各种产品的供给和需求趋于平衡，使资本主义生产得以顺利进行，无须国家的干预。

萨伊提出了就业自动均衡理论。萨伊从完全竞争的市场结构出发，认为供给会自己创造需求，可以通过"看不见的手"自动调节，因此不会出现普遍过剩的问题。产品市场是这样，劳动力市场也是这样。在劳动力市场上，萨伊认为劳动供给和劳动需求会相互作用，从而决定实际工资和就业水平；在完全自由竞争的市场上，不存在工资刚性，货币工资具有完全的伸缩性。由于货币工资具有完全的伸缩性，一旦劳动力市场出现供求失衡，出现失业，货币工资就会自行调整下降，它引起的实际工资的下降将会促使企业雇用更多的工人，从而导致就业和产量的扩大，直至达到充分就业为止。

萨伊就业自动均衡理论是建立在其供给会自动创造需求的"萨伊定律"基础之上的。只要市场是完全竞争的，货币工资就能随劳动力供求关系的变化而自由涨落，因此不会存在劳动力过剩的问题，失业问题也不会存在，劳动力市场供求平衡时的就业量就是充分就业量。萨伊否认大规模失业的存在，即使存在失业也是"摩擦性失业"和"自愿性失业"。萨伊的这一理论，充分体现了对市场机制的迷信，过分夸大了市场机制的作用，否定了存在普遍生产过剩的可能性，否定了有效需求不足的可能性，否认了非自愿失业，所以，萨伊的理论不论是在发达国家还是在发展中国家都无法实现。

3. 马歇尔的均衡工资就业理论

阿尔弗雷德·马歇尔（1842—1924），19世纪末20世纪初著名的经济学家，新古典学派代表人物，其供给与需求的概念，以及对个人效用观念的强调，构成了现代经济学的基础。马歇尔于1890年发表《经济学原理》一书，在该书中，马歇尔以供求分析方法为基本框架建立了供求均衡工资模型，该模型从生产要素市场的需求和供给两方面说明了工资的市场决定机制。

马歇尔的均衡工资就业理论认为，工资是社会财富初次分配的产物，其分配合理与否关系到社会的物质生产能否顺利进行。马歇尔提出，合理的工资应是"均衡工资"。他以供求均衡价格论为基础，建立起供求均衡工资论，从生产要素的需求与供给两方面说明了工资的市场决定机制。他认为，工资是劳动的需求量与供给量相等的价格，劳动的需求价格取决于劳动的边际生产力，厂商愿意支付的工资水平由劳动的边际生产力决定。劳动的供给价格取决于劳动力的生产成本和劳动的负效用两个因素：一方面是劳动力的生产成本，就是劳动者养活自己和家庭的费用以及劳动者所需的教育、训练费用；另一方面是劳动的负效用或闲暇的效用。工资水平的高低被看作劳动要素的供给和需求两种力量共同作用的结果。

马歇尔的均衡工资理论糅合了古典经济学的工资思想和边际主义方法，将关注重心从分配份额大小转向稀缺性资源配置，把要素投入报酬与要素生产贡献相联系，被称为是工资理论发展的一大贡献。马歇尔的均衡工资理论成为以后西方主流经济学工资研究的直接基础。但马歇尔的均衡工资理论论述的是私营企业低工资水平的现实存在性，但没有说明私营企业劳工工资的正义合理性[①]。

---

① 杨文：《私营企业劳工工资：马克思模型与马歇尔模型的解释》，《法治与经济》2010年第8期。

4. 凯恩斯的充分就业理论

凯恩斯之前的就业理论认为，劳动力市场的均衡依赖于市场的自动调节机制，只要市场是完全竞争的，就能实现充分就业，反对政府对劳动力市场的干预。但20世纪30年代爆发的经济大危机，使大量产品滞销，大量工厂倒闭，大量工人失业，宣告了西方传统理论中借助市场机制的作用来自动调节达到充分就业均衡的理论体系的破产。约翰·梅纳德·凯恩斯（1883—1946），1936年发表了《就业、利息和货币通论》（以下简称《通论》），该书引发了经济学的革命，创立了宏观经济学的基本思想，提出政府应干预经济生活的重要论断，对以萨伊为首的"供给自动创造需求"的思想提出了挑战。《通论》将就业问题放在了首位，认为国家干预经济生活的目的就是要实现充分就业，而影响充分就业目标实现的原因是有效需求不足。有效需求理论是《通论》的中心思想，是把握凯恩斯充分就业理论的关键。

凯恩斯认为，有效需求是"造成总产出和总就业量变化的决定力量"，是"总需求函数和总供给函数的相交之点"①，在这一点上，它决定了就业量的大小。在总需求曲线的其他各点上决定的就业量都不是有效的，只有总需求曲线与总供给曲线相交之点的总需求才是有效需求。在《通论》中，凯恩斯指出有效需求包括消费需求和投资需求两部分。造成消费不足的主要原因是人们的"边际消费倾向递减"。消费与收入存在的关系是：随着人们收入的增加消费也有所增加，但在每单位的收入中用于消费的比重越来越小，即边际消费倾向随着人们收入的增加有递减的趋势，从而造成消费需求的相对减少。造成投资需求不足的原因是"资本边际效用递减"。资本边际效用是指资本的预期利润率，即每增加一单位货币预期可得到的收益，随着投资的增加，新增加的资本设备的成本将上升，从而预

---

① ［英］约翰·梅纳德·凯恩斯：《就业、利息和货币通论》，陆梦龙译，中国社会科学出版社2009年版，第21页。

期利润率下降，资本家将进行谨慎投资甚至不投资，造成投资需求不足。除此之外，影响消费不足和投资不足的因素还有人们的"流动性偏好"，这是指人们愿意保持更多的货币而不愿意保持其他资本形态的心理规律。边际消费倾向递减规律、资本边际效用递减规律以及流动性偏好，造成消费不足和投资不足，最终导致有效需求的不足，从而使整个社会无法实现充分就业水平。

凯恩斯认为劳动力市场上存在非自愿失业，即由于有效需求不足，导致商品市场失衡，使一部分工人即使愿意接受现行工资水平仍然找不到工作。他指出"有效需求是指雇主们提供一定就业量上预期取得的最大收益"，因此，有效需求决定就业量的大小。而通常情况下，有效需求不足会导致整个社会存在大量的失业现象，只有消除非自愿失业，整个社会才能达到充分就业。

凯恩斯指出，削减货币工资不能解决失业问题，因为工资具有刚性，在向下调整方面是不灵活的，会受到如工会合同、最低工资法和隐含合同等因素的制约。因此，凯恩斯强调必须动用政府的力量对经济实施干预，在相关政策实施过程中以"充分就业"为核心目标，采取多种政策措施刺激有效需求，从而弥补有效需求的不足，以促使总需求与总供给在充分就业的水平上实现均衡。围绕这个思路，国家应采取扩张的财政政策和货币政策，增加政府开支，兴建公共工程，增发货币，扩大信贷，增加支付手段，降低利率等，刺激投资和提高社会消费倾向，从而增加社会有效需求，扩大就业，实现国家充分就业的目标。

5. 发展经济学中的就业理论

第二次世界大战以后，西方主要资本主义国家普遍接受了凯恩斯主义并将其加以推行。尽管凯恩斯主义在一定的时期、一定的范围内对西方国家的经济发展起了一定的推动作用，国家干预发挥了积极的作用。但因为凯恩斯主义没有从根本上消除资本主义社会固有的矛盾，国家干预刺激生产的同时为更严重的危机提供了条件，最终导致 20 世纪 70 年代的经济停滞、失业同通货膨胀并存的滞胀局面。面临这种局面，为了解释并解决困扰资本主义经济的这一难题，各种新的理论、学说纷纷出现，呈现了流派林立、观点迭出的状况。在就业问题上，也出现了一些新的理论，主要包括发展经济学的就业理论和人力资本就业理论。20世纪50年代以后，发展经济学快速发展，其主要的研究领域是如何使贫困落后的农业国家或发展中国家实现工业化，摆脱贫困，走向富裕。下面介绍发展经济学和人力资本的就业理论。

第一种，二元经济结构理论。威廉·阿瑟·刘易斯（1915—1991）于1954年发表了《劳动无限供给条件下的经济发展》一文，在此文中，刘易斯提出二元经济发展理论。他指出，在发展中国家普遍存在两个部门：一个是传统部门，另一个是现代部门。传统部门的劳动生产率低，以自给自足为特征，生产方式落后，集中了发展中国家的大部分劳动力；现代部门的市场化程度较高，企业生产经营活动的目标是利润最大化，但从业人数较少，其经营者以边际劳动生产率等于工资的原则决定雇用规模。在两个部门中，"现代部门是增长的动态部门，工业增长的动力来自资本积累，资本来自利润的再投资，利润又来自对剩余劳动的有效利用，如果国内储蓄来源有限，资本积累率低，那么现代部门就无力吸收全部剩余劳动。因此，刘易斯认为经济的发展在于工业部门的资金积累，而资本是发展中国家的稀缺资源。保证利润再投资和增加货币供应量，就可以在传统部门存在大量剩余劳动力的条件下，即在现代部门的工资水平基本不变的条件下，实现总产量的扩大和就业量的增加"[①]。古斯塔夫·拉尼斯和费景汉（1923—1996）于1961年合作写成了《劳力过剩经济的发展》一书，对刘易斯的二元经济结构进行了补充和发展，他们在主张发展工业部门的同时也意识到了农业部门的重要性。他们认为，要使发展中国家实现工业化，

---

① [美]阿瑟·刘易斯：《二元经济论》，施炜等译，北京经济学院出版社1989年版，第67页。

增加工业部门中的劳动者就业，首先必须使工业部门获得更多的利润，利润的增加一方面能够使工业部门雇用更多的劳动力，另一方面可以使工业部门进行再投资，以吸纳更多的劳动力。在就业方面，他们认为，扩大就业的政策主张主要有：一是尽量减少城乡就业机会的不均等，减少城乡收入差距，降低城市的向心力，缓解城市的就业压力；二是大力发展农村经济，兴办农村工业，保证各地区间的经济发展平衡；三是应充分重视产业结构调整及各个部门之间比例关系的协调，认识其对于解决就业问题的重要意义。

第二种，人力资本就业理论。"人力资本"概念最早由英国政治经济学的创始人威廉·配第于1676年提出，他把人的"技艺"同土地、物质资本和劳动并列为生产的四大要素。而现代人力资本理论形成于20世纪60年代，主要代表人物有西奥多·W. 舒尔茨（1902—1995），被誉为"人力资本之父"，于1960年在美国经济学会年会上发表了题为"人力资本的投资"的长篇演讲，又于1963年发表了《教育的经济价值》等论著，系统地阐述了人力资本的概念和范畴，推出了基本的理论框架，标志着现代人力资本理论的正式诞生。

舒尔茨认为，人力资本是人的"技能、知识以及影响人类从事生产劳动的专门能力的类似属性，是由卫生保健、教育（包括正规教育、在职培训、社会成人教育计划等）、个人和家庭的迁移方面的投资形成"[①]。因此，我们可以说，人力资本是指通过医疗保健、教育、培训和迁移等投资形成的凝聚在劳动者身上并具有经济价值的知识、技能、经验和健康等素质的总和，是劳动者素质的反映。舒尔茨的人力资本理论主要有五个观点。其一，人力资本存在于劳动者本身，表现为知识、技能、智力、体力、健康状况价值的总和。一个国家的人力资本可以通过劳动者的数量、质量以及

[①] [美] 西奥多·W. 舒尔茨：《人力资本投资》，蒋斌、张衡译，商务印书馆1990年版，第30页。

劳动时间来度量。其二，人力资本投资是人力资本形成的关键，人力资本投资包括投资主体、投资客体、投资目标和投资项目四个方面。其三，人力资本能够促进经济增长和增进收入分配平等，经济的发展最终取决于人的质量，而不是自然资源和物质资本存量，掌握了知识和技能的人力资源才是最有价值的资源，是推动社会进步的决定性因素。其四，人力资本的投资收益率高于物质资本的投资收益率。其五，人力资本的"知识效应"使得人力资本投资能产生递增的收益，进而消除物质资本等要素边际收益递减对经济长期增长的不利影响。舒尔茨认为，劳动者要实现就业，必须具备参加工作的能力，只有那些被社会和市场所认可的人的知识及运用这些知识的能力即拥有了人力资本的人才具备良好的就业能力，人力资本的积累在相当程度上会影响就业能力的强弱。通过长期观察劳动力市场可以发现，具有较低教育和培训水平的劳动者与具有较高教育和培训水平的劳动者相比，后者拥有的学习能力、思想能力、实践能力、应聘能力和适应能力等就业能力远高于前者，因此，拥有更多的就业机会，可以更好地找到工作。

6. 马克思主义就业理论

马克思的就业理论是建立在对资本主义制度深刻分析的基础上建立起来的。马克思从资本主义最基本的细胞——商品开始，分析了资本主义制度周期性的运行规律，揭示了资本主义必然走向灭亡的机制，从而构建起了科学社会主义及制度理论体系，并作为社会主义国家建设社会主义事业的思想理论基础。马克思的就业理论是构建在社会分工与就业流动方面，认为："现代工业通过机器、化学过程和其他方法，使工人的职能和劳动过程的社会结合不断地随着生产的技术基础发生变化和大批工人从一个生产部门投到另一个生产部门。因此，大工业的本性决定了劳动的变换、职能的更动和工人的全面流动。"[①] 可见，伴随科学技术的进步、社会分工的

---

① 《马克思恩格斯全集》第20卷，人民出版社1971年版，第319页。

变化，劳动就业也将呈现出相应的流动性，尤其经济发展使得就业在城乡之间的变化。列宁认为："经济发展的差异决定了农民流动的方向，通常资本主义最发达地区吸引的流动人口最多，而流出人口最多地区资本主义则极不发达。在商品经济不发达的条件下，农民由于生产条件本身的原因被固定在他们所居住的地区，但商业性农业和资本主义农业的不同形式和地区的不同形式，使得农民不得不在全国各地迁移。"① 毛泽东同志根据中国社会主义事业建设的实践指出："农民——这是中国工人的前身。将来还要有几千万农民进入城市，进入工厂，中国需要建设强大的民族工业，建设很多的现代化的大城市，就要有一个变农村人口为城市人口的长过程。"② 可见，马克思主义关于就业方面的论述成为社会主义制度建设中就业政策和制度建设的理论指导和出发点。

人类跨入 21 世纪，认为推动 20 世纪经济社会发展的思想理论主要是自由主义（包括古典自由主义和新自由主义）和马克思主义两大思想体系。中国共产党在马克思主义思想指导下，结合中国的实际创新地提出了走中国特色社会主义道路，在不断丰富马克思主义思想理论的同时，社会主义建设事业取得了举世瞩目的成就，而今正带领中国人民走向伟大的民族复兴。

三 影响就业的因素

关于就业思想理论的研究，对就业影响因素的分析研究也是一个重要内容之一，只有正确把握影响就业的因素，才能具有针对性地制定和实施相应的就业政策，从而实现充分就业的政策目标。根据相关的理论研究和实践，我们认为影响就业的因素主要包括如下六个方面。

第一，经济结构发展水平。一个国家的经济结构决定着该国的就业结

---

① 《列宁全集》第 3 卷，人民出版社 1984 年版，第 542 页。
② 《毛泽东选集》第 3 卷，人民出版社 1991 年版，第 1077 页。

构及分布，工业型国家、农业型国家和服务型国家等，而且这些产业的发展即水平直接决定了该国就业的规模和吸纳就业的能力。

第二，人口的数量、结构和质量。一个国家人口的数量一定程度决定了该国劳动力资源的供给，如人口自然增长率低和人口稀少的国家；人口结构则直接影响就业的规模，如人口老龄化国家，而人口质量主要是指人口受教育的程度对就业的规模和质量有一定制约因素，尤其是对科技产业和工业型国家。

第三，科学技术发展水平。科学技术的日新月异，不仅为产业发展提供了技术支持和革新，也为人民生活质量的提高做出突出的贡献，同时对就业人员的素质和劳动生产率的提高产生直接的影响。

第四，经济运行体制。选择市场经济运行体制的国家，其劳动力市场的培育和服务发展水平在一定程度会影响就业政策的执行效果，最终影响就业的水平。

第五，社会管理的制度性制约。这方面更多地体现在政府的社会管理措施对劳动力流动的影响方面。例如，我国户籍制度在改革前就曾一度影响农村劳动力的转移，从而制约城镇化的发展进程。

第六，就业文化的影响。一个国家在一个稳定的时期内形成经济运行模式，而就业模式和习性融入一国的传统文化就形成了该国的就业文化。这一点突出地表现在我国改革进程中的劳动者就业观念的影响方面。例如，一些改制企业职工宁可选择在家待业，也不愿意进入劳动力市场。又如，大学就业中的"先就业后择业"，宁可待业"千军万马考公务员"等现象。

总之，我国经济体制改革及其不断深化的实践表明，任何一项政策的制定，都不是因单一影响因素而引起，而是多种、多层影响共同综合影响的结果，也是政策效果突出的根本所在。

第二节　就业政策及反贫困中的实践分析
——以贵州省为例

一国将相应的就业思想和理论与本国的实践相结合，便体现为该国的就业政策，并作为国家宏观经济政策的重要组成部分。就就业政策的制定来说，对个体而言，"其保障的有效性意味着个体能否通过公平劳动获取必要的生存所需的物质基础，进而获取个体进一步发展的可能性空间"[①]；对社会而言，就业政策的制定以及实施过程，会影响社会的稳定以及经济发展的可持续性；对国家而言，就业政策的导向会对本国的就业状况产生影响，决定就业政策的效果，进而影响国家的就业形势。

一　我国就业政策体系的回顾

中华人民共和国成立初期，我国作为社会主义国家，在苏联和东欧国家的援助下，采取高度集中的计划经济体制，全面进行社会主义事业的经济社会建设，实行了"统包统配、固定用工制度"为主要特征的劳动就业政策。党的十一届三中全会以后，我国的经济体制开始进行转型，由"计划"向"市场"过渡，相应地，我国的就业政策也开始进行调整。在这一时期，主要的就业政策采取"三结合"的就业方针和劳动合同制度，具体体现为中共中央于1980年8月2日至7日在北京召开全国劳动就业工作会议。会议在总结历史经验的基础上，结合调整所有制结构和产业结构，即在全国统筹规划和指导下，实行劳动部门介绍就业、自愿组织起来就业与自谋职业相结合的方针，迈出了计划经济体制下劳动就业制度改革的第一步。1992年社会主义市场经济体制建立以后，国有企业的改革进入一个重

---

① 薛华：《我国就业政策的沿革、困境与导向》，《江西社会科学》2011年第10期。

要时期，实行以"鼓励兼并、规范破产、减员增效、下岗分流、实现再就业工程"为主要方针的改革，这一时期的就业政策主要是再就业工程和"三条保障线"制度（指下岗职工基本生活保障制度、失业保险制度和城镇居民最低生活保障制度）。进入 21 世纪，我国经济体制改革进一步深化。伴随于我国经济逐步融入经济全球化和一体化的进程，适应经济形势发展的需要，2002 年，中共中央国务院召开全国再就业工作会议，标志着我国正式确立了积极的就业政策。

1. 计划经济体制下的就业政策

在马克思科学社会主义理论中认为社会主义社会不存在失业，失业是资本主义社会特有的现象，而社会主义社会建立了生产资料公有制，劳动者都有与生产资料相结合进行生产活动并取得劳动收入的权利，即劳动就业权，所以社会主义社会劳动者不存在失业，也不允许失业。从 1949 年中华人民共和国成立到 1978 年十一届三中全会的召开，我国借鉴苏东国家建设模式，实行高度集中的计划经济体制，构建起了统包统配的就业制度，在用工方面是固定工制度。这种"统包统配"制度是国家运用行政手段安排城镇劳动力、大中专毕业生、转业复员军人乃至城镇全部待业人员就业的一种制度，以国家"统一包下来、统一分配"为特征。具体体现为 1955 年 4 月中共中央在《关于第二次省、市计划会议总结报告》上提出："一切部门的劳动力调配必须纳入计划，增加人员必须通过劳动部门同意调配，不准随便招收人员。"同年 5 月，劳动部进一步规定了劳动力统一招收和调配的原则、办法和劳动部门的管理权限，开始在全国实行"统一管理，分工负责"的原则，即在劳动部门统一管理下，由企业主管部门分别负责。在招工方面，企业招用劳动者由劳动部门统一负责，而机关和事业单位招用人员应报当地劳动部门备案。国家对单位用人的数量和招收范围实行严格的审批程序，审批权一般都集中在省、自治区、直辖市政府乃至国务院，用人单位和劳动者没有自由选择的权利。这种"统包统配"就业制度，在当时对维护国家政权和稳定，恢复和发展国民经济，推动社会主义事业建设起了重要作用。但是，由于这种"统包统配"的制度是由国家无条件地为达到就业年龄的劳动者解决就业问题，而且一旦就业难以流动。这种劳动就业制度运行一定时期，就暴露出一定的问题，突出表现在就业人员和劳动用人单位。从劳动者方面看"干好干坏一个样，干多干少一个样"，普遍存在"搭便车"心理，劳动纪律松弛，一定程度削弱了劳动者的劳动积极性和创造性；而对用人单位来讲，由于用工制度上没有选择权，只能被动地接受分配去的劳动者，从而导致冗员众多，人浮于事，生产效率和组织效率低下。

2. 就业政策及制度的改革与发展

1978年召开了中国共产党十一届三中全会，正式提出将党的工作重心转移到经济建设上来，实施了改革开放的改革政策和措施。从1978年经济体制改革到1992年中共中央明确提出建立社会主义市场经济体制，是计划经济体制向社会主义市场经济体制的过渡时期，形成了体制内计划调控与体制外市场调节相结合的经济社会运行的"双轨制"，适应这一形势的就业政策和制度，突出表现在如下两个方面。

第一，"三结合"就业政策。随着经济体制改革的不断深化，经济结构也出现多样化，集体企业、乡镇企业、中外合资企业、个体经济等多种经济成分并存的格局逐步形成。计划经济体制下的劳动用工制度，已经落后于经济改革发展的需要。1980年8月中央召开了全国劳动就业工作会议，会议在总结一些地方用人制度和劳动用工改革的经验和教训的基础上，发布了《进一步做好城镇劳动就业工作》的文件。在该文件中明确提出了，实行在国家统筹规划和指导下，劳动部门介绍就业、自愿组织起来就业以及自谋职业相结合的"三结合"就业政策。"三结合"就业方针在城市劳动制度改革上迈出了重要一步，从根本上打破了计划经济体制下统包统配的劳动就业政策。

第二，劳动合同制度。为了适应企业深入改革发展的需要，从根本上改革统包统配就业制度和固定用工制度对企业发展用工的制约。1986年7

月，国务院下发了《关于发布改革劳动制度四个规定的通知》（四个规定分别是《国营企业实行劳动合同制暂行规定》《国营企业招用工人暂行规定》《国营企业辞退违纪职工暂行规定》《国营企业职工待业保险暂行规定》），其核心内容是对新招工人普遍推行劳动合同制、在招工制度上面向社会择优录用，同时赋予企业辞退违纪职工的权力以及建立待业保险制度。此外，为进一步深化劳动就业制度改革，1987年开始实行"搞活固定工制度"改革，要求企业招收新工人时一律实行劳动合同制；改革也涉及企业原有职工，原有国有企业的固定工制度慢慢过渡为劳动合同制度。

通过上述的劳动就业政策的改革，既突破了计划经济体制下的劳动用工制度，增强了劳动者的流动性。同时，在思想上对传统就业观念产生了冲击，增强劳动者的流动性，打破计划经济体制下的"大锅饭"，是这一时期劳动就业政策改革的典型特征。

1992年社会主义市场经济体制建立后，劳动就业制度改革有以下三大变化。

第一，从政策到制度建设。1992年以后，我国经济体制改革正式明确为建立有中国特色的社会主义市场经济。遵循市场运行规律，构建市场运行机制体系，必须有相应的制度建设和体系保障。为此，为增强企业活力和参与国际竞争的能力，1997—2001年，我国实施了"鼓励兼并、规范破产、减员增效、下岗分流、实现再就业工程"为方针的国有企业改革。为了做好再就业工作，为国有企业的改革保驾护航，1995年1月劳动部在试点工作的基础上向国务院提交了《关于实施再就业工程的报告》，其主要内容包括：综合运用政策扶持和就业服务手段，充分发挥各级政府、企业、劳动者和社会各方面的积极性，通过企业安置、个人自谋职业和社会安置等多种渠道，促进下岗失业人员尽快实现再就业。该报告一经上报，被国务院随即给予转发。伴随国有企业改革的深入发展进程，1998年5月，中共中央、国务院召开了国有企业下岗职工基本生活保障和再就业工作会议。会议之后，发布了《关于切实做好国有企业下岗职工基本生活保障和再就业工作的通知》，要求"各级党委、政府和有关部门必须把国有企业下岗职工基本生活保障和再就业工作列入主要议事日程，实行党政'一把手'负责制，并纳入政绩考核的重要内容"。1999年，国家出台了以"三条保障线"为主要内容的就业保障制度。即国有企业下岗职工基本生活保障制度、失业救济金制度、最低生活保障制度。同时要求国有企业要建立再就业服务中心，其基本职责为："为本企业下岗职工发放基本生活费和代下岗职工缴养老、医疗、失业等社会保险费用，组织下岗职工参加职业指导和再就业培训，引导和帮助他们实现再就业。""三条保障线"制度的建立，不仅是中国特色社会主义市场经济改革的必然要求，其意义还在于构建起了以"社会保障"为基本制度建设的现代社会管理的基本框架。从根本上打破了计划经济体制下"国家包终身"和传统依靠"家庭保障"的固有模式，并在此基础上搭建起了整个社会保障制度体系，为经济体制的深化改革、社会的稳定发挥了不可替代的"稳定器"作用。这也标志着国家就业政策从过去单一的就业政策向政策和制度建设并举的路径迈进。

第二，融入全球化的积极就业政策。进入21世纪，我国兑现加入WTO承诺的同时，整个经济运行逐步融入了经济全球化、自由化和一体化的进程中，并取得了举世瞩目的成就。中共中央、国务院在2002年9月召开的全国再就业工作会议，在全面总结我国就业和再就业工作实践的基础上，针对新时期就业的新形势、新特点，围绕解决下岗失业人员再就业问题，研究制定了一整套促进就业和再就业的政策措施，随后制定了《关于进一步做好下岗失业人员再就业工作的通知》（中发〔2002〕12号，以下简称《通知》）。《通知》指出"要坚持市场导向的就业机制，实施积极的就业政策，多渠道开发就业岗位，努力改善就业环境，支持劳动者自谋职业和自主创业，鼓励企业更多吸纳就业，帮助困难群体就业"。重点围绕解决国有企业下岗再失业人员再就业问题，提出一系列促进就业再就业的政策，在这种背景下，积极就业政策就被正式提出。2002年11月召开的中国共产党第十六次全国代表大会上，第一次明确提出把"社会就业比较充分"作为全面建设小康社会的一个重要目标，标志着实现充分就业被正式纳入国家发展战略的层面。为此，2003年，中共中央、国务院进一步召开全国再就业工作座谈会，对就业、再就业工作进行再动员、再部署、再推动，进一步充实完善了积极就业政策的有关内容。2005年，为解决有关就业扶持政策到期的问题，国务院下发了《关于进一步加强就业再就业工作的通知》（国发〔2005〕36号），指出新形势下就业再就业的主要任务是："基本解决体制转轨遗留的下岗失业问题，重点做好国有企业下岗失业人员、集体企业下岗职工、国有企业关闭破产需要安置人员的再就业工作，巩固再就业工作成果，增强就业稳定性；努力做好城镇新增劳动力的就业工作，积极推动高校毕业生就业工作，在开发就业岗位的同时，大力提升劳动者职业技能和创业能力；改善农村劳动者进城就业环境，积极推进城乡统筹就业；加强失业调控，将城镇登记失业人数控制在合理范围内，减少长期失业人员数量；加快就业法制建设，逐步建立就业与社会保障工作的联动机制。"与此同时，农村劳动力转移、大学生就业和复员退伍军人的就业也一并纳入积极的就业政策中。2007年国家出台了《中华人民共和国就业促进法》（中华人民共和国主席令第七十号，以下简称《就业促进法》）。《就业促进法》指出，国家要"把扩大就业放在经济社会发展的突出位置，实施积极的就业政策，坚持劳动者自主择业、市场调节就业、政府促进就业的方针，多渠道扩大就业"。同时指出"县级以上人民政府把扩大就业作为经济和社会发展的重要目标，纳入国民经济和社会发展规划"，还明确了扩大就业工作的十项政策规定：一是实行有利于促进就业的产业政策；二是实行有利于促进就业的财政政策；三是实行有利于促进就业的税收政策；四是实行有利于促进就业的金融政策；五是实行城乡统筹的就业政策；六是实行区域统筹的就业政策；七是实行群体统筹的就业政策；八是实行有利于灵活就业的劳动和社会保险政策；九是实行就业援助制度；十是实行失业保险促进就业政策。《就业促进法》将积极的就业政策措施上升为法律规范，使促进就业的工作机制和工作体制制度化，使促进就业的各项政策措施和资金投入法治化，为我国实施积极的就业政策提供了法律保障，进一步完善了我国劳动保障法律体系，有利于建立促进就业的长效机制，保障我国的积极就业政策长期实施和有效运行，实现了积极就业政策的法治化和长效化。这一时期的积极就业政策内容归纳起来，具体包括五点：一是以经济发展推动就业扩大的政策，二是以重点促进下岗失业人员再就业为取向的扶持政策，主要采取减免税费、小额贷款，针对创业和自谋职业者通过税费减免、社保补贴、岗位补贴、公共就业服务促进企业吸纳其就业的政策，开展公益性岗位安置其就业的政策等。三是发展劳动力市场，优化市场功能，为劳动供求双方提供高效优质服务方面的政策。四是建立失业预警机制，完善就业和失业统计制度。五是建立健全社会保障制度。建立起了失业、医疗、养老、生育、工伤等社会保险制度和城市居民最低生活保障制度等。

第三，大众创业万众创新。2015年3月李克强总理在政府工作报告中又提出："大众创业，万众创新"。政府工作报告中如此表述：推动大众创业、万众创新，"既可以扩大就业、增加居民收入，又有利于促进社会纵向流动和公平正义"。在论及创业创新文化时，强调"让人们在创造财富的过程中，更好地实现精神追求和自身价值"。为此，2015年6月11日国务院出台了《关于大力推进大众创业万众创新若干政策措施的意见》（国发〔2015〕32号），主要内容包括：充分认识推进大众创业、万众创新的重要意义；总体思路；创新体制机制，实现创业便利化；优化财税政策，强化创业扶持；搞活金融市场，实现便捷融资；扩大创业投资，支持创业起步成长；发展创业服务，构建创业生态；建设创业创新平台，增强支撑作用；激发创造活力，发展创新型创业；拓展城乡创业渠道，实现创业带动就业；加强统筹协调，完善协同机制。共11条意见，30条具体措施，成为新时期各级政府在"全面建成小康社会"进程中，结合自身实际开展和促进就业工作的政策制定依据。

从以上我国就业政策和制度建设的发展历程可以得出以下四个结论。

第一，就业政策及制度建设服从于国家经济社会发展不同时期的需要。对我国来说，经济体制从计划经济向市场经济转变，是一个具有历史意义的革命的过程，尤其是国有企业从计划体制下向市场经济的改革，经济效率与计划体制下"大锅饭"的矛盾，不仅是一个分配方式的问题，而且从根本上触及"僵化"思想的解放问题，可以说是一次脱胎换骨的伟大变革。没有这样的改革，就不会有今天经济社会发展所取得的成就，更不会有"全面建成小康社会"的指日可待。

第二，就业政策的制定，始终贯穿着"民生之本"的理念。也就是不仅仅以经济发展为导向，同时兼顾现代社会管理制度的建设尤其社会保障制度的"全覆盖"建设也伴随其中，从而在促进和推动就业事业发展的同时，根本上保障了民生。

第三，强有力的制度保障，全面提升了就业政策的效率和效果。制度优势体现为就业政策由地方各级政府全面贯彻实施并提供了组织保障，在党中央、国务院的统一部署下，地方党委和各级政府，结合自身实际积极制定具体的实施细则，并严格贯彻执行，使得每一项就业政策和制度安排都能落实到具体的目标人群，达到预期的政策效应和制度安排。

第四，就业政策和制度的建设做到了"与时俱进"，产生了预期的效果。中国就业政策的制定难就难在既要考虑经济体制的改革，又要遵循市场规律，如果就业政策制定中不能有机地将二者结合起来考虑，国际国内的教训都表明，必然的结果就是社会的不稳定。因此，做到"审时度势"，制定切实有效的就业措施是政策效果始终保持生命力的根本保证之一。

二 各项就业政策和制度在地方的实践分析——以贵州为例

中华人民共和国成立以来，贵州省在计划经济体制下，建立起以国有企业为主体的较为完善的工业体系，但由于自然和历史原因，贵州一直处于欠开发、欠发达的贫困落后状况，使得贵州在贯彻国家就业政策方面，既要解决现有国有企业因构建现代企业制度产生的就业问题和社会就业问题，还要为农村劳动力转移实现脱贫的目标。因此，贵州省就业政策有其自身的特殊性。特别是2007年全国人大常委会审议颁布的《中华人民共和国就业促进法》和2009年11月贵州省第十一届人民代表大会常务委员会第十一次会议通过的《贵州省就业促进条例》为贵州省积极就业政策的实践提供了有力的法律支撑，保证了就业形式的基本稳定。

1. 贵州省就业政策的实施情况

针对贵州省的实际情况，贯彻国家不同时期的就业政策，贵州省采取了以下四项具体措施。

第一，围绕"以创业带动就业"出台的系列政策。2013年党的十八届三中全会提出要建立促进创业新机制。在系列促进创业带动就业的优惠政策的支持下，初步形成了"一人带动一群岗位"的就业模式。在2013年，贵州省人社厅、财政厅出台了《关于从我省失业保险基金中调剂就业小额担保贷款担保基金的通知》（黔人社厅〔2013〕321号）。2014年，贵州省人力资源和社会保障厅等九部门印发了《贵州省"万名大学生创业计划"实施方案的通知》（黔人社厅发〔2014〕29号），不断提升创业服务水平，改善创业环境，鼓励、引导和支持大学生创业就业。在此基础上，为贯彻国家"大众创业万众创新"的扶持政策，仅2015年就先后以省政府名义出台了《贵州省2015年就业工作要点的通知》《关于进一步做好新形势下就业创业工作的实施意见》（黔府发〔2015〕29号）、《关于进一步做好农民工服务工作的实施意见》（黔府发〔2015〕31号）、《关于印发"雁归兴贵"促进农民工返乡创业就业行动计划的通知》（黔府办发〔2015〕31号）、《全民创业行动计划》（黔就联办通〔2015〕1号）基本内容为"大力实施'双百工程'（即农民工创业园100个、创业孵化基地100个），大力实施'四大工程'（即创业主体培育、创业平台建设、创业能力提升、大众创业扶持）"等系列政策和计划，使得就业创业扶持政策体系更加健全，扶持创业就业的优惠政策更加完善，形成政府激励创业、社会支持创业、劳动者勇于创业的新机制，为推进新形势下的就业创业工作提供了强有力的政策保障。截至2015年年末，全省小额担保贷款累计完成121.86亿元，累计扶持创业22.54万人、带动就业67.6万人。

第二，围绕"促进高校毕业生就业"出台的系列政策。享有受教育的权利是一个国家对其公民人权的基本保障，实现高等教育的普及是一个国家经济发展的水平决定的，构建终身教育体系是现代国家的根本标志之一。伴随经济体制改革取得的巨大成效，我国高等教育也实施了相应改革，办学主体单一的格局得以改变的同时，多元办学模式逐步形成，整个高等教育实现了从精英教育到大众教育转变，目前正处于大众教育向普及高等教育的现代国家高等教育规模和水平迈进，人人享有终身教育的体系初步形成。国际上通常认为，当一个国家高等教育的毛入学率为15%以下时，高等教育属于精英教育型，在15%—50%为大众教育型，当达到50%以上时，则为普及了高等教育。我国高等教育事业的发展，使得高等教育的毛入学率从1999年的10.5%，提高到了2016年的42.7%，超过全球平均水平，提前实现2020年达到40%的目标。贵州省在1999年高等教育毛入学率，仅为4.2%，到2016年达到了33%。根据最新统计，2016年全国从2004年到2014年的十年时间里，接受高等教育的人数从280万人上升到727万人，十年间增长了477万人，增长率高达160%。贵州高等教育事业在国家政策支持和扶持下，得到了长足发展，2000年各类高校毕业生的人数为57391人，到2014年各类高校毕业生的人数扩大到203490人，十几年间高校毕业生的人数增加了146099人，增长率达255%。从某种意义来看，高等教育的发展，在提高全民教育水平和质量的同时，也一定程度缓解了当期的就业压力，但从长期来看，却又为将来积累了就业压力。在市场经济体制下及受传统就业文化的影响，使得大学毕业生就业成为增进就业政策的重要组成内容之一。2014年，人力资源社会保障部、财政部、团中央等九部门印发《关于实施大学生创业引领计划的通知》（人社部发〔2014〕38号）。为切实抓好贵州大学生创业工作，帮扶更多高校毕业生自主创业，贵州省出台了《关于印发"贵州省万名大学生创业计划"实施方案的通知》（黔人社厅发〔2014〕29号）。计划从大力推进创业教育普及；深入开展大学生创业培训；落实工商注册优惠政策，提供银行开户便利；落实税收优惠政策；推行"3个15万元"政策，加大小额担保贷款扶持力度，提供多渠道资金支持；认真落实创业扶持奖励政策；启动实施大学生科技创业扶持计划；提供创业经营场所支持，加快创业孵化基地建设；强化创业公共服务体系建设等十个方面为贵州省大学生创业提供保障支持。

计划实施三年来，全省累计有11403名高校毕业生实现创业。其中，2014年4137人，2015年5069人，2016年1—6月，2197人（见图2-1）。三年累计带动就业73054人。

	2014年	2015年	2016年1—6月
创业人数（人）	4137	5069	2197

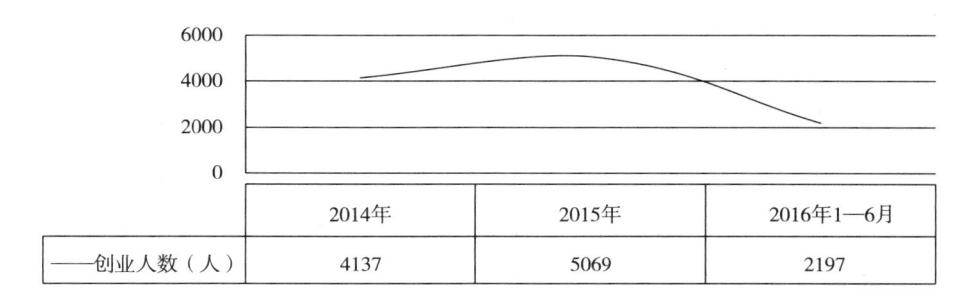

图2-1 贵州省"万名大学生创业计划"实施情况

此外，一些地方结合地方基层社会事业建设情况，实施了一系列的鼓励毕业生到城乡基层就业的政策。例如，"一村一名大学生工程""支农、支教、支医和扶贫""大学生志愿服务西部计划""农村义务教育阶段教师特设岗位计划"等项目，不仅拓宽高校毕业生就业渠道，增进就业，还提高了基层的管理水平和管理队伍的素质结构。就业政策的实施产生了积极的效果，根据采集到的数据，促进就业的效果如表2-1所示。

表 2-1　2000—2014 年贵州省大中专和技工学校毕业生就业情况

年份	各类毕业生总数（人）								
	合计	研究生	普通高等学校毕业生			中等职业技术学校毕业生	技工学校毕业生		
			合计	初次就业人数	初次就业率（%）		合计	就业人数	就业率（%）
2000	57391	218	12249			35003	9921	6301	63.51
2001	55318	231	15092	13563	89.87	34361	5634	3104	55.09
2002	59728	303	18103	15057	83.17	36664	4658	3860	82.87
2003	72912	444	25362	15015	59.20	42031	5075	4470	88.08
2004	85133	640	31059	25862	83.27	48252	5182	4768	92.01
2005	88953	851	38681	30287	78.30	43770	5651	5276	93.36
2006	108786	1373	51860	41974	80.94	47250	8303	7687	92.58
2007	126963	2013	65050	45610	70.12	48500	11400	10379	91.04
2008	143246	2409	68585	60458	88.15	62027	10225	8123	79.44
2009	161988	2706	64212	56096	87.36	82599	12471	10954	87.84
2010	188025	2910	74777	62065	83.00	100997	9341	8532	91.34
2011	186897	3335	83016	70539	84.97	90966	9580	8923	93.14
2012	197685	3820	85285	73064	85.67	100340	8240	8046	97.65
2013	203490	4093	92395	80411	87.03	100281	6721	6567	97.71
2014									
2015									

注：1. 数据来源：贵州省教育厅、技工学校情况统计年报。2. 普通高等学校毕业生是指全省各类院校的毕业生，不含成人高等教育毕业生。3. 2008 年后，中等职业技术学校毕业生中包含成人中等教育毕业生和职业中学毕业生

从表 2-1 中可以看出，除了 2008 年受美国次贷危机引起的全球金融危机影响外，2000—2014 年贵州省大中专和技工学校毕业生就业率保持在年年上升的趋势，最终稳定在 90% 以上，充分地证明了就业政策的积极效应。

第三，围绕"促进农民工返乡创业就业"出台的系列政策。贵州省自 2011 年开始就把促进农民工返乡创业就业和就地就近就业作为民生工作的重中之重放在优先位置，千方百计扩大和稳定就业，将传统的向沿海发达地区劳务输出转为想方设法促进农民工返乡创业就业和就地就近就业，促进农民工返乡创业就业的根本保障是强有力的政策扶持。2011 年以来，贵州省委、省政府出台了《关于引导和扶持百万农民工创业带动就业的意见》（黔党办发〔2011〕33 号）、《关于引导和鼓励外出务工人员返乡创业就业的意见》（黔府办发〔2013〕25 号）、《"雁归兴贵"促进农民工返乡创业就业行动计划》（黔府办发〔2015〕31 号）等政策文件，为促进和鼓励农民工返乡创业就业提供了有力的政策支撑。同时，贵州省人社厅等部门出台的有关外出务工人员就业的实施意见、城乡养老保险制度衔接实施意见、农民工创业园建设指导意见、农民工综合服务中心建设指导意见等相关政策文件有十多个。各地各部门也研究制定出台了一系列的政策措施，如贵阳市关于进一步做好农村劳动力就地就近转移就业工作的意见，遵义市关于促进农民工返乡创业的意见，丹寨县《大力鼓励和扶持农民工就业创业的意见》等，全面落实放宽市场准入条件、税费减免、财政支持、金融服务、农民工社会保险参保和接续、职业培训补贴、社保补贴、岗位补贴、场租补贴等扶持政策通过推行"1+1"（1 个就业岗位 + 1 套住房）政策，为创新农民工创业就业工作，促进农民工返乡创业就业，提供了全面的政策保障。

第四，围绕"困难和特殊群体就业"（其中的"4050"人员是指处于劳动年龄段中女 40 岁以上、男 50 岁以上的，本人就业愿望迫切但因自身就业条件较差、技能单一等原因，难以在劳动力市场竞争就业的劳动者。其中，相当一部分是原国有企业的下岗人员，他们为改革做出了贡献，但随着年龄增长，就业也愈益困难，已引起各级政府和社会各界的关注）。贵州省根据国家有关政策精神采取了以公共就业服务平台为中心，政策宣传、岗位开发、组织帮扶三个方面实施困难群体和特殊群体的就业帮扶。对认定为就业困难的重点人群，从免费培训、送岗上门等方面，多形式开展零就业家庭成员、残疾失业人员等困难群体的就业援助，通过举办"就业援助月"等专项服务活动，合理开发、调整公共便民服务公益性岗位，对残疾人员、戒毒康复人员实行托底安置，使公益性岗位成为特殊困难群体就业、再就业的重要阵地。千方百计促进就业困难人员早日实现就业。此外，通过加大财政资金投入，保障扶持就业困难人员实现就业。2014年贵州省促进就业各项扶持资金共使用187105万元，其中，社会保险补贴41625万元，岗位补贴69639万元，职业培训补贴33897万元，职业介绍补贴237万元，公益性岗位补贴2888万元[①]。

2. 贵州省就业政策取得的成效

通过实施积极的就业政策，贵州省2011—2015年就业总量稳步增长，就业局势保持稳定状态（见表2-2）。

表2-2　　　　　2011—2015年贵州省就业发展状况　　　　单位：万人

年份	城镇新增就业	失业人员实现再就业	就业困难人员实现就业	农村劳动力转移就业	职业培训	城镇登记失业率（%）
2011	28.37	11	5	62.1		3.65
2012	42.23	13.25	6.38	66.13		3.29
2013	55.49	14.18	7.04	70.43	25.59	3.26
2014	68.37	15.29	7.49	77.23	27.42	3.27
2015	72.68	14.55	7.28	84.63	30.54	3.29
2016（预计）	75	13	7	70	19	4.2

---

① 数据来源：贵州省统计局。

2011—2015年,贵州省就业形势有以下五个特征。

第一,城镇新增就业连年增加。2011年以来,贵州省城镇新增就业规模连年增加。2011年,全省城镇新增就业28.37万人,为目标任务25万人的113.48%;2012年,全省城镇新增就业42.23万人,为目标任务35万人的120.66%;2013年,全省城镇新增就业55.49万人,为目标任务50万人的111.0%;2014年,全省城镇新增就业68.37万人,为目标任务65万人的105.2%;2015年,全省城镇新增就业72.68万人,为目标任务72万人的100.9%。

第二,再就业和就业困难人员就业工作稳步发展。2011—2015年累计失业人员实现再就业62.44万人,累计就业困难人员实现就业30.42万人。

第三,农村劳动力转移就业进一步加快。农民工返乡创业就业是农村劳动力转移就业的重要渠道。2011年全省农村劳动力转移就业62.1万人,完成年目标任务的124.2%。2012年全省农村劳动力转移就业66.13万人,完成年目标任务的132.26%。2013年全省农村劳动力转移就业70.43万人,完成年目标任务的140.86%。2014年全省农村劳动力转移就业77.23万人,完成年目标任务的154.46%。2015年,全省农村劳动力转移就业84.63万人,完成年目标任务的141.1%。2016年全省预计农村劳动力转移就业70万人。

第四,职业技能培训取得进一步发展。在大力推进技工学校、就业培训中心、民办职业培训机构和技师学院建设的基础上,探索建设实训基地,进一步提高职业技能培训水平。不断完善职业资格证书制度,进一步扩大职业技能鉴定工作覆盖面,同时实施高技能人才培训工程。职业培训人数从2013年的25.59万人增加到2015年的30.54万人,增长率达19.3%。

第五,就业结构进一步优化。随着产业结构调整升级,贵州省的就业结构也随着发生相应的变化。截至2015年,第一产业就业人员为1171.02

万人，比 2011 年减少了 38.53 万人；第二产业就业人员为 291.42 万人，比 2011 年增加了 87.9 万人；第三产业就业人员为 447.25 万人，比 2011 年增加了 89.43 万人。2011 年三大产业结构比为 6.5:2:1.5，2014 年为 5:2.6:2.4。与 2011 年相比，第一产业从业人员下降 3.1 个百分点，第二产业从业人员增加 4.3 个百分点，第三产业从业人员增加 2.5 个百分点。就业结构的主要特征是第一产业就业人员逐年下降，第二产业从业和第三产业从业人员逐年增加（见图 2-2）。

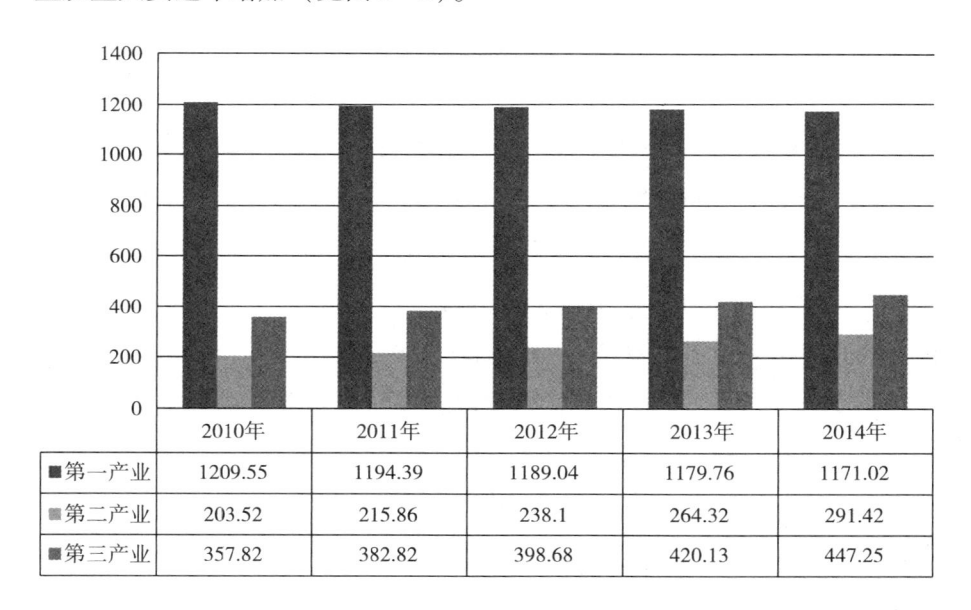

	2010年	2011年	2012年	2013年	2014年
第一产业	1209.55	1194.39	1189.04	1179.76	1171.02
第二产业	203.52	215.86	238.1	264.32	291.42
第三产业	357.82	382.82	398.68	420.13	447.25

图 2-2　贵州省三大产业就业情况（单位：万人）

总之，在贵州省委、省政府的领导下，不折不扣地贯彻执行党和国家的各项积极的就业政策，使得贵州尤其是在扶贫工作中的劳动力转移方面取得了积极的成效，城镇登记失业率始终牢牢地控制在合理范围之内。国际公认的失业率警戒线为 7%，贵州省 2011—2015 年的城镇登记失业率控制在 3%—4%，远低于国际警戒线，处于合理范围之内。

第三章 就业政策效应的实证研究：产业集聚的就业效应

产业集聚作为一种客观存在的经济地理现象，主要表现在特定地理区域范围内同类或相近产业的高度集中，在空间范围内各项生产要素（如劳动力、资本等）重新配置，不断汇聚和优化的过程。针对产业集聚现象，从冯·杜能（Von Thunen，1826）、马歇尔（Marshall，1890）到新经济地理学派的代表人物克鲁格曼（Krugman，1991）以及迈克尔·波特（Michael E. Porter，2002）等学者皆从不同视角，做了深入研究并提出若干理论。

伴随经济全球化和一体化趋势的不断加强，此类现象正逐渐引起各方关注，如美国的硅谷和印度的 IT 产业、意大利的皮革产业等。我国自改革开放以来，依靠相关产业政策的扶持，凭借先天的区位优势，通过产业链的横向和纵向关联整合等形成了长三角、珠三角、京津冀三大经济区，并逐步形成了如上海张江高科技园区、北京中关村、江苏南京软件产业集聚区、昆山高新区的光电产业集聚、浙江义乌的小商品生产基地、温州的打火机和鞋业以及绍兴的纺织业集聚区、广东东莞 IT 产品生产基地与中山古镇的灯饰产业集群等。诸如此类产业集聚日新月异发展的典型案例，不断促进了世界经济版图的"块状化"或"马赛克化"。现今，产业集聚的发展模式正逐步被各国采用，其作为经济活动中引人注目的地理特征，在改善区域劳动力就业层面发挥的作用不可小觑。例如，20 世纪 90 年代，伴随美国加州软件产业集聚区的发展,其创造的就业岗位达到14%的年增长率,即每年新增7.2万个就业岗位①(刘世锦,2008),初步表明随着产业集聚的规模化发展,对劳动力的有效需求将不断增大,进而促使就业岗位的增加,其重要性不言而喻,现实意义重大。

加之,就业作为民生之本,是人们获得生活资料(如劳动报酬或经营收入等)的基本途径及自我发展需求实现的重要方式。促进就业是安国之策,也是宏观经济政策的四大基本目标之一。同时,贯彻落实好民生优先、就业优先的发展战略,提升现代产业体系的就业能力等已被我国"十二五"规划纲要所明确②。贵州作为我国扶贫攻坚的主战场之一,"十二五"规划纲要就结合国务院发布的《国务院关于进一步促进贵州经济社会又好又快发展的若干意见》(国发〔2012〕2号)的文件制定和实施了贵州省工业化、城镇化、农业现代化等发展战略。通过工业化道路,在实现资源开发的同时,加快贫困地区脱贫进程和实现现代化的步伐。

第一节　产业集聚理论的形成与发展

一　需求学派的产业就业理论

较早的就业理论可追溯到19世纪初,当时作为西方传统就业理论基石的供给学派代表萨伊定律(法国古典经济学家让·巴蒂斯特·萨伊认为供给总能创造自身的需求),被以马歇尔、庇古、瓦尔拉斯等为代表的古典

---

① 刘世锦:《中国产业集群发展报告(2007—2008)》,中国发展出版社2008年版,第217页。

② 详见《我国国民经济和社会发展十二五规划纲要》(2011—2015)。此纲要详细指出了要坚持民生优先,完善就业等制度安排,实施就业优先战略,坚持走中国特色新型工业化道路,适应市场需求变化,根据科技进步新趋势,发挥我国产业在全球经济中的比较优势,发展结构优化、技术先进、清洁安全、附加值高、吸纳就业能力强的现代产业体系等。

经济学派所信奉，该学派基于完全竞争市场提出了均衡工资就业论，认为劳动力供求关系的变动将引起工资的自发调节，进而由均衡工资决定均衡就业量的高低。他们对政府干预持反对态度，认为政府干预是造成失业的根源所在。不过，随后出现的一种现象，即1929—1933年爆发的西方经济大危机导致了大规模失业，成为以上所述传统就业理论破产的一个典型标志。

对此，凯恩斯（1936）通过对大萧条导致大规模失业的现象进行深入思考分析后，提出了除摩擦性失业或自愿失业外，还存在"非自愿失业"（又称"凯恩斯失业"或"周期性失业"）的概念，即尽管当下工资水平被劳动者所接受，却依旧处于失业状态，认为社会处于充分就业状态时虽不存在或消除了非自愿性失业，但摩擦性或自愿性失业尚存在，也就否认了市场能够自发调节到充分就业状态，肯定了需要政府干预的重要性。他进一步指出，导致大规模失业的根本原因在于经济周期性的波动引起了有效需求的变动。所谓有效需求，指总供给函数与总需求函数相交处的值，如在经济繁荣时期，有效需求较旺，虽存在通货膨胀现象，但不存在非自愿失业，总需求大于总供给，伴随总需求的增加，总就业量也随之提升；相反，在经济萧条时期，有效需求不足，虽不存在明显的通货膨胀现象，但由于总需求小于总供给，或者说求人倍率小于1，伴随社会总生产规模缩小，总就业量随之降低，引致失业。可见，正因为有效需求不足才引致了失业现象的发生。

加之，由于边际消费倾向递减规律、资本边际效用递减规律以及流动性偏好规律这三大基本心理规律发挥的不同效用，分别决定了消费需求以及投资需求的高低。他又从消费者和生产者两个角度，进一步阐明了有效需求原理，即由于消费需求和投资需求两个方面存在的不足促使了有效需求不足①。可见，凯恩斯的就业理论以"有效需求原则"为核心。基于此，他主张政府应该对劳动力市场予以干预，即通过政府这只"看得见的手"进行宏观调控，以调节劳动力市场的供需关系，进一步从宏观层面，提出若干政策主张，如实行扩张的财政政策和货币政策，积极引导投资，借助高额累进税政策来实现收入再分配，不断提升边际消费倾向，刺激消费等。

20 世纪 70 年代爆发的石油危机，致使西方各国普遍呈现出"滞涨"现象，即通常意义的高通胀率和高失业率共存的现象。此刻若依照凯恩斯的就业理论：有效需求不足仅能引起经济萧条和失业，当且仅当有效需求过度才会带来通货膨胀。简言之，通胀和失业不能并存。如此便不能很好地解释滞涨现象，体现了该理论适用范围存在的局限性，或仅适用于短期分析。

对此，以萨缪尔森、托宾及杜森贝里为代表的新古典综合学派（又被称为"后凯恩斯主义经济学流派"，该学派有别于以弗里德曼为代表的新自由主义经济学流派，该学派认为人们在面对实际通胀率时将随时调整对通胀情况的适应性预期，失业率存在自发回到自然失业率的倾向），从劳动力市场的不完全性出发，充分运用微观经济学理论针对此现象做了深入分析。其中，萨缪尔森认为政府通过增加福利支出以弥补低收入家庭的同时，实际上将降低失业者寻求工作的内在积极性，如此便造成了物价不下降而失业又不减少的尴尬局面；托宾、杜森贝里从劳动力市场不完全性出发，提出了"结构性失业"理论，由于产业结构的演变，地区发展的不平衡及就业市场信息不对称，分别使得劳动者短时间内不能适应新岗位的要求，劳动力迁移出现限制等情形，加之工资的刚性，即货币工资不降反升，使得失业与就业空缺岗位并存，也就进一步演变成了滞胀的局面②。

---

① [英] 约翰·梅纳德·凯恩斯：《就业、利息和货币通论》，陆梦龙译，商务印书馆 2011 年版，第页。
② 童玉芬：《就业原理》，中国劳动社会保障出版社 2011 年版，第 30—31 页。

同时，该学派认为需加强对劳动者的再培训，建立专门的就业中介机构及加快劳动力的区域迁移，一定程度上，该学派的观点进一步丰富了凯恩斯主义的就业理论，使之更契合现实情形。自进入20世纪80年代以来，以布兰查德（Blanchard）、斯蒂格利茨（Stiglitz）等为代表的新凯恩斯主义学派进一步提出工资黏性理论来解释失业的问题，其中包括内部人—外部人理论、隐含合同论、效率工资论等，再次丰富了凯恩斯主义就业理论，有力捍卫了凯恩斯主义的主导地位，促使该理论体系成了现代西方就业理论的主流思想。

二 发展经济学派的迁移就业理论

以刘易斯（Arthur Lewis）、拉尼斯（G. Ranis）和费景汉（J. Fei）以及托达罗（Todaro）等为代表的发展经济学派，认为发展中国家进一步发展的障碍所在是大量利用不足的闲置劳动力。据此，构建了发展经济学派的迁移就业理论，其中便以如下两个模型为典型。

第一，刘易斯—拉尼斯—费景汉模型。刘易斯（1954）提出了城乡分割二元经济结构下的劳动力迁移模型，并将发展中国家社会生产划分为两个部门：劳动生产率较低且以传统方式生产的农业部门；劳动生产率较高且以现代方式生产的城镇工业部门。基于劳动力无限供给的前提，劳动力是供过于求的，使得工业部门扩大再生产可以维持原有工资水平，即只要工业部门和农业部门之间工资水平的剪刀差未消除，农村部门的富余劳动力将源源不断地流向工业部门。同时，伴随此过程的持续进行，农业部门的边际产出或劳动生产率同步提升，直至城乡二元结构完全消除，农业部门富余劳动力完全被工业部门所吸收，此时两部门工资水平的剪刀差将消除[1]。

---

[1] W. Arthur Lewis, "Economic Development with Unlimited Supplied of Labor", *The Manchester School*, No. 22, 1954, pp. 141–145.

当越过刘易斯拐点,农业部门的边际生产率将进一步提升,加之农业部门富余劳动力的消失,劳动力供给由无限转变为有限。换言之,工业部门如想继续扩大生产规模,吸纳更多的农业部门的劳动力,就必须提升原来一成不变的工资水平,以便同农业部门竞争。不过,该模型的假设同现实是不相符的,发展中国家城市部门同样存在着失业现象。事实上,发展中国家由于过多强调了对工业部门的发展以致忽视了对农业部门的发展。一方面,资本密集型行业的过度发展,表面上扩大了工业部门的规模,而实际上新增或创造的就业岗位或机会却是不明显的;另一方面,农业部门发展缓慢导致了边际生产率长期处于较低水平,无形中造成了两部门之间劳动力供需不平衡的局面,进而造成了失业加剧的局面。

拉尼斯、费景汉(1961)针对刘易斯模型存在的不足,做了进一步修正,并构建了拉尼斯—费模型,该模型更加重视农业部门,注重两部门的劳动生产率同步得到提升,并逐步释放农业部门的富余劳动力。基于两个模型存在一脉相承的关系,常将其合称为刘易斯—拉尼斯—费景汉模型。

第二,托达罗模型。刘易斯—拉尼斯—费景汉模型中认为,工农业两部门之间存在工资水平的差异是劳动力迁移就业的内在动机,托达罗(Todaro,1969)以此模型为基础并充分考虑发展中国家的现实情形,提出了托达罗劳动力迁移模型。

该模型定义为:$NPV_0 = \int_0^n [p(t)W_u(t) - W_r(t)]e^{-rt} - C_0$

式中,NPV_0:迁移者预期两部门收入差异的净贴现值;C_0:迁移者的迁移成本;$p(t)$:t 期迁移者在现代工业部门获得工作的概率;$W_u(t)$、$W_r(t)$ 分别表示 t 期工业部门和农业部门的实际工资率;r:贴现率。

该模型主要从比较利益和迁移成本两个角度出发,认为城乡预期收入差距、在城市中的就业概率及获得的收益和迁移成本之差的贴现值,这几个因素促使了劳动者的迁移活动。依据其观点,劳动力迁移规模是预期两部门收入差异净贴现值的函数,可表示为:

$$M = f(NPV_0)$$

式中 $f > 0$，表示预期收入差异的增函数；M：迁移规模。若 $NPV_0 > 0$，则迁移者迁入工业部门的意愿将增强，净迁入工业部门的人口规模增大，反之亦然①。

综上可知，西方相关经济学家针对劳动力迁移就业问题做了长期研究和深入探索，形成了颇为丰富及较为成熟的理论成果，这对解决或缓和国内区域就业问题将有一定的启示和借鉴意义。以上主要顺着凯恩斯主义的发展路线，梳理了与其相关的就业理论成果，自然还有如工作寻访、失业回滞以及非均衡失业等前沿就业理论，不过本书主要遵循凯恩斯主义就业理论及发展经济学派的迁移理论展开后续研究。

三 以就业为基础的产业集聚测度指标

产业集聚反映了企业间通过合作或竞争，以提升各自的创新力或生产力，在空间上形成的一种地理集中现象或看作产业的空间集聚现象。从马歇尔（1890）发现企业为追求规模经济或知识溢出效应等而发生集聚现象后，便逐步引起了诸多经济学家们的研究兴趣，从最初的经验性分析和解释至若干测度指标的提出，已进行了较多尝试②。现下对其测度的指标主要有区位商、行业集中度、空间基尼系数、赫芬达尔指数（Herfindahl Index）以及 EGGCI 指数（空间集聚指数）等。结合本文的主要内容并考虑数据获取的易得性和易操作性，本文采用以就业人数为基础的区位商（可较好地反映地区专业化程度）以及赫芬达尔指数这两种指标对产业集聚进行测度，其中选取的两个测度指标的定义如下。

---

① M. P. Todaro, "A model of Labor Migration and Urban Unemployment in Less Development Countries", *The American Economic Review*, Vol. 59, No. 1, 1969, pp. 139 – 147.

② 张明倩：《中国产业集聚现象统计模型及应用研究》，中国标准出版社 2007 年版，第 35—39 页。

第一,区位商。区位商 LQ(Location Quotient)又称为"专业化率",最初由经济学家哈盖特(P. Haggett)提出,指的是某区域某产业或行业部门占全国该产业部门的比重与该区域全部产业占全国产业的比重之比,指标定义如下:

$$LQ_i = \frac{e_{ij}}{\sum_j e_{ij}} \Big/ \frac{\sum_i e_{ij}}{\sum_i \sum_j e_{ij}}$$

式中,i:第 i 个产业或行业;j:第 j 个地区;e_{ij}:第 j 个地区第 i 产业或行业的就业人数。

该指标可反映某产业隶属区域的专业化程度,或测度某区域某产业或行业相对于全国水平的比较优势,并明晰所属区域的主导产业或行业以及集聚水平,该指标值以 1 为分界点,其中若 $LQ_i > 1$,表明该行业集聚能力较强,专业化水平较高,区位比较优势明显;若 $LQ_i < 1$,表明该行业集聚能力较弱,专业化水平较低,通常处于区位比较劣势;若 $LQ_i = 1$,表明该行业区位优势不明显或称之处于均势。LQ_i 值越大,地区专业化程度将越高[1]。

第二,赫芬达尔指数(Herfindahl Index)。该指数一般简称 H 指数,指的是每个区域部门就业份额的加权平方之和,通常可用于衡量某区域某产业或行业部门的集聚程度,其取值范围介于 (0,1)。若 H 指数值越趋向 0,表示集聚程度越低;反之越趋向 1,则表明集聚程度越高。指标定义如下:

$$H^s = \sum_{r=1}^{R} (\lambda_r^s)^2 = \sum_{r=1}^{R} (x_r^s / x^s)^2$$

式中,λ_r^s:部门 s 的区域份额;x_r^s:某种项目(如就业量)的水平大小;x^s:

---

[1] 魏后凯:《中国产业集聚与集群发展战略》,经济管理出版社 2008 年版,第 95—96 页。

部门 s 的总就业水平；$s=1$，2，3，…；s 表示部门；$r=1$，2，3，…；R 表示区域①。

以上通过对本研究涉及的相关就业理论以及对产业集聚测度指标的相关理论做了回顾，可以发现，在就业理论的发展演进过程中，虽然已形成了视角各异、学派林立的格局，但是较具代表性的主要是凯恩斯主义学派及发展经济学派的理论，这些理论体系也逐步成为现代西方就业理论的主流思想。本书便是遵循这些理论的指导思想，采用介绍的相关测度指标开展了后续研究。同时，为了进一步更好地了解同本选题研究范畴相关的国内外发展动态，有必要继续对国内外相关文献进行梳理分析。

四 产业集聚的思想理论发展

农业区位理论的创立者冯·杜能（Von Thunen，1826）② 在分析孤立国的产业布局的同时，提出了"杜能圈"的概念，即六种不同的环形带（如农业带、林业带等）皆以城市为中心呈同心圆状集聚分布，集约化程度由内向外依次递减。至此，产业集聚思想初见端倪，影响深远。随后，马歇尔（Marshall，1890）③ 在研究工业组织，尤其在对分工、机械的影响以及专门工业集中于特定的地方的论述时，对产业集聚现象进行了直接关注，分析内容可总结为运输成本及前后向关联，规模经济尤其是外部经济，并强调了劳动力市场共享的重要性（提升区域专业化程度的同时形成了雇主和劳动者之间的共赢局面），以及知识溢出效应，这些因素成了产业集聚的原因所在。不过，马歇尔的分析是零散的、非系统的，尚停留在描述性分析层面，并未进行有效的量化分析。

---

① ［法］皮埃尔-菲利普·库姆斯、蒂理·迈耶、雅克-佛朗索瓦·蒂斯：《经济地理学：区域和国家一体化》，安虎森等译，中国人民大学出版社2011年版，第206—211页。
② ［德］冯·杜能：《孤立国同农业和国民经济的关系》，吴衡康译，商务印书馆1986年版，第20页。
③ ［英］马歇尔：《经济学原理》（上卷），朱志泰译，商务印书馆2010年版，第265—288页。

考虑到区位因素,如阿尔弗雷德·韦伯(Alfred Weber,1909)[①] 通过考虑三个区位因子,即运输成本因子、劳动成本因子以及集聚经济因子,对工厂区位选择做了分析,从微观角度阐明了成本的高低是影响企业集聚的一个重要因素。类似地,廖什(1940)在前人研究的基础上,提出了市场半径概念,即当销售地远到使销售为零,该销售地和生产地之间的距离便是市场半径,以产地为圆心并以市场半径距离大小绘制圆,覆盖的区域就成了市场区。据此,构建了动态特征的市场区位论,强调了市场及运费对企业选址的重要性,市场半径的差异促使了企业选址要尽量接近市场区[②]。

综合考虑运输成本、国民收入中制造业所占比例以及经济规模等要素,基于迪克西特与斯蒂格利茨(Dixit & Stiglitz)的垄断竞争模型(又称D-S模型)的基础,并假设市场不完全竞争且规模报酬递增,克鲁格曼(Krugman,1991)[③] 依据构建的"核心—外围"(CP)模型,进一步讨论了区位问题,并揭示了正因为这些要素的共同作用,才形成了一个国家的内部工业核心区及农业边缘区不断内生分化的过程。他的研究对进一步推动经济地理学及区域经济学的发展发挥了重要作用。此外,通过对美国等十个工业化发达国家的深入调查研究,提出国家竞争优势理论的迈克尔·波特(Michael E. Porter,2002)[④],同样,通过构建的钻石模型揭示了影响企业生产率的若干因素,如信息、激励等,并从提升区域产业竞争优势的视角研究了产业集聚,将其上升到影响区域竞争优势层面。

[①] [德]阿尔弗雷德·韦伯:《工业区位论》,李刚剑等译,商务印书馆2010年版。
[②] 孙洛平、孙海琳:《产业集聚的交易费用理论》,中国社会科学出版社2006年版,第22页。
[③] P. Krugman, "Increasing Returns and Economic Geography", *Journal of Political Economy*, 1991, 99 (3), pp. 483–499.
[④] [美]迈克尔·波特:《国家竞争优势》,李明轩、邱如美译,华夏出版社2002年版。

此外，Fujita（1988）①、Venables（1996）② 及 Baldwin（1999）③ 等学者对产业集聚理论的完善和丰富也都做出了各自的贡献，认为，即使存在劳动力迁移障碍，可立足 CP 模型并做适当完善（Venables，1996），通过前后项联系以及要素的内生积累同样可以发生空间意义上的集聚（Baldwin，1999）。

综上可以得出，影响产业集聚的内在因素主要有运输成本、专业化分工、规模经济、偶然性和路径依赖以及马歇尔的外在性。同时，针对产业集聚理论研究的时间跨度已近两个世纪，其间经历了杜能、马歇尔到波特、克鲁格曼等学者。他们做出的卓越贡献，使该理论逐步趋向成熟。

五 关于产业集聚的应用

随着产业集聚理论的逐步成熟和完善，针对产业集聚的应用研究同时吸引了国内外众多学者的关注，从不同角度做了研究。例如，从增长角度，构造内生增长及区位之间存在关联的模型，认为只要创新的影响程度足以弥补南方地区工业的损失，产业集聚对两个区域的产业皆有益并可降低交易成本及局部技术外溢（Martin，Ottaviano④，1999）；同时，将罗默的内生增长模型引入 Krugman 的 CP 模型，并将长期增长和产业区位因素内生化，通过产业集聚可促进两地增长（Baldwin，Forslid⑤，2000）。

---

① M. A. Fujita, "Monopolistic Competition Model of Spatial "Agglomeration: Differentiated Product Approach", *Regional Science and Urban Economics*, 1988, (18), pp. 87 – 124.

② A. J. Venables, "Equilibrium Location of vertically Linked Industries", *International Economic Review*, 1996, 37 (2), pp. 341 – 359.

③ R. E. Baldwin," Agglomeration and endogenous capital", *European Economic Review*, 1999, (43), pp. 253 – 280.

④ P. Martin and G. P. Ottaviano, "Growing Locations: Industry location in a model of endogenous growth", *European Economic Review*, 1999, 43 (2), pp. 281 – 302.

⑤ R. E. Baldwin and R. Forslid, "The Core – Periphery Model and Endogenous Grown: Stabilizing and Destabilizing Integration", *Economica*, 2000, (67), pp. 307 – 324.

从贸易角度，Forslid 等（2002）① 用大型的 CGE 模型，研究了欧盟不同的行业之间的关系，并介绍了贸易自由化产业集聚之间的关系。特别地，有些学者还采用了微观地理数据或行业数据，构造测度产业集聚度的指标对不同区域的行业集聚程度做了衡量（如：Wen②，2004；Duranton，Overman，2005）。类似地，我国学者梁琦（2004）③ 在系统分析引起产业集聚的相关因素后，通过计算相关行业的基尼系数，认为中国制造业的集聚水平尚待提高。

国内学者针对产业集聚的研究兴起于 21 世纪，随着改革逐步推进，我国制造业的集聚度虽有所提升，但因分散力作用凸显，致使部分制造业由东部向其他地区转移（吴三忙、李善同④，2010），尤其是倾向空间集聚的技术密集型制造业，呈现出循环累积趋势（高鸿鹰、武康平⑤，2010）。此外，企业间交易费用或成本降低的方式可依赖产业的地理集聚（孙洛平、孙海琳⑥，2006）。综合产业集聚、集群以及区域竞争力，魏后凯（2008）⑦ 提出了一种新的区域发展战略模式，也使传统意义上的区域比较优势理论范式得以突破。王缉慈（2010）⑧ 从我国产业集聚区出发，站在不同的角度对其地理分布格局进行了分析。类似地，从新经济地理学视角，随着一般性产业集聚机制理论的提出，对各种产业集聚现象的解释便

---

① R. Forslid, J. I. Haaland, K. A. Knarvik, "U – shaped Europe? A simulation study of industrial location", *Journal of International Economics*, 2002, 57 (2), pp. 273 – 297.
② M. Wen, "Relocation and agglomeration of Chinese industry", *Journal of Development Economics*, 2004, 73 (1), pp. 329 – 347.
③ 梁琦：《产业集聚论》，商务印书馆 2004 年版，第 254—268 页。
④ 吴三忙、李善同：《中国制造业地理集聚的时空演变特征分析：1980—2008》，《财经研究》2010 年第 10 期。
⑤ 高鸿鹰、武康平：《技术密集与制造业集聚：一个基于中间厂商博弈的分析》，《产业经济研究》2010 年第 3 期。
⑥ 孙洛平、孙海琳：《产业集聚的交易费用模型》，《经济评论》2006 年第 4 期。
⑦ 魏后凯：《中国产业集聚与集群发展战略》，经济管理出版社 2008 年版，第 21 页。
⑧ 王缉慈：《超越集群：中国产业集群的理论探索》，科学出版社 2010 年版，第 115—136 页。

成为可能，亦具备了一定的理论基础（殷广卫，2009）[1]。

有的学者还采用了 VECM 即向量误差修正模型和协整分析（陈建军、胡晨光[2]，2008）、脉冲响应法（张弢[3]，2011）以及 EG 地理集中指数对中国 20 个制造行业的集聚程度做了衡量，后经过论证，工业增长同此类行业的集聚度呈较强的正相关性（罗勇、曹丽莉[4]，2005），相反，构建动态面板模型，并经相关分析结果却表明区位商对经济增长的促进表现不显著（比较：高凤莲等[5]，2010），有必要提升集聚区内部企业间的关联度。同样，引起局部集聚和东西部发展不均衡的原因之一便在于技术溢出效应（符淼[6]，2009），尽管较高的专业化集聚水平出现在中西部地区（吕宏芬、刘斯敖[7]，2012），但是为了均衡区域发展，对单一化与非均衡化的产业结构有必要加快调整。

六 就业与产业集聚

就业有广义和狭义之说，其中就业效应主要研究了劳动力就业受相关要素变动的影响程度。经论证，企业兴衰占到了美国就业水平变动的 25%（Dunne、Roberts、Samuelson[8]，1989），与此同时，技术进步和产品创新

---

[1] 殷广卫：《新经济地理学视角下的产业集聚机制研究——兼论近十多年我国区域经济差异的成因》，博士学位论文，南开大学，2009 年。
[2] 陈建军、胡晨光：《产业集聚的集聚效应——以长江三角洲次区域为例的理论和实证分析》，《管理世界》2008 年第 6 期。
[3] 张弢：《我国 FDI 集聚测度及对经济增长贡献分析》，《统计与决策》2011 年第 22 期。
[4] 罗勇、曹丽莉：《中国制造业集聚程度变动趋势实证研究》，《经济研究》2005 年第 8 期。
[5] 高凤莲、段会娟：《集聚、产业结构类型与区域经济增长——基于我国省级面板数据的分析》，《中央财经大学学报》2010 年第 10 期。
[6] 符淼：《地理距离和技术外溢效应——对技术和经济集聚现象的空间计量学解释》，《经济学》（季刊）2009 年第 4 期。
[7] 吕宏芬、刘斯敖：《我国制造业集聚变迁与全要素生产率增长研究》，《浙江社会科学》2012 年第 3 期。
[8] T. Dunne, M. J. Roberts, L. Samuelson, "Plant turnover and gross employment flows in the US manufacturing", *Journal of Labor Economics*, 1989, 7 (1), pp. 48-71.

对就业水平的影响也不可忽视（如：Reenen①，1997；Smolny②，1998；Mortensen、Pissarides③，1999；朱轶，熊思敏④，2009），还有从人力资本投资分析层面（侯凤云⑤，2007）。类似地，夏庆杰（2010）⑥利用收集的中国家庭收入项目（CHIP）数据，对农村劳动力就业及反贫困等问题做了研究。

随着国内外对产业集聚及就业效应分析的逐渐深入，国内外学者也不约而同地考虑引入就业因素，以进一步扩大产业集聚理论的应用范围。从目前检索得到的现存文献对比分析，可知国外学者对这一新领域的研究起步较早。

一方面，从劳动力迁移角度，Krugman 和 Venables（1995）⑦则采用1998—2006 年阿姆斯特丹所辖的 68 个正式工业用地的就业增长数据，直接论证了集聚外在性表现之一的专业化，在一定程度上对就业增长将产生抑制效应。

另一方面，Simon（1988）⑧却认为在集聚度高的大多数城市，摩擦性失业率可下降约 1.7%，直接说明了集聚对就业正反馈效应。依据构建的空间集聚模型，并对 1994 年以前影响劳动力转移的因素分析后，可得出劳

---

① J. V. Reenen, "Employment and Technological Innovation: Evidence from U. K. Manufacturing Firms", *Journal of Labor Economics*, 1997, 15 (2), pp. 255 – 284.

② W. Smolny, "Innovations, Price and Employment: A Theoretical Model and Empirical Application for West German Manufacturing Firms", *Journal of Industrial Economics*, 1998, 46 (3), pp. 359 – 382.

③ D. T. Mortensen, C. A. Pissarides, "Unemployment Responses toSkilled – BiasedTechnology Shocks: The Role of Labour Market Policy", *The Economic Journal*, 1999, 109, pp. 242 – 265.

④ 朱轶、熊思敏：《技术进步、产业结构变动对我国就业效应的经验研究》，《数量经济技术经济研究》2009 年第 5 期。

⑤ 侯凤云：《中国人力资本投资与城乡就业相关性研究》，上海人民出版社 2007 年版，第 199—206 页。

⑥ 夏庆杰：《劳动就业与反贫困问题研究》，中国经济出版社 2010 年版，第 45—80 页。

⑦ F. De Vor and H. Groot, "Agglomeration externalities and localized employment growth: the performance of industrial sites in Amsterdam", *Annals of Regional Science*, 2010, 44 (3), pp. 409 – 431.

⑧ C. J. Simon, "Frictional Unemployment and the Role of Industrial Diversity", *The Quarterly Journal Economics*, 1988, 103 (4), pp. 715 – 728.

动力转移将提升地区产业集聚水平的结论（比较：Hu，2002①）。类似地，Frank 和 Pflüger（2002）② 经过实证分析，也直接得出了提高产业集聚度可以改善劳动者的工资待遇水平并创造更多就业机会，形成积极的就业促进效应的论断。采用旅游产业的分省面板数据，郭为和何媛媛（2008）③ 指出在 2002 年以后，伴随该产业集聚度逐步收敛的同时，形成了对就业的显著拉动效应。进一步，刘世锦（2008）④ 更是直接指出了大规模的就业岗位的形成可依靠产业集群。同样，张雄（2011）⑤ 从三大经济区的角度，也得出了产业集聚对就业的影响是正向促进的研究结论。

更有甚者，Francis（2007）⑥ 研究却得出了介于促进或抑制效应之间的结论，采用新经济地理学（NEG）均衡就业模型，分析了跨区域流动的工作迁移以及失业的多样化关系后，阐明劳动力迁入将引起集聚，在创造就业机会的同时将产生一定的破坏效应。类似地，不同行业集聚度的变动将产生的就业效应也是不一致的（闫逢柱等⑦，2010）。有的学者还考察了就业水平及经济增长对经济集聚效应的影响（Mitra，Sato⑧，2007）以及非正规就业集聚（周红燕等⑨，2011）、生产者服务业的就业吸纳及集聚

---

① D. Hu, "Trade, rural-urban migration, and regionalincomedisparity in developing countries: a spatial generalequilibrium model inspired by the case of China", *Regional Science & Urban Economics*, 2002, 32 (3), pp. 311-338.
② B. Frank and M. Pflüger, "Agglomeration and Regional Labour Markets", *Economic Bulletin*, 2002, 39 (7), pp. 237-242.
③ 郭为、何媛媛：《旅游产业的区域集聚、收敛与就业差异：基于分省面板的说明》，《旅游学刊》2008 年第 3 期。
④ 刘世锦：《中国产业集群发展报告（2007—2008）》，中国发展出版社 2008 年版，第 217 页。
⑤ 张雄：《产业集聚、空间分布与就业——基于中国三大经济区的研究》，博士学位论文，首都经济贸易大学，2011 年。
⑥ J. Francis, "Agglomeration, job flows and unemployment", *Annals of Regional Science*, 2009, (43), pp. 181-198.
⑦ 闫逢柱、乔娟、秦建军：《中国制造业地理集聚对就业的影响》，《西安交通大学学报》（社会科学版）2010 年第 4 期。
⑧ A. Mitra and H. Sato, "Agglomeration Economies in Japan: Technical Efficiency, Growth and Unemployment", *Review of Urban & Regional Development Studies*, 2007, 19 (3), pp. 197-209.
⑨ 周红燕、李文政、张春梅：《非正规就业集聚对我国第三产业发展的影响及实证研究》，《软科学》2011 年第 3 期。

（王翔[①]，2011）。

综上所述，我们可以看出，产业集聚的理论正逐步趋向成熟，可为相关实证研究提供趋于完善的理论基础。国内学者对产业集聚的研究兴起于 21 世纪，相比国外学者的研究相对滞后，但是研究的成果是丰富的，具备一定的现实参考借鉴意义。不过，在引入就业因素开展产业集聚的研究，以进一步拓展集聚思想的应用范围时，国内外学者对此研究领域所得的研究成果还不是很多，尤其是当涉及对两者之间关系的研究论断尚莫衷一是，是促进、抑制或毫无关联性，学术界尚未达成共识。虽如此，从前期搜集到的理论研究成果可知，较多的学者还是倾向于伴随产业集聚程度的提升将对就业产生积极的促进作用，在一定程度上也是符合理性人直观判断的。

七　关于就业与产业聚集实证研究假说

众所周知，研究假说作为对研究变量之间关系的存在具有的一种直觉[②]，根据对理论的回顾及国内外文献的评述，并结合研究重点，从产业集聚角度视角，抽象出两个变量，即区域产业集聚度（LQ）作为自变量（又称解释变量或外生变量）以及劳动力就业量（E）作为因变量（又称结果变量或内生变量）并提出一个研究假说，直观的反映如图 3 - 1 所示，其中"＋"表示呈正相关性。

区域产业集聚度（LQ）　→　劳动力就业量（E）

图 3 - 1　区域劳动力（迁移）就业量与产业集聚度正相关

[①] 王翔：《就业吸纳、产业集聚与生产者服务业发展》，《财经论丛》2011 年第 1 期。
[②] ［英］乔纳森·格里斯：《研究方法的第一本书》，孙冰洁、王亮译，东北财经大学出版社 2012 年版，第 97 页。

以研究假说的提出引导本研究的开展,并以修正后的研究假说解决对贵阳产业就业发展现状分析后所提出的问题,来拓展若干启示。同时,对研究假说的验证和修正过程将重点解决三个主要问题:其一,主要遵循克鲁格曼等相关学者的研究思路和分析方法,对产业集聚的就业吸纳机制进行理论推导分析。其二,宏观层面,在优化升级产业和就业结构的发展进程中,贵阳市哪个产业对劳动力迁移就业的吸纳效应较明显。其三,中观层面,找出贵阳市区位优势行业并量化其集聚度,探究提升贵阳市行业集聚度是否促进区域劳动力就业。

第二节 贵阳产业和就业的发展现状分析

"十二五"期间贵州省发展战略部署确立的在"工业强省"背景下,贵州将有序发展产业园区,积极承接产业转移,加快产业结构升级步伐,逐步增强区域辐射带动能力和就业吸纳能力。贵阳市作为贵州的省会,2010年的经济总量达到1121.82亿元,占到贵州全省经济总量的24.38%,三次产业的就业总量为241.46万,吸纳了占贵州全省约13.63%的就业人口,粗略计算,为占到本地74.54%[①]的适龄劳动力人口提供了就业岗位。可见,在工业强省大背景下,尤其在贵州全省产业发展和改善就业层面,贵阳市正扮演着主导角色。本章将针对贵阳市产业和就业的发展现状进行分析。

一 经济发展水平

1990—2010年贵阳不变价GDP(已剔除物价等因素的影响)的平均增

---

① 资料来源:《中国统计年鉴》(2011),《贵州统计年鉴》(2011),《贵阳统计年鉴》(2011),以及中国经济信息网,http://db.cei.gov.cn/index.htm。下文中相关数据,除图表标明资料来源外,同全国、贵州、贵阳相关的数据,如无特殊说明,来源均取于此,不再赘述。

长率①约为 10.09%，略高于贵州全省平均水平 9.21%，其中三次产业的平均增长率分别约为（4.02%、11.83%、12.38%）。同期，全国人均 GDP 从 1644 元上升到 29992 元，贵州人均 GDP 由 810 元上升到 13119 元，贵阳人均 GDP 由 2155 元上升到 26209 元，其中全国/贵州和全国/贵阳的人均 GDP 之比，总体上呈现上升趋势，分别由 2.03% 上升到 2.29% 及由 0.76% 上升到 1.14%。初步表明，贵州、贵阳的经济发展状况同全国平均水平有所拉大。同时，贵阳/贵州的人均 GDP 之比由 2.66% 下降到 1.99%，也表明了贵阳在贵州全省仍处于领先发展水平，进一步发挥贵阳对整个贵州经济发展的辐射带动作用是有意义的（见表 3-1）。

表 3-1　　　　全国、贵州、贵阳人均 GDP 对比（1990—2010）

年份	贵阳	贵州	全国	全国/贵州	全国/贵阳	贵阳/贵州
	人均 GDP（元）			人均 GDP 之比（%）		
1990	2155	810	1644	2.03	0.76	2.66
2010	26209	13119	29992	2.29	1.14	1.99

资料来源：《中国统计年鉴》（2011），《贵州统计年鉴》（2011），《贵阳统计年鉴》（2011）。

同时，有必要明确的是，一方面工业化是实现现代化不可逾越的历史阶段，加快工业发展是贵州经济社会发展的历史性要求②（胡晓登，2011）；另一方面产业集聚同区域工业化的发展的联系是密切的，工业化引致集聚化，集聚化又将促进工业化，二者相辅相成。钱纳里（1986）曾

---

① 年均增长率：$r = \sqrt[n]{\dfrac{b}{a}} - 1$。式中，b：当期值；a：基期值；n：当期和基期之间的间隔期数。下文涉及计算增长率的皆采用此公式计算得出，不再赘述。同时，为了便于贵州省和贵阳市的比较分析，此处计算不变价 GDP 由名义 GDP 和贵州省生产总值指数（1990 = 100）综合得出。

② 胡晓登：《贵州工业产业结构调整的硬约束与工业强省》，《贵州财经学院学报》2011 年第 1 期。

采用多国模型并借助人均 GDP 这个指标衡量了工业化发展的三个阶段，分别为工业化初期、中期和末期①。据此，根据表 3-1，借鉴钱纳里的分析方法，可明确全国、贵州及贵阳现在所处的工业化发展阶段。考虑通胀因素并采用价格定基指数，可知 2010 年全国、贵州、贵阳人均 GDP 可折合 1998 年的人均 GDP 分别约为 24526 元、10728 元、21432 元，再根据 1998 年汇率计算，分别约为 2965.66 美元、1297.24 美元、2591.61 美元。初步判定，现今贵州、贵阳已经分别进入了钱纳里工业化发展阶段的初期阶段和中期发展阶段，贵阳的工业化发展程度将继续领跑贵州全省（见表 3-2）。

表 3-2　　　　　　贵州和贵阳工业化发展阶段对比

阶段	人均 GDP 变动范围（美元）	工业化发展阶段	贵阳	贵州	全国
	1998 年（美元）		2010 年人均 GDP 折合 1998 年（美元，购买力平价值）		
1	1200—2400	初期		约 1297.24	
2	2400—4800	中期	约 2591.61		约 2965.66
3	4800—9000	后期			

资料来源：《中国统计年鉴》(2011)，《贵州统计年鉴》(2011)，《贵阳统计年鉴》(2011)，其中 1998 年的美元兑换人民币的汇率约为 8.27（来源中国银行官网）。

二　贵阳市就业密度

为了更好地反映经济活动中就业人员在区域范围内的分布情况及集聚情况，采用贵州第二次经济普查数据及就业密度②指标的定义，分别从地

---

① ［美］H. 钱纳里等：《工业化和经济增长的比较研究》，吴奇等译，上海三联书店、上海人民出版社 1995 年版。
② 就业密度 =（行业）区域就业人员总数/隶属区域国土面积。虽然该指标受到区域国土面积及常住人口基数的影响，有其局限性，但是依该指标可初步得出就业人员区域分布的密集度，具备一定参考性。

区和行业层面,对其就业密度进行衡量并加以分析。

1. 地区层面

从图3-2可知,贵阳市就业密度约为113.56人/平方千米,位列贵州省第一位,已远远超过贵州平均水平17.18人/平方千米,成为贵州省内就业人员分布最密集的区域所在。同时就业密度排名靠前的还有六盘水市、安顺市、遵义市、毕节市,其中多数位于贵州省中部,部分地区隶属于黔中经济区,其他地区尚未表现出明显的就业人员的高度集聚现象,如黔东南州。

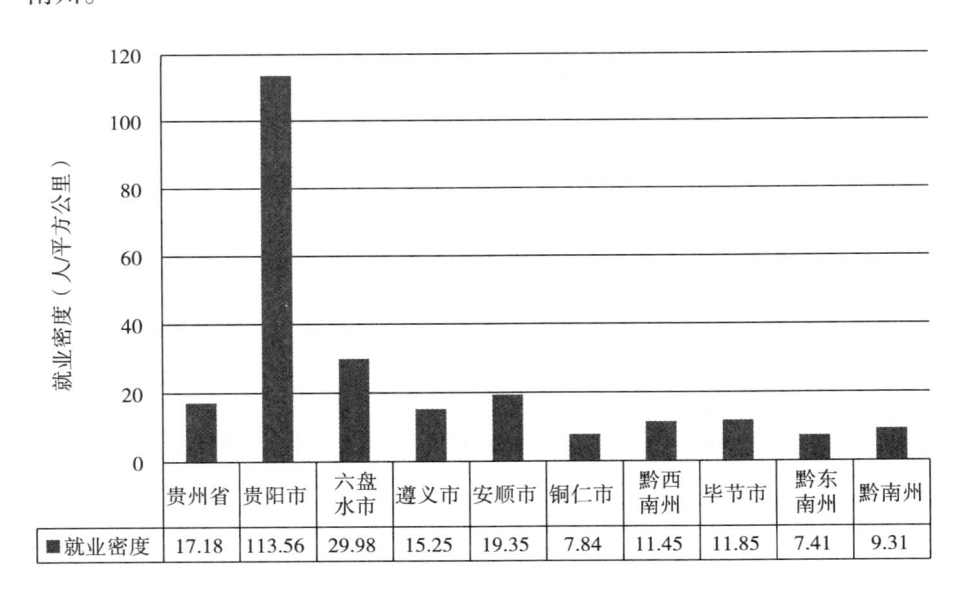

	贵州省	贵阳市	六盘水市	遵义市	安顺市	铜仁市	黔西南州	毕节市	黔东南州	黔南州
■就业密度	17.18	113.56	29.98	15.25	19.35	7.84	11.45	11.85	7.41	9.31

图3-2 贵州省所辖地区的就业密度情况

资料来源:《贵州经济普查年鉴》(2008),就业人员数采用法人单位①就业人员。

从图3-2可知,贵阳市所辖云岩区的就业密度达到了3138.88人/平方千米,位列贵阳市第一位,远超过贵阳市平均水平。对比图3-3,区域就业密度排名较前的还有南明区、小河区、白云区,这些区域的就业密度

---

① 法人单位包括企业法人、事业单位法人、机关法人、社会团体法人和其他法人(《贵州二普年鉴指标解释》)。

同样皆超过了贵州全省及贵阳市平均水平。

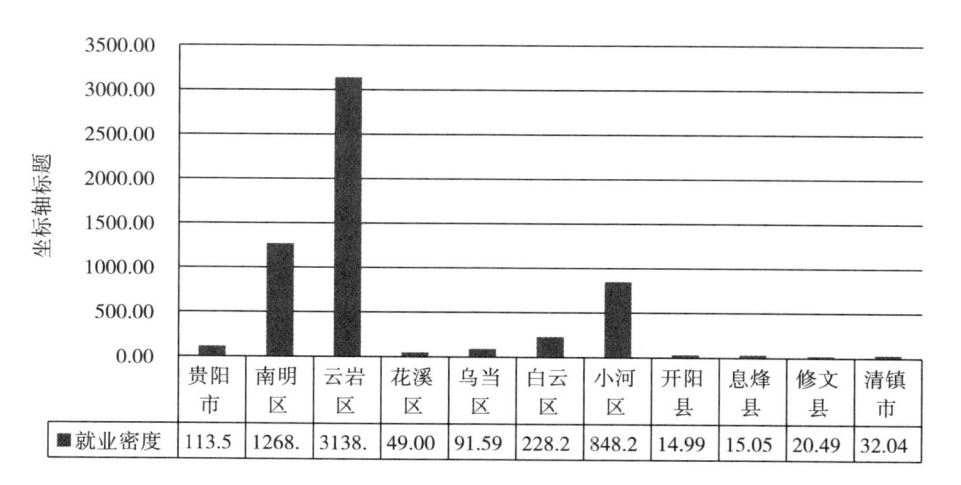

	贵阳市	南明区	云岩区	花溪区	乌当区	白云区	小河区	开阳县	息烽县	修文县	清镇市
就业密度	113.5	1268.	3138.	49.00	91.59	228.2	848.2	14.99	15.05	20.49	32.04

图 3-3 贵阳市所辖地区的就业密度情况

资料来源:《贵州经济普查年鉴》(2008),就业人员数采用法人单位就业人员。

从图3-2和图3-3,可初步判定,在贵州全省范围内,特别表现在中心城区范围内劳动力集聚倾向明显,其中贵州省内向省会贵阳集聚,贵阳市内向中心城区(如云岩区)的集聚。这些年贵阳全力打造的国家高新技术产业开发区①,一定程度上也成了引起劳动力区域集聚的外在因素之一。

2. 行业层面②

通过对贵州及贵阳市细分行业就业密度的对比可知(见图3-4、图3-5)(也可采用非农就业的行业结构分析),总体上,对第二产业或第三产业细分行业而言,贵阳市是领先贵州全省的,就业吸纳能力在不同行业也是不尽相同的。

---

① 例如,贵阳高新区的沙文生态科技产业园初步形成了高端制造,电子信息,新材料新能源和生物医药四大产业集聚基地,逐步发展成为区域经济增长的主导力量。
② 本书涉及的行业划分标准按照《国民经济行业分类》(GB/T4754—2002)的相关规定,详细可参见《国家统计局关于印发〈三次产业划分规定〉的通知》(国统字〔2003〕14号),此不赘述。

从第二产业出发,贵阳市细分行业的就业密度同贵州全省平均水平相比,除石油加工、炼焦及核燃料加工业低于全省平均水平及采矿业就业密度相近之外,其他行业的就业密度皆领先贵州平均水平,其中以建筑行业的就业密度最高,达到23.91人/平方千米。资本密集型行业就业密度排名靠前的主要有交通运输设备制造业、化学原料及化学制品制造业、有色金属冶炼及压延加工业、医药制造业、烟草制品业、黑色金属冶炼及压延加工业、通用设备制造业等行业。不过,劳动密集型行业指标排名较高的仅有建筑业、电力、燃气及水的生产和供应业、采矿业等行业。还有如纺织业、纺织服装、鞋、帽制造业,以及皮革、毛皮、羽毛(绒)及其制品业、家具制造业、造纸及纸制品业等劳动密集型行业的就业密度排名都比较靠后。

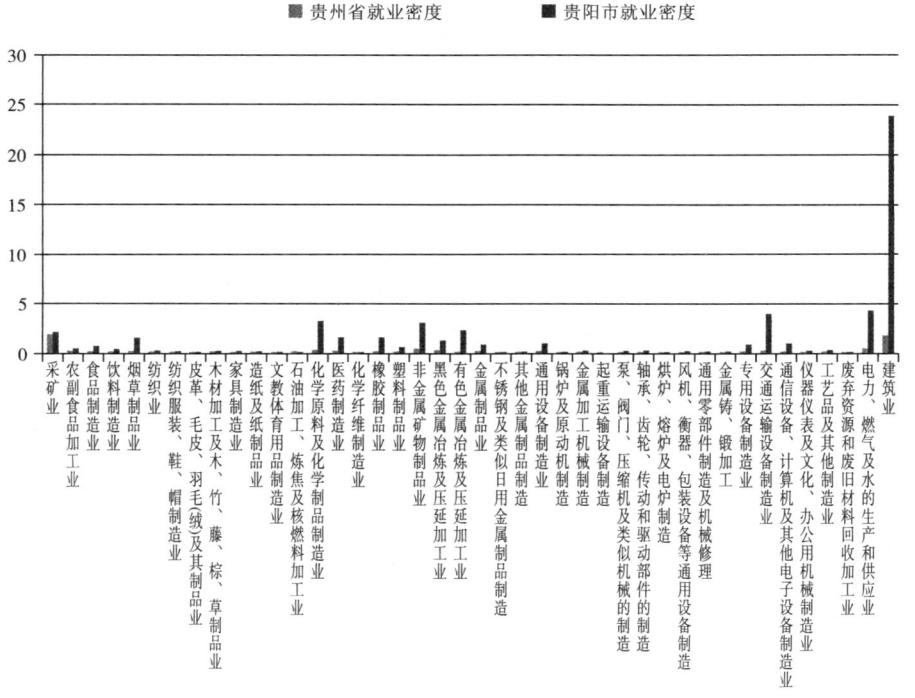

图3-4 贵州省和贵阳市细分行业就业密度(第二产业)

资料来源:《贵州经济普查年鉴》(2008)。

可见，就业密度排名靠前的资本密集型行业所占比重略高于劳动密集型行业。同时表明了贵阳市第二产业的劳动力就业多数聚集在资本密集型行业。

从第三产业出发，贵阳市第三产业细分行业的就业密度同贵州全省平均水平相比，所有行业的就业密度皆领先于贵州平均水平，其中以公共管理和社会组织行业的就业密度最高，达到了 10.09 人/平方千米；教育行业次之，达到了 7.75 人/平方千米。就业密度排名靠前的还有公共管理和社会组织、教育、批发业租赁和商务服务业、房地产业、零售业等行业，主要以劳动密集型行业为主，或者说，贵阳市第三产业的劳动力就业多数聚集在劳动密集型行业。

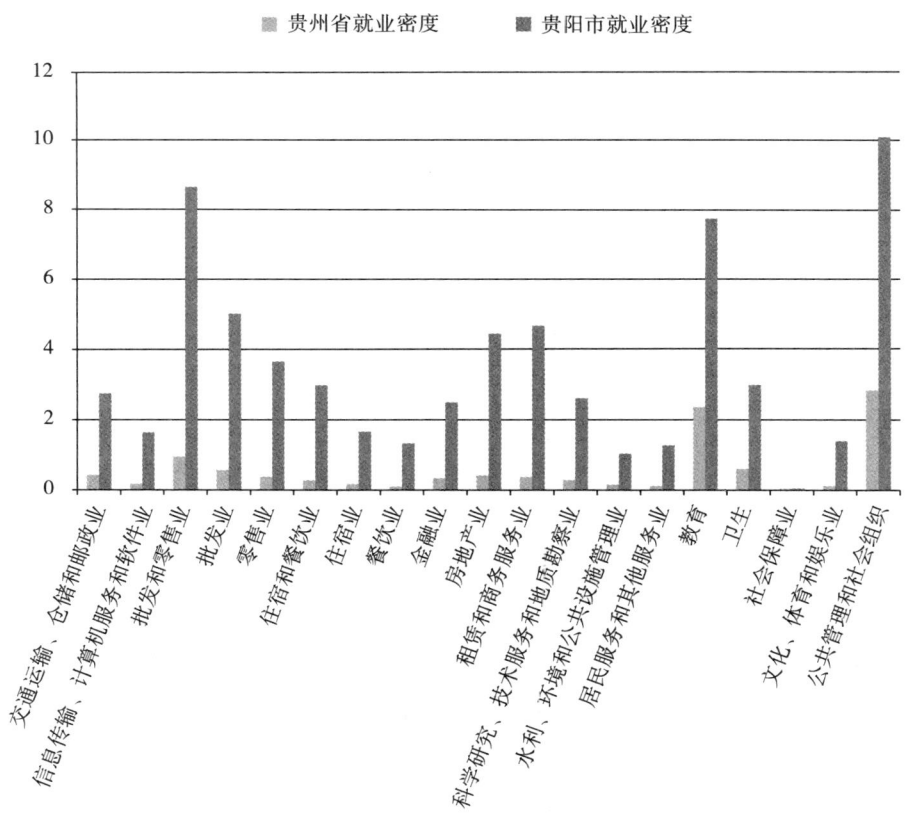

图 3-5　贵州省和贵阳市细分行业就业密度（第三产业）

资料来源：《贵州经济普查年鉴》（2008）。

以上分析可以看出,从现实层面分析,现在贵阳市重点扶持打造的相关产业集聚区,如麦架—沙文高新技术产业园、小河—孟关装备制造业生态工业园、白云铝工业基地、南明龙洞堡食品工业园、花溪金石石材工业园等对贵阳市就业密度的提升也发挥了一定的作用。进一步,为了更好地反映出贵阳市细分行业就业人员绝对量的变化,依据贵州省第一、第二次经济普查数据进行对比分析,计算结果如表3-3所示。

表3-3 贵阳市法人单位分行业就业人数

产业	行业种类	就业人员(人)		增长率(%)
		第二次普查	第一次普查	
第二	采矿业	17326	29623	-41.51
	制造业	226865	248641	-8.76
	电力、燃气及水的生产和供应业	34780	12013	189.52
	建筑业	192118	178275	7.76
第三	交通运输、仓储和邮政业	22159	21333	3.87
	信息传输、计算机服务和软件业	13205	5789	128.11
	批发和零售业	69638	65344	6.57
	住宿和餐饮业	24050	25305	-4.96
	金融业	20113	17546	14.63
	房地产业	35591	29873	19.14
	租赁和商务服务业	37447	16062	133.14

续 表

产业	行业种类	就业人员（人）		增长率（%）
		第二次普查	第一次普查	
第三	科学研究、技术服务和地质勘查业	21035	19252	9.26
	水利、环境和公共设施管理业	8320	6410	29.80
	居民服务和其他服务业	10183	11064	-7.96
	教育	62226	56657	9.83
	卫生、社会保障和社会福利业	25042	21683	15.49
	文化、体育和娱乐业	11166	9218	21.13
	公共管理和社会组织	81092	68314	18.70

资料来源：贵阳市统计局：http://tjj.gygov.gov.cn，根据贵阳市第一、第二次经济普查主要数据公报整理。

从表3-3中可知，贵阳市第二产业法人单位分行业就业人数从46.86万人上升到47.11万人，增加了0.25万人，平均增长率约为0.53%，其中采矿业和制造业出现了负增长，分别为-41.51%和-8.76%，电力、燃气及水的生产和供应业和建筑业对第二产业就业吸纳效应较明显。同样，第三产业法人单位分行业就业人数从37.39万人上升到44.13万人，增加了6.74万人，平均增长率约为18.03%，高于第二产业，其中除住宿和餐饮业以及居民服务和其他服务业显现负增长，其他行业皆呈现不同幅度的正增长，且以租赁和商务服务业、信息传输、计算机服务和软件业对就业的吸纳效应处于主导地位。需要说明的是，信息传输、计算机服务和软件业的增长率达到128.11%，同贵阳市大力扶持发展的贵阳软件园是存在关联性的。

结合对就业密度的分析，贵阳市第三产业劳动密集型行业的就业吸纳效应逐步凸显，第二产业的就业贡献率弱于第三产业，逐步向第三产业释放就业存量。

三 贵阳市产业集中度

根据前文介绍的以就业为基础的产业集聚测度方法，采用赫芬达尔指数（Herfindahl Index）分别对贵州、贵阳第二、第三产业的产业集中度进行分析。基础指标同样选取行业法人单位就业人数，从宏观层面，衡量不同行业占相对不同产业的就业比重。据此，依据指标定义计算结果如表3-4所示。

表3-4　　　　贵州、贵阳第二、第三产业的产业集中度

	贵州	贵阳
第二产业	0.14	0.19
第三产业	0.17	0.09

资料来源：《贵州经济普查年鉴》（2008）。

从表3-4可知，贵阳第二产业的产业集中度为0.19，略高于贵州平均水平0.14，但是其第三产业的产业集中度为0.09，却低于贵州平均水平0.16。由于影响市场集中度变化的主要因素较多，包括经济上、技术上或统计上，加之政府政策、技术革新或者企业发展战略等，如从统计角度而言，产业集中度指标的计算数值通常被限制在0和1，更加表明，贵阳市产业集中度的上升空间远大于下降空间。进一步讲，立足贵阳市产业发展现状，且不考虑现有企业的退出壁垒或沉没成本等相关结构性主导因素，基于贵阳市产业集中度不高的现实，从另一个侧面也表明，在政府构建积极的市场营商环境的前提下，将降低引入的新企业进入某产业或行业的进入壁垒，提升对新企业进驻的吸引力，同样表明贵阳市产业集中度提升的空间较大。

以上主要对贵阳市的产业就业的基本概况做了初步分析，尚停留在静态分析层面，下文将对贵阳市的产业、就业结构的演变趋势做动态分析。

四 贵阳市产业结构和就业结构演变趋势

产业结构反映了在经济体扩大再生产的进程中，各个产业的构成，横向、纵向联系及对应比重关系，通常由各产业产值占 GDP 的比重进行衡量见图 3-6。就业结构则反映了不同产业部门吸纳的就业数量及其所占比例，通常由各产业就业人员数占总体就业人数的比重来衡量[①]。据此，主要依据这两个指标狭义层面的定义，对贵阳市产业、就业结构的演变趋势进行简单分析。

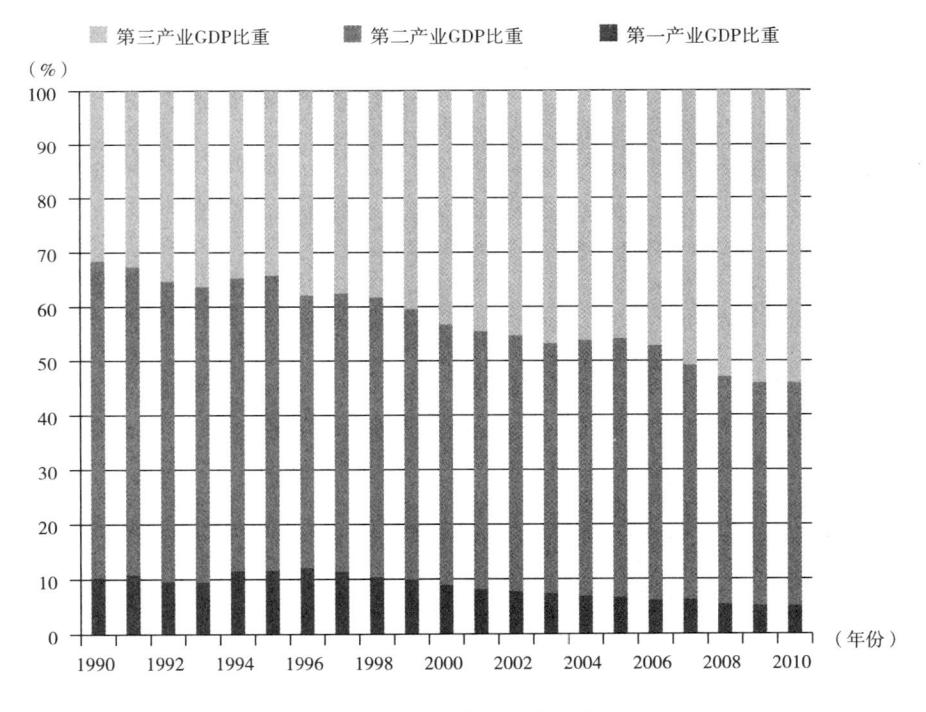

图 3-6 贵阳市产业占比

---

① 关于产业结构的含义，曾引起学术界的争论，认为产业结构理论有狭义和广义之分，狭义层面认为其研究的是产业之间关系结构的理论，即包括研究产业之间比例关系及变化的"产业发展形态理论"和以研究产业之间投入产出联系的"产业联系理论"；广义层面指的是研究产业内企业间关系的"产业组织理论"。本书采用了各产业之间的比例关系及变化，以探究贵阳市三产比重的演变趋势，参见书中叙述。

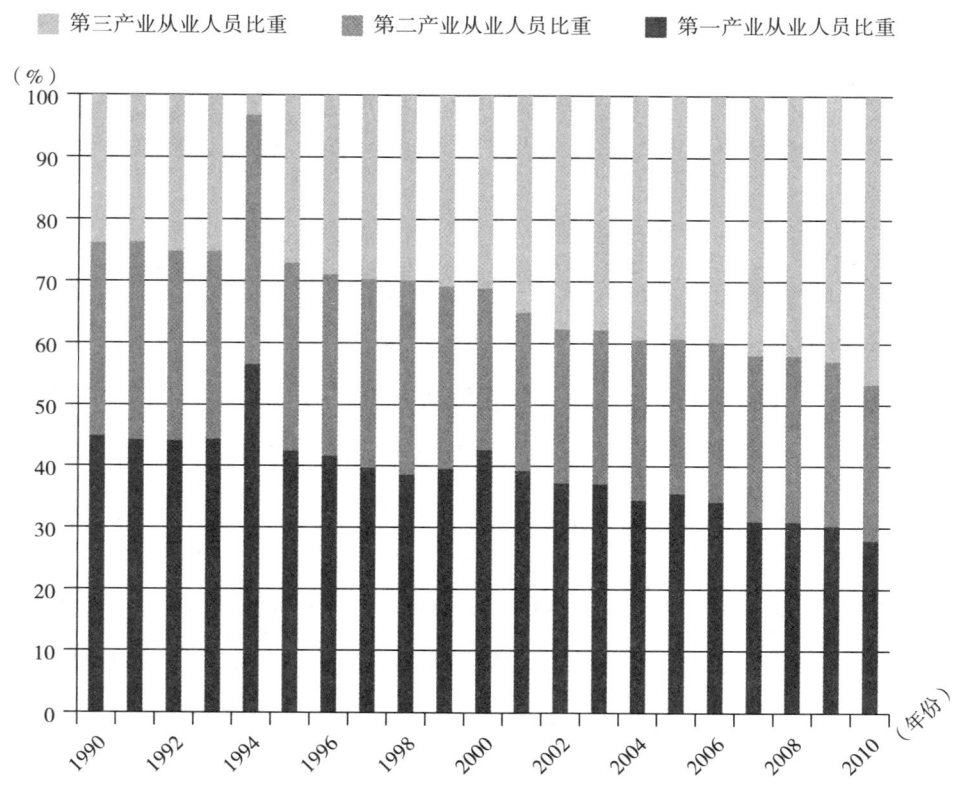

图 3-7 贵阳市产业结构、就业结构变动趋势（1990—2010）

资料来源：《贵阳统计年鉴》（2011），其中图中左轴表示 GDP 比重，右轴表示就业比重。

进而，通过图 3-7 描绘出了贵阳市 1990—2010 年产业及就业结构的变动趋势，下面将分别从产业结构以及就业结构层面对演变趋势进行阐述。

1. 产业结构演变趋势分析

贵阳市三次产业的 GDP 比重从 1990 年的 10.29%、58.09%、31.62% 调整为 2010 年的 5.09%、40.73%、54.18%，幅度变化为 -5.20%、-17.36%、22.56%，其中第三产业 GDP 比重幅度变化最大。总体上，产

业格局或产业结构演化规律由"二、三、一"产值结构演变为"三、二、一"产值结构,根据图 3-7 所示柱形图面积的变化更加清晰地描述了这种演变趋势。

第一产业有逐年下降趋势,不过 2000 年之前趋势平缓,比重维持在 10.7% 左右,2000 年之后幅度变化为 3.83%,下降趋势较明显;第二产业 GDP 比重在波动中呈现下降趋势,其中 2006 年之前所占比重始终位列第一,平均达到了 51%,可 2006 年之后,该产业所占比重便始终低于第三产业所占比重,且逐年下降;第三产业所占比重则稳步上升,通过图 3-5 所示的第三产业所占柱形图的面积更加直观地显现出了递增的趋势。同时,三次产业的产值对 GDP 贡献率平均约为 8.61%、48.97%、42.42%。可见,生产总值总量主要由第二、第三产业带动,且第二产业占主导地位。

同期,贵州全省三次产业的 GDP 比重从 1990 年的 38.48%、35.68%、25.84% 调整为 2010 年的 13.58%、39.11%、47.31%,幅度变化为 -24.90%、3.43%、21.47%,其中第三产业 GDP 比重幅度变化最大。产业格局由"一、二、三"产值结构演变为"三、二、一"产值结构。可见,贵州和贵阳的产业结构呈现趋同趋势。

2. 就业结构演变趋势分析

贵阳市三次产业的就业比重从 1990 年的 44.81%、31.33%、23.86% 调整为 2010 年的 27.96%、25.42%、46.62%,幅度变化为 -16.85%、-5.91%、22.76%,其中第三产业的幅度变化最大。就业格局由"一、二、三"模式演变为"三、一、二"模式,劳动力迁移进程呈现"退一进三"的态势。可知,第一产业富余劳动力还将不断由第一产业向第二、第三产业转移,其中第三产业的就业吸纳能力占主导地位,第二产业吸纳就业的能力相对有限。换言之,一定程度上贵阳市产业、就业结构演变趋势同 Petty-Clark 定理①的表述内容是较吻合的。

从图 3-7 中描绘的第二产业的折线趋势更直观看出该产业的就业比重变化不大，比重稳定在 28.27% 左右；第一产业的就业比重在波动中，总体呈现出下降趋势，不过下降速度较缓慢。其中，2002 年之前，该比重持续领先于第二、第三产业，2002 年之后，该比重持续低于第三产业，由 37.25% 下降到 2010 年的 27.96%，同期第三产业的就业比重由 37.68% 上升到 2010 年的 46.62%；第三产业总体呈现稳步递增趋势。同期，贵州全省三次产业的就业比重从 1990 年的 78.24%、10.24%、11.52% 调整为 2010 年的 49.63%、11.86%、38.51%②，幅度变化为 -28.61%、1.62%、26.99%，其中第三产业就业比重幅度变化最大。就业格局始终维持"一、三、二"模式。同样可以发现，贵州和贵阳的就业结构发展趋势不尽一致。

1990—2010 年，贵阳三次产业的产值比重平均增长率分别为 -3.46%、-1.76%、2.73%，同期，贵阳市三次产业的就业比重的平均增长率约为 -2.33%、-1.04%、3.41%，可知，第三产业的就业比重年均增长率略高于产值比重的年均增长率，尤其是在 2006—2010 年，贵阳市三产就业比重的平均增长率约为 -4.91%、-0.61%、4.06%，第三产业的就业人员数相比产值呈现加速增长态势。

以上分析表明了贵阳市产业结构的"三、二、一"类型与就业结构"三、一、二"类型存在不一致性，两者间的发展存在一定的滞后性。可见，逐步优化贵阳市产业就业结构，使其实现协调发展，优化资源配置能

---

① Petty-Clark 定理指的是：伴随经济发展，人均国民收入水平的提高，第一产业国民收入和劳动力的相对比重逐渐下降，第二产业国民收入和劳动力的相对比重上升，劳动力首先由第一产业向第二产业转移；随着经济不断发展，第三产业国民收入和劳动力的相对比重也开始上升，劳动力便由第二产业向第三产业转移，劳动力分布在第一产业逐渐减少，第二、第三产业逐渐增加。通过工业化进程使劳动力由生产率较低的部门向生产率较高的部门转移，反映经济增长方式的转变过程，表明就业结构是一个地区经济发展阶段的重要标志。

② 注：贵州省 2010 年三次产业的就业人数因《贵州统计年鉴 2011》暂缺，该年三产就业数据取自中国经济信息网（http://db.cei.gov.cn/index.htm）综合年度库。

力，以提升贵阳市产业吸引力的重要性是不言而喻的，毕竟产业结构的快速调整对城市就业也将存在显著的促进作用（张浩然、衣保中①，2011）。

加之，同期贵阳市城镇居民人均可支配收入从1558元增加到16597元，农民人均纯收入从680元增加到5976元，城镇居民和农民的收入比由2.29扩大到2.78。对此，结合前文所述发展经济学派的迁移就业理论，尤其是刘易斯—拉尼斯—费模型以及托达罗模型，由于城乡预期收入差距加大或工资水平剪刀差扩大的客观现实，以及第一产业劳动生产率不高，将持续促使第一产业富余劳动力不断向第二、第三产业迁移，由农村传统部门涌入城镇现代部门，迁移进程将持续改善产业就业结构。袁富华、李义学②（2008）的研究成果对此种迁移过程中的就业途径选择也是有一定的启示的。他们认为伴随经济增长，制造业部门对劳动力的吸收将逐步向服务业部门转移，即该部门将担当起劳动力转移重任。

五 贵阳市产业就业效应分析

为了进一步分析贵阳市产业结构和就业结构的协调性，或考察两者的失衡状态，下文分别从就业结构效应及就业增长效应两个方面做初步分析，以便更清晰地认识两者之间的协调程度及产业发展的产值提升对就业增长的影响。

1. 就业结构效应

衡量产业结构与就业结构失衡状态的指标通常采用结构偏离度，其中结构偏离度 I $= Y_i / X_i - 1$，结构偏离度 II $= X_i - Y_i$，总偏离度：

$$\sum_{i=1}^{3} |X_i - Y_i|$$

---

① 张浩然、衣保中：《产业结构调整的就业效应：来自中国城市面板数据的证据》，《产业经济研究》2011年第3期。

② 袁富华、李义学：《中国制造业资本深化和就业调整——基于利润最大化假设的分析》，《经济学》（季刊）2008年第1期。

式中，$i=1,2,3$；Y_i：第 i 产业产值占整个 GDP 比重；X_i：第 i 产业就业量占总体就业量的比重；Y_i/X_i：比较劳动生产率。

产业、就业结构的失衡状态与结构偏离度的计算数值成正比关系，其值越高，结构将越失衡。通过总偏离度可以衡量三次产业整体的偏离状况。由指标的定义并利用贵州省及贵阳市 1990—2010 年三次产业的产业就业数据，计算出结构偏离度以及总偏离度（见表 3-5）。

从结构偏离度 Ⅰ 可知，1990—2010 年贵阳市第一产业皆为负值，表明该产业就业比重高于产业比重，劳动生产率不高，产业效益偏低，产业内部仍存在大量有待迁移的富余劳动力。实际上，2010 年贵阳市农业人口为 187.88 万，占常住人口的比重约为 43.39%，占全市四成以上的农业人口创造的第一产业产值占 GDP 总量的比重却不足一成，间接反映了两种结构演变的不协调。同时，该产业结构偏离度变动不明显，其绝对值从 1990 年的 0.77 上升到 2010 年 0.82，仅变动了 0.05。第二、第三产业的结构偏离度皆为正值，且都出现了不同程度的下降，降幅分别为 0.25 和 0.16，结构失衡程度减弱。

同时，可以发现第二产业的结构偏离度数值始终大于第三产业，初步说明第二产业的比较劳动生产率高于第三产业，其对就业的拉动效应正趋于减弱。截至 2010 年，贵阳市三次产业的结构偏离度分别为 -0.82、0.60、0.16，平均偏离度分别约为 -0.78、0.73、0.28。可见，贵阳市第三产业的产业结构和就业结构表现出的协调性要优于第二产业，第二产业优于第一产业。同理，对结构偏离度 Ⅱ 分析类比得出，也可表明贵阳市第一产业劳动生产率较低，第二、第三产业劳动生产率较高，第一产业的富余劳动力将逐步迁出，继而分别迁入第二、第三产业，此不赘述。需要明确的是，劳动力在三产之间的迁移进程，在优化产业就业结构的同时，将不断促使结构偏离度趋于均衡发展（见表 3-5）。

表 3-5　　　　贵阳市三次产业结构偏离度（1990—2010）

年份	贵阳							贵州
	结构偏离度 I			结构偏离度 II			总偏离度	
	第一产业	第二产业	第三产业	第一产业	第二产业	第三产业		
1990	-0.77	0.85	0.32	34.52	-26.76	-7.75	69.03	79.52
1991	-0.76	0.76	0.38	33.33	-24.32	-9.01	66.66	78.07
1992	-0.78	0.79	0.40	34.44	-24.30	-10.14	68.88	84.99
1993	-0.79	0.78	0.44	34.84	-23.68	-11.16	69.69	90.59
1994	-0.74	0.74	0.36	31.97	-22.77	-9.20	63.93	79.32
1995	-0.73	0.77	0.27	30.74	-23.52	-7.22	61.49	73.48
1996	-0.71	0.70	0.31	29.49	-20.52	-8.97	58.98	68.19
1997	-0.71	0.67	0.27	28.37	-20.50	-7.87	56.74	71.76
1998	-0.73	0.62	0.28	28.14	-19.70	-8.44	56.28	77.56
1999	-0.75	0.68	0.31	29.64	-20.04	-9.60	59.28	84.75
2000	-0.79	0.82	0.39	33.67	-21.52	-12.15	67.33	87.22
2001	-0.79	0.84	0.27	31.07	-21.55	-9.52	62.15	115.24
2002	-0.79	0.87	0.20	29.54	-21.89	-7.65	59.07	116.07
2003	-0.80	0.83	0.24	29.73	-20.75	-8.98	59.46	113.94
2004	-0.80	0.80	0.17	27.58	-20.80	-6.78	55.17	113.13
2005	-0.81	0.88	0.17	28.91	-22.25	-6.66	57.83	113.66

续表

| 年份 | 贵阳 ||||||| 贵州 |
| | 结构偏离度 I ||| 结构偏离度 II ||| 总偏离度 | |
	第一产业	第二产业	第三产业	第一产业	第二产业	第三产业		
2006	-0.82	0.79	0.19	28.04	-20.59	-7.45	56.09	113.46
2007	-0.80	0.58	0.21	24.74	-15.80	-8.95	49.49	112.44
2008	-0.83	0.53	0.26	25.53	-14.47	-11.06	51.06	111.95
2009	-0.83	0.51	0.27	25.11	-13.75	-11.36	50.22	111.93
2010	-0.82	0.60	0.16	22.87	-15.32	-7.55	45.74	72.09
平均偏离度	-0.78	0.73	0.28	29.63	-20.70	-8.93	59.26	93.78

资料来源：根据《贵州统计年鉴》（2011），《贵阳统计年鉴》（2011），中国经济信息网 http：//db.cei.gov.cn/index.htm 计算得出。

1990—2010 年，贵州和贵阳的平均总偏离度分别为 93.78 和 59.26，贵阳市的平均总偏离度低于贵州全省平均水平。同时，由表 3-5 可知，贵阳市历年总偏离度数值皆低于贵州省，进一步根据表 3-5 中贵州和贵阳的总偏离度数值绘制出图 3-8。此图可以更加直观地描绘此种变动趋势，即贵阳市总偏离度趋势线始终位于贵州省平均水平之下，并且该阶段贵州总偏离度下降幅度为 7.43，低于贵阳市的 23.29。一方面，表明了贵州省的比较劳动生产率低于贵阳市，并结合收入水平，就业概率等因素的影响，富余劳动力向贵阳迁移动机将增大；另一方面，也表明了贵阳市产业、就业结构的协调发展水平略优于贵州全省平均水平。

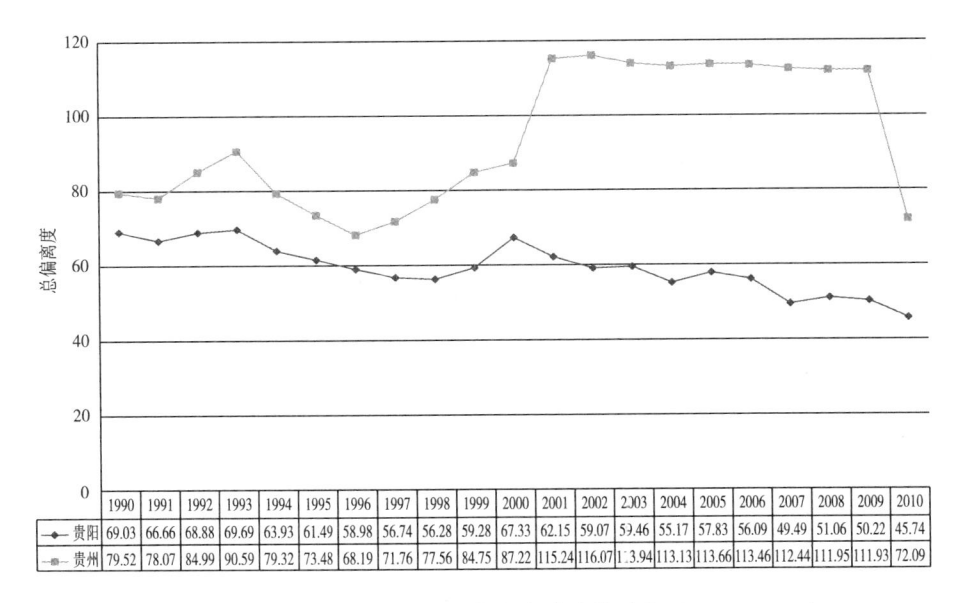

	1990	1991	1992	1993	1994	1995	1996	1997	1998	1999	2000	2001	2002	2003	2004	2005	2006	2007	2008	2009	2010
贵阳	69.03	66.66	68.88	69.69	63.93	61.49	58.98	56.74	56.28	59.28	67.33	62.15	59.07	59.46	55.17	57.83	56.09	49.49	51.06	50.22	45.74
贵州	79.52	78.07	84.99	90.59	79.32	73.48	68.19	71.76	77.56	84.75	87.22	115.24	116.07	113.94	113.13	113.66	113.46	112.44	111.95	111.93	72.09

图 3-8 贵州、贵阳总结构偏离度变动趋势对比（1990—2010）

资料来源：根据《贵州统计年鉴》（2011），《贵阳统计年鉴》（2011）计算得出。

2. 就业增长效应

为了反映不同产业的发展对就业增长的影响程度，采用就业弹性指标，分析由于结构调整引起的产值和就业增长率的内在联系，或者说外部因素对就业的影响程度，即就业（增长）效应。定义是：

就业弹性 = emp - Rate/gdp - Rate

式中 gdp - Rate：产值增长率；emp - Rate：就业增长率，该指标表示产值增长率每提升 1 个百分点对就业的拉动程度。该系数值越大表明就业增长效应越明显，反之则不明显。

由表 3-6 可知，除 2001 年之外，贵阳市总弹性数值皆为正，平均总弹性为 0.13，初步表明了贵阳市产值每增长一个百分点，将带来 0.13 个百分点的就业增长，产业发展过程对就业带来了一定程度的拉升效应。同时，分产业来看，贵阳市第一产业的就业弹性的值总体上反映较平稳，不过在 2000 年和 2001 年发生了突变，就业弹性分别为 3.02 和 -2.67，较同年度第二、第三产业的就业弹性的绝对值要偏高,加之这两年的经济增长率皆为正,说明第一产业的经济增长对就业分别表现出积极的拉动效应和"挤出"效应。

1991—2010年,贵阳市三次产业就业弹性的幅度变化分别为-0.24、-0.41、0.87,第三产业的幅度变化高于其他两个产业,第三产业对就业的拉动效应逐步凸显。总体上,第一、第二产业的就业弹性呈现下降趋势;第三产业则是稳步上升,其中2009—2010年从0.24上升到0.96,上升趋势表现最为明显。2010年贵阳市第一产业和第二产业的就业弹性分别为-0.19和-0.03,也说明这两个产业的产值增长对就业拉动产生了"挤出"效应,抑制了就业。加之,该阶段三次产业的平均就业弹性分别为0.04、0.02和0.31,更直观表明贵阳市不同产业对劳动力迁移就业的吸纳效应不尽一致,以第三产业最为明显,第一产业略优于第二产业。

表3-6 贵阳市三次产业就业弹性及总弹性(1991—2010)(上年=100)

年份	第一产业	第二产业	第三产业	总弹性
1991	0.05	0.38	0.09	0.16
1992	0.84	-0.08	0.39	0.21
1993	0.18	0.10	0.10	0.13
1994	0.05	0.25	0.31	0.18
1995	-0.06	0.00	0.38	0.06
1996	0.05	-0.08	0.37	0.20
1997	-0.17	0.41	0.43	0.22
1998	-0.27	0.45	0.21	0.19
1999	0.72	-1.08	0.22	0.01
2000	3.02	-0.93	0.12	0.13

续　表

年份	第一产业	第二产业	第三产业	总弹性
2001	-2.67	-0.23	0.71	-0.06
2002	-0.64	-0.14	0.63	0.09
2003	0.24	0.24	0.16	0.18
2004	-0.58	0.23	0.29	0.04
2005	0.57	-0.17	0.09	0.12
2006	-0.35	0.29	0.11	0.06
2007	-0.38	0.70	0.27	0.10
2008	0.63	0.15	0.11	0.13
2009	-0.18	0.04	0.24	0.10
2010	-0.19	-0.03	0.96	0.35
平均就业弹性	0.04	0.02	0.31	0.13

资料来源：根据《贵阳统计年鉴》（2011）计算得出。

通过以上现状分析，可知贵阳市不同产业的就业吸纳效应存在不一致的客观事实，在产业、就业结构优化升级的进程中，劳动力将持续在三产之间进行迁移就业，如何最大限度地吸纳此类群体的就业，进而从改善区域就业层面，逐步增强贵阳市对黔中经济区（或作为其经济高地的黔中新区）甚至贵州全省的促进就业的辐射能力，从长远而言，也为更好地实现贵州腾飞、实现跨越式发展贡献出一份力量。据此，依据贯穿全文的研究假说1，设想通过产业集聚发展模式，在提升行业集聚度的同时，达到改善区域劳动力（迁移）就业水平的目的。

六 小结

本节的分析表明贵阳市已经进入了钱纳里工业化发展阶段的中期阶段，就业密度较高的区域主要集中在中心城区，并且高于贵州全省的平均就业密度。同时，贵阳市不同行业的就业吸纳能力不一致，其中，第二产业的劳动力就业多数集聚在资本密集型行业，第三产业的劳动力就业多数集聚在劳动密集型行业。

整体上，贵阳市产业集中度虽不高，但提升空间较大。1990—2010年，产业格局由"二、三、一"产值结构演变为"三、二、一"产值结构；就业格局由"一、二、三"模式演变为"三、一、二"模式，就业结构变迁使得劳动力迁移就业呈现"退一进三"的态势，产业、就业结构之间未协调发展，进而，两者的失衡存在将导致失业增加等破坏效应的倾向（穆怀中等[1]，2009），比如结构性失业。引入结构偏离度和就业弹性指标，对其就业结构效应及增长效应的分析，量化了两者间的失衡程度及关联性，明确了贵阳市产业、就业结构的协调发展水平略优于贵州全省平均水平。

2010年贵阳市城镇化率[2]达到了62.91%，超过同期全国和贵州的平均水平，分别为49.95%和33.81%。从全国范围而言，理论上，随着城镇化率每提升1个百分点，城镇将新增就业人口约1300万，加之，贵州"十二五"规划纲要也已明确本省城镇化率到2015年将达到40%，而贵阳市农业人口187.88万，占贵阳市常住人口的比重约为43.39%，所占比重较高。可见，伴随工业化、城镇化进程的快速推进，将持续促使劳动力在三

---

[1] 穆怀中、闫琳琳：《东北地区产业结构与就业结构协调度实证研究》，《西北人口》2009年第2期。

[2] （人口）城镇化是指一个国家或地区的农村人口不断向城市和城镇转移，第二产业不断向城镇聚集，第三产业比重逐步提高，从而使城市和城镇数量增加，城市和城镇规模扩大的一种社会变迁的历史过程。其中根据人口统计学的指标，城镇化率（城镇化水平）通常用区域城镇人口占全部人口（人口测算口径取常住人口而非户籍人口）的百分比来表示，用于反映人口向城市聚集的过程和聚集程度。

产之间的迁移和优化配置，优化产业、就业结构，实现两者间的协调发展，将成为实现区域劳动力充分就业的根本途径所在。依据发展经济学派的迁移就业理论，或者农村的推力因素和城镇的拉力因素的共同作用，以及第一产业比较劳动生产率不高及收入差距等因素，更加明确了贵阳市第一产业富余劳动力将逐步迁入第二、第三产业。总体上，贵阳市将面临劳动力迁移就业的现实问题，在吸纳本地劳动力就业的同时，也有必要更好地发挥对黔中经济区甚至整个贵州省劳动力就业的直接或间接的促进功用。

对此，根据提出的研究问题以及设想的解决措施，下文两个部分的分析将采用演绎法，从一般过渡到特殊，首先从理论层面考察了产业集聚的就业吸纳机制，继而为依据经济理论的指导原则进行后续计量层面的实证分析做了铺垫。实际上，下文的分析过程也是对研究假说1的验证和修正的过程。

第三节 产业集聚的就业吸纳机制：理论层面的考察

核心—边缘（Core – Periphery）模型最初由克鲁格曼（1991）提出，他引入易被传统经济学所忽视的空间区位因素，以制造业为例，依据此模型很好地揭示了不同区域内生分化为核心区和边缘区的机制，并有力解释了劳动力区域迁移及区域经济的内生增长等问题。从微观和宏观两个层面，阐明了厂商和劳动者区位选择过程中的考量因素以及各种经济活动表现出来的空间集聚现象。

本章主要遵循克鲁格曼CP模型、迪克西特—斯蒂格利茨—克鲁格曼（DSK）贸易模型以及国内相关学者（如梁琦，2004；安虎森，2009等）的研究思路和方法，考察贸易自由度、运输成本、规模经济等影响产业集聚的基本因素，并且采用劳动力市场经济学的简单序列搜寻模型，通过理论层面简单的推导分析，研究产业集聚过程的就业吸纳机制，以较好地指导实践。

一 研究假设条件

假设（1）经济系统中仅包含两个地区，两个部门及两种要素（2×2×2），其中两个地区分别为地区1和地区2，两部门分别为传统农业部门和现代工业部门，两种要素分别为不可自由迁移的农业部门劳动力及可自由迁移的工业部门劳动力。

假设（2）传统农业部门的市场结构是完全竞争的，具备规模收益不变，产品同质的特征。现代工业部门的市场结构是垄断竞争的，具备规模收益递增，产品存在差异化特征，该部门可以自由选择生产区位。

假设（3）经济系统中包含技能劳动力和非技能劳动力，其中技能劳动力可以在地区1和地区2之间自由迁移，相反，非技能劳动力不能自由迁移，同时两地区之间不存在任何贸易壁垒（如制度上，地理环境形成的如高山等天然屏障）。

假设（4）对厂商和劳动力而言，市场信息是完全的。现代工业部门的劳动力在区域迁移时主要考虑的是两个地区工资差异以及价格指数的高低，追求的是自身效用水平的最大化，同时该经济系统中劳动力具备相同的偏好水平。

假设（5）隶属现代工业部门的厂商所生产的产品是单一的。换言之，该部门生产的产品种类数等于厂商数量。

假设（6）采用萨缪尔森（1954）提出的"冰山"运输成本[①]来衡量现代工业部门产品运输的成本，此成本将转嫁给消费者。同时，农业部门

---

① 如果将某一工业产品从地区1出口到地区2，假定最终到达目的地的数量为 $q\sigma$ 单位，则必须从地区1运送 τq 单位的产品，式中 $\tau \geq 1$（若 $\tau = 1$ 则表明运输成本为0），如此有 $q(\tau-1)$ 单位的产品在运输途中损失（或"融化"）。依据该方法可以衡量相关环节的交易成本，并仅需考虑正的运输成本。

的产品无运输成本①。

二 研究理论分析框架的构建

1. 消费者行为

经济体中的消费者是理性的且偏好相同,在消费某产品时总是追求自身效用的最大化以及支出的最小化,且消费者的效用函数采用柯布—道格拉斯(Cobb – Douglas)型效用函数,表示为:

$$U = M^{\mu} A^{1-\mu}$$

$0 < \mu < 1$,其中,A 表示消费者对农产品的消费;M 表示消费者对一组差异化工业品的消费组合,对该组合获得的子效用可借助不变替代弹性(CES)效用函数表示,形式如下:

$$M = \left[\int_{i=0}^{n} q(i)^{\rho} di\right]^{\frac{1}{\rho}}, 0 < \rho < 1 \quad (3-1)$$

式(3-1)中,$q(i)$ 表示对工业产品 i 的消费量(简写为 q_i),n 表示工业品种类数或厂商数,在 [0, n] 之间每种产品可看成无限接近其邻近的产品,进而 $q(g)$ 可看成连续的密度函数。又根据任意两种产品之间的替代弹性 σ ②的定义,即要素投入比一定比例的变化率与 MRTS 的相应变

---

① 基于此假设,可知两个地区的农产品价格相同,农业部门的工资水平不存在工资差异,Krugman(1991)认为由于农产品的同质性,每个地区只能出口或进口某种产品,而不可能同时进口或出口某种农产品,梁琦(2004)认为基于这样的假定,农产品可以无成本地自由流动。

② 其中替代弹性 σ 推导过程:

$$M_{qi} = \frac{\partial M}{\partial q_i} = \frac{1}{\rho}\left[\int_{i=0}^{n} q(i)^{\rho} di\right]^{\frac{1}{\rho}-1} q(i)^{\rho-1}, M_{qj} = \frac{\partial M}{\partial q_j} = \frac{1}{\rho}\left[\int_{j=0}^{n} q(j)^{\rho} dj\right]^{\frac{1}{\rho}-1} q(j)^{\rho-1} \Rightarrow MRTS$$

$$= \frac{M_{qi}}{M_{qj}} = [q(j)/q(i)]^{1-\rho} \Rightarrow dln(M_{qi}/M_{qj}) = (1-\rho)dln[q(j)/q(i)] \Rightarrow \sigma = \frac{ln[q(j)/q(i)]}{dln(M_{qi}/M_{qj})} = \frac{1}{1-\rho},$$

可见,当 $\sigma \to \infty (\rho = 1)$ 产品之间完全替代,$M = \int_{i=0}^{n} q(i)di$;当 $\sigma \to 1(\rho = 0)$,产品之间相互独立,M 将变为柯布-道格拉斯型子效用函数,$M = \prod_{i=0}^{n} q_i$;当 $\sigma \in [1, \infty]$,产品之间是不完全替代的。

化率之间的比值,据此:

$$\sigma \equiv \frac{1}{1-\rho} \text{ 或 } \rho \equiv \frac{\sigma-1}{\sigma}$$

第一,首先考虑消费者对一组差异化工业品组合的支出问题,为使其支出最小,令 p_i 表示工业产品 i 的出厂价,则问题描述如下:

$$\min_{q_i} \int_{i=0}^{n} p_i q_i di, s.t. M = \left[\int_{i=0}^{n} q(i)^\rho di\right]^{1/\rho}$$

构建拉格朗日函数: $L_g = \int_{i=0}^{n} p_i q_i di - \lambda \left[\int_{i=0}^{n} q(i)^\rho di - M^\rho\right]$,分别对 q_i、q_j 求一阶偏导,可以得到消费者分别对第 i,j 工业品的消费决策(行为)。

由 $\dfrac{\partial L_g}{\partial q_i} = p_i - \lambda q_i^{\rho-1} = 0, \dfrac{\partial L_g}{\partial q_i} = p_j - \lambda q_j^{\rho-1} = 0 \Rightarrow \dfrac{p_i}{p_j} = \left(\dfrac{q_i}{q_j}\right)^{\rho-1}$

(3-2)

将式(3-2)代入式(3-1)可得:

$$M = \left[\int_{i=0}^{n} q_j^\rho (p_i/p_j)^{\rho/(\rho-1)} di\right]^{\frac{1}{\rho}} = q_j^{(1/p_j)\frac{1}{\rho-1}} \left[\int_{i=0}^{n} p_i^{\rho/\rho-1} di\right]^{\frac{1}{\rho}}$$

从而可得对第 j 个工业品的消费需求函数:

$$q_j = \frac{p_j^{1/(\rho-1)}}{\left[\int_{i=0}^{n} p_i^{\rho/(\rho-1)} di\right]^{1/\rho}} M = \frac{p_j^{-\sigma}}{\left[\int_{i=0}^{n} p_i^{-(\sigma-1)} di\right]^{\frac{\sigma}{\sigma-1}}} M \quad (3-3)$$

若 y 表示消费者的收入水平,E 表示消费者对工业品的支出,Ea 表示消费者对农产品的支出,考虑极端情况,即该经济系统中消费者无储蓄,则总收入=总支出,则 E = μy,Ea = $(1-\mu)y$,μ 表示对工业品的支出份额,进一步结合式(3-3):

$$E = \int_{i=0}^{n} p_i q_i di = \int_{i=0}^{n} p_i \frac{p_i^{1/(\rho-1)}}{\left[\int_{i=0}^{n} p_i^{\rho/(\rho-1)} di\right]^{1/\rho}} M di = \frac{M}{\left[\int_{i=0}^{n} p_i^{\rho/(\rho-1)} di\right]^{1/\rho}} \int_{i=0}^{n} p_i^{\rho/(\rho-1)} di = \left[\int_{i=0}^{n} p_i^{\rho/(\rho-1)} di\right]^{(\rho-1)/\rho} M = \left[\int_{i=0}^{n} p_i^{-(\sigma-1)}\right]^{-1/(\sigma-1)} M = P_M M$$

式中，定义 $P_M = \left[\int_{i=0}^{n} p_i^{-(\sigma-1)} di\right]^{-1/(\sigma-1)}$ 为工业品价格指数，可以发现该价格指数大小同工业品种类数成反比关系。结合式（3-3），消费者对工业品的需求函数可进一步表示为：

$$q_j = (p_j / P_M)^{-\sigma} M \qquad (3-4)$$

第二，进一步考虑消费者在预算约束下寻求农产品和工业品组合之间效用最大化的问题，令 p_A 表示农产品的价格，则问题描述如下：

$$\max_{M,A} U = M^\mu A^{1-\mu}, s.t. \ P_M M + p_A A \leq y（消费者预算约束）$$

同样，构建拉格朗日函数：$\Gamma = M^\mu A^{1-\mu} - \lambda(P_M M + p_A A - y)$，分别对 M、A 求一阶偏导，如下：

由 $\frac{\partial \Gamma}{\partial M} = \mu M^{\mu-1} A^{1-\mu} - \lambda P_M = 0, \frac{\partial \Gamma}{\partial A} = (1-\mu) M^\mu A^{-\mu} - \lambda p_A = 0 \Rightarrow \mu M^{\mu-1} A^{1-\mu} = \lambda P_M, (1-\mu) M^\mu A^{-\mu} = \lambda p_A \Rightarrow \mu M^\mu A^{1-\mu} + (1-\mu) M^\mu A^{-\mu} = \lambda y \Rightarrow M^\mu A^{1-\mu} = \lambda y$

$\mu y M^{\mu-1} A^{1-\mu} = \lambda y P_M \Rightarrow M = \frac{\mu y}{P_M}, (1-\mu) y M^\mu A^{-\mu} = \lambda y p_A \Rightarrow A = \frac{(1-\mu)y}{p_A}$

另得，结合对工业品价格指数的分析，可知随着 P_M 的下降，消费者的总效用水平将提升。

2. 厂商行为

依据对消费者行为的分析得出的若干结论，继续对区域内厂商行为进行分析。由式（3-4）以及得出的 $M = \dfrac{\mu y}{P_M}$，并在市场出清条件下，消费者需求将等于厂商供给，可知：

$$q_j = (p_j / P_M)^{-\sigma} \frac{\mu y}{P_M} = \mu y \frac{p_j^{-\sigma}}{P_M^{-(\sigma-1)}} \qquad (3-5)$$

令 $p_1(i)$ 表示地区 1 的厂商生产的工业品 i 的出厂价，依据假设（6）对运输成本的描述，由于工业品在本地区的运输成本为 0，从地区 1 将产品运到地区 2 将不得不考虑运输成本的因素，进而以 $p_{12}(i)$ 表示地区 1 厂商生产的工业品 i 的出厂价，$p_{12}(i) = \tau p_1(i) \geqslant p_1(i), \tau \geqslant 1$，同时表明消费者为消费 1 单位产品将需要支付 $\tau \geqslant 1$ 单位的成本，$p_2(i)$、$p_{21}(i)$ 的定义可类比得出。

根据式（3-4）处文中所给出的工业品价格指数的一般形式，可知地区 1 的综合工业品价格指数可表示如下：

$$P_1 = \left[\int_{i \in \zeta_1} p_1(i)^{-(\sigma-1)} di + \int_{i \in \zeta_2} [\tau p_2(i)]^{-(\sigma-1)} di \right]^{-1/(\sigma-1)} \qquad (3-6)$$

式中，ζ_1 和 ζ_2 分别表示地区 1、地区 2 生产工业品种类的集合。

若假定地区 1 和地区 2 的收入水平分别为 Y_1、Y_2，该经济系统中的技能和非技能劳动力总量（或劳动力禀赋）分别为 L、L_a，同时 θ_a 和 θ 分别表示地区 1 中非技能和技能劳动力所占的份额，类似得出工业品价格指数一般形式的分析，根据式（3-5）可知地区 1 对工业品 i 的综合工业品需求函数如下：

$$q_1(i) = \mu Y_1 \frac{p_{1(i)}^{-\sigma}}{P_1^{-(\sigma-1)+}} + \mu Y_2 \tau \frac{[\tau p_2(i)^{-\sigma}]}{P_2^{-(\sigma-1)}} = \mu(\theta_a L_a + w_1 \theta L) \frac{p_{1(i)}^{-\sigma}}{P_1^{-(\sigma-1)+}} +$$

$$\mu[(1-\theta_a)L_a + w_2(1-\theta)L]\tau^{-(\sigma-1)}\frac{[p_{2(i)}]^{-\sigma}}{P_2^{-(\sigma-1)}}$$

式中，w_1 和 w_2 分别表示地区 1 和地区 2 中工业部门所雇用劳动力的工资率，不失一般性，为分析简便起见，两地区农业部门的工资率皆设定为 1。

由该表达式可知，第一项表示对工业品的本地需求，第二项表示对工业品的外地需求。加之，不同区域区位差异的运输成本影响，在不同地区的收入和价格指数相同时，厂商生产的产品供给本地市场的数量将大于供给外地市场，并在市场规模较大的区域产量将更多。一定程度上，区域贸易成本将影响厂商规模。此时，设定 $\varphi = \tau^{-(\sigma-1)} \in [0,1]$，此需求函数又可表示为[①]：

$$q_1(i) = \mu p_1(i)^{-\sigma}\{P_1^{\sigma-1}(\theta_a L_a + w_1\theta L) + \varphi P_2^{\sigma-1}[(1-\theta_a)L_a + w_2(1-\theta)L]\} \tag{3-7}$$

$q_1(i)$ $q_2(i)$ 定义可类比得出，进一步，对厂商而言，考虑一般情况，对某厂商而言，工业品 i 的生产成本函数为：

$$C[q_r(i)] = w_r[f + mq_r(i)]$$

式中，f 和 m 分别表示厂商对劳动技能劳动力的固定需求和边际需求，$r = 1、2$。对此，厂商利润最大化的问题描述如下：

$$\max \pi_r = p_r(i)q_r(i) - w_r[f + mq_r(i)], s.t.\ q_r(i) = \mu y \frac{p_r(i)^{-\sigma}}{P_M^{-(\sigma-1)}}$$

同理，构建拉格朗日函数，分别对 $p_r(i)$ 和 $q_r(i)$ 求偏导，可以进一步

[①] ϕ 又称为空间贴现因子，它与贸易成本和产品交叉价格弹性呈反向变化。Baldwin 首次采用 ϕ 表述了贸易自由程度。引自［法］皮埃尔－菲利普·库姆斯、蒂理·迈耶、雅克－佛朗索瓦·蒂斯：《经济地理学：区域和国家一体化》，安虎森等译，中国人民大学出版社 2011 年版，第 68—69 页。

得出均衡价格的表示形式：

$$p_r = \frac{\sigma}{\sigma-1} m w_r \qquad (3-8)$$

同时，由假设（2），工业部门的市场结构是垄断竞争的市场环境，新的厂商进入相对比较容易，长期生产中厂商的利润为 0，可知，厂商的均衡产出：

$q^* = \frac{(\sigma-1)f}{m}$，从而，每个厂商的劳动力需求为：

$$l^* = f + m q^* = f + m? \frac{(\sigma-1)f}{m} = \sigma f \qquad (3-9)$$

3. 两地区均衡分析

根据前文分析，考虑厂商资本投入的名义收益率 $r(\lambda)$ 的因素影响，其中 λ 表示厂商对地区 1 的投资份额，由式（3-6）和式（3-8），地区 1 和地区 2 的区域工业品价格指数可以表示为：$P_1(\lambda) =$

$$\left\{ \frac{\lambda L}{\sigma f} \left[\frac{\sigma}{\sigma-1} m w_1(\lambda) \right]^{-(\sigma-1)} + \frac{(1-\lambda)L}{\sigma f} \left[\frac{\sigma}{\sigma-1} m w_2(\lambda) \tau \right]^{-(\sigma-1)} \right\}^{-1/(\sigma-1)}$$

$$(3-10)$$

由式（3-7）和式（3-8），对地区 1 和地区 2 的工业品的需求函数可以表示为：

$$q_1(w_1) = \mu \left(\frac{\sigma}{\sigma-1} m \right)^{-\sigma} w_1^{-\sigma} (P_1^{\sigma-1} Y_1 + \varphi P_2^{\sigma-1} Y_2)$$

$$q_2(w_2) = \mu \left(\frac{\sigma}{\sigma-1} m \right)^{-\sigma} w_2^{-\sigma} (\varphi P_1^{\sigma-1} Y_1 + P_2^{\sigma-1} Y_2)$$

基于两地区的均衡产出或供给表达式以及效用函数，可知消费者对工业品的消费占 μ 份额，可推出两地区的（实际）工资方程，其中 ω_1、ω_2 表示实际工资，表示如下：

$$q_{1(w_1)} = q_2(w_2) = \frac{(\sigma-1)f}{m}?$$

$$w_1(\lambda) = \left\{ \mu \frac{\sigma^{-\sigma}}{f(\sigma-1)^{1-\sigma}} m^{1-\sigma} [P_1^{\sigma-1}(\lambda)Y_1 + \varphi P_2^{\sigma-1}(\lambda)Y_2] \right\}^{1/\sigma}$$

$$w_2(\lambda) = \left\{ \mu \frac{\sigma^{-\sigma}}{f(\sigma-1)^{1-\sigma}} m^{1-\sigma} [\varphi P_1^{\sigma-1}(\lambda)Y_1 + P_2^{\sigma-1}(\lambda)Y_2] \right\}^{1/\sigma}$$

$$\Rightarrow \omega_1(\lambda) = w_1(\lambda) P_1(\lambda)^{-\mu}, \omega_1(\lambda) = w_2(\lambda) P_2(\lambda)^{-\mu}$$

(3-11)

加之，两地区的劳动力工资水平和分布决定了各自地区的收入水平，从而两地区的收入水平为技能和非技能劳动力的工资之和：

$$Y_1 = \frac{1-\mu}{2} L_a + \lambda L w_1(\lambda), Y_2 = \frac{1-\mu}{2} L_a + (1-\lambda) L w_2(\lambda)$$

(3-12)

根据瓦尔拉斯均衡法则，式（3-10）、式（3-11）、式（3-12）给出了描述该经济系统的短期均衡特征的方程式，下面将对其长期均衡特征进行简单分析。

由于地区比较优势的客观存在，以及运输成本、市场需求等因素的动态影响，换言之，该经济系统在受到相关（历史偶然性）因素的外生冲击（如政策、产品品质、消费者偏好等），将打破短期均衡，使其处于不稳定状态，在动态调整的过程中，将逐步达到一种长期均衡的状态。

为了进一步分析的简便，根据劳动力的实际工资水平或效用来度量其福利水平，从而，劳动力的福利水平函数可表示为：

$$V_r(\lambda) = \omega_r = w_r(\lambda) P_r(\lambda)^{-\mu} = \kappa MP_{Lr} P_r(\lambda)^{-\mu}$$

式中，κ 用于衡量工业部门的劳动生产率；MP_{Lr} 表示劳动力的边际产出。

伊兰伯格等曾经构建了简单的厂商短期劳动力需求模型（见图 3-9）。从微观层面，基于厂商利润最大化的前提，阐述了在实际工资率条件下，对劳动生产率及劳动力的边际产品 MPL 的变动引起劳动力需求动态调整的情况做了如图 3-9 的分析。

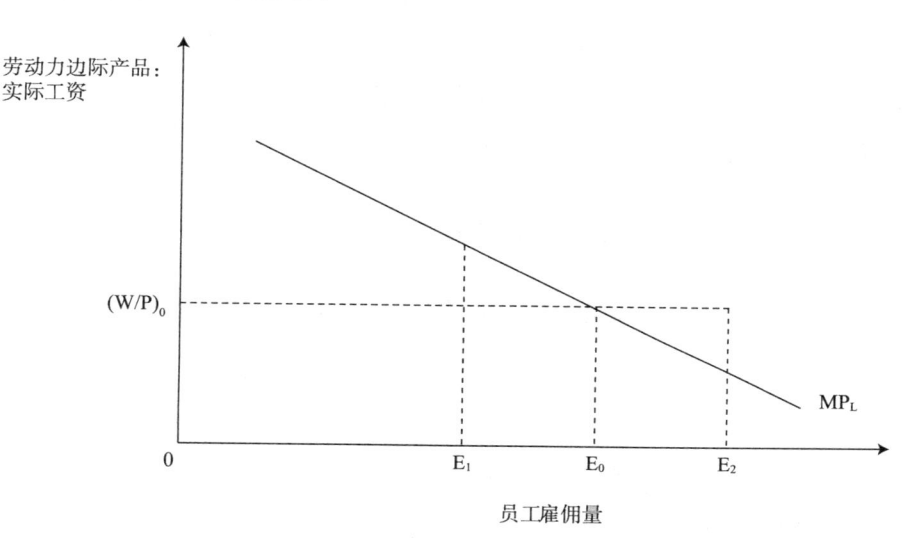

图 3-9　短期劳动力需求（在实际工资率条件下）

假定 MPL 曲线向右下方倾斜的部分同短期劳动力需求曲线重合，并选取实际工资水平进行分析。当实际工资水平为 $(W/P)_0$ 时，厂商将雇用 E_0 位员工。考察两种情形：其一，若厂商雇用 E_1 位员工，$E_1 < E_0$，在 E_1 雇佣水平下，劳动力的边际产品高于实际工资率，即新增一个劳动力所带来的边际产品增量将会大于其边际实际成本，厂商将扩大雇用劳动力的规模以便提高利润水平；其二，若厂商雇佣 E_2 位员工，$E_2 > E_0$，类比在 E_2 雇佣水平下，劳动力的边际成品低于实际工资率，或者说厂商为雇佣最后一个单位的劳动力支付的边际成本将高于劳动力的边际产品，进而厂商将降低雇佣水平以增加利润①。可见，劳动生产率的变动在影响 MP_L 变动的同时将改变厂商对劳动力的派生需求。

进而，对地区劳动力的收入及效用水平皆将产生一定的影响，当技能

---

① ［美］罗纳德·G. 伊兰伯格、罗伯特·S. 史密斯：《现代劳动经济学：理论与公共政策》（第八版），刘昕译，董克用校，中国人民大学出版社 2007 年版，第 66—68 页。

劳动力无法在另一个地区获得更高效用时将形成一种稳定的空间均衡，可用 $\Delta V(\lambda)$ 表示两地区福利水平的区域差异，其中 $\Delta V(\lambda) = V_1(\lambda) - V_2(\lambda)$。劳动力作为理性人，将以 $\varphi > 0$ 的速度向高福利水平（或高工资）地区迁移［这同前文发展经济学的迁移就业理论存在相似处，依据假设（4），工资差异将决定劳动力区域就业的区位选择，形成劳动力迁移的内在动力］，通过 $\overset{g}{\lambda} = \varphi \Delta V(\lambda)$，$\overset{g}{\lambda} = d\lambda / dt$ 来表示。

依据 DSK 模型对两区域情况的分析，有如下表达式（推导过程略）①：

$$(1 + \varphi)\left(\theta - \frac{1}{2}\right) = (1 - \varphi)\left(\lambda^* - \frac{1}{2}\right) \qquad (3-13)$$

式（3-13）左边表示聚集力，右边表示分散力。若该经济系统此刻受到一个外生冲击，如对地区 1 的消费需求增大，两地区的短期均衡格局将被打破，结合式（3-7）处分析，地区 1 的产品市场需求将高于地区 2，使得更多的资本投资到市场规模较大的区域（如地区 1，通常由人口规模和需求规模所决定），对市场规模较小地区（如地区 2）的资本投入将输出到规模较大地区。

加之市场规模大的地区比较优势较强，一定程度上，厂商将改变原有的生产区位，由地区 2 向地区 1 集中，依据假设（5），伴随地区 1 厂商数量的增多，对地区 1 工业品种类数量的供给同步增多。又根据假设（3）可知经济系统的贸易自由度较高，运输成本较低，将进一步加速厂商转移速度，加剧了厂商区域集中的趋势，区域间分异明显，呈现集聚力大于分散力的态势。经济系统内部厂商生产区位动态的调整过程，可称为本地市场效应或市场接近效应。同时，厂商向地区 1 的迁移过程，使得地区 1 的工业部门对劳动力，尤其是技能劳动力的固定需求和边际需求增大。

---

① ［法］皮埃尔-菲利普·库姆斯、蒂理·迈耶、雅克-佛朗索瓦·蒂斯：《经济地理学：区域和国家一体化》，安虎森等译，中国人民大学出版社 2011 年版，第 72—76 页。

进一步讲，厂商之间对劳动力的市场竞争，无形中将对地区 1 的劳动力支付更高的名义工资。伴随地区 1 市场规模的扩大以及工业品种类供给的增多，将降低工业品价格指数，如此将提升地区 1 劳动力的工资水平或收入水平，增大了劳动力的福利水平，从而又将提升消费水平，扩大市场需求（这同凯恩斯主义有效需求理论存在一定的相似处），由 λ 的表达式可知，与此同时，也将继续促使劳动力的区域迁移（限于前文得出的两地区均衡特征方程不易给出解析解，克鲁格曼等曾采用数值模拟和绘制得出的滚摆线，分析了不同贸易自由度下人口迁移的动态过程，并对该经济系统的长期均衡做了分析）。又厂商在地区 1 更易获得规模经济效应，生产成本降低的同时也使得消费者（劳动力也是消费者）的生活成本有所降低。这一过程可称为价格指数效应或生活成本效应。以上两种效应是自我强化的，加上区域间人口迁移，便形成了循环累积因果联系，不断促使厂商的空间区域集聚，强化了集聚力。库姆斯（1997）也认为在厂商集聚的区域，劳动力就业将增多，区域收入水平提高，如此便产生了与最终需求相关联的集聚力[1]，随着这一过程的持续进行，将逐步形成两地区"核心—边缘"的格局。

通过以上理论的推导分析，可以初步明晰，外生冲击的循环累积联系，使得核心区更具吸引力，边缘区吸引力减弱，核心区的市场规模将大于边缘区。随着核心区市场规模的扩大、运输成本的降低及厂商空间集聚度的提升，对本地劳动力的派生需求将增大，限于本地劳动力的人口禀赋有限，无形中将提升对迁移劳动力的需求。可见，区域集聚度的提升将形成一种对劳动力派生需求的正反馈机制，创造新的就业机会，促进区域就业，厂商和企业是共赢的。

---

[1] ［法］皮埃尔-菲利普·库姆斯、蒂理·迈耶、雅克-佛朗索瓦·蒂斯：《经济地理学：区域和国家一体化》，安虎森等译，中国人民大学出版社 2011 年版，第 194—196 页。

4. 假设放宽及劳动力市场搜寻

根据假设（3）可知经济系统的贸易自由度较高，运输成本较低，前文分析的两种效应强化了核心区的集聚力。产业集聚区作为生产要素的空间集中，随着距离缩短，成本降低了，地理范围也缩小了。梁琦（2004）[①]通过严格的数学证明，也指出了当市场规模经济较大，运输成本较小时，集聚是可支撑的。同时规模经济越大，对集聚的支撑力越强。

若放宽假设（3），假设贸易自由度受到诸如交通设施，地理环境，制度等因素的动态影响，分析不同贸易自由度的情形。由贸易自由度 $\Phi = \tau^{-(\sigma-1)}$，可知运输成本对贸易自由度有影响。基于前面假设条件的分析，因贸易自由度高，使得分散力表现效果不明显，进而忽略了分散力的影响，仅考虑集聚力。不过随着假设的放宽，分散力的影响将不可忽视，可借此来分析贸易自由度的变化引起集聚力和分散力的变化情况。

从图 3-10 可见，随着贸易自由度或贸易成本的变动，集聚力和分散力的相对作用力强度也随之变动，其取值范围介于 0—1，当贸易自由度 $\Phi=0$ 时，运输成本趋向无穷大；当贸易自由度 $=1$ 时，运输成本趋向 0；随着贸易自由度的提高，分散力的减弱速度将大于集聚力的增强速度，当贸易自由度超过 φ^B 点时（该临界点又称突破点），集聚力占主导地位，超过分散力，经济体开始发生区域集聚，此过程不断增加对劳动力的派生需求。同时，有必要设定 $\mu < \rho = (\sigma-1)$ 的条件，即"非黑洞条件"，以保证突破点 φ^B 的存在。如此，可避免在拓展到多地区或整个世界时，如果某地区中心集聚力较强，形成一个"黑洞"，促使此经济体中形成所有厂商和劳动力完全集聚在一个区域范围内的不合理现象。毕竟在经济系统中，若某个地区产生厂商过度集中的现象，将会使得厂商之间对消费者或劳动力的竞争程度有所增强，并愈发激烈，限于市场规模容量及有限的劳动力，在分散力的主导下，厂商趋向竞争者较少的生产区位的动机就会增

[①] 梁琦：《产业集聚论》，商务印书馆 2004 年版，第 42—46、71 页。

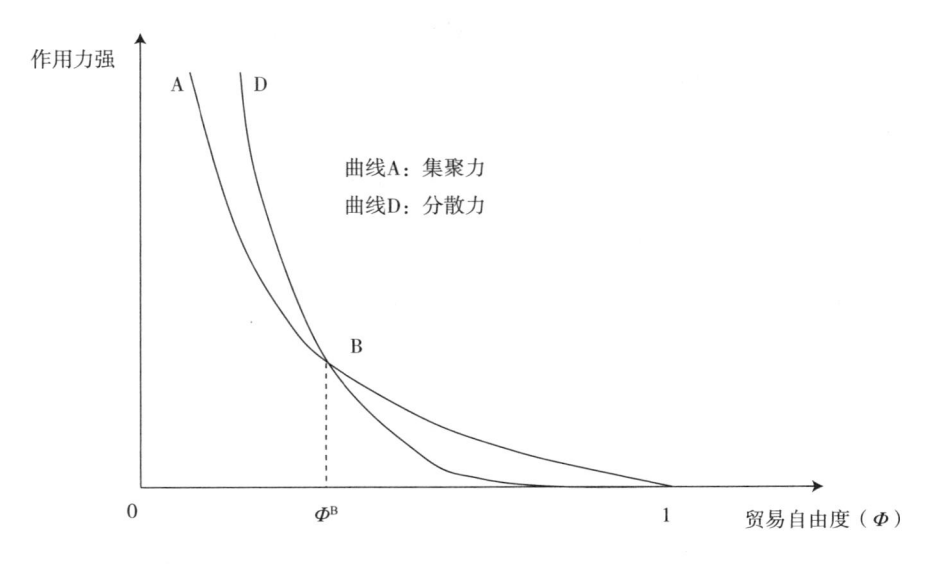

强,这一效应可称为市场竞争效应或称市场拥挤效应。

图3-10 集聚力和分散力随贸易自由度的变化示意①

以上分析,通过放松假设改变了贸易自由度,基于非黑洞条件,表明区域贸易自由度将动态影响核心区厂商对劳动力的需求,进而影响劳动力迁移就业,改变区域失业率水平。或者说,随着贸易自由度逐渐提升,运输成本逐步下降,核心集聚区对拉动或强化劳动力就业效应的效果将越发明显,丁一文(2010)②的研究结论也证明了此点。至此,从理论层面已经得出了厂商的空间集聚过程将增大对劳动力的需求,理论上,以集聚发展模式带动区域就业水平是可行的。

不过,依据假设(4),厂商集聚和劳动力迁移过程面临的是完全信息,不存在信息不对称的情形,进一步放宽假设(4),假设经济体中各要素处于信息不对称的环境,如此信息的不完全将进一步影响贸易自由度,虽然放宽该假设对前文分析得出的结论无影响(对此分析中就需要考虑概

---

① 梁琦:《产业集聚论》,商务印书馆2004年版,第114页。
② 丁一文:《失业地区差异的新经济地理学模型分析》,《经济地理》2010年第12期。

率因素,以衡量厂商和劳动者等要素在迁移过程中的预期收益或效用水平等,不失一般性,基于分析的简便,不做进一步推导分析),但是仍有必要借助劳动力市场经济学的简单序列搜寻模型,对厂商聚集形成的核心区所在的劳动力市场将降低劳动力(或职位搜寻者)和厂商的搜寻成本[①],提升两者预期收益的情形进行如下简单分析说明。

假定连续的工资报价分布为 $F(\omega)$,$f(\omega) = dF(\omega)/d\omega$ 为其对应的概率密度函数,其中 ω 表示工资报价,此报价分布成为工资报价随机获取的来源。

在信息不完全情况下,劳动力工作搜寻的预期收益:$E(\omega) = \int_0^\infty \omega f(\omega) d\omega$,为了衡量劳动力在第 n 天后停止工作搜寻的最高工资报价(或最大化保留工资),令 $Y_n = \max[\omega_1, \omega_2, \cdots, \omega_n] - nc$。当 $\omega_1 \geq \omega^*$,接受此报价的预期收益为 $\max[\omega_1, \omega^*] - c$,$\omega^*$ 表示保留工资。又劳动力工作搜寻时的目标是确定使 $E(Y_n)$ 最大化的保留工资[②],进而:

$$\omega^* = E\max[\omega_1, \omega^*] - c = \omega^* \int_0^{\omega^*} dF(\omega) + \int_{\omega^*}^\infty \omega dF(\omega) - C =$$

$$\omega^* \int_0^{\omega^*} dF(\omega) + \omega^* \int_{\omega^*}^\infty dF(\omega) + \int_{\omega^*}^\infty dF(\omega) - \omega^* \int_{\omega^*}^\infty dF(\omega) - C =$$

$$\omega^* + \int_{\omega^*}^\infty (\omega - \omega^*) dF(\omega) - c?c = \int_{\omega^*}^\infty (\omega - \omega^*) dF(\omega) = H(\omega^*)$$

由上式可知,$H(\omega) = \int_{\omega^*}^\infty (\omega - \omega) dF(\omega)$ 是凸函数,且严格递增。若单位搜寻成本越低,劳动力搜寻过程中保留工资额的最大价值将越高,预期

---

① 搜寻成本不仅包括造访企业时支付的交通费(如去参加面谈)等直接成本,而且包括各种机会成本(包括由于将时间用于写信、填写申请表和造访企业等事项上而放弃的闲暇或报酬)。引自大卫·桑普斯福特、泽弗里斯·桑纳托斯:《劳动力市场经济学》,王洵译,中国税务出版社2005年版,第263页。

② 大卫·桑普斯福特、泽弗里斯·桑纳托斯:《劳动力市场经济学》,王洵译,中国税务出版社2005年版,第263页。

收益或收入水平将越大。对厂商搜寻劳动力而言，其搜寻成本 $k = \int_{\eta^*}^{\infty}(m - \eta^*)d\varphi(m) = G(\eta^*)$，分析过程类似，也将降低厂商的搜寻成本（如招聘成本、甄选成本）。

可以设想，在信息不对称的情况下，厂商和劳动者的经济活动可看成同市场之间的信息博弈，对两者迁移的集聚过程而言，核心区形成的集聚力实际上发出了一个积极信号（如口碑效应），良好的市场环境将降低两者的搜寻成本，毕竟核心区的劳动力市场中拥有丰富的劳动力资源（本地或迁移而来的），加之集聚表现出的马歇尔外部性（包括劳动力市场资源共享、知识溢出效应等），将造就两者的共赢局面，如劳动力无须过度担心失业，厂商无须过度担心劳动力短缺，并提升各自的预期收益或收入水平。

通过以上分析，若工业部门泛指任意行业，则行业内部厂商空间集聚的过程，实际上提升了此行业的集聚度。若该经济体受到一个外生冲击（如政策、消费者偏好等），并且这种冲击弱化了市场竞争效应，使得市场接近效应和价格指数效应占主导地位，在这两种正向效应的综合作用下，随着对劳动力派生需求的逐步提升，对劳动力的（迁移）就业将带来持续的促进效应，对此，综合本章分析可绘制出产业集聚的就业吸纳机制的示意图（见图3-11），通过此图可以直观地反映出产业集聚过程对劳动力（迁移）就业的吸纳效应。

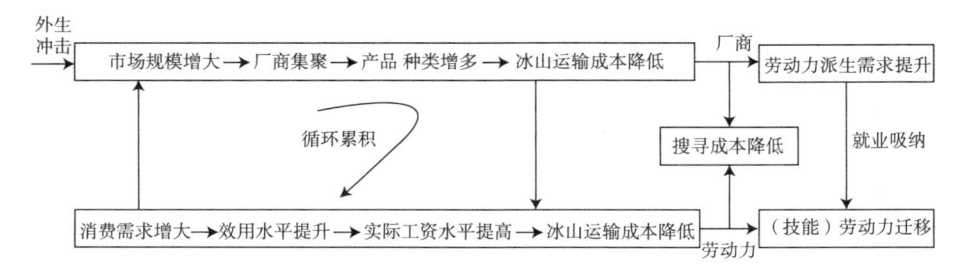

图3-11 产业集聚的就业吸纳机制示意

小结

本节从理论层面，对产业集聚的就业吸纳机制做了简单的推导分析，分析结果表明了随着贸易自由度逐渐提升，运输成本逐步下降，核心集聚区对拉动或强化劳动力就业效应的效果将越发明显。又借鉴劳动力市场经济学的简单序列搜寻模型，认为在信息不对称的经济体中，核心区形成的集聚力对厂商和劳动力区域迁移过程实际是发出了一个积极信号，在两者信息博弈的情形下，将降低两者的搜寻成本，造就两者的共赢局面，提升各自的预期收益或收入水平，通过循环累积因果联系及集聚过程产生的扩大就业的推力，理论上肯定了研究假说1，即以产业集聚发展模式促进区域就业是有其可行性的。

第四节 产业集聚对就业影响的实证研究
——以贵阳市为例

劳动力市场作为将劳动者配置到不同的岗位并且协调就业决策的市场，是企业生产经营及扩大再生产必须在其中运营的三大市场之一[①]，同时是企业进行区位选择必须考虑的因素之一。根据买卖双方工作搜寻的范围，可分为全国性劳动力市场以及地区性劳动力市场。贵阳市所辖及其辐射区域（如黔中经济区）在改善区域就业水平方面实际上便形成了地区性劳动力市场。加强对地区性劳动力市场的培育，实现劳动力资源的有效配置（如实现就业和劳动者的良好匹配，改善厂商和劳动者的经济状况）的重要性是不言而喻的。

---

① [美] 罗纳德·G. 伊兰伯格、罗伯特·S. 史密斯：《现代劳动经济学：理论与公共政策》（第八版），刘昕译，董克用校，中国人民大学出版社2007年版，第66—68、26页。另外两个市场分别是资本市场和产品市场。

前文已通过对产业集聚的就业吸纳机制的分析，从理论层面，不仅明确了提升产业集聚度对区域就业水平的提升是正向促进的，同时对区域劳动力市场的转型和发育以及壮大将带来积极的协同效应，而且从理论层面验证了研究假说1的可行性。进一步，结合对贵阳市产业发展及就业的现状分析所提出的问题，本章从贵阳市现实情形出发，通过对第二、第三产业的行业集聚程度的量化，构建相关计量模型：一方面，从计量层面的实证分析考察贵阳市行业集聚度的改变对就业的吸纳程度；另一方面，为后文若干提升贵阳市区域就业水平启示的得出做铺垫并提供实证分析的检验依据，以便有效解决研究的相关问题。

一 产业集聚度的分析

1. 数据来源与测度指标的选取

贵阳市第一产业的劳动生产率较为低下，产业集中度不高，在工业强省战略和城镇化带动战略大背景下，主要扮演向第二、第三产业输送富余劳动力的角色。前文通过对贵阳市产业和就业的发展现状进行分析时，从宏观层面的量化分析可以较好地表明此点。

进一步讲，本章选取测定产业集聚度的指标之一的区位商，其中该指标的抽象定义参见前文理论回顾和文献综述处。针对贵阳市第二、第三产业的隶属行业，开展对其集聚程度的后续分析，并以行业的法人单位就业人数作为测度指标的基础数据，其中对行业截面分析的数据取自《中国经济普查年鉴2008》及《贵州经济普查年鉴2008》，其中行业面板分析的数据来源将在具体分析时提及。

据此，结合特定区域对测度指标区位商的具体定义为：贵阳市某行业占全国该行业的比重与贵阳市所有行业占全国所有行业的比重，以更好地同全国平均水平进行对比分析，衡量其专业化程度。

2. 行业区位商

为了较为全面、直观地描述贵阳市第二、第三产业隶属行业的区域集聚程度及其分布情况，根据计算得出的测度指标值可绘制出两次产业的行业区位商对应的雷达图（见图3-12、图3-13），分析如下。

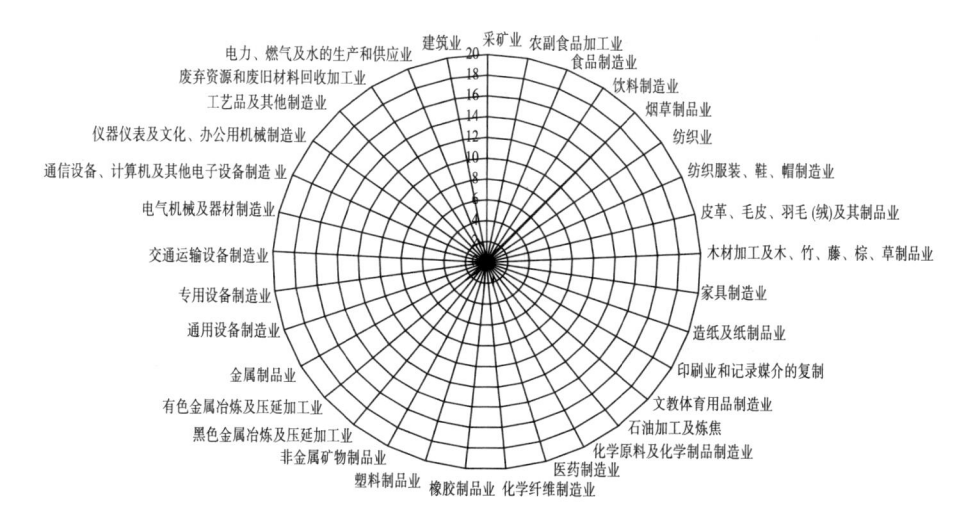

图3-12 贵阳市行业区位商雷达图示意（第二产业）

资料来源：根据《中国经济普查年鉴2008》，《贵州经济普查年鉴2008》计算得出。

第一，第二产业。从图3-12可较为直观地看出，贵阳市第二产业中约有69.70%的行业位于单位圆内部，过半数行业的区位商小于1，处于区位劣势，地区专业化程度较低，其中排名靠后的行业主要包括化学纤维制造业，皮革、毛皮、羽毛（绒）及其制品业，石油加工、炼焦及核燃料加工业，文教体育用品制造业，纺织业，纺织服装、鞋、帽制造业等，并以劳动密集型制造业居多。同时约有30.30%的行业位于单位圆外部，这些行业的区位商皆大于1，处于区位优势，地区专业化程度较高，行业集聚能力较强，其中排名靠前的行业包括烟草制品业，橡胶制品业，电力、燃气及水的生产和供应业，医药制造业，交通运输设备制造业，建筑业等10个行业，并且以资本密集型行业居多。这也直接表明了这些行业的就业比重高于全国平均水平，集聚倾向较明显，同全国同行业平均发展水平相比具有较强的产业竞争力及区位比较优势。

需要特别关注的是排名位于贵阳市第二产业区位优势行业前五位的烟草制品业（排名第一位）的区位商达到了20.5174，医药制造业（排名第五位）的区位商也达到了2.6254，此类行业产业集聚的专业化程度皆比较高，表现出明显的集聚现象。一定程度上，同作为全国烟草行业36家重点企业之一的贵阳卷烟厂以及贵阳市重点发展的金阳新区以及新天园区的建设存在一定的关联性，毕竟在园区内建设的医药工业园以及乌当医药食品工业园[①]等产业园区的建设发展可逐步引导行业内相关企业有序向园区集中，提升了产业的地理集中程度。

第二，第三产业。同样，从图3－12也可较为直观地看出，贵阳市第三产业中约有55.56%的行业位于单位圆内部，过半数行业的区位商小于1，处于区位劣势，地区专业化程度较低，其中排名靠后的行业主要包括交通运输、仓储和邮政业、餐饮业、零售业等。同时约有44.44%的行业位于单位圆外部，这些行业的区位商皆大于1，处于区位优势，地区专业化程度较高，行业集聚能力较强，其中排名靠前的行业包括房地产业，文化、体育和娱乐业，居民服务和其他服务业、住宿业；信息传输、计算机服务和软件业，金融业等8个行业。这些行业多数属于劳动密集型行业，同样也直接表明此类行业的就业比重高于全国平均水平，具备一定的区位优势，其中行业区位商LQ排在首位的行业是房地产业，其值达到了1.6393。

---

① 贵阳重点打造的十大园区包括：贵阳国家高新技术产业开发区（麦架—沙文高新技术产业园）、贵阳国家经济技术开发区（小河—孟关装备制造生态工业园）、开阳磷煤化工（国家）生态工业示范基地、息烽磷煤化工生态工业示范基地、白云铝工业基地、清镇煤化工铝工业循环经济生态工业基地、龙洞堡食品轻工业园、修文扎佐医药工业园、乌当医药食品工业园、花溪金石石材产业园区。引自http://www.chinadaily.com.cn/dfpd/guizhou_chuang/2011－05－23/content_2694933_2.html。

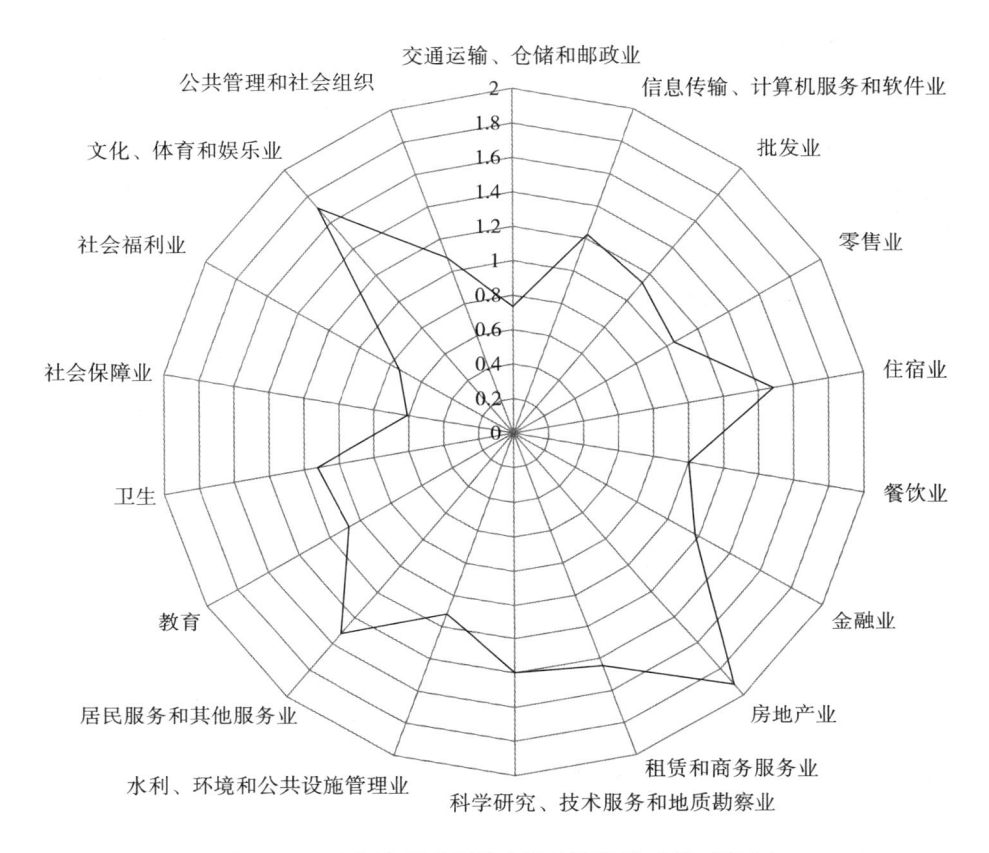

图 3-13　贵阳市行业区位商雷达图示意（第三产业）

资料来源：根据《中国经济普查年鉴 2008》，《贵州经济普查年鉴 2008》计算得出。

需要特别关注的是排名分别位于贵阳市第三产业区位优势行业的第四位、第七位的住宿业和信息传输、计算机服务和软件业，行业区位商分别达到了 1.2699 和 1.0473。其中，住宿业集聚度的提升同贵州及贵阳发展旅游产业的间接带动存在一定的关联，同时信息传输、计算机服务和软件业同贵阳软件园的发展存在一定的关联性。现如今该软件园已经跻身为国家级软件产业孵化器[①]。可以预见，依据政策扶持优势，伴随贵阳市信息

[①] 贵阳国家高新技术产业开发区网站：http://www.gyhtz.gov.cn/Web1/News/1687 + _1.html。

产业的发展，该行业的区位优势将逐步提升，并对产业价值链的优化，行业空间集聚的提升也将发挥一定的功用。

第三，对比分析。依据区位商的理论以及相关学者的研究成果，为了进一步从贵阳市第二、第三产业细分行业中区分出显著优势行业，潜在优势行业，可设定行业区位商 LQ＞1.2，此行业为显著优势行业；行业区位商 LQ 介于 0.8 和 1.2，此行业为潜在优势行业；行业区位商 LQ＜0.8，此行业为比较劣势行业。

据此，根据前文行业区位商的计算结果，可将贵阳市第二、第三产业中显著优势行业以及潜在优势行业单独制表列出（见表 3-7 和表 3-8）。

表 3-7　　　　　　　　贵阳市的显著优势行业

产业	序号	行业种类	区位商 LQ	排名
第二	1	烟草制品业	20.5174	1
	2	化学原料及化学制品制造业	1.5655	8
	3	医药制造业	2.6254	5
	4	橡胶制品业	3.4442	2
	5	有色金属冶炼及压延加工业	3.1263	3
	6	交通运输设备制造业	1.8495	6
	7	电力、燃气及水的生产和供应业	2.8714	4
	8	建筑业	1.6425	7

续 表

产业	序号	行业种类	区位商 LQ	排名
第三	1	住宿业	1.2699	4
	2	房地产业	1.6393	1
	3	租赁和商务服务业	1.2358	5
	4	居民服务和其他服务业	1.3012	3
	5	文化、体育和娱乐业	1.4634	2

从表 3-7 可知，贵阳市的显著优势行业共有 13 个，占比 25.49%，其中第二产业显著优势行业有 8 个，多集中在资本密集型行业，第三产业显著优势行业有 5 个，皆为劳动密集型行业。同时，第二产业显著优势行业数目多于第三产业，且行业区位商总体高于第三产业，但其占比 24.24%低于第三产业 27.78%。

同样，从表 3-8 可知，贵阳市的潜在优势行业共有 14 个，占比 27.45%，其中第二产业潜在优势行业有 4 个，低于第三产业潜在优势行业的个数 10 个。两次产业包含的潜在优势行业的占比分别为 12.12%和 55.56%，初步表明改善第三产业的行业集聚程度，发挥区位优势的潜力优于第二产业，加之第三产业的行业多数属于劳动密集型行业，有必要对这些潜在优势行业引起重视，通过行业集聚方式积极发挥对区域就业的促进作用，关于两者的关系下文将进一步分析。

表 3-8　　　　　　　　　贵阳市的潜在优势行业

产业	序号	行业种类	区位商 LQ	排名
第二	1	食品制造业	0.9426	11

续 表

产业	序号	行业种类	区位商 LQ	排名
第二	2	印刷业和记录媒介的复制	1.1201	9
	3	非金属矿物制品业	0.8911	12
	4	黑色金属冶炼及压延加工业	1.0734	10
第三	1	信息传输、计算机服务和软件业	1.0473	7
	2	批发业	0.9693	9
	3	零售业	0.8943	14
	4	餐饮业	0.8548	15
	5	金融业	1.0040	8
	6	科学研究、技术服务和地质勘查业	1.1953	6
	7	教育	0.9182	13
	8	水利、环境和公共设施管理业	0.9557	11
	9	卫生	0.9608	10
	10	公共管理和社会组织	0.9255	12

通过以上分析可知，贵阳市第二产业的资本密集型行业集聚程度优于劳动密集型制造业，第三产业集聚度排名靠前的行业多数是劳动密集型行业。总体而言，现如今，贵阳市第二产业的总体区位优势要优于第三产业，或者说第二产业的行业集聚度优于第三产业，并且资本密集型行业的集聚度高于劳动密集型行业。同时，贵阳市第三产业潜在优势行业的占比高于第二产业，具备后发优势，初步表明，在促进就业层面，发展第三产业将可获得比第二产业更高的集聚效应。

二 行业面板数据模型

面板数据（Panel Data）又称为平行数据，是一种包含截面、时期、变量三维信息的数据结构。相比横截面模型，面板数据模型可以更加有效地反映出个体间的差异，更好地揭示解释变量对被解释变量的影响程度，研究动态调节及识别和度量纯截面数据不能凸出的影响因素，也可以有效避免多重共线性[①]。对此，对面板数据模型做简略介绍后，进一步构建行业面板数据模型对贵阳市产业集聚和就业之间的内在联系进行较为深入的计量分析。

1. 模型简介

面板数据模型的一般形式：

$$y_{it} = \sum_{k=1}^{K} \beta_{ki} x_{kit} + \mu_{it}$$

式中，$i = 1, 2, \cdots$; N 表示 N 个个体（如国家、地区、行业等）；$t = 1, 2, \cdots$; T 表示 T 个观察期；y_{it} 表示被解释变量对于个体 i 在 t 期的观察值；x_{kit} 表示第 k 个非随机变量对于个体 i 在 t 期的观察值；β_{ki} 表示待估计的参数；μ_{it} 表示随机误差项[②]。

该模型的分类通常可分为无个体影响的不变系数模型、变截距模型以及含有个体影响的变系数模型（具体形式省略）。对面板数据的单位根检验可以通过相同根情形以及不同根情形进行综合检验，其中相同根情形下的单位根检验有 LLC（Levin – Lin – Chu）检验、Breitung 检验以及 Hadri 检验；不同根情形下的单位根检验有 Im – Pesaran – Shin 检验、Fisher – ADF 检验和 Fisher – PP 检验。同时，对面板数据的协整检验方法主要有 Pedroni（1999）和 Kao（1999）基于 EG 两步法演化而来的 Pedroni 检验和

[①] 李子奈等：《计量经济学模型方法论》，清华大学出版社2011年版，第96—98页。
[②] 白仲林：《面板数据的计量经济分析》，南开大学出版社2008年版，第12页。

Kao 检验，以及 Johansen 面板协整检验①。

对面板模型形式的设定检验通常采用协方差分析检验，以最大程度降低模型设定的偏差，增强待估参数的有效性，考虑两个假设：$H_1: \beta_1 = \beta_2 = \cdots = \beta_N$，$H_2: \alpha_1 = \alpha_2 = \cdots = \alpha_N, \beta_1 = \beta_2 = \cdots = \beta_N$，并构建两个 F 统计量皆服从相应自由度下的 F 分布，形式如下：

$$F_1 = \frac{\frac{(S_2 - S_1)}{[(N-1)k]}}{\frac{S_1}{[NT - N(k+1)]}} : F[(N-1)k, N(T-k-1)]$$

$$F_2 = \frac{\frac{(S_3 - S_1)}{[(N-1)(k+1)]}}{\frac{S_1}{[NT - N(k+1)]}} : F[(N-1)(k+1), N(T-k-1)]$$

式中，S_1：变系数模型的残差平方和；S_2：变截距模型的残差平方和；S_3：不变系数模型的残差平方和；N：横截面成员的数量；T：观测期总数；k：解释变量的个数。在假设 H_2 下，若统计量 F_2 的值不小于相应临界值（给定置信度），则拒绝假设 H_2；在假设 H_1 下，若统计量 F_1 的值不小于相应临界值（给定置信度），则拒绝假设 H_1，假设 H_2 可类比得出。简言之，若接受 H_2，则形式为不变系数模型；若拒绝 H_2 且接受 H_1，则形式为变截距模型；若同时拒绝 H_1 和 H_2，则形式为变系数模型。

2. 指标选取及数据来源

在构建具体的行业面板数据模型之前，有必要对选取的横截面成员进行内部编码，并依据国统字〔2003〕14 号即关于三次产业的划分规定，对选取的第二、第三产业的细分行业进行后续分析（见表 3-9）。

---

① 高铁梅主编：《计量经济分析方法与建模：Eviews 应用及实例》，清华大学出版社 2009 年版，第 346—354 页。

表 3-9　　　　　　　　　横截面成员的行业名称及编码

产业划分	行业名称	编码
第二产业	采矿业	CK
	制造业	ZZ
	电力、燃气及水的生产和供应业	DLRQS
	建筑业	JZ
第三产业	交通运输、仓储及邮政业	JTCCYZ
	卫生、社会保障和社会福利业	WSSBSF
	批发和零售业	PFLS
	住宿和餐饮业	ZSCY
	信息传输、计算机服务和软件业	XXJSRJ
	房地产业	FD
	租赁和商务服务业	ZLSW
	文化、体育和娱乐业	WHTYYL
	教育	EY
	居民服务和其他服务业	JMFW
	水利、环境和公共设施管理业	SLHJGG
	金融业	JY
	科学研究、技术服务和地质勘探业	KXJSDZ
	公共管理和社会组织	GGSZ

依据前文从理论层面对产业集聚的就业吸纳机制的推导结论，可进一步抽象出三个主要的影响因素，即就业量、产业集聚度和劳动生产率，进而基本的计量模型可表示为：

就业量 = β_0 + β_1 · 产业集聚度 + β_2 · 劳动生产率 + ε

同时结合研究假说1，可知$\beta_1 > 0$，$\beta_2 > 0$。下文的实证研究主要围绕上述因素对就业量的影响程度进行估计，并检验理论上产业集聚的就业吸纳机制的合理性及可行性。

进而，根据抽象得出的三个主要影响因素，选取相应的分析指标，并结合选取的横截面成员，对分析指标的数据来源进行说明（见表3－10）。

表3－10　　　　　　　面板数据模型采用的指标说明

序号	指标	指标说明	数据来源
1	就业量 E	以贵阳市历年城镇单位年末就业人员数（万人）表示	《贵阳统计年鉴》（2004—2011）
2	产业集聚度 LQ	以行业区位商表示，根据表3－8的行业及区位商的定义计算得出	《中国人口和就业统计年鉴》（2010），《中国统计年鉴》（2011），《贵阳统计年鉴》（2004—2011）
3	劳动生产率 LP	以行业人均平均工资（万元）表示①	《贵阳统计年鉴》（2004—2011）

选定数据变量的描述性统计结果如表3－11所示。

---

① 劳动生产率指经济体中单位时间的投入创造的产出。本书借鉴张海峰、姚先国（2010）采用行业的人均劳动报酬进行衡量的方法进行后续实证分析。引自张海峰、姚先国《经济集聚、外部性与企业劳动生产率——来自浙江省的证据》，《管理世界》2010年第12期。

表 3-11　　　　　　　　选定指标的描述性统计结果

产业	指标	最小值	最大值	中位数	平均值	标准差	截面数	观测数
第二	e?	0.820	16.790	5.375	7.857	6.948	4	32
	lq?	0.260	2.250	0.746	0.988	0.687	4	32
	lp?	0.990	6.760	2.148	2.552	1.512	4	32
第三	e?	0.210	6.270	1.740	2.299	1.715	14	112
	lq?	0.360	3.250	1.169	1.277	0.644	14	112
	lp?	0.802	8.650	1.972	2.275	1.230	14	112

3. 模型的设定与检验

第一，面板数据的单位根检验。

综合采用 LLC（Levin-Lin-Chu）检验、Fisher-ADF 检验和 Fisher-PP 检验，以及 IPS（Im-Pesaran-Shin）检验这四种检验方法，并借助 EViews7.0 计量分析工具对待检验序列进行单位根检验（又称序列平稳性检验），综合考量所得的不同检验结果，一定程度上可使检验结果的稳健性得到增强（见表 3-12）。

由表 3-12 检验结果可知，对第二产业而言，在 5% 的显著性水平下，由不同检验方法得出的 P 值可知，除 Fisher-ADF 检验和 Fisher-PP 检验之外，其余两种检验方法皆表明了序列 ln（e?）接受原假设，不同方法的结论不一致，表明序列存在单位根，是非平稳的；四种检验方法皆表明序列 ln（lq?）接受原假设，存在单位根，序列是非平稳的；除 LLC 检验之外，其余三种检验方法皆表明 ln（lp?）接受原假设，表明序列存在单位根，是非平稳的。进一步通过对序列 ln（e?）、ln（lq?）以及 ln（lp?）进行一阶差分操作后，依据四种检验方法得出的 p 值可知，在 5% 的显著性水平下，皆拒绝原假设，不存在单位根，序列是平稳的，表明了第二产业的序列 ln（e?）、ln（lq?）和 ln（lp?）均满足一阶单整 I（1）过程。同样，对第三产业而言，在5%的显著性水平下，同理，经一阶差分操作后，四种检验方法皆得出一致的结论，表明了第三产业的三个序列均满足一阶单整 I（1）过程。

表 3–12　　　　　　　　　面板数据的单位根检验

产业	检验序列	LLC 检验		Fisher – ADF 检验		Fisher – PP 检验		IPS 检验	
		统计量值	P 值	统计量值	P 值	统计量值	P 值	统计量值	P 值
第二	ln（e?）	0.5022	0.6922	15.6780	0.0472*	17.5862	0.0246*	-0.6953	0.2434
	D（ln（e?）)	-9.7506	0.0000*	39.0098	0.0000*	34.1944	0.0000*	-3.7639	0.0001*
	ln（lq?）	1.0221	0.8466	2.3967	0.9664	2.8959	0.9407	-0.7367	0.2307
	D（ln（lq?）)	-9.3578	0.0000*	18.8119	0.0159*	33.1079	0.0001*	-3.7309	0.0001*
	ln（lp?）	-1.7148	0.0432*	6.1663	0.6286	10.9661	0.2036	-0.2717	0.3929
	D（ln（lp?）)	-15.6460	0.0000*	24.1320	0.0022*	39.4313	0.0000*	-3.4761	0.0003*
第三	ln（e?）	2.5671	0.9979	39.1852	0.0780	37.5924	0.1064	-0.9021	0.1835
	D（ln（e?）)	-15.7570	0.0000*	94.2553	0.0000*	116.4920	0.0000*	-2.7170	0.0033*
	ln（lq?）	-5.8746	0.0000*	42.3224	0.0404*	36.7440	0.1246	-1.2250	0.1103
	D（ln（lq?）)	-15.6630	0.0000*	71.8268	0.0000*	115.9510	0.0000*	-6.9061	0.0000*
	ln（lp?）	8.3453	1.0000	9.3132	1.0000	15.6984	0.9701	-1.2625	0.1034
	D（ln（lp?）)	-2.9549	0.0016*	92.2703	0.0000*	118.3510	0.0000*	-6.8016	0.0000*

注：1. 原假设：四种检验方法皆存在单位根；2. 第二产业的检验序列：ln（e?）对应的序列为 LOG（E – CK），LOG（E – ZZ），LOG（E – DLRQS），LOG（E – JZ）；

ln (lq?), ln (lp?) 以及第三产业的检验序列: ln (e?)、ln (lq?) 和 ln (lp?) 对应的检验序列的编码可参照表 3-11 并结合第二产业的检验序列 ln (e?) 类比得出, 不再赘述; 3. D (ln (e?))、D (ln (lq?)) 和 D (ln (lp?)) 分别表示对 ln (e?)、ln (lq?) 和 ln (lp?) 对应的序列进行一阶差分后再进行面板单位根检验; 4. * 表示在 5% 的显著性水平下拒绝原假设, 即不存在单位根, 序列平稳。

第二, 面板数据的协整关系检验。

为了有效避免对行业面板数据进行回归分析时出现"伪回归"的问题, 并检验序列之间是否存在长期均衡的稳定关系, 采用基于 EG 两步法基础的 Pedroni 和 Kao 检验方法, 借助 EViews7.0 计量分析工具, 进行面板数据的协整关系检验, 检验结果如表 3-12 所示。

表 3-12 反映了对同质性和异质性的检验结果, 分别从 Pedroni 和 Kao 检验得出的各统计量值及对应的 p 值, 可以确定在 5% 的显著性水平下, 各统计量皆显著拒绝原假设, 即不存在协整关系, 表明第二、第三产业的序列 ln (e?)、ln (lq?) 以及 ln (lp?) 之间存在协整关系, 即就业量、产业集聚度、劳动生产率之间存在一种长期均衡的稳定关系, 如此, 可有效避免对选取的序列进行后续回归分析时产生"伪回归"的问题。

表 3-13 基于 Pedroni 和 Kao 检验方法的面板数据的协整关系检验

检验方法	检验序列	统计量名	第二产业		第三产业	
			统计量值	P 值	统计量值	P 值
Pedroni 检验	ln (e?)、ln (lq?) 和 ln (lp?)	PanelPP - Statistic	-3.5865	0.0002	-5.7908	0.0000
		Panel ADF - Statistic	-3.3956	0.0003	-4.6179	0.0000
		Group PP - Statistic	-4.3087	0.0000	-7.0886	0.0000
		Group ADF - Statistic	-3.6874	0.0001	-4.4079	0.0000
Kao 检验		ADF	-1.9372	0.0264	-6.7000	0.0000

注: 所有统计量的原假设为不存在协整关系, 其中滞后阶数由 SIC 准则确定

第三，面板回归模型形式的设定检验及构建。

利用模型形式的设定检验方法，分别采用变系数模型、变截距模型以及不变系数模型对所选取的样本数据进行回归分析，根据三种模型的回归结果的统计量值计算得出相应的残差平方和，分别记为 S_1、S_2 和 S_3。

其中，对第二产业而言，有 $S_1 = 0.0341$、$S_2 = 0.1099$ 和 $S_3 = 18.3409$，$N = 4$，$k = 2$，$T = 8$，根据前文给定的 F_1 和 F_2 统计量的计算公式，可得 $F_1 = 7.4263$，$F_2 = 1194.7014$，通过查 F 分布表，在给定 5% 的显著性水平下，可进一步查找出相应的临界值分别为 $F(6, 20) = 2.5990$，$F(9, 20) = 2.3928$，又 $F_2 > 2.3928$，拒绝假设 H_2，加之，$F_1 > 2.5990$，再次拒绝假设 H_1。从而第二产业的行业面板数据模型的形式较适宜设定为变系数模型的形式。

同样，对第三产业而言，有 $S_1 = 0.1589$、$S_2 = 0.6467$ 和 $S_3 = 63.8232$，$N = 14$，$k = 2$，$T = 8$，根据相同的分析方法可得 $F_1 = 8.2680$，$F_2 = 719.3043$，查 F 分布表，在给定 5% 的显著性水平下，可得 $F_1 > F(26, 70) = 1.6543$，$F_2 > F(39, 70) = 1.5661$，同时拒绝假设 H_1 和假设 H_2，从而第三产业的行业面板数据模型的形式也较适宜设定为变系数模型的形式。

至此，已分析出待构建行业面板数据模型设定的初步形式，考虑到对面板数据建模分析时不能忽视个体或时点影响，有必要进一步采用 Hausman 检验方法，以确定采用固定影响或是随机影响模型形式，并完善面板数据模型的设定形式。不过，在采用个体或时间随机效应做回归分析，第二、第三产业的细分行业对选取的指标及样本量不能较好满足 Hausman 检验的前提条件，即交叉横截面个数必须大于回归方程中待估系数的个数，为了分析的简便，考虑将个体影响设定为固定影响的形式将较为适合。

综合以上设定检验的分析结果，可以确定对贵阳市第二、第三产业细分行业的面板回归模型形式可设定为固定影响变系数模型。对基本的计量模型给定形式两边做双对数处理，这在一定程度上可避免产生横截面异方差的影响。

进而，根据基本的计量模型给定形式可以构建出行业面板数据模型的具体形式，拟采用形式如下：

$$\ln e_{j,it} = \alpha_j + \beta_{1j,i}\cdot\ln q_{j,it} + \beta_{2j,i}\cdot\ln p_{j,it} + \mu_{j,it}$$

式中 $j = 1,2$ 分别代表贵阳市第二、三产业；当 $j = 1$ 时，$i = 1,2,3,4$；当 $j = 2$ 时，$i = 1,2,3,\cdots14$；$t = 1,2,3,\cdots8$；α_j 表示第 j 个产业不同行业截距项的平均值；μ_{it} 表示随机误差项。

容易看出，$\beta_1 = \dfrac{\partial \ln e}{\partial \ln q} = \dfrac{\partial e/e}{\partial lq/lq}$，$\beta_1 = \dfrac{\partial \ln e}{\partial \ln p} = \dfrac{\partial e/e}{\partial lp/lp}$，$\beta_1$ 和 β_2 称之为偏弹性，反映了在其他变量保持不变的前提下，解释变量对被解释变量的弹性影响程度，对此，$\beta_{1j,i}$ 表示第 j 个产业对应的第 i 个行业的产业集聚度对就业量的弹性影响系数（或就业的产业集聚度弹性），反映了就业对产业集聚度变动的敏感程度；$\beta_{2j,i}$ 表示第 j 个产业对应第 i 个行业的劳动生产率对就业量的弹性影响系数（或就业的劳动生产率弹性），反映了就业对劳动生产率变动的敏感程度。

4. 估计结果与分析

根据构建得出的贵阳市行业面板数据模型的具体形式，同样采用Eviews7.0计量分析工具分别对两个产业细分行业进行面板回归分析，采用相应的 GLS 法即广义最小二乘法，最大程度降低行业横截面的异方差及序列相关性的影响，主要针对不同行业产业集聚度的变动对就业的弹性影响做了分析。

第一，第二产业。采用 GLS 方法（Cross – section SUR）对所构建的模型进行估计，估计结果为：

$$\ln e_{1,it} = 1.5936 + \beta_{11,i}\cdot\ln q_{1,it} + \beta_{21,i}\cdot\ln p_{1,it} + \mu_{1,it} \qquad (1)$$

（t/p）值（46.2605/0.0000）

从面板回归估计的结果可知，模型调整的可决系数 $R^2_{adj} = 0.99$，D. W. 值为 2.59，表明模型整体拟合度较好，不存在序列相关。在 5% 的显著性水平下,常数项的统计量通过了 t 检验,即变量显著性检验。

表 3-14 反映的第二产业各行业产业集聚度和劳动生产率对就业的弹性系数的估计结果可知,在 5% 的显著性水平下,从不同行业产业集聚度 LQ 所对应的解释变量的伴随概率可知,所有变量皆通过了 t 检验。不同行业的产业集聚度对就业量的弹性系数皆大于 0,各行业弹性系数的平均值约为 0.9617,其中采矿业(CK)和电力、燃气及水的生产和供应业(DLRQS)对应的系数估计值分别约为 1.0386 和 1.0492,就业的产业集聚度弹性值皆大于 1,是富有弹性的。在保持劳动生产率解释变量不变的前提下,提升产业集聚度将对劳动力就业产生显著的正向促进作用。同样,在 5% 的显著性水平下,从不同行业劳动生产率 LP 所对应的解释变量的伴随概率也可知,除了电力、燃气及水的生产和供应业(DLRQS)之外,其他行业皆通过了 t 检验,不同行业的劳动生产率对就业量的弹性系数皆介于 0 和 1,是缺乏弹性的。

表 3-14 产业集聚度和劳动生产率对就业弹性系数的估计结果(第二产业)

序号	指标	解释变量	系数估计值	标准差	t 统计量	伴随概率
1	产业集聚度 LQ(弹性系数为 $\beta_{11,i}$)	-CK—LOG(LQ-CK)	1.0386	0.0189	54.9377	0.0000
2		-ZZ—LOG(LQ-ZZ)	0.8267	0.1030	8.0287	0.0000
3		-DLRQS—LOG(LQ-DLRQS)	1.0492	0.0564	18.5959	0.0000
4		-JZ—LOG(LQ-JZ)	0.9323	0.1435	6.4961	0.0000
5	劳动生产率 LP(弹性系数为 $\beta_{21,i}$)	-CK—LOG(LP-CK)	0.1042	0.0230	4.5400	0.0002
6		-ZZ—LOG(LP-ZZ)	0.0989	0.0282	3.5121	0.0022
7		-DLRQS—LOG(LP-DLRQS)	-0.0377	0.0229	-1.6466	0.1153*
8		-JZ—LOG(LP-JZ)	0.3892	0.0385	10.1074	0.0000

注:*表示在 10% 的显著性水平下,未通过变量显著性检验

第二，第三产业。采用 GLS 方法（Cross–seciont weights）对构建的模型进行估计，估计结果为：

$$\ln e_{2,it} = 0.1545 + \beta_{12,i}?\ln q_{2,it} + \beta_{22,i}?\ln p_{2,it} + \mu_{2,it} \tag{2}$$

（t/p）值（5.5090/0.0000）

从面板回归估计的结果可知，模型调整的可决系数 $R_{adj}^2 = 0.99$，D.W. 值为 2.35，表明模型整体拟合度较好，不存在序列相关。在 5% 的显著性水平下，常数项的统计量通过了 t 检验，即变量显著性检验。

表 3-15 反映的第三产业各行业产业集聚度和劳动生产率对就业的弹性系数的估计结果可知，在 5% 的显著性水平下，从不同行业产业集聚度 LQ 所对应的解释变量的伴随概率可知，所有变量皆通过了 t 检验。第三产业不同行业的产业集聚度对就业量的弹性系数皆大于 0，各行业弹性系数的平均值约为 0.9306，其中信息传输、计算机服务和软件业（XXJSRJ）、住宿和餐饮业（ZSCY）、房地产业（FD）以及科学研究、技术服务和地质勘探业（KXJSDZ）所对应的系数估计值分别约为 1.0850、1.0010、1.4506 和 1.0037，就业的产业集聚度弹性值皆大于 1，是富有弹性的。在保持劳动生产率解释变量不变的前提下，提升该产业细分行业的产业集聚度也将对劳动力就业产生显著的正向促进作用。同样，在 5% 的显著性水平下，从不同行业劳动生产率 LP 所对应的解释变量的伴随概率也可知，除了批发和零售业（PFLS）之外，其他行业皆通过了 t 检验，不同行业的劳动生产率对就业量的弹性系数皆介于 0 和 1，同第二产业一样也是缺乏弹性的。

表3-15 产业集聚度和劳动生产率对就业弹性系数的估计结果（第三产业）

序号	指标	解释变量	系数的估计值	标准差	t统计量	伴随概率
1	产业集聚度LQ（弹性系数为$\beta_{12,i}$）	-JTCCYZ—LOG（LQ-JTCCYZ）	0.9836	0.1098	8.9564	0.0000
2		-XXJSRJ—LOG（LQ-XXJSRJ）	1.0850	0.0925	11.7271	0.0000
3		-PFLS—LOG（LQ-PFLS）	0.6147	0.0927	6.6282	0.0000
4		-ZSCY—LOG（LQ-ZSCY）	1.0010	0.1461	6.8522	0.0000
5		-JY—LOG（LQ-JY）	0.6802	0.2756	2.4678	0.0160
6		-FD—LOG（LQ-FD）	1.4506	0.1966	7.3769	0.0000
7		-ZLSW—LOG（LQ-ZLSW）	0.8453	0.1463	5.7782	0.0000
8		-KXJSDZ—LOG（LQ-KXJSDZ）	1.0037	0.2646	3.7931	0.0003
9		-SLHJGG—LOG（LQ-SLHJGG）	0.7436	0.1118	6.6484	0.0000
10		-JMFW—LOG（LQ-JMFW）	0.9548	0.0820	11.6511	0.0000
11		-EY—LOG（LQ-EY）	0.8601	0.1719	5.0028	0.0000
12		-WSSBSF—LOG（LQ-WSSBSF）	0.9635	0.2823	3.4131	0.0011
13		-WHTYYL—LOG（LQ-WHTYYL）	0.9816	0.1218	8.0570	0.0000
14		-GGSZ—LOG（LQ-GGSZ）	0.8610	0.2539	3.3912	0.0011

续 表

序号	指标	解释变量	系数的估计值	标准差	t统计量	伴随概率
15	劳动生产率 LP（弹性系数为 $\beta_{22,i}$）	－JTCCYZ—LOG（LP－JTCCYZ）	0.1632	0.0500	3.2621	0.0017
16		－XXJSRJ—LOG（LP－XXJSRJ）	0.3617	0.1091	3.3150	0.0015
17		－PFLS—LOG（LP－PFLS）	0.0351	0.0265	1.3229	0.1902*
18		－ZSCY—LOG（LP－ZSCY）	0.3852	0.0336	11.4724	0.0000
19		－JY—LOG（LP－JY）	0.2477	0.0270	9.1601	0.0000
20		－FD—LOG（LP－FD）	0.8472	0.0810	10.4535	0.0000
21		－ZLSW—LOG（LP－ZLSW）	0.7772	0.1566	4.9615	0.0000
22		－KXJSDZ—LOG（LP－KXJSDZ）	0.4815	0.0933	5.1628	0.0000
23		－SLHJGG—LOG（LP－SLHJGG）	0.3033	0.0246	12.3489	0.0000
24		－JMFW—LOG（LP－JMFW）	0.2369	0.0432	5.4810	0.0000
25		－EY—LOG（LP－EY）	0.2438	0.0224	10.8953	0.0000
26		－WSSBSF—LOG（LP－WSSBSF）	0.4375	0.0454	9.6452	0.0000
27		－WHTYYL—LOG（LP－WHTYYL）	0.2162	0.0592	3.6499	0.0005
28		－GGSZ—LOG（LP－GGSZ）	0.3433	0.0281	12.1972	0.0000

注：*表示在10%的显著性水平下，未通过变量显著性检验

综上可知，贵阳市第二、第三产业细分行业劳动生产率对就业量的弹性系数全部介于 0 和 1，表明行业劳动生产率的提升将增加各行业的就业量，加之，行业劳动生产率水平可以衡量产业集聚效应（范剑勇[①]，2006），毕竟其在影响劳动力边际产品的同时也将影响劳动力的实际收入水平及消费需求，对行业集聚产生一定影响，产生协同效应。现在，贵阳市整体劳动力就业素质不高，行业发展还主要依赖廉价劳动力，技术替代效应不明显，集聚过程尚未形成对就业的拥挤效应。以克鲁格曼为代表的新经济地理学派曾指出产业集聚过程表现的外部性，如集聚区内部的知识溢出效应，成为劳动生产率提升的重要因素。同时，产业集聚层次越高，知识溢出越重要，短期内技术和知识溢出的外部性表现显著，对交流双方技能以及劳动力的边际产品提升都是有益处的（梁琦[②]，2005）。而且，第二产业劳动生产率解释变量的平均弹性系数为 0.1386 高于第三产业的 0.3628，再次表明发展第三产业将可获得比第二产业更高的吸纳就业的集聚效应。

进一步，从各行业产业集聚度对就业量弹性系数的平均值可以发现，贵阳市第二产业各行业产业集聚度平均每增加 1 个单位，对应行业的就业量将提高 0.96 个单位。同样，第三产业各行业产业集聚度平均每增加 1 个单位，对应行业的就业量将增加 0.93 个单位，第二产业各行业对就业的平均拉动效应相比第三产业略占主导地位。结合表 3-14 和表 3-15 的分析结果，贵阳市各行业系数估计值皆大于 0，明确了各行业集聚度的提高对就业量的增加存在显著的正向影响，提升各行业的集聚程度能够有力增强对就业的吸纳能力，依据计量分析的结论，从行业层面，再次验证了假说 1，即在行业层面，区域劳动力（迁移）就业量与产业集聚度呈正相关性〔在一定程度上，研究结论同 Frank 和 Pflüger（2002）、刘世锦（2008）、

[①] 范剑勇：《产业集聚与地区间劳动生产率差异》，《经济研究》2006 年第 11 期。
[②] 梁琦：《空间经济学：过去、现在与未来——兼评〈空间经济学：城市、区域与国际贸易〉》，《经济学》（季刊）2005 年第 4 期。

张雄（2011）等学者的研究也是不谋而合的]。同时，不同行业的集聚度对就业影响程度存在较大差异，其中就业的产业集聚度弹性值最大的房地产业（约为1.45）同最低的批发和零售业（约为0.61）相差近84个百分点。

贵阳市就业的产业集聚度弹性值皆为正数，以及假说（1）的验证，表明了研究假说（1）适用于贵阳市，即以集聚发展模式促进贵阳区域就业是可行的，同时表明了贵阳市各行业集聚过程表现出的集聚力大于分散力，聚集力的提升对就业产生了积极的正反馈效应。不过，弹性值大于1，富有弹性的行业仅有采矿业（CK），电力、燃气及水的生产和供应业（DLRQS），信息传输、计算机服务和软件业（XXJSRJ），住宿和餐饮业（ZSCY）等6个行业，占比约为33.3%，初步表明各行业集聚度的提升空间还较大，尚处于上升期。不过，贵阳市自然环境的表现之一便是显著的山地多的地貌特征，加之公共交通设施有待完善和劳动者就业素质不高等因素的作用，对贸易自由度及运输成本将产生影响，使得集聚力有所弱化，毕竟区域交通基础设施的规模和质量对运输成本存在很大影响（利马奥和维纳布尔斯，2001）[①]，即区域交通基础实施将影响贸易自由度，交通运输基础设施的不完善或者地理因素（如高山、迁移距离等），无形中也将增加劳动力的迁移成本，造成迁移障碍和贸易壁垒。基于此，可以预见，在相关因素（如产业、就业政策）的外生冲击或干预下，在继续保持集聚力主导地位的同时，可促使各行业集聚程度的提升和不断改善，更大程度地发挥出集聚的就业吸纳效应。

三 基于VAR模型的脉冲响应再分析

向量自回归（VAR）模型描述了相同历史时期内多个变量之间的动态

---

① ［法］皮埃尔-菲利普·库姆斯、蒂理·迈耶、雅-佛朗索瓦·蒂斯:《经济地理学：区域和国家一体化》，安虎森等译，中国人民大学出版社2011年版。

演进过程,可用于政策模拟和预测,并解释各种冲击对经济变量的影响,其中误差项成为脉冲冲击的来源,分析变量皆是内生的①。

前文的分析已表明贵阳市各行业集聚度和就业量之间存在稳定的正相关关系,并且存在不同产业的就业吸纳能力不一致的客观现实。加之,产业部门作为劳动力就业的载体,在贵阳产业、就业结构优化升级的过程中,宏观层面上哪个产业对劳动力迁移就业的吸纳效应较明显? 进一步构建向量自回归(VAR)模型,针对此问题进行分析,以便为更好地、针对性地倾向发展对应的产业,并提升此产业的行业集聚度以及行业整体的就业吸纳能力提供计量分析的依据。

1. 协整检验

选取贵阳市 1990—2010 年三次产业的 GDP 与就业人数作为分析数据,并采用折算后的国内生产总值指数(1990 = 100)以便减弱或消除价格波动的影响,其中 G_1,G_2,G_3 分别表示三次产业的不变价 GDP;E_1,E_2,E_3 分别表示三次产业的就业人数,为了尽可能消除异方差的影响,自然对数后分别记为 LNG_1,LNG_2,LNG_3,LNE_1,LNE_2,LNE_3。

表 3 - 15 反映了对选取变量进行的 ADF 单位根检验结果,可知,在 5% 显著性水平下,LNG_1、LNE_1、LNG_2、LNE_2 经一次差分操作后成为平稳序列,满足一阶单整 I(1)过程;LNG_3、LNE_3 分别在 5% 和 10% 显著性水平下,经两次差分操作后变得平稳,满足二阶单整 I(2)过程,表明所有变量都是平稳序列,并且不存在单位根。

以上分析表明了选取的变量 LNG_1、LNE_1、LNG_2、LNE_2—I(1)、LNG_3、LNE_3—I(2),满足进行 Johansen 协整检验的条件,进一步采用基于回归系数的协整检验(又称 Johansen – Juselius,JJ),选取迹统计量做 JJ 协整检验,检验结果如表 3 - 16 所示。从迹检验可知,在 5% 的显著性水平下,LNG_1、LNE_1,LNG_2,LNE_2 拒绝了 0 个协整向量和至多 1 个协整向

---

① 陆旸:《中国的绿色政策与就业:存在双重红利吗?》,《经济研究》2011 年第 7 期。

量的原假设，接受至多存在2个协整向量的假设，即有2个协整变量，表明这4个变量之间存在长期均衡的稳定关系或协整关系，同样，在10%的显著性水平下，LNG_3，LNE_3 拒绝了0个协整向量的原假设，接受至多存在1个协整向量的假设，即有1个协整向量，表明这2个变量之间存在协整关系，即LNG3和LNE3存在长期均衡的稳定关系。

表3-16　　　　　　　　　　ADF检验情况

产业	变量	检验类型 (C, T, L)	ADF 检验值	各显著性水平下的临界值			Prob.	检验结果
				1%	5%	10%		
第一	LNG_1	(C, 0, 0)	-0.2103	-3.8085	-3.0207	-2.6504	0.9224	非平稳
	D(LNG_1)	(C, T, 1)	-10.7848	-4.5326	-3.6736	-3.2774	0.0000	平稳*
	LNE_1	(C, 0, 0)	-1.3012	-3.8085	-3.0207	-2.6504	0.6080	非平稳
	D(LNE_1)	(C, T, 1)	-3.8610	-4.6679	-3.7332	-3.3103	0.0403	平稳*
第二	LNG_2	(C, 0, 0)	1.0339	-3.8085	-3.0207	-2.6504	0.9952	非平稳
	D(LNG_2)	(C, T, 1)	-4.1173	-4.5716	-3.6908	-3.2869	0.0232	平稳*
	LNE_2	(C, T, 0)	-2.2614	-4.5326	-3.6736	-3.2774	0.4327	非平稳
	D(LNE_2)	(C, 0, 1)	-3.3870	-3.8574	-3.0404	-2.6606	0.0256	平稳*
第三	LNG_3	(C, T, 0)	-0.3249	-4.4983	-3.6584	-3.2689	0.9834	非平稳
	D(LNG_3)	(C, T, 1)	-2.6941	-4.5326	-3.6736	-3.2774	0.2491	非平稳
	D(LNG_3, 2)	(C, T, 2)	-5.0757	-4.5716	-3.6908	-3.2869	0.0039	平稳*
	LNE_3	(C, 0, 0)	-0.1646	-3.8085	-3.0207	-2.6504	0.9286	非平稳
	D(LNE_3)	(0, 0, 0)	-1.0883	-2.6924	-1.9602	-1.6071	0.2402	非平稳
	D(LNE_3, 2)	(C, T, 2)	-3.4579	-4.6162	-3.7105	-3.2978	0.0769	平稳**

注：1. 检验类型（C, T, L）分别表示带有常数项、趋势项以及滞后阶数；2. 采用SIC准则确定滞后期；3. D（LNG_1）表示对变量LNG_1进行1阶差分操作后再进行单位根检验，D（LNG_1, 2）表示对变量LNG_2进行2阶差分操作后再进行单位检验，其余变量类比得出；4. *表示在5%的显著性水平下平稳，**表示在10%显著性水平下平稳

表 3-17　　　　　　　　　Johansen 协整检验结果

检验序列	原假设	特征值	迹统计量	5%的临界值	P 值
LNG$_1$, LNE$_1$, LNG$_2$, LNE$_2$	0 个协整向量*	0.8874	79.3127	47.8561	0.0000
	至多 1 个协整向量*	0.7583	37.8215	29.7971	0.0048
	至多 2 个协整向量	0.4263	10.8375	15.4947	0.2217
	至多 3 个协整向量	0.0146	0.2791	3.8415	0.5973
检验序列	原假设	特征值	迹统计量	5%的临界值	P 值
LNG$_3$, LNE$_3$	0 个协整向量**	0.5070	13.6185	13.4288	0.0940
	至多 1 个协整向量	0.0896	1.5953	2.7055	0.2066

注：*表明在 5%的显著性水平下拒绝原假设；**表明在 10%的显著水平下拒绝原假设

2. 模型构建

通过协整分析可知选取的变量都是平稳序列，存在协整关系，可以用于向量自回归 VAR 模型的构建，VAR（p）模型构建如下：

$$LNG_t^i = a_0 + \sum_{j=1}^{p} a_{1j} LNG_{t-j}^i + \sum_{j=1}^{p} b_{1j} LNE_{t-j}^i + \varepsilon_{1t}$$

$$LNE_t^i = b_0 + \sum_{j=1}^{p} a_{2j} LNG_{t-j}^i + \sum_{j=1}^{p} b_{2j} LNE_{t-j}^i + \varepsilon_{2t}$$

式中，T：样本个数；t = 1, 2, …, T；$i = \{1,2,3\}$，分别表示第一、第二、第三产业；p：滞后阶数；随机扰动项 $\varepsilon_t = (\varepsilon_{1t}, \varepsilon_{2t})'$。

综合考虑似然比统计量（LR）、赤池信息准则（AIC）和施瓦茨（SC）准则等 5 种检验方法以确定所建模型比较适宜的滞后阶数（见表 3-18）。

表 3 - 18　　　　　　　　　　VAR 模型滞后阶数检验结果

检验序列	Lag	LogL	LR	FPE	AIC	SC	HQ	预设模型
LNG$_1$, LNE$_1$	0	36.4376	NA	7.47E-05	-3.8264	-3.7275	-3.8128	VAR (1)
	1	90.6479	90.3505*	2.84e-07*	-9.4053*	-9.1085*	-9.3644*	
	2	91.0799	0.6239	4.32E-07	-9.0089	-8.5142	-8.9407	
	3	97.1867	7.4639	3.62E-07	-9.2430	-8.5505	-9.1475	
LNG$_2$, LNE$_2$	0	9.3663	NA	0.0015	-0.8185	-0.7196	-0.8048	VAR (1)
	1	77.2996	113.2221*	1.25E-06*	-7.9222	-7.6254*	-7.8813*	
	2	81.1360	5.5416	1.30E-06	-7.9040	-7.4094	-7.8358	
	3	85.3591	5.1615	1.35E-06	-7.9288*	-7.2363	-7.8333	
LNG$_3$, LNE$_3$	0	9.5700	NA	0.0015	-0.8411	-0.7422	-0.8275	VAR (1)
	1	77.5193	113.2488*	1.22e-06*	-7.9466*	-7.6498*	-7.9057*	
	2	79.5128	2.8796	1.56E-06	-7.7236	-7.2290	-7.6554	
	3	85.0687	6.7905	1.39E-06	-7.8965	-7.2040	-7.8010	

注：*表示根据每列检验方法确定的滞后阶数

根据表 3 - 18 的检验结果，可以确定 3 组检验序列的最优滞后阶数皆为 1，进而可构建出 VAR（1）模型，用于分析该模型在受到某种外生冲击后对整个系统的动态影响程度，或者为分析模型中一个变量作用于另一个变量提供较多的动态信息支持，所构模型的具体形式如下：

$$\begin{bmatrix} LNG_t^i \\ LNE_t^i \end{bmatrix} = \begin{bmatrix} a_0 \\ b_0 \end{bmatrix} + \begin{bmatrix} a_{11} & b_{11} \\ a_{21} & b_{21} \end{bmatrix} \begin{bmatrix} LNG_{t-1}^t \\ LNE_{t-1}^i \end{bmatrix} + \begin{bmatrix} \varepsilon_{1t} \\ \varepsilon_{2t} \end{bmatrix}$$

3. 脉冲响应函数分析

在做脉冲响应分析之前，需对构建的 VAR（1）模型进行平稳性检验。通过 AR 根图的分析，可知所有单位根的模皆落在单位圆内，所构模型不存在大于 1 的特征根，表明构建的 VAR（1）模型是平稳的，可增强后续分析的有效性。

基于此，采用脉冲响应函数（IRF），进一步分析在系统受到某种外生冲击后，此模型对系统中各内生变量产生的影响，即当模型中第 t 期的随机误差项变动时，基于模型的动态联系，将通过某个变量对另一变量产生持续的动态影响。以构建的模型为基础，采用 Cholesky 分解技术，分析给出贵阳市三次产业的产值冲击对就业人数的脉冲响应函数图（见图 3 - 14），其中选定的考察期为 36 期。

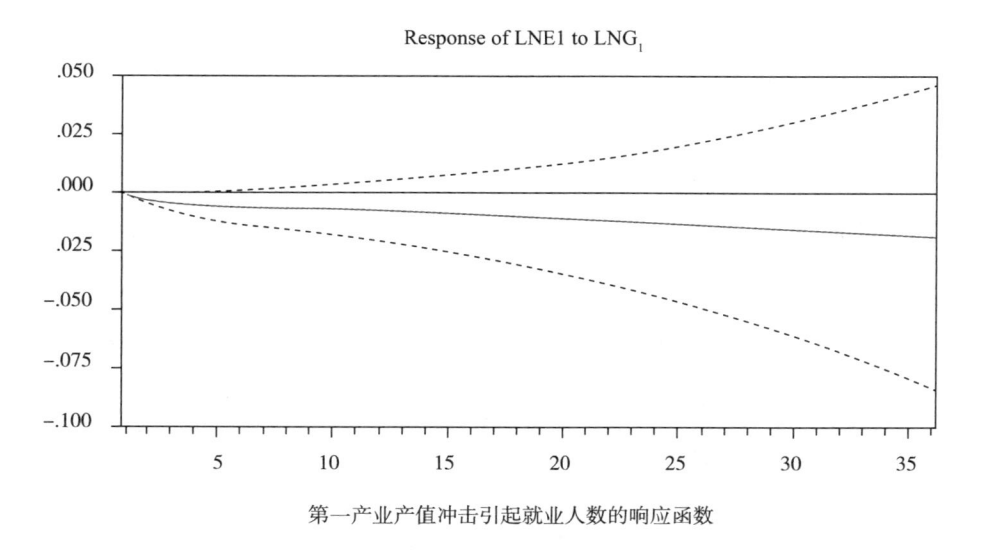

Response of LNE1 to LNG$_1$

第一产业产值冲击引起就业人数的响应函数

Response of LNE2 to LNG$_2$

第二产业产值冲击引起就业人数的响应函数

Response of LNE3 to LNG$_3$

第三产业产值冲击引起就业人数的响应函数

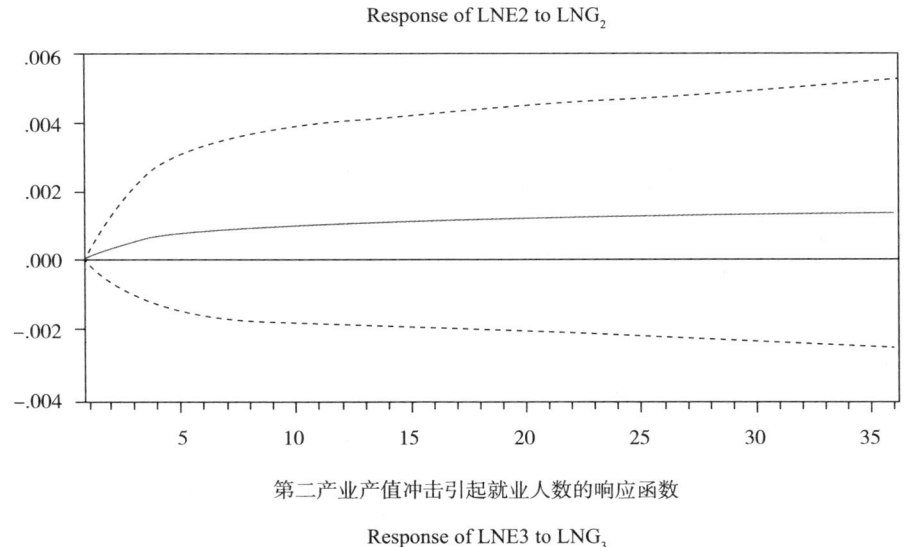

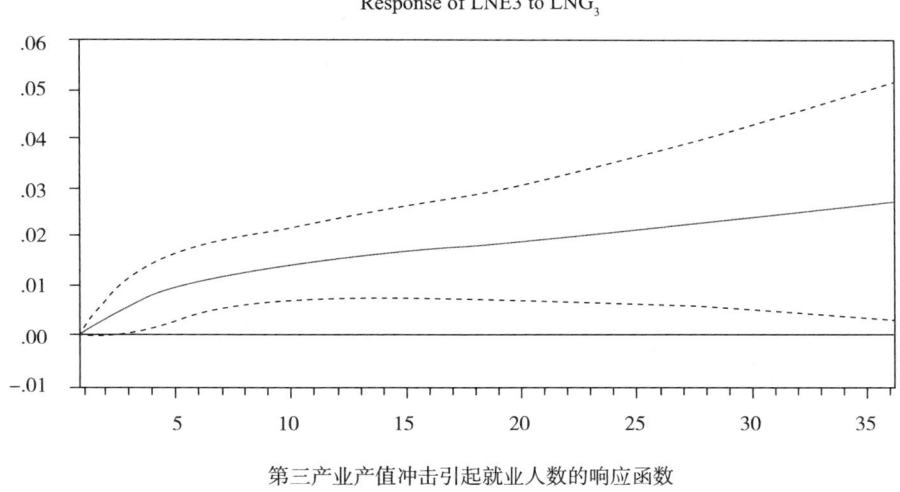

图 3-14　贵阳市三次产业产值冲击引起就业人数的脉冲响应函数

注：横轴表示冲击作用的滞后期数，纵轴表示就业人数对冲击的响应

从第一产业产值冲击引起就业人数的响应函数图可知，当在本期给其产值赋予一个外生正冲击后，当期就业人数就反馈出显著的负向响应，引起就业人数逐期递减，并形成了长期的负面效应；从第二产业产值冲击引起就业人数的响应函数图可知，同样，当在本期对其产值赋予一个外生正

冲击后，当期就业人数就反馈出积极的正向响应，促使就业人数开始增长，不过增长幅度较小，响应一直持续到第 10 期左右，随后增长幅度逐渐趋于平缓，可见，虽然对第二产业产值的正冲击会给就业的拉动产生一定的短期正向影响，但是拉动效应不明显。长期而言，对第二产业的产值施加一个正冲击将使得就业增长幅度趋向稳定，就业的拉动效应较弱；从第三产业产值冲击引起就业人数的响应函数图可知，在当期对第三产业的产值赋予一个外生正冲击后，就业人数即刻反馈出积极的正向响应，产生了持续较长时间的正向拉动效应，表明在对第三产业产值赋予正冲击的同时，将同步引起就业人数的同向变动，并且增长幅度较明显，此外生正冲击对就业的增长产生了长期持续的积极促进作用。

综上表明了对第三产业产值赋予正冲击后，对就业人数带来同向冲击且形成长期持续的促进效应，该产业的发展可成为解决劳动力迁移就业的有效途径。第二产业尽管也产生了正效应，但长期对就业的拉动效应较弱，相比第二、第三产业，对第一产业产值赋予正冲击对就业却引起了负效应。

综上分析，通过采用相关年鉴数据及行业区位商的指标，对贵阳第二、第三产业的产业集聚度进行了分析，明晰了各产业中具备区位优势、显著优势以及潜在优势的行业。并通过基本的计量模型的给定形式抽象出就业量、产业集聚度及劳动生产率三个分析指标，构建了具体的行业面板数据模型。根据计量模型的分析结论，从经验实证层面，采用贵阳市相关数据，再次验证了研究假说（1），即从行业层面，贵阳市区域劳动力（迁移）就业量与产业集聚度呈正相关性，表明了集聚发展模式对贵阳市促进区域就业也是适用的。相关分析结果同时直接表明前文所提的研究假说是可行的，暂不必做进一步修正。又通过基于 VAR 模型的脉冲响应的再分析，发现伴随贵阳市第二、第三产业的发展皆将带来不同程度就业量的增长，其中相比其他产业，对第三产业赋予正冲击对就业的拉动效应表现更明显，倾向发展并提升第三产业的行业集聚度可成为解决劳动力迁移就业的有效途径。

第五节　研究结论与政策建议

综合前文分析，已使研究假说1得到了验证，并同步解决了若干问题，进一步归纳总结研究所得的相关结论以及若干促进区域就业的政策启示，以更好地服务于前文基于现状分析所提问题的探讨研究，改善贵阳市区域就业水平。同时，结合本文存在的不足之处，提出了进一步的研究展望。

一　研究结论

根据上述的分析研究我们得出以下五个结论。

第一，在贵州省实施工业化带动发展战略的助推下，贵阳市已处于钱纳里工业化发展阶段的中期阶段，中心城区的就业密度较高，且高于贵州平均水平。不同行业的就业吸纳能力不一致，其中，第二产业的劳动力就业多聚集在资本密集型行业，第三产业多聚集在劳动密集型行业。

第二，贵阳市整体上产业集中度虽不高，但提升空间较大，产业格局的"三、二、一"产值结构以及就业格局的"三、一、二"模式，表明两者并未协调发展，劳动力迁移就业呈现"退一进三"的态势，在贵州工业强省战略和城镇化带动战略发展背景下，劳动力迁移就业的问题将不可忽视。

第三，贵阳市第二、第三产业中具备区位优势的行业分别约占30.30%和44.44%，其中第二产业有烟草制品业、医药制造业等10个行业，以资本密集型行业为主；第三产业有房地产业，住宿业，信息传输、计算机服务和软件业等8个行业，多隶属于劳动密集型行业。

第四，从理论层面对产业集聚的就业吸纳机制的推导分析，表明了随着贸易自由度逐渐提升，运输成本逐步下降，将增大核心集聚区的引致

（派生）需求，并且强化劳动力就业效应。同时，在信息不对称的经济体中，核心区发出的积极信号，将降低工作搜寻成本，理论上使得提出的研究假说（1）得到了验证。

第五，从计量层面的相关分析，也表明了贵阳市区域劳动力（迁移）就业量与产业集聚度呈正相关性，且行业集聚过程尚未形成对就业的拥挤效应，验证后的研究假说（1）适用于贵阳市，即以产业集聚的发展模式对贵阳市促进区域就业是可行的，同时，发展贵阳市的第三产业可获得比第二产业较高的促进就业的集聚效应。相比其他产业，对第三产业赋予外生正冲击对就业的拉动效应更明显，提升该产业集聚度可成为解决劳动力迁移就业的有效途径。

二 政策建议

以上若干结论从不同层面主要论证了研究假说（1）的合理性或可行性，并适用于贵阳市现实发展的情形，表明了提升产业集聚度将正向促进区域就业，加之，研究结论有必要服务于对现实问题的解决。据此，在实践中可考虑借助产业集聚的发展模式，将其作为促进就业的一个手段，并逐步形成一个新的就业增长点，从而可以拓展得出如下五点政策启示。

第一，重视产业集聚区的发展及其对就业的促进作用。工业园区作为政策主导下的产业集聚的空间载体，借助工业园区这种有效的组织发展形式，以促进区域就业是可行的，并可逐步发挥其对劳动力就业的积极吸纳效应，现实中通常可以分为高科技园区、特色工业园区、技术示范区等。同时，为了使产业的"园区化"形成的"块状经济"更好地获得集聚效应，促进进园企业间及其同当地企业间的产业关联度（包括基于前后项和旁侧联系的物质、信息、技术等元素的共生关联，逐步形成产业之间的横向耦合、纵向闭合的共生关系），以便在改善企业经营绩效的同时更好地提升园区竞争力或集聚力的重要性将变得不言而喻。

现如今，贵阳市已着手重点发展包括贵阳高新区、乌当医药食品工业园等在内的十大工业园区，基于对工业园区发展重要性的认识，立足现有工业园区，使其向规模化、集聚化的方向发展，考虑采用产业集聚这种极富生命力的工业化发展模式，最大限度地提升其对就业的促进作用，并且需要有序发展第三产业的行业集聚区，如物流、餐饮住宿、交通运输等，服务于第二产业相关的工业园区，促使两者共生发展。同时，政府也可通过相关政策措施（如融资、税收等）的制定、完善和执行，一方面，结合贵阳市地域发展特色等现状，在有选择地承接东部产业转移的前提下，制定包括税收政策、财政支持政策在内的产业引导政策，积极吸引优势行业、企业进驻园区，有序扶持和发展产业园区，不断促进园区的经济增长，扩大就业需求；另一方面，在贵州工业强省战略和城镇化带动战略发展的大环境下，合理有序引导农村富余劳动力向园区集中，优化园区的空间布局，逐步实现劳动力的就地、就近就业，最大程度降低劳动力的迁移成本。

第二，注重区位比较优势行业集聚发展，打造特色产业集聚区。由于贵阳市区位比较优势行业的集聚程度较高，就业效应较明显，注重对此类行业的发展，尤其是第三产业中区位比较优势行业并兼顾潜在优势行业。同时，充分挖掘服务业或劳动密集型行业的发展潜力，创造更多的就业机会或就业岗位，将对区域就业带来积极的正向促进作用。基于此，也有必要进一步优化产业、就业结构，降低结构偏离度，使其逐步向区位优势行业转移。

可以预见，伴随第三产业或服务业的崛起，可逐步派生出更多的就业岗位，提升对劳动力的引致需求。截至 2010 年，贵阳劳动年龄人口 323.95 万，占整个贵阳市总人口的 74.8%。加之，农业人口占比 43.39%。对此，一方面，贵阳市需要注重农业的发展，逐步实现农业现代化、农村工业化。比如发展茶产业，一定程度上，可以减缓富余农村人口向第二、第三产业迁移的趋势，以便为第二、第三产业，尤其是服务业的集聚发展赢取一定的空间和时间。另一方面，打造特色产业集聚区，并将其作为示范园区，如重点发展旅游产业园区、医药工业园区、信息产业园区等，以具备区位优势特征的文化、体育和娱乐业，医药制造业，信息传输、计算机服务和软件业等作为对应发展园区的主导产业或支柱产业。

据此，随着特色产业集聚区的发展，带动如住宿和餐饮业，具有地域特色的传统民间工艺制作（如刺绣、蜡染、服饰等），现代物流仓储业等行业的共生发展，逐步形成一定的就业乘数效应，并注重企业间的横向联系，形成对行业内部中小微企业的网络辐射，加大政策扶持力度，带动其发展。通过加强彼此的前后项联系，延长价值链，拓宽产业幅度，形成更大规模产业集聚发展的空间网状结构，强化位于价值链上不同产业园区的耦合度。同时，在促进就业层面，逐步增强作为贵州省政治、经济、文化中心的贵阳市对黔中经济区乃至贵州全省的辐射能力，增强区域竞争力。

第三，加大人力资本投资，提升劳动力素质，并拓宽劳动力市场就业渠道。伴随富余农村人口的逐步释放，将增大劳动力迁移势能，并且工业园区如火如荼的发展过程，也将创造更多的就业岗位并增加对劳动力的潜在需求。对此，若作为劳动力市场重要因素之一的劳动力素质受到限制，将降低劳动者素质和就业岗位需求之间的匹配度，易造成结构性失业，遭遇"有岗无人"的窘境。截至2010年，贵阳市农村劳动力平均受教育年限约为8.35年，受教育水平不高的现实，影响了劳动力素质，使其就业机会的获得受到限制。对此，有必要立足贵阳市现有要素禀赋结构的基础，加大对劳动者人力资本的投资的重要性就变得不言而喻，其中教育将成为人力资本提升的重要手段之一。

同时，劳动力素质提升的过程也是人力资本逐步积累的过程。随着政府就业扶持政策的逐步完善，深入贯彻落实对失业人员和企业转岗人员等进行的短期创业培训或技能培训，发展职业教育，贯彻产教结合的原则，并加强职业培训机构与企业的联系和合作，逐步提升劳动者自身的职业转换能力及技能水平。在产业和就业结构优化升级过程中，最大程度避免或降低结构性失业。同样，强化高等教育的重要性也不容忽视。

第四，职业教育和高等教育的齐头并进，逐步提升劳动力整体就业素质，更好地发挥产业集聚区的人才集聚效应，逐步提升园区的技术创新发展潜力。同时，政府、企业以及劳动者自身也得注重对健康和卫生的投资，毕竟体质的增强将为劳动力素质的提升及人力资本的积累发挥出应有的功用，以奠定劳动者（再）就业的身体基础。2010 年贵阳市三产就业总数 241.46 万，其中第二、第三产业城镇单位年末从业人员数约 71.66 万，两次共吸纳就业 173.95 万，两者比例约为 1：2.43。初步表明，在贵阳市二元经济转换过程中，多数劳动力实际处于非正规就业状态，此种就业形式对劳动力迁移就业做出了重大贡献。

对此，贵阳市有必要进一步拓宽劳动力市场就业渠道，如拓宽非正规就业的渠道，倾向发展劳动密集型行业，结合非正规就业（如非正规部门的就业、正规部门里的短期临时就业、非全日制就业、劳务派遣就业等）具备的就业形式灵活、进入壁垒低等特点，考虑将非正规就业形式作为劳动力就业选择的一个"缓冲带"，注重非正规就业的集聚，通过相关政策促使其有序合理、规范向前发展，提升该部门的集聚度。比如，在旅游业集聚发展的过程中，将衍生带动住宿和餐饮业等行业的发展，并且可以逐步增大对劳动力的派生需求。据此，可以吸纳部分劳动力的非正规就业，保障劳动者的就业权。

第五，完善失业保障制度，做实信息服务平台并加速交通和信息网络建设。失业保障制度作为整个社会保障制度的重要一环，对非自愿失业、周期性失业或结构性失业群体的再就业将发挥过渡作用和社会稳定器作用。对贵阳市有关部门而言，在做好城镇失业登记工作的基础上，对暂时失业的人群，包括城镇化带来的失地农民，要及时保证对此类群体失业保险金及其他扶助金的足额发放，并根据经济发展水平，考虑逐步提高失业保险金的发放。虽然长期发放失业保险金等并非长久之计，但是可以暂时保障该类群体的最低生活水平，为失业者再就业提供最基本的经济保障。

同时,从供给角度,完善并做实就业信息服务平台的垂直打造,如通过报纸、杂志等平面媒体,电视、微博、网络等立体媒体,持续发布贵阳市相关企业的招聘信息或用工信息,针对如失业群体、农民工群体等弱势群体,考虑定期通过手机短信等快捷方式发送就业需求信息,同时,周期性地举办人才招聘会,以较好地降低劳动者求职的盲目性,提升其就业成功率,并且合理引导富余劳动力的流动;从需求角度,也可考虑组建相关行业协会,增进行业内部动态信息的交流和共享,为(园区)企业提供服务。

据此,最大限度地做好公共便民服务,在降低市场就业信息不对称,增大劳动力市场信息透明度的同时,使得劳动力和企业之间的搜寻成本皆有所降低。现在,贵阳市通往周边的多条高速铁路已经开工建设,从硬件方面,伴随铁路、公路、民航等现代综合交通运输网络的建设和完善,将可逐步改善贵阳市现有的交通环境,弱化地理环境对交通造成的障碍影响,一定程度上可使得企业的运输成本,以及劳动力迁移成本皆有所降低。同时,为了更好地降低产业园区所处价值链、园区内部企业之间以及企业内部各环节的交易成本,加强彼此间的信息交流和知识共享等,从软件方面,也可考虑构建电子商务运营平台,引入 ERP(Enterprise Resource Planning,即企业资源计划)信息管理系统等措施。

三 有待完善的研究

本章主要论证了研究假说(1)的合理性以及可行性,并同步解决了几个主要研究问题。若干研究结论的得出表明了"十二五"发展期间,贵阳市以集聚发展模式带动区域就业的可行性。不过,限于笔者的学识水平有限,尚存在一些研究问题值得做进一步的深入探讨,其研究方向有以下4个。

第一,本章理论层面的考察,遵循了克鲁格曼等学者的研究思路和方法,结合运输(交易)成本、贸易自由度、规模经济等影响产业集聚的基本要素对就业吸纳机制做了简单分析，并未深入考虑如聚集租金、路径依赖、心理预期、专业化分工等影响产业集聚或集聚效应的其他因素，进一步的研究有必要结合这些要素再次完善对产业集聚的就业吸纳机制的理论推导分析。比如，分析不同因素的变动在影响产业集聚的同时，分析对就业吸纳造成的影响，使得推导结论更具一般性和增强实际应用的可操作性。

第二，行业面板数据模型的分析结果，主要测度了第二、第三产业各行业的平均集聚度对就业量的弹性影响，对不同行业集聚度对就业影响程度存在的差异，并未深入分析。对此，可考虑结合贵阳市现实情况，结合影响产业集聚的若干要素，对不同行业的差异进行对比分析。

第三，选取特定产业园区，如贵阳软件园，通过实地调研，获取一手数据，对园区集聚发展的就业效应进行案例研究，进行动态分析，并且可考虑同浙江、大连等地成熟的产业园区进行对比分析，更好地借鉴其成熟的产业集聚发展思路，如如何对现有产业布局进行优化。

第四，设定相关指标，并采用诸如 DEA、主成分等分析方法，构建产业集聚的就业吸纳效应的评价体系或就业预警机制。

第四章　工业化进程中的农村劳动力转移实践分析

"两欠"（欠开发、欠发达）是我国贫困地区贫困根源的最突出特征之一，通过在贫困地区实施工业化战略，充分发挥产业的集聚效应，不仅有利于贫困地区的资源开发，还有利于贫困地区加速现代建设，从而实现脱贫致富。这其中一个关键的成效因素就是如何在工业化进程中实现劳动力的有效转移。

第一节　农村劳动力转移历程与现状

一　关于农村劳动力转

农村劳动力转移不同于农村劳动力流动。农村劳动力的流动是指农村劳动力在不同职业、不同产业、不同地域的从事劳动生产活动的动态过程，其农村劳动力的本质没有发生变化，农村劳动力仍然是归属于农业生产活动中，没有从农业向非农业的本质转变。而农村劳动力转移是农村劳动力向农业以外的其他产业转变，其包括农村劳动力的流动，但是其更注重于农村劳动力向非农产业转变的结果。

按照国家统计局的统计口径进行农村劳动力转移的一般性定义，它是指到乡外就业6个月以上的农村劳动力；或者虽然未发生地域性转移，但在本乡内到非农产业就业6个月以上的劳动力。① 而在工业化进程中界定农村劳动力转移的主要内容是农村劳动力是否转移到非农产业。

根据对贵州扶贫开发中的实践，我们认为构成农村劳动力转移的主要表现形式包括以下三种。

第一种，已经不再以土地作为生产资料获取生活来源或即使拥有土地收入来源，但已经不是唯一的主要收入来源的原农业劳动力，如大量存在的务工或季节性的"打工"。

第二种，因其他原因（包括移民开发、生态保护、城镇发展）而失去土地，在某一个产业获取收入的农村劳动力，更多地表现为城市服务的农村劳动者，如保安、保洁工、派送工、超市服务，等等。

第三种，依据掌握的某一劳动技能，而获取收入来源的农村劳动力，如自主创业者、建筑装修工等。

上述三个方面的表现形式实质可以归结为两个方面的特征：一是劳动对象和劳动技能发生的变化，即就业方式；二是行政管辖关系的变化，即户籍管理制度的改革。由此可以看出，决定农村劳动和改革现行户籍管理制度。转移的根本要素是就业方式。

二 关于劳动力转移的经典理论

以刘易斯—拉尼斯—费景汉模型和托达罗为代表的经济学家在研究劳动力转移的问题上建立了相关的模型。这些模型在研究劳动力转移上具有非常重要的意义，在学术界被广泛引用，不少的应用研究均是建立在这些模型的基础之上。贵州与中东部地区相比经济发展相对落后，从就业结构的角度来看，贵州仍然处于一种从第一产业向第二、第三产业转变的阶

---

① 国家统计局关于农村转移劳动力的统计口径解释。

段，这一阶段的特点，正是刘易斯所言的"二元经济结构"，农村出现剩余的劳动力的同时工业对劳动力的需求开始上升，出现了农村劳动力转移的现象。而拉尼斯—费景汉理论以及后来的托达罗模型均是对刘易斯理论进行的修正，使得这些理论更加贴近实际情况。而本书的研究就是建立在这些理论的基础之上，为解决贵州工业化进程中农村劳动力转移问题获得理论指导。下面分别介绍7种理论。

1. 刘易斯的二元经济理论

刘易斯（A. Lewis）在题为《劳动无限供给条件下的经济发展》的文章中首次提出了二元经济理论和"两个部门结构发展模型"的概念。在该文中，刘易斯重点阐述了传统农业经济和现代工业经济并存的国家经济体系，又称"两部门经济结构"。

刘易斯的理论研究建立在以下三个假设上。其一，刘易斯认为，经济不发达国家的典型特征就是经济社会呈现二元结构，即农业经济体系和现代工业体系。其二，刘易斯提出了传统部门劳动边际生产率为零的假设。刘易斯[①]认为在相对人口数量上，资本和其他经济环境极其有限，那么当人口数量超过有限的资本和经济环境时，劳动力机会没有产生效率，因而其劳动力供给是无限的。其三，固定工资假说。刘易斯认为，农业部门转移出来的劳动力的工资水平是一个相对固定的值，其主要受到农业部门的平均产值的影响。基于上述假设，资本家以固定的工资水平获得更多的劳动力剩余价值，完成积累，从而推动生产规模扩张；在经济发展的过程中，由于生产规模扩大，更多的劳动力会被吸引从农业部门转移到工业生产过程中，然而工资水平没有发生变化，从而转移进来的劳动力为资本家创造了更多剩余价值，除非工业将在固定工资水平下的剩余劳动力全部吸收，否则这一过程不会停止。换一个说法就是，工业生产在劳动力过度供

---

① ［美］威廉·阿瑟·刘易斯：《二元经济论》，施炜等译，北京经济学院出版社1989年版，第3页。

给的情况下会不断扩大规模直至剩余的劳动力全部被吸收,继续扩大生产规模将导致工资水平的上升(见图4-1)。

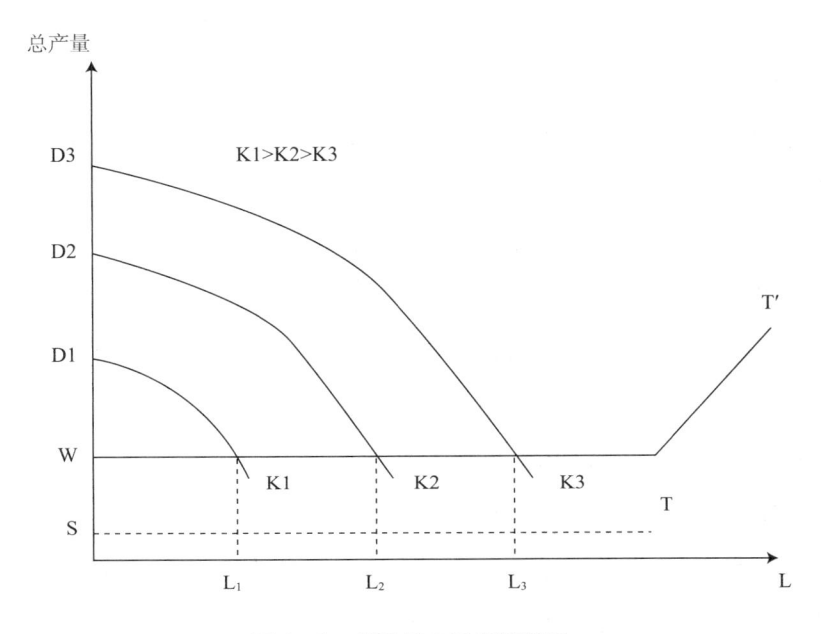

图 4-1 刘易斯二元经济模型

刘易斯的理论较之古典经济理论有了较大的发展,但是其仍然存在四个不足之处:一是该理论认为当农村出现剩余劳动力时,富余出来的劳动力的生产效率为零,并且可以无限供给工业部门,这一现象是不存在的;二是该理论仍然采用的是古典经济学分析方法,因此在分析技术上存在一定的局限性;三是该理论没有充分考虑到农业部门发展和科技进步的作用,而只是强调了由于工业部门的发展而导致农村剩余劳动力受到的影响;四是没有考虑二元经济结构转换中的其他影响因素,如土地、技术等。

虽然刘易斯理论存在一定的不足,但是他为我们提供了一个新的观察落后和不发达经济的视角,建立了二元结构的分析模式,创立了一个经济发展的结构主义分析框架和理论体系。针对刘易斯理论的不足之处,费景汉、拉尼斯对刘易斯理论模型进行了相关的修正,进而建立了拉尼斯—费景汉模式。

2. 拉尼斯—费景汉的理论

在刘易斯二元经济结构理论提出后,经济学教授费景汉(John C. H. Fei)和古斯塔夫·拉尼斯(Gustav Ranis)对其进行了研究,并认为该理论存在不足,主要表现在两个方面:一方面刘易斯的理论轻视农业对工业的重要促进作用;另一方面没有考虑到农村劳动力向工业流动的前提是农业出现了剩余产品,而剩余产品的出现是由于农业生产效率的提高[①]。

费景汉和拉尼斯共同发表文章《经济发展的一种理论》,从以下三个阶段的演变角度来分析刘易斯模式的二元经济结构。

第一阶段,农业部门出现剩余的劳动力,这部分劳动力劳动生产效率为零。由于农业部门可容纳的劳动力已经达到饱和状态,那么新进入农业的劳动力不会带来任何农业产值的增加,在这种情况下,农村劳动力不再进入农业生产部门,进而出现农村劳动力剩余。在二元经济结构中,农业部门不会再吸收劳动力,剩余的农村劳动力将无限供给工业部门,农村剩余劳动力开始由农业部门向工业部门进行大规模转移。由于这些劳动力对于农业部门来说其生产效率为零,因此这样的劳动力转移不会对农业部门的生产产生影响,也对农业从业人员的收入没有影响。这一状况将延续到将农村剩余的劳动力转移完成,并且达到一种动态的平衡,进而进入下一阶段。

第二阶段为流出阶段,农业部门中生产效率大于零的部分劳动力流出,原因在于其生产效率不足以弥补不变工资制度的差额[②]。其特点是,在经过了第一阶段后,农村劳动力相对减少,导致农业产品出现短缺,从而农产品价格上涨。受到供给因素的影响,农产品的供给和需求之间出现

[①] 龚建平:《费景汉和拉尼斯对刘易斯二元经济模式的批评》,《求索》2003年第3期。
[②] 朱涛:《加大对农村人力资本的投资力度》,《经济论坛》2004年第11期。

了缺口，进而农业部门开始吸收劳动力进入，其边际生产率也开始上升。在这一阶段，仍然会发生农村劳动力的转移，只是转移由无限供给向有限供给转变。

第三阶段，农业部门劳动边际生产率大于工业部门固定制度工资的劳动力转移阶段①。在第二阶段，农村劳动力的转移方向仍然从农业部门指向工业部门，但劳动力供给由无限供给向有限供给转变。而在这一阶段，农村中几乎没有剩余的劳动力，农业部门边际劳动生产率开始上升并逐步大于工业部门的边际劳动生产率，此时，农村劳动力转移停止甚至会出现农村劳动力"回流"现象。

较之刘易斯二元经济理论，拉尼斯—费景汉理论在解释劳动力转移的过程上有了更加贴近实际情况的发展。然而，该理论的假设和实际情况之间还是存在一定差距：其一，该理论假设了失业现象在工业部门不存在，在二元经济结构中，劳动力的转移只受到两部门之间收入差距的影响；其二，实际中的迁移成本问题，在该理论中没有得到充分的考虑，即劳动力转移成本的影响没有体现在劳动力转移过程中；其三，现实中的劳动力家庭、孩子的教育问题、劳动力个人禀赋等因素对劳动力的转移有很大的影响，但是该理论没有考虑到这些因素。

3. "推—拉"理论

20世纪60年代，美国学者艾弗雷特·李（E. S. Lee）通过对影响劳动力转移因素的分析，将影响因素分为消极因素和积极因素，将消极因素归纳为"推力"，即这些因素促使劳动力离开迁出地向迁入地转移；相应地将积极因素归纳为"拉力"，即这些吸引迁出地劳动力向迁入地转移。在消极因素和积极因素的作用力下，其合力的方向决定了劳动力的转移方向，即"推—拉"理论。当劳动力在对比推力因素和拉力因素时，如果推力因素作用大于拉力因素的作用，劳动力将发生迁移，反之，劳动力不会

---

① 朱涛：《加大对农村人力资本的投资力度》，《经济论坛》2004年第11期。

迁移①。近期的学者在研究"推—拉"理论的时候，主要在积极因素、消极因素和中间因素的分析上，更加注重于对中间因素的分析。该理论在发展进程中缺乏有力的实证研究，并且在对推力和拉力的定义上也没有明确，但是由于其有效地涵盖了劳动力迁移理论的各个方面，因此对实际问题的分析具有重要的参考价值。

4. 托达罗模型理论

托达罗模型是一个人口流动模型，是经济学家托达罗所创立，其创立的出发点是发展中国家农村人口流入城镇和城镇失业同步增长的矛盾现象②③。基于城乡之间预期收入水平的差异优于城乡实际收入水平的差异的考虑，农村劳动力选择向城镇进行转移。托达罗的人口流动模型如下④：

$$M' = f[V(0)] \quad f' > 0$$

$$V(0) = \int_{t=0}^{n} [P(t)Yu(t) - Yr(t)]e^{-rt}d_t - C(0)$$

式1中，M 表示从农村迁移到城市的人口数量，$V(0)$ 表示城乡预期收入差异，$f'>0$ 表示人口流动是预期收入差距的增函数。式2中，$Yu(t)=t$ 表示城市实际工资率，$Yr(t)=t$ 表示农村实际工资率，n 表示计划范围内的时期数，r 表示贴现率，$C(0)$ 表示迁移成本，$P(t)$ 表示迁移者在城镇工业部门获得工作的概率。

从托达罗模型公式来看，农村人口是否迁移到城市取决于预期城乡收入差异的大小，而城乡预期收入差异由城市实际工资率、农村实际工资率、迁移成本和城镇失业率决定。随着农村劳动力进入城镇导致城镇劳动

---

① Everett S. Lee, "A Theory of Migration", *Demography*, 1966, (3), pp. 47–57.
② ［美］托达罗：《人口流动、失业和发展：两部门分析》，《美国经济评论》1970 年第 8 期。
③ ［美］托达罗：《不发达国家的劳动力迁移与城市农业模型》，《美国经济评论》1969 年第 8 期。
④ M. P. Todoroa, "Model of Labor Migration and Urban Unemployment in Undeveloped Country", *American Economic Review*, 1979 (59), pp. 138–148.

力数量增加，劳动力工资水平将会下降，城镇失业率上升。城镇预期收入高于农村收入时，基于城乡预期工资水平差异的劳动力进行迁移，迁移劳动力的增多使得城镇失业率处于上升趋势，即使保持现有劳动收入不变，预期城镇收入将降低。

托达罗模型的进步在于其更加全面地考虑到了影响劳动力迁移的因素，其政策含义在于如何通过阻止劳动力转移的规模和速度来解决城镇失业问题。但是，托达罗模型存在一些不符合发展中国家实际情况，如在假定农业部门不存在剩余劳动力，以及未找到工作的农村迁移人口滞留城市这一情况时，其认为随着时间的推移，就业概率会增大。

在国外，对劳动力转移研究具有典型代表性的主要有刘易斯的劳动力无限供给条件下的二元经济结构理论以及在此基础上发展的费景汉—拉尼斯就业转换理论。而在产业结构中的劳动力转移问题上，国外学者也进行了大量的研究。以克拉克、库兹涅茨为代表的经济学家通过实证数据的分析在发展了前人理论的基础上得出了重要的结论。例如，克拉克以三次产业分类法为基础，将劳动力比重设定为具体指标对产业结构进行了分析；库兹涅茨则在克拉克研究的基础上，通过实证分析得出了劳动力在产业间分布的演变趋势。钱纳里·赛尔昆则提出了劳动力就业结构变化滞后于产业结构变化的观点。

5. 配第—克拉克定理

配第—克拉克定理是通过比较各个产业劳动力的使用状况来进行具体分析的，主要从劳动力转移和产业结构转变两个方面来进行分析。从劳动力转移的角度看，由于经济结构发生变化，产业结构的变化必然带来就业结构的变化，劳动力会趋向于从低层次产业向高层次的产业转移，如农业部门的劳动力向工业部门转移，而工业部门的劳动力向服务业部门转移[1]。在国家经济的发展进程中，人均国民收入水平提高，劳动力由第一产业向

---

[1] ［英］威廉·配第：《政治算术》，陈冬里译，商务印书馆1978年版，第78—82页。

第二产业转移,进而由第二产业向第三产业转移①。

另一方面,可以从三次产业的转变的角度来看,配第—克拉克定理认为②,国家经济的发展会导致其产业结构由第一产业占主导向由第二产业占主导进而由第三产业占主导发展。在该理论的分析中,纵向上,处于不同发展时间段的同一国家呈现了上述规律;在横向上,处于同一时间段的不同国家,由于不同的经济发展水平,也表现出了前述规律。

6. 库兹涅茨理论

西蒙·史密斯·库兹涅茨于1971年发表《各国的经济增长》,在配第—克拉克理论的基础上,库兹涅茨采集了20个国家的国民经济收入数据进行了分析,研究出了国民收入的变化与各个产业劳动力就业结构之间的发展变化趋势。

库兹涅茨理论的主要内容有以下三点:一是经济的发展将会使得第一产业的产值比重和就业比重不断下降③。二是第二产业劳动力总量总体趋势为不变或略有上升,然而第二产业的生产效率会有所提高,因此其产值比重会上升④。三是第三产业的边际劳动生产率较高,其产值比例不高,但是其劳动力占用比例却逐渐提高,由此可见,第三产业对劳动力的吸收能力要强于第一、第二产业。

7. 钱纳里—塞尔昆理论

钱纳里、塞尔昆在其著作《发展的型式:1950—1970》中指出,在发展中国家,就业结构的转化普遍滞后于产值结构转换,不过在发达国家工业化演进中,农业产值和劳动力就业向工业转换基本是同步的⑤。原因有

---

① 刘国光、杨圣明、张炳功:《现代市场经济实用知识》,吉林人民出版社1998年版,第159—163页。
② [英]威廉·配第:《政治算术》,陈冬野译,商务印书馆1978年版,第78—82页。
③ [美]西蒙·库兹涅茨:《各国的经济增长》,常勋译,商务印书馆1985年版,第242—361页。
④ 同上。
⑤ 刘家强:《缓解西部地区城乡就业矛盾对策研究》,西南财经大学出版社2007年版,第13—16页。

二:其一,技术的更新在发展中国家较为常见,由于技术进步带来的产业部门生产设备的更新换代将取代其对于劳动力的需求,因此,在人口较多的不发达国家中劳动力结构的升级就相对滞后;其二,在不发达国家,工农业产品在进行产品交换时出现了产品价格上的相对错位,工业产品价格偏高,农业产品价格则偏低,工业的发展阻碍了农业的发展。

一般而言,看一个国家产业结构的变化更应该看其就业结构的变化,而不是产业产值比重的变化[①]。在经济发展的过程中,工业对劳动力的吸收能力存在一定的滞后性,不会随着工业技术的进步而同时转变,这一现象在不发达国家中更为明显。

从上述经典劳动力转移理论中我们可以看出,影响劳动力转移因素是多方面的,既有历史的因素,又包括产业结构、经济发展、人口增长和市场经济的发育程度等,但我国经济社会的发展与变革,有其自身的特殊性:一是我国农村劳动力市场是与城镇劳动力相分割的一个市场;二是我国工业化进程要早于城市化进程,这样城镇对农村劳动力的吸收能力存在不足。不过这些理论有利于为我国制定相应的农村劳动力转移政策提供理论借鉴和参考。

第二节 农村劳动力转移规模的预测

贵州省农村劳动力存在个人禀赋偏低、劳动技术含量较低等情况,较之中东部地区的农村劳动力,贵州农村劳动力转移渠道、转移方式等都有所不同。本节主要利用计量分析和调查分析的方式对贵州工业化进程中农村劳动力转移相关问题进行分析并大致预测劳动力转移规模。

---

① 曹莉、李敏、信立敏、刘月兰:《新疆产业结构和就业结构的关系分析》,《经济研究导刊》2008年第19期。

一 贵州工业化进程中农村劳动力转移的计量分析

贵州省位于中国西南部，总面积176167平方千米，2011年总人口3474.86万人，农村人口2299.87万人，占总人口数的比例为66.19%。截至2011年，贵州省共有就业人员1792.80万人，其中第一、第二、第三产业从业人员分别为1194.39万人、215.86万人、382.55万人[①]。从上述数据来看，贵州省的就业结构仍然以农业为主，而截至2011年，贵州省第一、第二、第三产业的GDP占总GDP的比重分别为12.7%、38.5%、32.1%。本节对贵州工业化进程中农村劳动力的转移问题进行计量分析，主要包括两个方面：一是对贵州农村剩余劳动力进行估算；二是利用产业偏离度和就业弹性分析工农业就业结构。对农村剩余劳动力的估算采取如下方法。

（一）估算方法的选取

20世纪80年代中期，研究人员开始对农村剩余劳动力的数量进行测算，而测算的关键问题就是测算的方法，因此研究人员开始借鉴国外经验结合国内实际情况选择和修正各种测算方法。在众多的测量方法中，较具代表性的有：国际标准模型法[②]、耕地劳动比例法[③]、简单计算法、生产函数法[④]和总量分解法[⑤]等。不同测算方法的应用条件有所不同。例如，国际标准模型法采用的是国家之间的标准模型进行比较得出的结果，由于各国情况不尽相同，因此计算的结果偏差会较大。耕地劳动比例法则没有考虑除耕地以外的因素对农村劳动力转移的影响，如城镇失业率对农村劳动力

---

① 数据来源：《贵州统计年鉴2012》。
② 该方法由钱纳里和塞尔昆在《发展的型式：1950—1970》（牛津大学出版社1975年版）一书中提出。
③ 该方法是由胡鞍钢在《中国就业状况分析》一文中提出。
④ 糜韩杰：《对农村剩余劳动力统计方法——直接计算法的修正》，《人口研究》2008年第6期。
⑤ 王德文：《城乡统筹发展的政治经济学》，《经济研究参考》2008年第32期。

转移的影响。而后面的简单计算法和生产函数法则没有考虑到边际劳动生产率大于零的农村劳动力转移情况，总量分解法也存在假设条件上的不足，因此本文在使用总量分解法的计算方法时采用了其修正后的计算公式。同时本文也在计算其中细节上用到了生产函数的方法。

在估算方法的选取上，本书考虑有三。一是数据的可获取性，如何获取研究方法需要使用的数据是研究能否得出结果的关键。二是估算公式的侧重点。例如，生产函数法侧重于利用农业现有资源对农业所需劳动力进行估算，通过将现有劳动力减去估算数据得出剩余数据，而国际比较法就是通过国内外经济发展条件的对比，得出农村剩余劳动力的估计数量。而本文则是侧重于对农业所需劳动力进行估算，在此基础上用农村农业从业人员减去所需农业劳动力得出结果，同时要考虑到城镇中从事农业的劳动力对农村劳动力的影响。三是估算方法的可行性，其主要指估算方法与研究对象的实际情况的关系，本书研究的是贵州的农村劳动力，因此就不需要进行国际比较，所以不用国际比较法。基于上述考虑，本文选择了总量分解法对贵州省农村剩余劳动力进行估算，并且在其中计算农业所需劳动力时又采用了生产函数法。

（二）总量分解法

总量分解法是对与农业有关的统计数据进行处理分析后计算农村剩余劳动力的方法，该方法由王诚（1996）在《中国就业转型：从隐蔽失业、就业不足到效率型就业》一文中提出，因其计算过程较为直接，又称直接计算法。其计算公式如下：

$$RDU = RE - TVE - PE - IE - FE - CE$$

式中，RDU 指农村劳动力剩余数量；RE 指农村总劳动力数量；TVE 指乡镇企业就业量；PE 指私营企业就业量；IE 指个体劳动就业量；FE 表示流入城市岗位就业量；CE 表示农业资源可容纳的有效就业量。王诚在设计上述计算模型时候是根据1994年的相关统计数据来估测流入城市的农村劳动力就业量。同时在对农业资源可容纳就业量上，王诚也是按照20世纪90年代中期的农业资源来进行估算，所以该公式在应用于现在的农村剩余劳动力估算问题上尚存在一些不足①。

随着科学技术的发展，农村劳动力生产效率提升加上劳动力迁移成本下降，该方法在数据测算上与现实条件存在一定的偏差，因此，对此方法中对应的这两个影响变量进行相关的修正是十分必要的。

（三）总量分解法的修正

由于总量分解法假设农业固有资产与农村劳动力之间存在的替代和互补效应相互冲销，这样农业可容纳劳动力的容纳系数就会保持不变。这样的假设不符合农业发展的实际情况，因此糜韩杰对总量分解法进行了以下三个修正。

第一，对流入城市岗位就业量的修正。糜韩杰认为从《第二次全国农业普查主要数据公报（第五号）》来看，流入城市岗位的就业量就是指非农业从业人员且没有在乡镇企业工作的劳动力。根据统计公报的数据说明，其指的是农村外出从业劳动人数，那么可以将这一数据作为流入城市岗位就业量②。

第二，对农业资源可容纳有效就业量的修正。在测算出当前的农业生产函数的基础上，根据最优化原则，即一定的农业总产出情况下社会对农业的支出成本（主要表现为固定资产和农业劳动力）最低原则，测算出农业资本和劳动的最优组合。这样可以通过农业从业人员与城镇从事农业的劳动力之间的差值作为农业资源可容纳有效就业量③。

---

① 上述内容根据糜韩杰（2008）《对农村剩余劳动力统计方法——直接计算法的修正》一文整理而得。
② 糜韩杰：《对农村剩余劳动力统计方法——直接计算法的修正》，《人口研究》2008年第11期。
③ 郑晓云、徐卫彬：《关于我国农村剩余劳动力数量测算方法的研究评述》，《西北人口》2010年第6期。

第三，对总量分解法公式的修正。在对总量分解法进行修正之后，为了使得其计算公式更加完善，就需要进一步对其公式进行修正。糜韩杰将原来的公式变为：农村剩余劳动力 = 农村就业人数 - 农业就业人数和城镇中从事农业的那部分就业人员 - 农业资源可容纳有效就业量。

（四）数据分析

在计算贵州省农村剩余劳动力的公式的选择上，本书采用土糜韩杰修正后的总量分解法。在数据收集上，本书的农业就业人数和城镇从事农业就业人员可以从统计年鉴上直接采集，本书的数据以《贵州统计年鉴》《中国劳动统计年鉴》为主。而贵州农业资源可容纳量则通过计算获得，其计算过程会在下文详细列出，最后根据上述公式，算出贵州省农村剩余劳动力。

第一，数据准备。农业就业人数：本书的 TAE 数据采用贵州省 1990—2011 年第一产业从业人员统计数据，原因在于第一产业是指包括农、林、牧、渔的农业。同时，本书研究的是贵州省农村劳动力，所以，应当包括农、林、牧、渔业的从业者。具体数量如表 4-1 所示。

表 4-1　　　　　　　　贵州省农业就业人数统计

年份（年）	农业就业人员 TAE（万人）	年份（年）	农业就业人员 TAE（万人）
1990	1292.3	1996	1692.3
1991	1329.6	1997	1698.4
1992	1359.0	1998	1671.2
1993	1374.0	1999	1672.3
1994	1365.0	2000	1670.0
1995	1312.8	2001	1633.0

续 表

年份（年）	农业就业人员 TAE（万人）	年份（年）	农业就业人员 TAE（万人）
2002	1235.6	2007	1634.7
2003	1251.1	2008	1630.0
2004	1284.7	2009	1626.4
2005	1299.9	2010	1620.5
2006	1305.3	2011	1592.5

数据来源：国家统计局：1990—2012 年《贵州省统计年鉴》《新中国 60 年统计资料》

城镇从事农业的就业人员数：该指标统计城镇中从事农业的就业人员，本文采用《中国劳动统计年鉴》中的分地区分行业就业人员和劳动报酬中的数据。具体数据如表 4-2 所示。由于统计资料的有限性，本书中，1990 年城镇从事农业就业人员数据为统计年鉴中农、林、牧、渔和水利工程全部职工减去水利工程职工人数，1992 年和 1993 年的数据均是做上述处理。1991 年的《中国劳动统计年鉴》缺失，本书采用 1992 年的《中国统计年鉴》中的农、林、牧、渔和水利工程就业全部职工减去水利工程全部职工得出数据。

表 4-2　　1990—2011 年贵州省城镇从事农业就业人员统计

年份（年）	城镇从事农业的就业人员数（万人）	年份（年）	城镇从事农业的就业人员数（万人）
1990	6.22	2001	4.86
1991	7.00	2002	4.79
1992	6.45	2003	4.40

续 表

年份（年）	城镇从事农业的就业人员数（万人）	年份（年）	城镇从事农业的就业人员数（万人）
1993	3.95	2004	4.41
1994	5.77	2005	2.96
1995	5.30	2006	2.95
1996	4.80	2007	2.74
1997	5.50	2008	2.73
1998	5.20	2009	1.97
1999	4.90	2010	2.09
2000	5.20	2011	1.86

数据来源：1990—2012《中国劳动统计年鉴》

农业资源可容纳有效就业量：农业资源具有有限性，农业资源中可以容纳的有效就业量就是指在现有生产条件下农业需要的劳动力数量。贵州省是一个特殊的农业生产环境，其特殊的喀斯特地貌不利于农业的发展，同时农业生产科技也没有进行有效的推广，其农业生产还是以土地上的简单耕种为主。因此，本书以土地为主要考虑因素来计算农村农业可容纳有效就业量，在公式的选取上则采用国家统计局农调总队课题组提出的模型①，因为该模型正是以土地为主要考虑因素②：

---

① 该模型为国家统计局农调总队课题组在《农村剩余劳动力转移：关系国民经济和社会发展全局的战略问题》（2002）中利用柯布—道格拉斯生产函数，通过分析劳动力和耕地两个生产要素的 Gobb – Douglass 生产函数，从而得出农业生产总值与农业劳动力、耕地面积的生产函数模型。

② 第三个公式为国家统计局农调总队通过找出符合劳动力与耕地面积指数之和接近 1 的年份（1978），再对 1978—2000 年的相关数据进行计算，通过各种检验最终得出的生产函数模型。

$$Y = 18.43 \times land^{0.6} \times lab^{0.32}$$

式中，Y 表示农业生产总值，本书采用 1990—2012 年的《贵州统计年鉴》的数据。Land 表示耕地面积，本文采用数据为统计年鉴中的年末常用耕地面积。Lab 表示劳动力需求量，就是本书需要求出的农村农业资源可容纳有效就业量。

根据上述数学模型计算结果如下（见表 4-3）。

表 4-3　　　　　　　　农村农业资源可容纳就业量[①]

年份	农业生产总值 （Y，亿元）	耕地面积 （Land，万亩）	农业资源可容纳劳动量 （CE）（Lab，万人）
1990	100.10	2781.06	15.59
1991	115.71	2779.00	18.99
1992	121.18	2773.00	20.25
1993	133.41	2767.65	23.11
1994	183.56	2761.50	35.70
1995	227.13	2760.00	47.69
1996	254.53	2759.03	55.67
1997	271.96	2766.85	60.77
1998	265.04	2770.81	58.61
1999	267.75	2772.46	59.40

---

① 表 4-3 中的农业生产总值和耕地面积均来自 1990—2012 年《贵州统计年鉴》。

续　表

年份	农业生产总值（Y，亿元）	耕地面积（Land，万亩）	农业资源可容纳劳动量（CE）（Lab，万人）
2000	271.20	2765.22	60.57
2001	274.41	2748.42	61.85
2002	281.10	2654.10	65.75
2003	298.69	2625.75	72.02
2004	334.50	2628.7	83.91
2005	362.49	2630.25	93.53
2006	382.06	2630.10	100.45
2007	446.38	2627.85	124.16
2008	547.85	2631.00	163.79
2009	550.27	2636.70	164.48
2010	625.03	2642.40	195.18
2011	726.22	2632.35	240.01

第二，数据计算结果及分析。根据上述的数据结果得出贵州省农村剩余劳动力数量，由公式得出结果如表4－4所示。

表 4-4　　　　　　　贵州省农村剩余劳动力统计

年份	农业就业人员（TAE）（万人）	城镇从事农业的就业人员数（CAE）（万人）	农业资源可容纳劳动量（CE）（万人）	农村剩余劳动力数量（RDU）（万人）
1990	1292.30	6.22	15.59	1270.49
1991	1329.60	7.00	18.99	1303.61
1992	1359.00	6.45	20.25	1332.30
1993	1374.00	3.95	23.11	1346.94
1994	1365.00	5.77	35.70	1323.53
1995	1312.80	5.30	47.69	1259.81
1996	1235.60	4.80	55.67	1175.13
1997	1251.10	5.50	60.77	1184.83
1998	1284.70	5.20	58.61	1220.89
1999	1299.90	4.90	59.40	1235.60
2000	1305.30	5.20	60.57	1239.53
2001	1692.30	4.86	61.85	1625.59
2002	1698.40	4.79	65.75	1627.86
2003	1671.20	4.40	72.02	1594.78

续 表

年份	农业就业人员（TAE）（万人）	城镇从事农业的就业人员数（CAE）（万人）	农业资源可容纳劳动量（CE）（万人）	农村剩余劳动力数量（RDU）（万人）
2004	1672.30	4.41	83.91	1583.98
2005	1670.00	2.96	93.53	1573.51
2006	1633.00	2.95	100.45	1529.60
2007	1634.70	2.74	124.16	1507.80
2008	1630.00	2.73	163.79	1463.48
2009	1626.40	1.97	164.48	1459.95
2010	1620.50	2.09	195.18	1423.23
2011	1592.50	1.86	240.01	1350.63

表4-4计算了贵州省农村剩余劳动力，下面笔者将对上述结果做进一步修正。修正方面主要考虑到51岁以上（含51岁）从事农业的农村劳动力。51岁以上（含51岁）的农业劳动力，其自身劳动力素质不足以支持其外出从事非农业劳动，本书将其视为非待转移劳动力。在除去上述部分劳动力后，本书计算出贵州省最终的待转移劳动力。

国家统计数据显示[①]，全国农村劳动力资源中，20岁以下6947万人，占13.1%，21—30岁9184万人，占17.3%，31—40岁12679万人，占23.9%，41—50岁11021万人，占20.7%，51岁以上13269万人，占

---

① 数据来源：中华人民共和国国家统计局发布的《第二次全国农业普查主要数据公报》。

25%。① 按照该比例，贵州省51岁以上农村劳动力占整个劳动力比例为25%②，则对贵州省农村剩余劳动力修正如下，为了辨别剩余劳动力，笔者将除去51岁以上的农村剩余劳动力称为待转移剩余劳动力。计算结果如下（见表4-5）。

表4-5　贵州省待转移剩余农村劳动力计算结果统计

年份	农业就业人员（TAE）（万人）	城镇从事农业的就业人员数（CAE）（万人）	农业资源可容纳劳动量（CE）（万人）	农村剩余劳动力数量（RDU）（万人）	51岁及以上农村劳动力（万人）	待转移剩余劳动力（万人）
1990	1292.30	6.22	15.59	1270.49	323.075	947.42
1991	1329.60	7.00	18.99	1303.61	332.4	971.21
1992	1359.00	6.45	20.25	1332.30	339.75	992.55
1993	1374.00	3.95	23.11	1346.94	343.5	1003.44
1994	1365.00	5.77	35.70	1323.53	341.25	982.28
1995	1312.80	5.30	47.69	1259.81	328.2	931.61
1996	1235.60	4.80	55.67	1175.13	308.9	866.23
1997	1251.10	5.50	60.77	1184.83	312.775	872.06
1998	1284.70	5.20	58.61	1220.89	321.175	899.71
1999	1299.90	4.90	59.40	1235.60	324.975	910.63

---

① 数据来源：国家统计局网站，http://www.stats.gov.cn/tjgb/nypcgb/qgnypcgb/t20080227_402464718.htm。

② 基于统计资料的局限性，本书将1990—2011年的农村人口中51岁以上的农村劳动力比例以《第二次全国农业普查主要数据公报》的25%为准。

续 表

年份	农业就业人员（TAE）（万人）	城镇从事农业的就业人员数（CAE）（万人）	农业资源可容纳劳动量（CE）（万人）	农村剩余劳动力数量（RDU）（万人）	51岁及以上农村劳动力（万人）	待转移剩余劳动力（万人）
2000	1305.30	5.20	60.57	1239.53	326.325	913.21
2001	1692.30	4.86	61.85	1625.59	423.075	1202.52
2002	1698.40	4.79	65.75	1627.86	424.6	1203.26
2003	1671.20	4.40	72.02	1594.78	417.8	1176.98
2004	1672.30	4.41	83.91	1583.98	418.075	1165.91
2005	1670.00	2.96	93.53	1573.51	417.5	1156.01
2006	1633.00	2.95	100.45	1529.60	408.25	1121.35
2007	1634.70	2.74	124.16	1507.80	408.675	1099.13
2008	1630.00	2.73	163.79	1463.48	407.5	1055.98
2009	1626.40	1.97	164.48	1459.95	406.6	1053.35
2010	1620.50	2.09	195.18	1423.23	405.125	1018.10
2011	1592.50	1.86	240.01	1350.63	398.125	952.50

根据上述结果，计算得出截至2011年年底，贵州省农村待转移剩余劳动力为952.50万人，上述结果是根据统计年鉴和相关公式计算而来，当然公式的选取和结果的修正同实际情况有一定的差距。但是，就结果比较，其是比较接近实际的。同其他学者的计算数据相比较。例如，田富强（2012）计算得出贵州省2007年年底农村剩余劳动力为1450.82

万人①，跟本书的结果1507.08万人有一定的差距，但是在考虑到51岁以上的农业资源劳动力后，本书的结果为1099.13万人。差距的原因在于两点。一是本书在计算时主要考虑到耕地面积因素，而田富强（2012）是根据第一产业从业劳动力、社会从业总劳动力和第一产业增加值来计算的。本书采用的耕地面积因素更加贴近贵州省情况，即贵州省农业机械化程度不高，农业劳动力密集程度高。二是本书在此基础上，进一步排除了不能转移的劳动力，算出贵州省待转移农村劳动力数量。

第三节　贵州工业化进程中农村劳动力转移的历程

贵州作为我国偏远山区，特殊的自然地理面貌使得历史上根本没有什么现代工业，有一点所谓的现代工业，是抗日战争时期，躲避战乱而迁入和建设的，真正的现代工业及体系是中华人民共和国成立以后，在党和国家经济社会发展的统一规划下，才开始建立起来的，总体上主要可以归结为如下三个历史建设时期。

一　工业化的初始时期（1949—1966）

这一阶段从新中国成立初期到1966年，在这一阶段贵州经历了"一五""二五"和"三年调整时期"，工业的发展处于初始阶段。第二阶段为1967年至改革开放前，这一时期出于国家的战略考虑，贵州进行了"三线建设"，这一阶段的工业发展奠定了贵州工业发展的基础。第三阶段为改革开放至2008年，随着改革开放的进程，中国进入了中国特色社会主义工业化道路建设时期，在此期间国家出台了西部大开发政策，贵州成为西部大开发的主要受惠地区之一。

---

① 田富强：《贵州农村剩余劳动力数量及创业效应试析》，《浙江农业科学》2012年第1期。

工业化初始阶段农村劳动力转移状况（1949—1966）

这一阶段主要包括两个时期。一是农村劳动力的自由转移时期（1949—1957）。1949年，中华人民共和国刚刚成立，经济基础薄弱，全国进入大规模的经济建设时期，工业基础设施尚不健全，贵州工业产值为2.09亿元，第二产业从业人员为22.7万人；当时国家实施了土地改革，农民生产积极性很高，农村劳动力的转移也没有严格的限制，农村劳动力的转移处于自由流动阶段。根据统计年鉴的数据，1949年，贵州按城乡分就业人口，城镇就业人口为43.2万人，乡村就业人口为557.7万人，1957年，城镇就业人口为78.9万人，乡村就业人口为624.9万人。八年间，城镇就业人口增长35.7万人，增长了82.6%，乡村就业人口增长67.2万人，增长了12%[①]。从增长率来看，城镇就业人口比乡村就业人口高出55%，说明农村劳动力出现了向城镇的转移。这一阶段的农村劳动力转移没有受到来自外界的阻力，转移渠道通畅，因此，可以认为是农村劳动力转移的自由阶段。二是农村劳动力转移急剧波动时期（1958—1966）。1958年，"大跃进"运动制造了工业急剧发展的假象，工业出现了对劳动力的"急剧需求"。农村劳动力大量投入工业生产当中，从表4-6来看，城镇就业人口从1957年的78.9万人猛增到1958年的157.3万人，增加了78.4万人，增长了1倍。乡村就业人口从624.9万人减少到566.1万人，减少了58.8万人。从产业就业人口来看，第一产业从1957年的609.9万人，减少到422.3万人，减少了187.6万人，第二产业从1957年的36.3万人增加到186万人，增加了149.7万人。从以上数据来看，贵州在1957年到1958年，出现了大规模的农村劳动力转移。这种急剧的农村劳动力转移，使得城镇基础设施受到巨大的压力，在城镇建设没有达到吸收如此规模的农村劳动力转移的情况下，进行大规模的农村劳动力转移不利于城镇的发展，反而导致城镇人口过多而农业从业人员急剧减少，经济结构受到破坏。

---

① 数据来源：《新中国60年统计年鉴》。

表 4-6　　　　　1957—1966 年贵州就业人口统计[①]

年份	按城乡分就业人口（万人）		按产业分就业人口（万人）	
	城镇	乡村	第一产业	第二产业
1957	78.9	624.9	609.9	36.3
1958	157.3	566.1	422.3	186.0
1959	114.6	596.0	497.5	101.4
1960	110.3	577.1	506.9	57.9
1961	88.5	579.3	568.0	37.3
1962	74.6	642.9	637.1	30.7
1963	76.9	657.8	652.3	31.4
1964	87.2	683.4	684.2	39.1
1965	99.8	713.7	700.1	65.7
1966	104.4	698.8	691.8	65.0

这样短时间大规模的农村劳动力转移不利于经济结构的发展，于是，国务院提出了"调整、巩固、充实、提高"的八字方针，通过关停企业，使农村劳动力回流到农村。为了避免农村劳动力的不受控制流动，国务院颁布了《中华人民共和国户口登记条例》，以此户籍制度为基础，严重阻碍了农村劳动力的转移。从表 4-6 的统计数据也可以看出，贵州农村劳动力在 1958—1966 年期间出现了大幅度的波动，因此，这一时期是工业化进程中农村劳动力转移的急剧波动阶段。

---

① 数据来源：根据《新中国 60 年统计年鉴》整理。

二 工业基础建设阶段与农村劳动力转移的停滞阶段（1967—1978）

1967—1978 年是贵州实施"三线建设"时期，这一时期工业化的主要特点是工业企业的大规模发展。全国 20 多个省市 100 多个企业，20 多万科技人员及职工进入贵州。"三线建设"期间，国家对贵州"三线"项目投入的资金近 100 亿元，相当于 1950—1963 年全省新增固定资产投资的 3.9 倍。先后安排大中型工业建设项目 200 多个，地方配套建设小型项目 1000 多个。与工业的快速发展相反，农村劳动力的转移却出现了停滞，从表 4-7 来看，1967—1978 年间，城镇就业人口只增长了 55.2 万人，第二产业就业人口增长了 19.1 万人，而从产值来看，贵州工业产值从 3.67 亿元增加到 15.24 亿元，增长了 3.15 倍。以上数据表明，农村劳动力没有随着工业发展而进行相应的转移，究其原因，其主要是 1958 年实施的《中华人民共和国户口登记条例》，这一条例严格地将农村劳动力阻滞在农村。另外，1966—1976 年的"文化大革命"也对农村劳动力的转移形成阻碍。

表 4-7　　　　　　　　　1967—1978 年贵州就业人口统计[①]

年份	按城乡分就业人口（万人）		按产业分就业人口（万人）	
	城镇	乡村	第一产业	第二产业
1967	115.8	775.0	739.4	89.2
1968	118.4	782.8	740.2	91.0
1969	122.6	820.5	774.6	93.8
1970	135.3	831.0	793.6	96.0

① 数据来源：根据《新中国 60 年统计年鉴》整理。

续 表

年份	按城乡分就业人口（万人）		按产业分就业人口（万人）	
	城镇	乡村	第一产业	第二产业
1971	139.7	857.8	835.5	99.1
1972	146.2	858.6	843.1	91.4
1973	144.2	866.8	867.9	86.4
1974	141.8	887.3	888.1	83.4
1975	146.0	889.7	861.1	87.5
1976	147.8	892.1	887.1	90.2
1977	155.9	883.3	868.0	109.2
1978	171.2	882.5	872.9	108.3

从表 4-7 可以看出，不论是从城乡或是从产业来看农村就业情况基本保持稳定，城镇或第二产业主要吸收了城镇新增的就业劳动力，由于农村劳动力得不到有效转移，在耕地资源有限的情况，一定程度加深了贵州的贫困。

三 改革开放后的工业发展与农村劳动力转移（1979—2008）

1978 年 12 月中国共产党第十一届三中全会明确了党的工作重中转向经济发展实施改革开放。1992 年中国共产党第十四次代表大会指出中国经济体制改革的目标是建立社会主义市场经济体制，为了加快西部"两欠"（欠开发，欠发达）地区的经济建设步伐、解决西部贫困地区贫困人口的"温饱"问题，1999 年 6 月提出了实施"西部大开发"政策。贵州是该政策的直接受益地区。西部大开发的重大项目给贵州工业发展增添了新的动力，贵州的工业发展进入了快速发展时期，其工业产值从 1978 年的 41.26 亿元增加到 2011 年的 1829.2 亿元。工业从业人员从 1978 年的 105.6 万人增加到2011年的215.86万人①，工业产值增长了43倍，就业人员增长了1倍，从数据来看工业的产值增长没有带来相应的就业增长，由此可以推断，工业的就业结构存在一定的偏差。在这一时期工业化进程中的农村劳动力转移状况主要分为以下四个阶段。

第一，农村劳动力的初始流动阶段（1978—1983）。1978年，贵州在农村实施了家庭联产承包制，极大地调动了农村劳动力的生产积极性，农村劳动力向农业纵深流动，农业的生产效率得到了提高。农村劳动力的流动只是在农业内部的流动，没有大规模地向工业和城镇进行转移。统计数据显示，1978年乡村从业人口为882.5万人，1983年增加到1031.4万人。

第二，农村劳动力就地转移阶段（1984—1992）。1984年3月，国务院发布4号文件，鼓励乡镇企业的发展，农村劳动力转移开始就地从农业部门向非农业部门转移。这一阶段的转移，主要特点是农村劳动力的就地转移。根据农村劳动力转移的定义，农村劳动力从农业部门向非农业部门进行转移是农村劳动力转移的一种形式。乡镇企业的发展促进了农村劳动力的转移，缓解了农村剩余劳动力的压力。1988年，国务院下发对乡镇企业进行了大规模的整合的通知，贵州对乡镇企业进行清理，一些效益低的乡镇企业被淘汰，部分农村劳动力回流到农业部门。同时，通过对乡镇企业的整合，乡镇企业数量增长受到限制，对农村劳动力的吸收能力降低。1988年到1992年的四年间，农村劳动力转移进入了缓慢发展的阶段。

第三，农村劳动力的跨省流动阶段（1992—2008）。1992年，邓小平同志发表的南方谈话使改革开放进入了一个新的阶段，在这一阶段，中东部沿海地区工业飞速发展，农村劳动力开始跨省流动，在全国出现了"打工潮"。根据统计资料，1994年农村劳动力的跨区域转移达到了6000多万，到1997年，农村劳动力跨区域流动达到8000多万。然而，2008年的金融危机波及我国，沿海地区开始实施产业结构的升级，其产业结构向以

---

① 数据来源：《新中国60年统计年鉴》《贵州统计年鉴2012》。

第三产业为主导进行转变,其工业开始转入内陆地区。内陆地区面临承接产业转移的问题,承接产业转移一方面可以促进内陆地区工业发展,另一方面农村劳动力的转移会出现新趋势,如从跨省转移向省内转移的转变。

四 贵州省工业化进程中农村劳动力转移的成效
——以六盘水市、毕节市为例

在国家"八七"扶贫攻坚计划、西部大开发等扶贫战略实施的推进下,贵州的贫困状况得到了有效遏制,解决了温饱问题,但距离"小康"社会的目标任务还很艰巨,为此,在总结以往扶贫成效的基础上,从"十二五"开始(2010年开始),贵州省规划了工业化的发展战略,加速、加快现代化建设步伐,从"全面建设小康社会"向"全面建成小康"迈进。根据我们对六盘水市、毕节市的调查,农村劳动力的转移取得了积极的成效。之所以选择这两个市,因为六盘水市是20世纪60年代建立的老工业城市,在新型工业化进程中对劳动力转移的具有集聚效应;毕节是属于"两欠"地区(欠开发、欠发达),在工业化战略推动下加速了城镇化,2011年11月国务院正式批复撤销毕节地区,改为毕节市,也有力地推动了农村劳动力转移。

(一) 六盘水市农村劳动力转移分析

贵州省六盘水市位于贵州省西部,是"三线建设"中以工业为主的城市,主要有煤、钢铁和水泥等产业,总面积9914平方千米,根据第六次人口普查数据,总人口306万人,其中乡村人口237万人,占总人口数的比例为77.45%。在国家西部大开发等一系列扶贫政策的支持下,六盘水市农村就业结构正不断发生变化,农村劳动力向城市转移的趋势呈逐年上升态势,表现出非农业就业比例上升,农村劳动力跨省就业放缓的特征。但由于六盘水市农村人口多,贫困面大,产业结构单一,第二产业比重大,第三产业欠发达的"二元经济结构"特征并没有根本性的改变,使得六盘水市外出务工人员就业主要集中在制造业、采矿业、住宿和餐馆业、商业服务业、建筑业、运输业、批发和零售业等行业,导致了农村劳动力外出就业稳定性不强,劳务输出组织化程度不高,维权难度大等影响农村劳动力有序转移和有效转移的一些问题。根据实地调研,具体情况如下。

1. 农村劳动力转移现状

根据调查,截至 2011 年,六盘水市农村劳动力资源总量约 155 万人,从事农业生产的农村劳动力约 86.58 万人,农村剩余劳动力约 68.42 万人,其中,已转移约 50.13 万人,除去老、弱、病、残及无输出愿望的劳动力外,还有约 17.36 万人未转移。转移的农村剩余劳动力情况分析如下。

第一,年龄结构情况:以 21—30 岁的青壮年为主。其中,20 岁以下 10.93 万人,占 21.82%;21—30 岁 23.03 万人,占 45.94%;31—40 岁 12.11 万人,占 24.16%;41—50 岁 3.27 万人,占 6.52%;51 岁以上 0.79 万人,占 1.57%。

第二,文化结构情况:以初中文化为主。其中,文盲 1.82 万人,占 3.63%;小学文化程度 14.94 万人,占 29.79%;初中文化程度 26.96 万人,占 53.78%;高中文化程度 5.92 万人,占 11.81%;大专及以上文化程度 0.49 万人,占 0.98%。

第三,转移地区分布:以到省外务工为主。其中,在乡外县内就业的 14.4 万人,占 26.73%;在县外市内就业的 3.8 万人,占 7.58%;在市外省内就业的 5.86 万人,占 11.69%;到省外的 27.08 万人,占 54%。

第四,就业层次:普工 46.35 万人,占 92.46%;技工 3.78 万人,占 7.54%。普工人均月收入 2164.75 元,技工人均月收入 3280.5 元。务工收入占农民人均纯收入的比例达到了 71.9%。

2. 农村劳动力转移的新特点

根据调查,2011 年以后,由于各种原因(尤其是贵州省"三化同步"战略的实施),六盘水市农村劳动力转移呈现出返乡就业和自主创业带动就业的新特点。例如 2011 年下半年,返乡的农业劳动力 6.22 万人。其中,

3.92万人返乡后就近就地就业。从返乡后就业的情况看，部分转移到了工业园区企业，部分转移到了工业园区外的用人单位，部分转移到种、养殖方面的农业专业合作社。并有1.21万人选择了自主创业，从事养殖、餐饮、批发零售、商业服务业等行业，并带动了2.79万人就业，取得了良好的社会效益。

3. 六盘水市应对农村劳动力转移的经验

通过调查和了解，六盘水市地区劳动力的转移从单一的以省外务工为主逐步向返乡就业和自主创业并带动就业的"内向式转移"转变，并取得一定的社会效益。其主要采取了以下三项有效措施。

第一，将农村劳动力转移纳入各级政府部门的目标考核。2011年开始，六盘水市委、市政府把农民工就业创业工作纳入目标考核内容，市政府与各县、特区、区政府签订责任书。各县、特区、区又与乡镇（办）签订了责任书，将劳动力的转移指标落实到单位、部门和个人，形成了统一领导、分工协作、部门联动的工作机制。

第二，进一步完善了政策扶持体系。2011年以来，六盘水市委、市政府高度重视农民工工作，从解决农民工面临的最紧迫、最直接、最重要的问题入手，制定了一系列政策措施。在以往相关政策的基础上，市政府相继出台了《六盘水市被征地农民就业和社会保障实施办法》《关于加快农村富余劳动力转移的意见》（市府发〔2012〕13号）。农民工就业创业的一系列政策体系逐步趋于完善。

第三，加大了农村劳动力就业创业培训工作力度。针对农村剩余劳动力、被征地农民、进城务工农民开展了积极有效的就业创业培训。仅2011年通过社会保障部门开展的农村劳动力技能就业培训、创业培训，农业部门开展的"阳光工程"培训，扶贫部门开展的"雨露计划"培训，残联开展的残疾人技能培训等典型培训，共计培训农村劳动力1.7万余人，有效提高了农民工的就业创业能力和就业稳定性。

(二) 毕节试验区农村劳动力转移分析

地处云贵高原乌蒙山区的贵州省毕节试验区，属于集中连片特困地区的乌蒙山区，是贵州省最为贫穷落后的地区之一，为了解决该地区的贫困落后面貌问题，早在1988年1月，时任贵州省省委书记的胡锦涛同志倡导和推动了毕节试验区的建设，1988年6月国务院批准成立毕节试验区，予以开发建设。毕节试验区有国家级农村劳动力转移就业示范县1个（黔西县），省级农村劳动力转移就业示范县1个（威宁县），为深入推进毕节试验区农村劳动力转移就业工作发挥了极大的带动作用。为此，我们针对毕节试验区劳动力转移情况，进行了调查。基本情况如下。

1. 劳动力转移的基本情况

毕节试验区劳动力转移工作始自1988年，在人社部门的组织、带动之下，经过20多年的发展，以"血缘、地缘、人缘"为纽带的劳动力转移路径为特征的劳动力转移方式取得了积极的成效。截至2011年，毕节试验区现有户籍人口833万人，其中农村人口772万人，农村劳动力约427万人，农村剩余劳动力约50万人，劳动力的转移表现为省内工业园区转移、自主创业与省外劳务输出为主，具体情况为以下两种。

第一，省内工业园区就地转移及自主创业：2011年，毕节试验区规划建设的12个工业园区，吸引入驻企业共249户，正式落户投产企业77户，已吸纳当地劳动力就业29422人，所有工业园区正式建成后预计可吸纳近20万人就业。工业园区项目建设还强力拉动了建材、运输、汽车修理、商品零售、旅店餐饮、娱乐等相关行业的快速发展，"建一个园区，兴一方产业，富一方百姓，促一方经济"的效果初步显现。同时，通过政府支持，落实扶持政策，提供优质服务等措施，全区返乡农民工中已有6万余人成功实现了自主创业。其中，固定资产在1000万元以上的有2000多户，从事种养殖业的占42%，从事第三产业的占44%，组建农村专业合作社的占14%，带动当地劳动力就业29万多人，极其有效地提升了农村劳动力转移的经济社会效应。

第二，省外务工情况：省外务工人数约158万人，年创劳务收入约220亿元。外出务工人员主要分布在珠三角、长三角、北京、福建以及贵州周边省份，劳务收入已成为全区农民脱贫增收的主要来源。

2. 毕节试验区应对农村劳动力转移的经验

毕节试验区建立于20世纪80年代后期，是贵州省贫困度最深和贫困密度最大的地区之一。在各项扶贫政策的支持下，尤其是工业化战略实施后，劳动力转移取得的脱贫成效尤为显著，主要出表现出以下五个方面的特征。

第一，政策引导。毕节试验区相继出台了《中共毕节地委、毕节地区行署关于认真做好返乡农民工服务工作的意见》《关于鼓励企业吸纳当地劳动力就业的意见》《关于全力推进千企万人就业工程的通知》等文件，促进当地企业对农村劳动力的吸收，同时为农村劳动力的自主创业创造良好环境。

第二，针对性强。根据我国沿海经济发达地区对劳动力需求强烈的特点，有针对性地开展跨省劳务合作的方式促进农村劳动力的劳务输出。例如，毕节试验区通过与苏州、山东、深圳、江苏等地人力资源和社会保障部门和大型用工企业对接，全力拓宽劳务输出市场。2011年2月，毕节试验区与苏州市人力资源和社会保障局在毕节学院举行了"毕节试验区2012'春风行动'人才招聘会"，苏州和毕节两地37家企业参加招聘会，提供岗位16000余个，最终达成求职意向1893人。

第三，服务平台体系完善。在长期的农村劳动力转移试验当中逐步建立起完善的劳动力转移服务平台体系。主要包括以下三点：其一，在市、县（区）两级均建立了统一开放的人力资源市场，及时为用人单位和求职者提供就业服务；其二，在毕节试验区的250个乡镇建立了面向农村劳动者的就业服务平台，从基层开始促进农村劳动力的转移；其三，健全了农村劳动力的就业培训体系，从宣传发动、组织农村劳动力参加培训到开展劳务输出培训、创业培训、劳动预备制培训，特别是在农民工比较集中的煤矿、建筑等行业举办技能提升培训。有针对性地开设采矿工、砌筑工、钢筋工、电工、服务员等各类工种。另外，毕节试验区积极开展"春风行动""就业援助月""关心、关爱、关注农民工"等公共就业服务活动，有效帮助农民工及各类就业困难群体实现就业，各项活动累计提供政策咨询服务7520人次，提供劳动维权和法律援助4691人次。

第四，工业园区建设成效显著。2011年以来，在贵州省"工业强省"战略的引领下，毕节试验区大力实施"工业强市"战略，取得了极为显著的成效。2011年，毕节试验区工业园区正式落户投产企业77户（占总引进户数的31%），吸纳当地劳动力就业29422人，如果所有工业园区正式建成后预计可吸纳近20万人就业。

第五，自主创业鼓励政策效果明显。为了鼓励农村劳动力的自主创业，推动农村劳动力转移。在工业园区内实施了一系列的优惠政策，这主要包括以下七项。其一，提供金融服务。毕节试验区内各金融机构按企业投资强度予以信用贷款、降低担保门槛、简化贷款手续、优惠贷款利率，为创业者提供金融服务。截至2011年，全区累计发放小额担保贷款约10.8亿元，成功扶持2万余人创业，辐射带动6万余人就业。其二，落实税收优惠。2011年，毕节试验区为696户企业和个体工商户累计减免地方税费138.58万元。其三，落实创业场地。毕节试验区利用闲置厂房并先期投入资金2000多万元，建成2个市级小微企业创业园，吸纳外出成功人士入园创业，为返乡农民工提供免费创业场所。其四，全区共建成产业园区12个，就地吸纳29422人就业，带动产业园区周边300多户返乡农民工依托园区实现了创业，并带动就业4000多人。其五，加大扶持力度，有效落实"3个15万"政策。截至2011年，毕节试验区已发展微型企业1582户，带动就业9079人，免费培训微型企业创业人员16期959人，兑现财政补助资金313户1565万元，帮助17户微型企业贷款1030万元。其六，人社部门在创业、工业园区设立就业服务中心，为园内各类企业提供高效优质服务。例如，毕节试验区人社局在其直属第一、第二小微企业创业园分别设立的服务中心，长期免费为园区内60余家企业提供政策咨询、技能培训、人员招聘等服务。其七，根据农业产业化发展需求，积极引导和鼓励返乡创业成功的农民工组建养殖、种植等农业专业合作社，采取"公司+合作社+农户"的生产经营模式，带动返乡农民工创业就业。截至2011年，毕节试验区共建立100余个农村专业合作社，流转土地近100万亩，吸纳5000多名返乡农民工就业。

第四节 集中连片特困地区劳动力转移调研情况
——以贵州省威宁县为例

依照中共中央、国务院颁布的《中国农村扶贫开发纲要（2010—2020）》，包括六盘山区、秦巴山区、武陵山区、乌蒙山区、滇桂黔石漠化区等在内的11个连片特困地区将成为我国未来10年扶贫攻坚的主战场。在扶贫开发实践过程中，发展劳务输出、加快贫困地区富余劳动力转移已经成为摆脱贫困甚至致富的重要途径之一。然而，连片特困地区由于自然环境极其恶劣、人力资本水平特别低、少数民族集聚等原因，劳动力的转移更加迫切和困难。贵州省威宁彝族回族苗族自治县地处乌蒙山区，是国家级扶贫开发重点县和喀斯特地区综合治理试点县。县内有彝族、回族、苗族、布依族、蒙古族等20个少数民族，占总人口的22.74%，近一半的乡镇少数民族人口超过30%，个别乡镇少数民族人口超过60%。可见，威宁彝族回族苗族自治县在少数民族集中连片特困地区非常具有代表性。因此，文章选取威宁彝族回族苗族自治县作为调研对象，通过田野调查，深入考察威宁县劳动力转移的现状和制约因素，并针对性提出一些对策，以助于少数民族集中连片特困地区的劳动力转移，加快脱贫致富的脚步，实现同步奔小康。

一　威宁彝族回族苗族自治县基本概况

1. 自然条件

威宁彝族回族苗族自治县自然条件恶劣。威宁县地处贵州省西部，云南东北云贵高原乌蒙山麓屋脊，中部为平缓的高原面，四周边沿低，多位深切割的河谷。由于地形起伏多变，山高坡陡，峡谷深切，是典型的立体农业。在农业生产经营和品种结构上，由于受地形条件的限制，都显示凉山、半凉山、河谷三级差异。按照贵州师范大学地理系对贵州省地貌类型划分的指标，县境内地貌可以分为高原面、高中山和中中山河谷三种类型。高原面面积为2675平方千米，占全县总面积的42.45%。高原面地势平缓开阔，丘陵和坝子相间，高差多在200米以内，具有高原景观。高中山面积2748.8平方千米，占全县总面积的43.66%。该区山脉高耸绵延，峰峦叠嶂，地势高亢，气候冷凉。中中山河谷面积872.52平方千米，占全县总面积的13.86%。该区除几处河谷较宽外，其余地区山势陡峻，峡谷深切。威宁县气候属季风性湿润气候，其特点是：冬无严寒，夏无酷暑，日温差大，年温差小，雨热同季，干湿两季明显。境内河流分属珠江和长江两大流域，水利资源总蕴藏量525550千瓦，可开发量268125千瓦。境内主要有煤、铁、铅、锌、银、铜、石膏等30余种矿产资源，其中煤炭远景资源达到38.2亿吨。自然灾害主要有低温、霜灾、春旱、洪涝、凌冻、冰雹、大风、农作物病虫害、深林病虫害、山体滑坡等。低温、霜灾和春旱对威宁县的农业影响最大。晚夏（7月下旬—9月上旬）低温是威宁县最重的灾害性天气，此时正是玉米、水稻扬花灌浆期间，若连续3天以上出现低温天气，就会大幅减产。霜灾和春旱是造成威宁县夏收作物和果类减产的主要原因，对生产生活带来了严重损失。

2. 经济发展

威宁县耕地面积120477亩，人均1.13亩。粮食作物以玉米、马铃薯、荞麦为主，2011年生产粮食492644吨，人均358.9千克。经济作物有烤烟、芸豆、魔芋等。畜牧业以生猪、牛、羊为主，2011年畜牧业总产值16.8582亿元，占农、林、牧、渔、服务业总产值的38%。渔业以鱼类和甲壳类为主，总产值509万元，占农业总产值的0.19%。在工业方面，初步形成了以能源、建材、冶金、农特产品加工四大产业为主的工业体系，重点规划确立了"一园三区"发展战略。2011年7月，威宁县工业园获批为省级经济开发区，新增建成园区面积3.1平方千米，建成标准化厂房3.73万平方千米，新开工建设产业项目17个，建成5个，在建17个。工业园区完成基础设施和产业项目投资12亿元，占全县工业固定资产投资的26%。实现产值17亿元，占全县工业总产值的31%。第三产业主要以交通运输和旅游业为主。在交通运输方面，威宁县已经形成由铁路、公路2种运输方式构成的交通运输网络，2011年客运量921万人次，货运总量1865万吨。旅游业方面，县内国家级风景名胜区有草海自然保护区1个；省级以下风景名胜区有白草坪、马摆大山、石门坎等；省级文物保护单位有中水汉墓群遗址、盐仓彝族向天墓群、凤山寺、玉皇阁等。2011年共接待国内游客205.27万人次，收入22.2亿元，分别比上年增长33.13%和64.2%。

3. 人口特征

2011年年末，威宁彝族回族苗族自治县辖草海、幺站、金钟、炉山、二塘、东风、猴场、龙场、黑石头、哲觉、观风海、牛棚、迤那、中水、龙街、雪山、羊街、小海、盐仓19个镇；金斗、新发、麻乍、岔河、海拉、哈喇河、秀水、斗古、玉龙、黑土河、石门、云贵、大街、兔街、双龙、板底16个乡；设有15个社区居民委员会，609个村民委员会，3792个村民小组。辖区总人口143.12万人，其中城镇常住人口5.86万人，城镇率4.09%，另有暂住人口8250人。从性别来看，总人口中男性74.92万人，占52.35%；女性68.20万人，占47.65%（见图4-2）。从户籍性质来看，农业户口人数占总人口的96%，非农业户口只有4%。从年龄构成来看，18岁以下51.08万人，占35.69%；18—35岁有38.51万人，占

26.90%；35—60岁有40.23万人，占28.11%；60岁以上有13.30万人，占9.30%。从民族构成来看，以汉族为主，达110.59万人，占77.26%。有彝、回、苗、布依、蒙古、水、白、土家、侗、藏、壮、满、朝鲜等20个少数民族，人口32.54万人，占总人口的22.74%。超过千人的少数民族有彝族、回族、苗族、布依族，其中彝族12.41万人，占少数民族总人口的38.12%。回族11.77万人，占少数民族总人口的36.17%。苗族7.24万人，占22.23%；布依族8773万人，占2.70%（见图4-3）。2011年人口出生率11.70‰，人口死亡率4.5‰，人口自然增长率7.2‰。总面积6296.3平方千米，人口密度为每227.32人/平方千米。

	18岁以下	18—35岁	35—60岁	60岁以上
■年龄构成	35.69%	26.90%	28.11%	9.30%

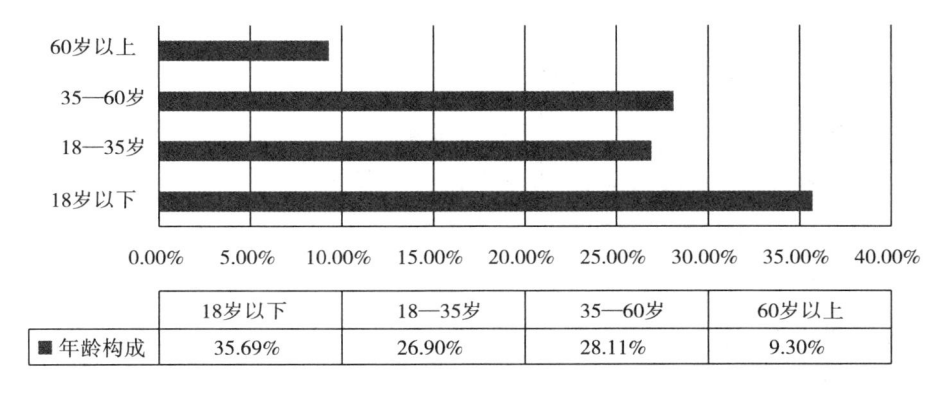

图4-2 威宁县人口年龄构成

	彝族	回族	苗族	布依族
■超过千人少数民族构成	38.12%	36.17%	22.23%	2.70%

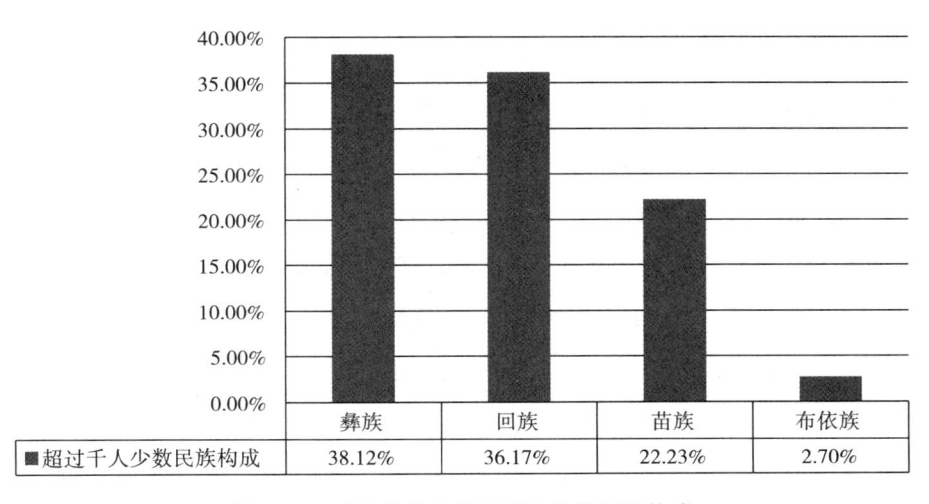

图4-3 威宁县人口超过千人少数民族构成

二 劳动力状况分析

1. 劳动力资源

威宁彝族回族苗族自治县劳动力富余。截止到 2011 年年末，全县总人口 143.12 万人，男性 74.92 万人，占 52.35%；女性 68.20 万人，占 47.65%。其中，96% 都是农业人口。18—35 岁的有 78.74 万人，占总人口的 67.13%。从民族构成来看，以汉族为主，达 110.59 万人，占 77.26%。有彝、回、苗、布依、蒙古、水、白、土家、侗、藏、壮、满、朝鲜等 20 个少数民族，人口 32.54 万人，占总人口的 22.74%。

从表 4-8，我们可以看出，在乡镇一级，少数民族人口分布并不均匀。少数民族人口最多的是哈喇河乡，占比 71.57%。回族是全乡人口最多的民族，回族人口有 12098 人，占全乡人口的 54.9%。其次，板底乡的少数民族人口占全乡的 66.26%。在板底乡，彝族的人口最多，达 10850 人，占全乡的 63.4%。其他乡镇，少数民族的人口一般为回族最多，彝族次之，苗族再次之。个别乡镇主要为彝族和布依族及其他民族，但总体上以汉族为主。

表 4-8　　　　　　威宁县各镇（乡）状况（%）

乡镇名称	流动人口	城镇化率	少数民族	贫困发生率
草海镇	4.18	37.94	9.86	9.26
么站镇	0.20	2.04	26.0	10.16
金钟镇	10.74	22.92	9.40	12.43
哲觉镇	2.22	2.23	11.04	13.69
观风海镇	10.47	5.0	35.41	16.14

续　表

乡镇名称	流动人口	城镇化率	少数民族	贫困发生率
牛棚镇	12.57	4.06	34.88	13.54
迤那镇	11.11	2.01	30.46	15.10
中水镇	—	3.82	49.70	13.36
龙街镇	7.63	1.80	42.33	20.35
雪山镇	0.51	2.45	43.0	14.72
羊街镇	13.67	11.90	22.20	13.18
炉山镇	0.66	1.90	10.7	13.13
龙场镇	7.93	1.60	15.03	15.58
黑石头镇	4.28	3.15	20.19	19.88
小海镇	6.62	12.90	8.95	12.76
盐仓镇	0.99	3.21	8.0	23.75
二塘镇	—	3.79	29.92	16.92
东凤镇	3.05	7.79	14.71	15.89
猴场镇	0.76	1.42	22.06	14.47
哈喇河乡	9.98	1.91	71.57	23.97
金斗乡	10.82	1.24	0.80	14.14
岔河乡	—	6.90	4.28	26.60
麻乍乡	5.85	1.50	35.11	13.11

续 表

乡镇名称	流动人口	城镇化率	少数民族	贫困发生率
海拉乡	23.0	4.40	0.40	23.83
双龙乡	27.88	1.80	41.55	19.89
秀水乡	8.56	10.0	62.48	15.70
斗古乡	0.24	1.68	24.0	26.32
玉龙乡	1.54	1.68	9.45	18.73
黑土河乡	15.43	1.80	25.0	25.20
石门乡	8.54	1.51	27.77	32.34
兔街乡	9.81	9.80	28.40	22.50
板底乡	9.18	1.68	66.26	34.09
大街乡	1.58	1.43	51.37	37.05
云贵乡	1.52	3.29	32.91	27.02
新发布依族乡	8.30	1.25	30.20	23.21

2. 就业结构

从劳动力的就业结构看，农村第一产业仍然是威宁县农村劳动力从业的主要领域。根据第六次全国人口普查数据，威宁县从事第一产业的劳动力人数占91.82%，主要从事农、林、牧、渔及相关服务业。从事第二产业的劳动力人数占2.66%，就业行业主要集中在采矿、制造、建筑等行业。从事第三产业的劳动力人数占5.53%，主要包括交通运输、仓储、邮电、批零、贸易、信息传输、计算机服务、软件业和餐饮服务业。威宁县一、二、三产业劳动力的比例为1∶0.03∶0.06。总体上讲，第一产业作为劳动力主体的传统就业格局没有改变,第二产业劳动力和第三产业吸纳的劳动力明显不足,比例显著偏低。值得注意的是,威宁县有 17960 人没有工作,其中有 5060 人丧失了工作能力,占比 28.17%。

3. 文化素质

威宁彝族回族苗族自治县劳动力的文化素质普遍偏低,各乡镇农村劳动力中,高中及以上人数的比重都较小,而初中、小学、文盲及半文盲人数的比重普遍较高。总体来看,全县平均受教育年限只有 5.94 年。男性受教育情况比女性情况要好,男性平均受教育年限比女性多 1.5 年。反映 15 岁以上文盲人口比重上,男性要远远低于女性。15 岁以上女性文盲人口大约是男性的 2 倍(见表 4-9)。

表 4-9　　　　　　　　　　威宁县劳动力文化水平

平均受教育年限(年)		15 岁以上文盲人口比重(%)	
男	女	男	女
6.66	5.16	13.39	28.04

三　劳动力转移特点

1. 贫困深度较深、少数民族人口较多的地方外出务工人员相对较少

威宁县农村劳动力 74 万人,农村富余劳动力近 17.5 万人,为了加快劳动力转移步伐,积极开展劳动力培训转移工作,目前完成劳动力转移 12685 人。总体来看,威宁县外出务工人员较少。表 4-10 显示,一般情况,少数民族人口比重较大、贫困发生率较高、城镇化率较低的乡镇,外出务工人员较少。少数民族人口比重较低、贫困发生率较低、城镇化率较高的乡镇,外出务工人员相对较多。这表明,在极为贫困的乡镇,由于外出务工的成本比较高,加上思想更为落后和保守,当地劳动力外出务工的意愿比较低。从而导致整个贫困地区外出务工人员较少。在走访的农户中,绝大多数农户表达

了强烈的外出务工意愿，但是真正外出务工的人并不多。这一点，在少数民族人口中表现得更为强烈。与汉族相比，少数民族对于外出务工的担忧更为严重。实际上，贫困深度较深、少数民族人口较多的地方外出务工人员相对较少。表4-10依照威宁县各乡镇流动人口的数量进行分组比较，可以发现少数民族人口较少、经济条件较好的地区，外出务工人员相对多一些。

表4-10　　　　流动人口、少数民族人口与贫困发生率（%）

流动人口比例区间	少数民族人口比例均值	贫困发生率均值
0—10	29.71	19.90
10—25	19.81	16.60

2. 男性为主

男性劳动者外出较多，主要得益于受教育水平和性别优势。从受教育水平看，威宁县男性受教育平均年限要比女性长1.5年。另外，许多女孩在小学或初中毕业后因家境贫困而辍学，辍学后便在家务工或外出打工。由于女性文化素质相对较低，缺乏工作技能，女性外出务工很难找到合适的工作。婚后的女性，由于要照顾家庭，很少有外出务工的。

3. 汉族为主

总体上看，外出务工人员主要以汉族为主。威宁县主要有彝族、回族、苗族、布依族等少数民族，少数民族思想观念仍然相当落后，中老年人绝大多数不会讲普通话。少数民族受教育水平较汉族低，学习能力较差，缺乏技能，多数有宗教信仰，恋乡情怀浓厚。另外，从全县总人口看，汉族人口占全县人口的77.26%，外出务工的人员相对较多。

4. 兼职性质劳动力转移占多数

季节性外出务工是威宁县劳动力转移的明显特征。威宁县劳动力外出务工地点主要集中在县外省内，很多外出务工人员并未放弃农业生产活动。一方面，外出务工人员在农忙的时候回家从事农业生产，闲暇时间则外出务工；另一方面，绝大多数务工人员都只是一人外出务工，留守的家庭人员仍旧从事农业生产。从访谈的情况看，只有极少部分农民能够在城市拥有较为稳定的职业，绝大多数都是短期性、兼职性的外出务工。

5. 素质型劳动力转移凸显

由于劳动力转移是贫困地区重要的脱贫途径之一，受到各级政府的高度重视。各级政府对农民工技能培训工作十分关注。威宁县在坚持"政府推动、部门整合、农民受益"的基础上，对全县各类培训进行整合。技能培训方面，主要围绕适合本县农业产业和选择就业前景好的工种进行培训，2011年培训4137人，占目标任务数3960人的105%。其中，汽车驾驶140人，培训车工107人，培训家禽饲养414人，培训电脑组装维修1040人，培训电子与维修386人，家政服务107人，中式烹调748人，餐厅服务人员60人，客房服务人员60人，计算机系统操作工234人，茶叶生产工64人，动物疫病防治229人，砌筑工54人，中药材、经果林栽培314人。戒毒人员中式烹调培训60人，大学生创业培训120人，通过培训为参训人员在今后外出务工或创业打下了一定基础。

四 制约贵州少数民族连片特困地区劳动力转移的因素分析

1. 威宁县贫困程度较深，劳动力转移成本相对较高

从微观层次来看，威宁县最穷的人口外出务工的意愿最强，但是真正外出务工的通常是不太穷的人群，这说明劳动力转移成本对于农民是否决定外出务工有着重要的影响。威宁县是国家级重点贫困县，农民人均纯收入仅为全国平均水平的58.31%。对于威宁县贫困农户来说，外出务工过程中产生的各种支出就是一笔不小的数目。一般认为，农村劳动力的转移成本主要包括迁移成本和社会成本。迁移成本主要包括交通费、食宿费、培训费等各种费用，交通费最为贫困农户所顾虑。为了尽可能降低迁移成本，很多农民选择县内务工。另外，农民进入城镇一般从事劳动强度大、

工资待遇低、危险性程度高的行业。由于我国保障制度、法制不健全等问题，劳动者通常要承担很高的风险成本。此外，远离家人到陌生的城市去务工，劳动者还要承担无法估量的心理成本。

与汉族相比，少数民族外出务工要承受更高的社会成本。威宁彝族回族苗族自治县有20个少数民族，近一半乡镇的少数民族人口超过了30%。多数少数民族都有自己独特的宗教信仰、风俗禁忌、生活习惯。威宁县内的彝族部分人口信仰基督教，盐仓、二塘、金钟、龙场等乡镇的彝族基督教徒占当地彝族总人口的50%左右。而回族则信仰伊斯兰教，伊斯兰教与回族的生活息息相关。其他少数民族也多有自己的宗教信仰。由于少数民族有自己独特的宗教信仰、风俗习惯、语言文化等，与其他省区居民存在很大差别，对于现代城市社会的归属感和认同感都比较低，融入现代城市社会相对困难，所以背负了比较高的心理成本。因此，威宁县的农民一般不愿意到离家比较远的地方务工，"离土不离乡"的现象比较普遍。

2. 教育、医疗条件差，人力资本水平低

威宁县农民受教育程度低，医疗条件差，人力资本水平低。部分少数民族居住在偏远山区，大多数是几户、几十户盘寨而居，星罗棋布地分布在群山峻岭之中，生产生活条件极为恶劣。从威宁县整体看，7周岁以上的人口文化素质普遍偏低，全县平均受教育年限只有5.94年。只有10%左右的人口受过高中及以上教育，66%左右的人口只有小学以下的文化水平（见表4-11）。由于重男轻女的思想依然浓厚，男性受教育情况较女性要好。女性平均受教育年限比男性少1.5年，15岁以上女性文盲人口约是男性的2倍。威宁县内少数民族受教育情况与全县整体情况相差无几。以板底乡彝族为例，板底乡共有彝族人口9068人，文盲占8.0%，小学文化程度占56.99%，初中文化程度占29.99%，高中及以上文化程度占5.02%。

表 4-11　　　　　　威宁县 7 周岁以上的人口文化水平（%）

文盲	小学	初中	高中	高中以上
6.25	59.47	24.17	7.41	2.70

大部分乡镇医疗卫生条件差，因伤病失去劳动能力的现象严重。以石门乡为例，到目前还有 12 个村没有卫生室，村级卫生室不完善，多数系个体医生所有，没有场地、基本医疗设备和常用药品不齐全。全乡有残疾人 9450 人，而贫困残疾人达 449 人，占残疾人总数的 44.5%；残疾人无住房户 37 户 115 人。进一步讲，受教育年限的不足使得威宁县传统守旧思想严重，封闭保守的小农意识占主导，观念转变意识不强。学习新知识和工作技能的能力差，很难在短时间内掌握城镇谋生的技能和方法，使得他们难以在城市中寻找到工作。

3. 基础设施建设薄弱，用工信息传递不畅

威宁县基础设施问题主要集中在交通和信息获取方面。全县有 18 个乡镇不通油路，115 个村不通公路，乡级公路通畅率仅为 42.80%，村级公路通畅率仅为 11.10%。在情况比较严重的石门乡，虽然已有 12 个村通公路，但由于农户居住分散，还有 42 个自然村寨不通公路。即使通村公路，很大一部分实际上是土路或者便道，路面狭窄、坑洼不平，只能让马车和小型拖拉机通行，遇到货车或两辆车相对行驶时，通行难度大，且全路段晴通雨阻，晴天多沙尘，雨天多泥泞。由于地区偏远，交通不便，居民也不能够及时获取信息。最基本和常见的广播、电视覆盖率也仅为 71.20%、73.0%。因此，农民很难及时获取劳务信息。由于不能及时获取劳务信息，大部分外出务工人员选择务工城市和工作岗位都有很高的盲目性，选择的务工地区通常都是外来务工人员比较多的城市，从而就业的竞争程度进一步加大。从调研的情况看，通过政府机构培训、介绍转移出去的务工人员就业较好，靠亲戚朋友介绍帮带的就业一般，而自发性出去务工人员就业情况相对差一些。

4. 工业化水平低，投资环境较差，劳动力就地转移困难

目前，虽然威宁县已经形成了以能源、建材、冶金、农特产品加工四大产业为主的工业体系，规划确立了"一园三区"发展战略，威宁县工业园区更是在 2011 年获批为省级经济开发区。县内也进驻了华能集团、国电集团、华锐集团、恒大集团等全国知名企业，但是工业化水平依然很低，吸纳县内富余劳动力的能力有限。威宁县第一、第二、第三产业劳动力数量的比例为 1∶0.03∶0.06。显而易见，绝大部分仍集中在农渔牧林产业，威宁县第二、第三产业对于劳动力的吸纳能力很差，很难实现劳动力就地转移。提供工业化水平，实现劳动力就地转移，最好的途径就是招商引资。实际情况是，威宁县的招商引资工作存在诸多问题。威宁县招商引资工作体制死板僵硬，制度存在漏洞，政策透明度有待提高。对规模较大的企业，工作人员能够尽心尽力地服务。而对于一些规模相对较小的企业，政府承诺的一些优惠政策没有很好地落实和执行，一些部门和工作人员不同程度上存在"吃、拿、卡、要"和互相推诿扯皮现象。政府在中小投资者心目中的诚信度较低，中小投资者对威宁投资热情不高。

5. 户籍、土地、社保制度，抑制了农民外出务工的积极性

以户籍制度为基础的城乡二元结构，在很大程度上造成了外出务工与留守人员权益的双重损失，很大程度上抑制了农民外出务工的积极性。户籍制度，在早期限制了农村人口的自由流动。改革开放后，户籍制度使农民在城市住房、教育、医疗等诸多方面受到不公平待遇。以教育为例，外出务工人员子女在务工地入学难现象很普遍。由于户籍制度导致的社会保障不公平待遇也让外出务工人员颇为寒心。以失业保险为例，我国东部某省的失业保险条例规定城镇职工缴纳本人工资总额的 1% 作为失业保险费，而农村人员不缴纳。在待遇方面，城镇职工能按月领取失业保险金，并在失业期间能够享有医疗补助金、丧葬补助费、免费职业培训等一系列权利。而农村务工人员只能减半一次性领取失业保险金，不能够享有其他权利。另外，留守儿童和老人也给外出务工人员带来很大的心理压力。威宁

县经济落后，社会事业发展落后，留守儿童的教育问题和留守老人的赡养问题较其他地区更为突出。全县学前三年入园率仅为9%，高中入学率仅为21.96%。相当一部分青年初中毕业后倾向外出打工，而非继续接受教育。由于留守儿童长时间缺乏家庭照料和正规幼儿教育，很容易滋生心理和安全问题。尽管威宁县每个乡镇都有敬老院，但主要针对五保户，加上其他种种原因，留守老人很少能够住进养老院。农村目前的土地流转制度也在一定程度上阻碍了威宁县劳动力的转移。由于完善土地流转制度的缺失，部分田地或者粗放经营或者弃之不顾。以上这些制度弊端都在不同程度上削弱了农民外出务工的动力，使其不愿外出务工或者进行季节性的兼职务工。

第五节 促进农村劳动力转移的对策

通过上述从理论到实践，贫困地区特殊性到具体的实践，分析了农村劳动力转移的具体情况，我们认为工业化进程中的农村劳动力转移总体来看有两个作用：一是为了促进工业的发展，为其提供足够的劳动力；二是解决农业劳动力的过剩问题。针对贵州省农村劳动力转移取得的成效，我们认为还可以通过以下五个对策措施来解决存在的问题。

一 通过"三化同步"战略，促进农村待转移劳动力转移

坚定不移地推行和实施"三步同化"（工业化、城镇化和农业现代化）协同发展战略，促进农村待转移劳动力转移。在前面的分析中，我们已经看出，工业化能够有效地集聚农村剩余劳动力。根据美国学者艾弗雷特·李提出的"推—拉"理论，工业化和城镇化均是农村劳动力的重要"拉力"，而农业现代化是农村劳动力的重要"推力"。

2011年，贵州省城镇化率仅为35%，不仅低于全国平均水平，也低于

周边省份，因此，在推进工业化的同时，加快加速推进城镇化，是推动农村劳动力转移的有效途径。而农业的现代化也有利于推动贵州农村劳动力的转移。可见，坚定不移地实施"三化同步"，是促进农村待转移劳动力转移具体而有效的措施，也是贵州省全面实现小康社会的根本保证。

农村劳动力就地转移是贵州工业化进程中农村劳动力转移的新特征，在贵州工业的发展中，农村劳动力开始出现回流。如六盘市，在2011年约有6.22万返乡农民工。在今后贵州工业化进程中，返乡农村劳动力将会越来越多，而解决农村劳动力返乡的重要途径就是通过工业化带动城镇化和农业现代化。

从图4-4可以看出，2005—2011年，贵州工业产值比重均高于工业就业比重和城镇化率，从图像走势来看，工业产值比重与城镇化率差距越来越小，工业产值比重与工业就业率和城镇化率与工业就业比重差距则一直较大，说明工业化有效带动了城镇化，而没有带动就业的增长。因此，本书提出以促进农村劳动力就地转移的工业化带动城镇化和农业现代化的发展模式。

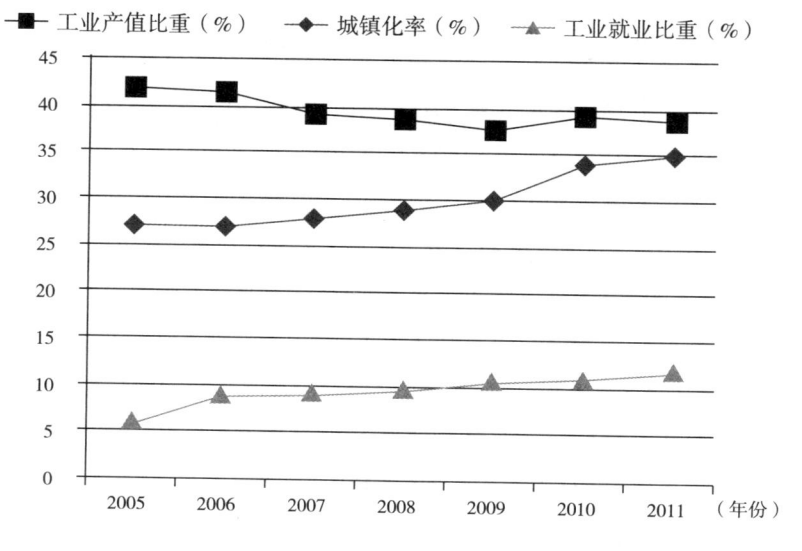

图4-4 贵州城镇化率、工业产值比重和工业就业比重对比

工业化带动城镇化和农业现代化是指通过将农村的部分土地进行工业化建设达到以工业化为契机就地将农村转化为城镇，同时通过工业化推动农业生产的现代化发展。在适合建立工厂的农村附近建设工业基地，就地吸收农村劳动力从农业部门转化到非农部门，从而实现农村劳动力的转移，并通过农村劳动力的转移，以工业化推动当地经济发展建立城镇。

根据钱纳里—塞尔昆理论，在国家工业化的演进中，技术的更新在发展中国家较为常见，由于技术进步带来的农业产业部门的生产设备的更新换代将取代其对劳动力的需求，因此，工业化带动的农业现代化也将部分取代农业对劳动力的需求。

这种模式的建立可以通过扶持乡镇企业的发展壮大和引进新型工业企业的方式来实现，借助当地的特色建立适合当地经济发展的工业发展模式，同时工业的发展带动其城镇化和农业现代化的发展。

二 推动工农业结构调整，提升就业稳定性

工农业就业结构调整主要包括三个方面。一是维护和增加农业对劳动力的吸收能力。影响农业对农村劳动力的吸收因素主要是农村土地的利用，通过加强农业基础设施的建设，可以扩大农业的生产能力，进而吸收一部分的农村剩余劳动力。二是根据农村劳动力的特点，应当发展以劳动密集型为主的工业体系，这样工业的发展能够更好地促进农村劳动力的转移。三是根据农村劳动力的自身条件，合理调整工农业的比例以及工业的类型，使得农村劳动力可以顺利地从农业向工业转移。

在工业化进程中通过工农业就业结构的调整，疏通农村劳动力从农业向工业流动的通道。这样可使农村剩余劳动力顺利转移，而留在农业中的农村劳动力劳动生产率有所提高，进而提升了工农业就业的稳定性。在工业类型选择上，偏重于对劳动密集型工业的发展，原因在于劳动密集型工业对技术要求相对较低，而对劳动力的吸收能力较强。

三 加强农村劳动力专业技能培训，提升农村劳动力人力资本

贵州农村劳动力存在普遍个人禀赋偏低的问题，这样的劳动力禀赋不能够满足贵州工业发展的需求，农村劳动力缺乏更加专业的劳动技能。为了适应工业化的需求，需要对农村劳动力进行相应的劳动力培训，进而为工业化提供充足的劳动力资本。

一方面，要积极和加大力度推动职业教育发展。职业教育能够有针对性地为农村劳动力在工业化进程中向工业的转移提供技能培训。工业化对技能的要求不高，其实行的是标准化的工业生产，生产只涉及简单的工业技能，而这些技能完全能够通过职业培训获得。推动职业教育的发展主要可以通过以下四个措施：一是通过对职业教育机构的补贴方式，使得职业教育机构为农村劳动力提供有针对性的职业培训；二是扩大对农村劳动力职业教育培训的规模；三是有效利用通信手段对农村劳动力进行培训。四是建立多样化的农村劳动力职业教育类型，为农村劳动力实现从农业向工业转移提供有针对性的教育培训。

另一方面，要建立"三位一体"教育培训系统。工业化进程中的农村劳动力教育培训系统，可以通过联合职业技术学校、地方政府和企业建立"三位一体"的教育培训系统。政府主导整个教育培训体系，高校为农村劳动力的培训制订培训方案，实施相关教育培训；企业为农村劳动力提供实习的机会，在农村劳动力技术成熟后将其吸收到企业进行工作。在政府、企业和职业技术学校的"三位一体"培训体系中，政府通过政策鼓励农村劳动力接受教育，同时协调企业和高校的联合以及为高校的教育研发提供资助。企业为高校提供实习的基地，高校为企业输送培养合格的农村劳动力。

建立上述"三位一体"农村劳动力培训体系，有助于农村劳动力提升技能水平，增加农村劳动力人力资本储量，促进农村劳动力的转移。并且拥有一定技能的农村劳动力在工业的就业中更加稳定，其回流农村的可能性更小。

四 增加工业园区投入，完善工业服务体系建设

从前文的产业偏离度和就业弹性分析发现，工业对劳动力的吸收空间很大，而农村劳动力的转出需求较强，因此，农村劳动力从农业向工业的转移是农村劳动力转移的重要渠道。而工业园区建设不足，不能很好地实现农村劳动力就地转移。例如贵州毕节试验区的工业园区建设，其建设可以解决20万人口的就业，然而由于其建设不足，导致落户企业数量只有77户，占总引进企业数量的31%。

增加工业园区投入，完善工业服务体系主要包括以下三点。

第一，加大财政的支持力度。通过设立支持工业园区发展的专项资金，以财政贴息、补助、奖励等方式支持工业园区基础设施、公共服务平台的建设。

第二，提升融资服务。积极推进金融机构同工业园区企业建立协调沟通机制，建立银行和企业沟通的绿色通道。同时，引进小额贷款以及担保公司等新型金融机构支持工业园区内中小型企业发展。

第三，建立和完善人力资源市场信息化平台。建立省、市（州）、县（区）、乡镇四级联动的人力资源市场信息化平台。通过信息化平台为工业园区的企业和农村劳动力提供信息服务，扩大农村劳动力的转移信息渠道。

五 消除农村劳动力转移制度约束，促进农村劳动力转移

1. 加快户籍制度改革，取消最低工资约束机制

户籍制度严重阻碍了农村劳动力的转移，使中国经济变成了典型的刘易斯"二元经济结构"。从前文对贵州工业化进程中农村劳动力转移发展历程的分析来看，1949—1957年，没有实行严格的户籍制度，农村劳动力向工业的转移处于自由转移阶段，在这一时间段，城镇就业人口比乡村就业人口增长高出55%，表明农村劳动力向乡村进行了转移，且转移规模与

工业发展相协调。1958年实施户籍制度后,农村劳动力的转移受到了阻碍,1958年,城镇就业人口为157.3万,到1961年,城镇就业人口减少到88.5万,减少了近50%。之所以没有在户籍制度实施的当年就出现城镇就业人口的大幅度下降,是因为1958年的"大跃进"运动引起了农村劳动力向工业的大量转移。然而,"大跃进"运动也是由国家发动的,更说明国家政策对农村劳动力的转移有极其重要的影响力。

因此,中共十八届三中全会明确提出:"加快户籍制度改革,全面放开建制镇和小城市落户限制,有序放开中等城市落户限制,合理确定大城市落户条件,严格控制特大城市人口规模。"① 在广东、上海等沿海地区已经开始推行城镇居住证制度,放宽对农村劳动力转移的限制。贵州在这方面尚需要进一步加快脚步,以抓住承接产业转移的机会解决农村劳动力转移问题。根据贵州的调查情况分析,可以通过工业化带动户籍制度改革,其主要方式是:农村劳动力在省内工业企业就业时,在农村劳动力同企业签订劳动合同后,即取得当地居民的身份,享受当地居民同等待遇。

工业化进程是解决农村转移劳动力问题的重要过程,在这一过程中,以英美等国家为代表的发达国家为了使得农村劳动力能够顺利被工业吸收,都曾经取消过最低工资制度,原因在于最低工资制度将会阻碍工业企业吸收劳动力的力度。工业企业为了降低成本会通过降低工资的方式控制企业的劳动力成本。根据前文计算,贵州待转移农村劳动力有950多万人。根据调研,大部分农村劳动力的文化程度偏低,其愿意接受比现行的最低工资稍低的工资,这时候最低工资制度会阻碍农村劳动力转移。因此,在工业化的过程中可以对工业企业暂时性取消最低工资制度,鼓励其通过市场化进行劳动力的自由交易。没有最低工资制度,农村劳动力会接受比城镇劳动力更低的工资水平,因而在劳动力价格上有一定的竞争优势。工业企业也可以通过较低的劳动力成本而扩大企业的生产规模,在企业生产规

---

① 中共十八届三中全会会议报告。

模达到一定的水平时,劳动力价格的提升也将是市场发展的必然趋势,而不需要通过政府强制性的工资制度来干预。

2. 建立完善农村劳动力转移相关制度

第一,要完善农村劳动力社会保障衔接机制。社会保障体系是农村劳动力获得生活保障的一道屏障,特别是在农村劳动力脱离农业生产后,转移到其他的产业中。用农村的俗语来说"靠山吃山,靠水吃水",土地是农民的依靠,而工业化需要吸收大量农村劳动力进入工业。农民脱离了土地进入工业,其对未来生活的保障需求需要得到满足。

表4-12　　　　　　　　　　城乡社会保障项目比对①

保障项目	城镇	农村
社会保险	养老保险	新型农村养老保险
	医疗保险	新型农村合作医疗保险
	失业保险	无
	工伤保险	无
	生育保险	无
社会福利	职工福利:职业补贴、带薪休假等 公共福利:社区服务、敬老院、干休所等 教育福利:九年义务教育、优质教育资源	公共福利:五保户供养、养老院等 教育福利:九年义务教育
社会救助	最低生活保障、城市扶贫优待、抚恤、安置、企业保障、商业保险	农村救济、救灾和扶贫、优抚、安置、商业保险

① 参见王国军《社会保障:从二元到三维》,对外经贸大学出版社2005年版,此处对新增项目进行了补充。

从表 4-12 可以看出，社会保障制度存在较大的城乡差别，城镇社会保障项目要多于农村社会保障项目。农村社会保障水平相对城市落后，与此相对应的是城市生活水平也要高于农村。而农村劳动力从农村转移到城市，其生活在城镇但是没有享受到城镇相当水平的社会保障，不利于农村劳动力的转移。从现行的社会保障制度来看，其将城乡进行分开，实行了不同的社会保障制度，那么农村劳动力进入城镇工业生产当中，相应的社会保障也应从农村向城镇转移。这种社会保障衔接机制主要解决的是农村劳动力从农村到城镇的转移过程中社会保障之间的衔接。例如，贵州可以尝试将新型农村养老保险制度和城镇居民养老保险机制的衔接，将前期在农村缴纳的新型农村养老保险对应转换为城镇居民养老保险。

第二，要构建农村劳动力创业扶持机制。在贵州工业化和农村劳动力转移的历程中，1984年的乡镇企业大发展，实现了农村劳动力的就地转移，因此，农村劳动力返乡创业也是农村劳动力实现转移的一个重要方式。从调查分析的情况来看，农村劳动力自主创业已经是农村劳动力转移的重要渠道。例如，2011年，毕节试验区返乡农村劳动力中有6万多人成功实现了自主创业，其中，固定资产在1000万元以上的有2000多户，带动当地农村劳动力就业29万多人。根据对农村劳动力自主创业的分析，本书提出构建农村劳动力创业扶持机制，其主要包括以下三个方面。其一，提供金融服务。各个金融机构按照企业投资的强度给予农村劳动力自主创业的企业信用贷款，降低担保的门槛，简化贷款的手续，给予优惠利率等。其二，实行税收优惠政策。对农村劳动力自主创业实行税收的优惠，减免部分税收。其三，建立农村劳动力自主创业服务机制。长期免费为农村劳动力提供创业的政策咨询、技能培训、人员招聘等信息。

第五章 新生代农民工就业问题探讨

我国反贫困事业的一个重要内容组成之一就是要"脱贫致富奔小康",解决农村贫困人口的"温饱"问题仅仅是扶贫开发的初级目标,"富黔兴民"才是根本。通过工业、城镇化等发展战略的实施,有力地推动了农村劳动力的快速转移,由此,产生了劳动力的代际替换及所谓的"新生代农民工"。不论学理界如何界定,一个根本的特征标志是缺乏代际相传的农垦技术。因此,解决好这部分劳动者的就业,是从根本上杜绝"农村贫困向城镇贫困"转移,避免城镇"贫民窟"形成的路径之一。

第一节 概念界定及相关理论

一 新生代农民工及就业质量的概念界定

1. 关于新生代农民工

最早在社会学中,对"新生代农民工"这个概念,有学者基于代际角度,认为农村人口已经出现了代际更替,他们在流动动机及其社会特征方面存在着很大的差异,从而提出了"新生代农村流动人口"的概念,并将其界定为两层含义:一层含义是年龄在25周岁以下,于20世纪90年代外出务工经商的农村流动人口，他们与第一代农村流动人口在社会阅历上存在着明显差别；另一层含义，严格意义上他们并不属于第二代农村流动人口，因为他们并不是第一代农村流动人口在外出过程中出生和长大的，而是介于第一代与第二代之间的过渡性农村流动人口。我们可以看出，笔者在这里首先从年龄上对新生代农民工进行了界定，即25岁以下的一个青年群体。其次，他们并不是跟随第一代农民工在城市出生和生长，而是出生并成长在农村，基本上在农村接受完一定的教育就离开家乡到城市务工。在2010年国务院发布的中央一号文件中，首次采用"新生代农民工"的说法，但对"新生代农民工"并没有做出概念性界定。

根据我们的研究对象和内容，将新生代农民工定义为，年龄在16—30岁，出生并成长在农村，上完学后便到城市务工的一群青年群体。目前，对"新生代农民工"还未达成一个统一概念，现在使用的称谓也并不够准确，因为他们终将被更新一代的农民工所代替。因此，本书所说新生代农民工，指的是以首次提出新生代农民工这个称谓的2010年为基准，年龄在16—30岁的农民工群体。对照第一代农民工，最显著的就是新生代农民工的文化素质有了较大提升，更加关注职业发展前景，且他们在工作中具有较强的主体意识和进取精神，相对于工资收入，他们更注重能否在工作中学到知识和自身能力的提高，从而使自己能在这个竞争激烈的社会中快速发展与成长起来。但他们也具有工作耐受力较低的特点，工作变换比较频繁，社会普遍认为新生代农民工浮躁而不务实，不再是能吃苦的一代农民工了。其实事实远非如此，他们并不是不能脚踏实地，而是新生代农民工的诉求已经改变，不再一味地埋头做事而不思考，他们有着明确的职业方向和发展追求。因此，当他们的当前工作不能满足自己的诉求时，就会寻找新的机会。新生代农民工的出现，也对企业提出了更高要求。为了让这一代农民工更好地工作，应多加注重他们的成长与学习，尽可能为新生代农民工提供一些具有良好发展空间的岗位，同时增加更多的培训机会。

2. 关于就业质量

无论是从国际还是从国内情况来看，就业质量都是一个比较新的概念。这里我们首先了解就业质量概念的广义和狭义之分。狭义的就业质量是从微观层面进行定义，指劳动者个人的内在就业质量，如劳动报酬、工作时间、工作的稳定性、劳动关系状况、社会保障情况和工作满意度等。广义的就业质量定义是从宏观层面入手，是一个国家或地区站在整个劳动力市场的角度，对与整体就业率、就业平等、有无就业歧视、工作环境质量、劳动力市场服务体系是否健全等相关状况的考察，是对所有劳动者工作状况的相关数据统计。本书对就业质量的定义主要是从微观层面的狭义概念出发，通过问卷搜集一定样本数量的贵阳市新生代农民工的就业质量信息，从而考察贵阳市新生代农民工就业质量的大体状况。在20世纪90年代，国际劳工组织首次明确提出"就业质量"的概念，它是一个衡量劳动者在整个就业过程中就业状况的综合性概念，反映了劳动者在就业机会的可获取性、工作稳定性、工作场所的尊严和安全、就业机会平等、收入、个人发展等有关方面的满意程度。我国对就业质量的研究起步较晚，对就业质量的定义，目前还没有形成统一的概念，以下为国内几个学者的一般性定义，分别代表了他们对就业质量的观点。

马庆发（2004）认为，"就业质量"可以概括为职业社会地位、工资水平、社会保障、发展空间四个方面，具体可体现在职业声望、劳动报酬、就业机会和待遇、工作安全状况、社会保险状况和职业认同度等。高灵芝、张银（2004）认为，就业质量是一个衡量劳动者在整个就业过程中就业状况的综合性概念，反映了劳动者在就业机会的可得性、工作稳定性、工作场所的尊严和安全、机会平等、收入、个人发展等有关方面的满意程度。叶金珠（2006）指出，就业质量就是指个体就业状况的优劣程度，包括个体目前的就业情况、才智发挥、收入水平和满意程度等内容。王华艳（2008）认为，劳动质量的内涵是劳动薪酬收入、就业机会的平等性、岗位工作的稳定性和可选择性、工作场所的安全性和劳动风险的保障性以及劳动关系的和谐性等方面的综合概念。国富丽（2009）认为，工作质量涵盖了就业岗位上人的特点、就业岗位上人与工作的匹配、工作本身和工作场所的具体特征以及劳动者的工作满意度等要素。米子川（2012）认为，工作质量是一个多维、相对概念，反映了劳动者、就业岗位以及工作中的个人满足程度。李菲菲（2012）在微观上对就业质量定义为，就业质量是指一切与劳动者工作相关的因素，如工作时间、工作环境、工作收入等。从以上观点可以看出，就业质量是一个多维、相对的概念，但大体上包含就业的客观状况和主观满意度两个方面，因而我们可以引用刘素华学者对就业质量的定义进行概括，她提出"就业质量是反映整个就业过程劳动者与生产资料结合并取得报酬或收入的具体状况之优劣程度的综合范畴"[①]，这也是目前国内比较具有代表性的说法。

出于不同的研究视角，由于侧重点不同，学者们对就业质量的定义也不尽不同。因此，对就业质量的定义要参考多方见解和评价，要抓住就业质量的本质，更要结合文章研究内容。综上，笔者认为，就业质量是劳动者在就业过程中的就业状况优劣程度与各方面满意度的结合，具体反映了劳动者在就业过程中的基本工作条件状况、工作环境质量状况、同雇主的劳动关系状况和社会保障方面的福利状况，以及其对个人就业的主观满意度。

二 就业质量相关研究及理论成果

1. 国外相关研究及理论成果

国外对就业质量的相关研究最早可追溯到19世纪末20世纪初，就业质量的内涵主要体现在就业者的工作效率、就业者与职位的匹配、"刺激性"的薪酬等方面（泰罗，1903；韦伯，1911；法约尔，1916）。他们主

---

① 刘素华：《就业质量：概念、内容及其对就业数量的影响》，《人口与计划生育》2005年第7期。

要强调的是劳动效率的提高，以及与其相匹配的薪酬增加，而并不关心劳动者自身的感受。20世纪20年代至40年代，一些学者感到就业质量不仅涵盖劳动生产率和薪酬，还应从劳动者角度出发，考虑多方面的状况。其中，以梅奥（1933）教授为首的美国国家科学院的全国科学委员会在西部电器公司所属的霍桑工厂进行了著名的霍桑实验，通过实验研究，可以得出就业质量的内涵包括良好适宜的工作环境、合理的工作时间、和谐的工作氛围、心理需求的满足以及非正式组织和正式组织的相互依存等。接下来，马斯洛（1943）把人的需求从低到高划分为五个层次，即生理需求、安全需求、社交需求、尊重需求和自我实现需求，即就业质量的研究要涵盖人的不同需求层次。赫茨伯格（1949）提出了双因素激励理论，他把与工作本身或工作内容方面相关的因素称为激励因素，这些方面做得好会让员工感到满意。例如，高工资可以激励员工更加努力工作；而把与工作环境或工作关系方面相关的因素称为保健因素，这些方面做得好可以防止员工感到不满意，如工作环境较差会引起员工强烈的不满情绪。那么，对就业质量的考察还应考虑激励和保健因素。实际上，赫茨伯格的双因素激励理论是与马斯洛的需求层次理论不谋而合的，可以看出，保健因素刚好对应了生理需求、安全需求、社交需求等较低级的需要；激励因素则对应于尊重需求和自我实现需求等较高级的需要。40年代以后，兴起了"职工参与企业管理"。比如，之后设立的职工代表大会，员工可以参与企业会议，提出自己的观点和建议，这进一步扩大了就业质量的内涵。1999年6月，国际劳工组织在第87届国际劳工大会上首次提出"体面的劳动"这一说法，指出所谓的"体面劳动"，就是要让劳动者的权利得到保护、有足够的收入、充分的社会保护和足够的工作岗位。从这里可以看出，劳动者报酬和权益有保障，有足够的就业机会，这些都是就业质量较高的表现，可以说体面劳动是就业质量概念的雏形。在国际劳工组织首次提出就业质量的确切含义之后，研究的热点逐渐转移到对就业质量评价指标上来。例如，欧洲基金会率先把工作质量划分为四个关键维度：职业和就业安全

(Career Andemployment Security)；健康和福利（Health and Well Being）；技术发展（Skills Development）；工作和非工作生活的和谐（the Conciliation of Working and Non – working Life）。后来，欧盟理事会把就业质量作为其就业的战略目标，将就业质量衡量指标扩展到了十个，包括内在工作质量，健康和工作安全，性别平等，技能、终身学习和职业发展，灵活性和安全性，进入劳动力市场和包容性，社会对话和员工参与，多样性和非歧视，工作组织和工作—生活平衡，整体经济表现和生产率。从整体上看，欧盟理事会对就业质量的评价指标已经设定得非常全面。为了对就业质量的研究更加深入细致，专家学者们又建立了一系列评价个体就业质量状况的指标体系。比特森（Beatson，2000）把工作的基本特征分为外部和内部特征，外部特征包括薪酬福利、工作与生活平衡、工作时间、工作保障和发展机会；内部特征包括工作强度、工作内容、工伤疾病危害以及同事上级关系。最后出现了更多实证层面的研究，最具代表性的如查理德·布瑞斯波斯（Richard Brisbois，2003）从健康与福利、技能开发、职业及就业安全、工作满意度出发，对美国、加拿大及欧洲部分国家的就业状况进行了比较分析；彼得莫顿（PeterMorton，2004）对加纳小型和微型企业就业质量的调查研究；还有拉斐尔（Rafael）和恩里克（Enrique）在就业质量指标中加入了工作满意度，他们收集了多个国家有关就业质量和就业满意度的数据，对其展开实证研究。

  整体来看，国外对就业质量的研究比较系统，最初是以提高劳动生产率为目的，通过实验来验证影响人们工作的相关因素。之后随着把研究对象从经济人到社会人的转变，对就业质量的认识越来越清晰，直到"体面劳动"的提出逐渐影射出了就业质量的内涵，专家和学者们才开始专注于研究就业质量的概念。就业质量的概念界定比较成熟后，又展开了对就业质量评价体系的一系列研究，由于研究视角和内容的不同，一时涌现出多种评价体系。此后，理论研究逐渐向实证研究演进。比如，通过对不同对象就业数据的调查，选取合适的指标体系来分析就业质量的状况，使得对就业质量的研究从理论层面落到了更加具体的实证分析上，就业质量的研究逐渐走向成熟和规范。

2. 国内相关研究及理论成果

我国对就业质量的研究始于20世纪90年代末期，起步较晚，在国内的相关文献中专门对就业质量进行定义的并不多，学者们普遍将就业质量和国际劳工组织提出的"体面劳动"相联系，认为体面的劳动意味着高质量的就业。国内学者也大都借鉴"体面劳动"的概念来定义就业质量，如本章第一节中的相关定义。学者在研究就业质量的同时给出了各自对就业质量的评价指标，如程溪、尹宁波（2003）认为，衡量就业质量的常用指标是劳动者的就业环境及包括劳动就业相关工作场所的安全卫生状况、就业者的劳动权益（报酬收入的可获得性和等价性）、工作的稳定程度和就业者的个人发展前景[①]。张桂宁（2007）认为，就业质量可以运用以下指标进行衡量：平等和权利保护、工作的稳定性、工作报酬、工作条件、健康与安全、福利和社会保障、职业发展前景[②]。彭国胜（2009）针对青年农民工构建的就业质量评价指标中，将客观指标分为职业稳定性、职业收入水平、职业声望和职业发展机会；主观指标分为对职业收入、职业稳定性、职业声望和职业发展机会的主观满意度[③]。我国最具代表性的学者刘素华[④]（2005）在其《就业质量：概念、内容及其对就业数量的影响》一文中对就业质量的概念、内容做了界定，将就业质量的内容概括为工作性质、聘用条件、工作环境、社会保障和劳动关系五大类。在其后另一篇论文《建立我国就业质量量化评价体系的步骤与方法》中，又详细构建了一

[①] 程溪、尹宁波：《浅析农民工的就业质量与权益保护》，《农业经济》2003年第11期。
[②] 张桂宁：《基于就业质量的职业意识教育探析》，《广西民族大学学报》（哲学社会科学版）2007年第5期。
[③] 彭国胜：《青年农民工就业质量问题的实证研究——以长沙市为例》，《攀登》2009年第4期。
[④] 刘素华：《就业质量：概念、内容及其对就业数量的影响》，《人口与计划生育》2005年第7期。

套就业质量量化评价体系,把就业质量划分为了四个一级指标,包括聘用条件、工作环境、劳动关系和社会保障;每个一级指标中又涵盖了多个二级指标,如聘用条件指标中包含了劳动报酬、工作稳定性等二级指标,劳动关系包括劳动合同、工会组织等二级指标,社会保障指标主要是指我国目前的五大社会保险险种。这是对就业质量维度的确定,之后还有很多学者对这些维度进行了量化,从而可以对就业质量的高低进行客观的比较。例如,李军峰(2003)在对我国男女职工的就业质量进行定量比较分析时,运用综合指数法量化处理各个指标,即通过对各指标进行统计处理,把它们转变成不同的综合指数来对男女职工就业质量的优劣情况进行评价[①]。刘素华(2005)在研究构建我国就业质量评价体系的方法时,关注目前影响就业质量的突出问题,在就业质量各指标的权重分配上采用征询专家小组意见的德尔菲法,根据各个指标在就业质量评价体系中重要程度的不同,分别对其赋予不同的权重,又依据权重大小对每个指标进行评分,赋予每个指标一定的分值,便于之后的量化统计[②]。而专门针对农民工的就业质量研究就比较少了,总结起来有如下研究,陈海秋(2009)通过对体面工作与就业质量的对比,界定了农民工就业质量的内涵,以及农民工就业质量的评价体系、方法与步骤[③]。谢勇(2009)对南京的农民工就业质量现状做了调查,并用实证方法证明其影响因素,认为人力资本和社会资本联合起来共同影响了一个地区农民工的就业质量[④]。彭国胜(2009)将青年农民工单独作为一个研究群体,把就业质量评价指标划分为客观指标和主观指标,其中,客观指标包括职业稳定性、职业收入水平、职业声望和职业发展机会;主观指标为对职业收入、职业稳定性、职

[①] 李军峰:《就业质量的性别比较分析》,《市场与人口分析》2003 年第 6 期。
[②] 刘素华:《建立我国就业质量量化评价体系的步骤与方法》,《人口与经济》2005 年第 6 期。
[③] 陈海秋:《农民工就业质量的提高与"体面就业"》,《当代经济管理》2009 年第 6 期。
[④] 谢勇:《基于就业主体视角的农民工就业质量的影响因素研究———以南京市为例》,《财贸研究》2009 年第 5 期。

业声望和职业发展机会的满意度。通过问卷调查的方法,对青年农民工的就业质量现状及影响因素做了调查研究[①]。姚永告(2009)将青年农民工就业质量的客观维度分成了四个方面:职业稳定性(通常是用持续进行一份工作6个月以上的可能性来衡量)、职业收入水平(报酬、奖金、福利等待遇)、职业声望(具体工作的社会声望)、职业发展机会(主要包括职业向上流动的机会和流动空间)[②]。

综上可以看出,由于我国对就业质量的研究比较晚,就业质量的定义大多是借鉴"体面劳动"的说法,并在此基础上不断丰富完善。对单独群体的研究较少,专门针对农民工这一特殊群体的研究就更少,使得新生代农民工就业质量的文献资料难以查寻。最大的问题存在于对就业质量指标权重的设计过于主观,导致进行的一些实证研究相对不够科学,直到2011年11月,北京师范大学劳动力市场研究中心在其主持编写的《2011中国劳动力市场报告》中,建立了一个包括就业环境、就业能力、就业状况、劳动者报酬、社会保护、劳动关系6个维度指标,20个二级指标和50个三级指标的就业质量评价指标体系,相比之前最大的不同是报告中使用主成分分析法来对就业质量状况加以研究,这是国内第一个比较系统与科学的就业质量指标体系。从此,我国具有了一套比较科学规范的就业质量指标评价体系,对就业质量宏观上的研究具有借鉴意义,如学者赖德胜曾对之前的指标权重设计进行改进,同样采用了客观且科学的主成分分析法。但对微观劳动者个体的研究仍然比较困难,由于时间和精力上达不到要求,往往采用层次分析法、德尔菲法等主观性比较强的分析方法。因此,今后应该更加关注如何提高我国在微观劳动者个体层面就业质量的量化分析水平,从而使得研究成果更具说服力。

---

① 彭国胜:《青年农民工就业质量问题的实证研究——以长沙市为例》,《攀登》2009年第4期。
② 姚永告:《青年农民工就业质量问题研究》,硕士学位论文,湖南师范大学,2009年。

第二节 新生代农民工就业质量研究设计

近几年来，我国涌现了许多有关新生代农民工就业的调查研究，如新生代农民工就业状况研究、新生代农民工就业能力研究、新生代农民工就业稳定性研究、新生代农民工城市融入问题研究等。这些调查研究涉及新生代农民工在就业中存在的多种问题，虽然关于新生代农民工就业的调查研究很多，但是专门针对新生代农民工就业质量的研究很少。此次调查以贵阳市为例，弥补了我国对新生代农民工就业质量实证研究的不足，从多个指标对新生代农民工的就业质量状况进行了衡量，并找出影响其就业质量的几个关键因素进行量化分析，为提升贵阳市新生代农民工的就业质量提供了有效建议及措施。

一 数据来源

本节的研究重点是新生代农民工的就业质量，主要对他们的就业质量状况进行衡量，通过定性与定量分析相结合，在一定程度上考察贵阳市新生代农民工就业质量的高低。采用的数据源于 2014 年 1 月和 2015 年 6 月在贵阳市开展的调研活动中所搜集到的数据。调查主要以问卷形式开展，涉及新生代农民工的个人基本信息、就业质量基本状况、就业满意度等一系列就业质量评价指标所涵盖的相关信息，为了扩大信息来源，同时辅以现场或电话访谈。本次调研分为两次，第一次于 2014 年 1 月新生代农民工返乡之际，在火车站、汽车站进行了问卷发放，此次共发放 150 份问卷，收回 150 份，有效问卷 143 份；第二次于 2015 年 6 月，在建筑工地、工厂和服务业比较发达的街道等地点进行二次调查，共发放 150 份问卷，收回 141 份，有效问卷 135 份。

二 新生代农民工就业质量评价体系构建

1. 评价指标的选取

评价体系是用来反映新生代农民工就业质量高低的工具,而评价指标选取是否合理将直接关系到评价体系是否有效、能否全面客观地反映新生代农民工的真实就业状况。本书在借鉴刘素华《建立我国就业质量量化评价体系的步骤与方法》一文的基础上,选取了一系列更加适应新生代农民工这一特定群体的评价指标。其具体就业质量评价指标体系构建如图5-1所示。

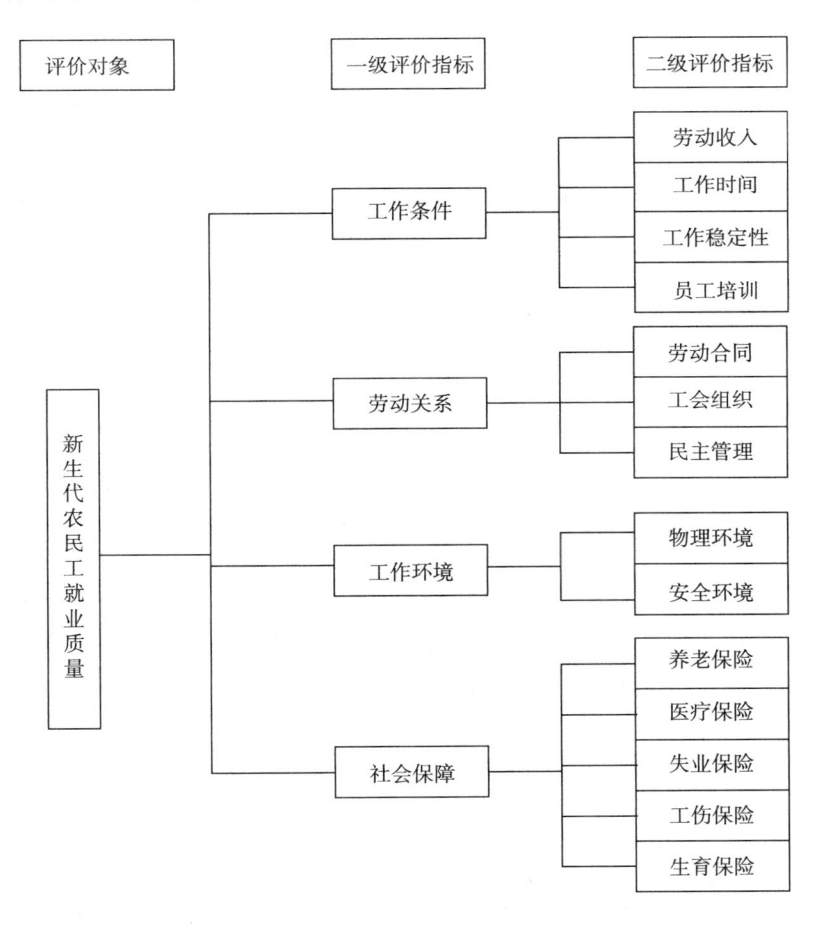

```
评价对象                一级评价指标           二级评价指标

                                             ┌─ 劳动收入
                                             ├─ 工作时间
                        ┌── 工作条件 ─────────┤
                        │                    ├─ 工作稳定性
                        │                    └─ 员工培训
                        │
                        │                    ┌─ 劳动合同
新生代农民工就业质量 ────┤── 劳动关系 ─────────┼─ 工会组织
                        │                    └─ 民主管理
                        │
                        │                    ┌─ 物理环境
                        ├── 工作环境 ─────────┤
                        │                    └─ 安全环境
                        │
                        │                    ┌─ 养老保险
                        │                    ├─ 医疗保险
                        └── 社会保障 ─────────┼─ 失业保险
                                             ├─ 工伤保险
                                             └─ 生育保险
```

图 5-1 就业质量评价指标体系

除了运用上述各指标客观衡量就业质量之外,我们还从主观层面入手,即调查新生代农民工的就业满意度,以弥补评价指标客观衡量的不足,从而更全面地反映其就业质量的高低。就业满意度的调查主要包含四个方面:工资满意度(对目前的月收入是否满意)、雇主满意度(对雇主是否满意)、工作环境满意度(对目前工作岗位的环境是否满意,这里主要是指物理环境和安全环境)、工作满意度(对工作是否感兴趣及其职业发展满意度等),如图5-2。

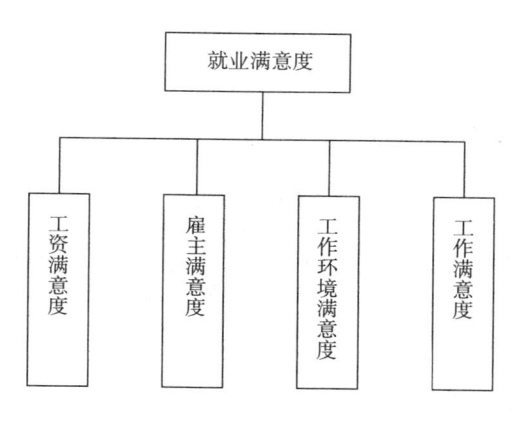

图5-2 就业满意度

2. 评价方法介绍及各指标权重确定

本书的评价方法主要借鉴了河北师范大学商学院副教授刘素华在其2004年的社科基金项目中建立的就业质量量化评价体系。在《建立我国就业质量量化评价体系的步骤与方法》一文中,刘素华教授结合宏观微观层面,把聘用条件、工作环境、劳动关系、社会保障作为就业质量评价指标体系的基本因素,这四个一级指标又包含17个二级指标,运用德尔菲法计算出各指标的权重,再根据权重系数对各指标打分,在此基础上对就业质量进行考察。本书研究的是狭义的就业质量,即从微观层面出发,同样把就业质量的内容分为四个一级指标,即工作条件、工作环境、劳动关系和社会保障。为了更准确地衡量新生代农民工这一特定群体的就业质量,我们对二级指标做了相应调整,其中,工作条件指标划分为劳动收入、工作时间、工作稳定性和员工培训四个二级指标；工作环境指标划分为物理环境和安全环境两个二级指标；劳动关系指标划分为劳动合同、工会组织和民主管理三个二级指标；社会保障指标层主要是五大类社会保险，即养老保险、医疗保险、工伤保险、失业保险和生育保险。

对指标权重的设置通常有主观经验法、主次指标排队分类法和专家调查法，其中，主观经验法和专家调查法均由于主观性比较强，造成文章说服力较弱。基于以上考虑，本书对权重的确定结合运用主次指标排队分类法和专家调查法，先让调查样本中的每一位新生代农民工对各指标的重要性进行排序，根据其排序结果进行统计计算，最后以计算出来的排序指数 W_i 来确定权重系数的大小。具体操作方法及计算结果如表 5-1 所示。

表 5-1　　　　　　　　　一级指标排序分类

一级指标 \ 排序等级 选择人数	第一位 4分	第二位 3分	第三位 2分	第四位 1分	排序指数 W_i
工作条件	194	76	8	0	0.367
工作环境	30	42	60	146	0.184
劳动关系	18	83	73	104	0.205
社会保障	36	77	137	28	0.244

如表 5-1 所示，我们计算的工作条件指标的排序指数 $W_i = 0.367$，则工作条件指标的权重为 37%；工作环境指标的排序指数 $W_i = 0.184$，则工作环境指标的权重为 18%；劳动关系指标的排序指数 $W_i = 0.205$，则劳动关系指标的权重为 20%；社会保障指标的排序指数 $W_i = 0.244$，则社会保障指标的权重为 24%。同理对二级指标排序分类如表 5-2 至表 5-5。

表 5-2　　　　　　　　　二级指标排序分类（一）

一级指标＼排序等级＼选择人数	第一位 4分	第二位 3分	第三位 2分	第四位 1分	排序指数 Wi
劳动报酬	191	87	0	0	0.365
工作时间	23	35	220	0	0.233
工作稳定性	64	156	22	36	0.289
员工培训	0	0	36	242	0.113

表 5-3　　　　　　　　　二级指标排序分类（二）

二级指标＼排序等级＼选择人数	第一位 2分	第二位 1分	排序指数 Wi
物理环境	29	249	0.368
安全环境	249	29	0.632

表 5-4　　　　　　　　　二级指标排序分类（三）

二级指标＼排序等级＼选择人数	第一位 3分	第二位 2分	第三位 1分	排序指数 Wi
劳动合同	255	23	0	0.486
工会组织	23	142	113	0.279
民主管理	0	113	165	0.234

表 5-5　　　　　　　　　二级指标排序分类（四）

排序等级 选择人数 一级指标	第一位 5 分	第二位 4 分	第三位 3 分	第四位 2 分	第五位 1 分	排序指数 Wi
养老保险	195	74	9	0	0	0.367
医疗保险	75	185	18	0	0	0.277
工伤保险	8	19	251	0	0	0.209
失业保险	0	0	0	227	51	0.122
生育保险	0	0	0	51	227	0.079

由以上二级指标排序分类表可知，工作条件指标（37%）中，劳动收入指标的排序指数 $Wi=0.365$，则劳动报酬指标的权重 $Wi=0.365×37\%=14\%$；工作时间指标的排序指数 $Wi=0.233$，则工作时间指标的权重 $Wi=0.233×37\%=9\%$；工作稳定性指标的排序指数 $Wi=0.289$，则工作稳定性指标的权重 $Wi=0.289×37\%=11\%$；员工培训指标的排序指数 $Wi=0.113$，则员工培训指标的权重 $Wi=0.113×37\%=4\%$。工作环境指标（18%）中，物理环境指标的排序指数 $Wi=0.368$，则物理环境指标的权重 $Wi=0.368×18\%=7\%$；安全环境指标的排序指数 $Wi=0.632$，则工作时间指标的权重 $Wi=0.632×18\%=11\%$。劳动关系指标（21%）中，劳动合同指标的排序指数 $Wi=0.486$，则劳动合同指标的权重 $Wi=0.486×21\%=10\%$；工会组织指标的排序指数 $Wi=0.279$，则工会组织指标的权重 $Wi=0.279×21\%=6\%$；民主管理指标的排序指数 $Wi=0.234$，则民主管理指标的权重 $Wi=0.234×21\%=5\%$。社会保障指标（24%）中，养老保险指标的排序指数 $Wi=0.367$，则养老保险指标的权重 $Wi=0.367×24\%=7\%$；医疗保险指标的排序指数 $Wi=0.233$，则医疗保险指标的权重 $Wi=0.277×24\%=7\%$；工伤保险指标的排序指数 $Wi=0.209$，则工伤保

险指标的权重 Wi = 0.209 × 24% = 5%；失业保险指标的排序指数 Wi = 0.122，则失业保险指标的权重 Wi = 0.122 × 24% = 3%；生育保险指标的排序指数 Wi = 0.079，则生育保险指标的权重 Wi = 0.079 × 24% = 2%。

以上是根据调查对象新生代农民工的排序计算的权重，为了使权重更加精准，我们再结合专家调查法，把以上权重与刘素华学者计算的权重进行加权平均，得到本书的最终指标权重（见表5-6）。

表 5-6　　　　　　　　　　指标权重划分

一级评价指标	权重（%）	二级评价指标	权重（%）
工作条件	30	劳动收入	12
		工作时间	7
		工作稳定性	7
		员工培训	4
工作环境	21	物理环境	9
		安全环境	12
劳动关系	25	劳动合同	12
		工会组织	7
		民主管理	6
社会保障	24	养老保险	7
		医疗保险	6
		工伤保险	5
		失业保险	3
		生育保险	3
合计	100	—	100

为了找出一个统一的评价标准，我们将构建的新生代农民工就业质量指标体系转化为一张评分表，根据每个评价指标在总指标中的重要程度（权重），赋予各指标相应的分值，再对每一指标的不同层级分别赋予分数（见表5-7）。

表5-7　　　　　　　　新生代农民工就业质量评分标准

一级指标层	二级指标层	层级	得分
工作条件（30%）	劳动收入（12分）	1. 4400元及以上 2. 3600—4400元 3. 2800—3599元 4. 2000—2799元 5. 2000元以下	12 10 8 6 4
	工作时间（7分）	1. 每周工作30—40小时（含40小时） 2. 每周工作41—50小时（含50小时） 3. 每周工作30小时以下或50小时以上	7 5 3
	工作稳定性（5分）	1. 从未变更过工作 2. 工作2年以上变更一次 3. 工作1—2年（含2年）变更一次 4. 工作半年到1年（含1年）变更一次 5. 工作不满半年变更一次或工作不满1年	7 6 5 4 3
	职工培训（5分）	1. 1周及以上 2. 4—7天 3. 3天及3天以内 4. 未接受过培训	4 3 2 0

续 表

一级指标层	二级指标层	层级	得分
工作环境（21%）	物理环境（9分）	1. 环境质量较好 2. 环境质量一般 3. 环境质量较差	9 6 3
	安全环境（12分）	1. 不会对人体健康造成任何危害和威胁 2. 可能会对人体健康造成一定威胁，但威胁性小 3. 对人体健康具有严重威胁，但有保护措施 4. 对人体健康具有严重威胁，且无保护措施	12 9 6 3
劳动关系（25%）	劳动合同（19分）	1. 签订书面劳动合同 2. 没签订书面劳动合同，但有口头约定 3. 既没签书面劳动合同，也无口头约定	12 6 0
	工会组织（11分）	1. 单位有工会组织 2. 单位没有工会组织或不清楚	7 0
	民主管理（10分）	1. 建立了职工代表大会，并定期召开会议，行使职权 2. 未建立职工代表大会，但有其他民主管理形式 3. 无任何民主管理制度	6 3 0

续 表

一级指标层	二级指标层	层级	得分
社会保障（24%）	养老保险（7分）	1. 单位给交纳养老保险 2. 单位未交纳养老保险	7 0
	医疗保险（7分）	1. 单位给交纳医疗保险 2. 单位未交纳医疗保险	6 0
	工伤保险（7分）	1. 单位给交纳工伤保险 2. 单位未交纳工伤保险	5 0
	失业保险（4.5分）	1. 单位给交纳失业保险 2. 单位未交纳失业保险	3 0
	生育保险（4.5分）	1. 单位给交纳生育保险 2. 单位未交纳生育保险	3 0

三 新生代农民工调查问卷设计

为了增强研究的可靠性，我们通过问卷，采集相关数据，进行分析探讨。根据我们的研究内容和对象，将问卷基本内容设计如下。

1. 调查对象的选定

本书以新生代农民工的就业质量为研究对象，调查对象为出生年份在1990—1999年，户籍为农村，在贵阳市主要从事第二、第三产业的一批青少年农民工。第一次调研集中在贵阳市的火车站和汽车站两个地点，以春节返乡农民工为调查对象，由于在车站候车的农民工可能来自各个地区且从事不同的工作，这保证了工作地点和行业的多样性，从而保证了样本的多样性。

同时,了解到目前新生代农民工主要从事第二、第三产业,且集中在制造业,第二次调研我们有针对性地选取了一部分企业。首先在贵州广安智丰建设工程有限公司和一些主要从事制造业的工厂投放问卷,之后又在服务业比较发达的二七小吃街周边以及大学城的学生服务中心进行了问卷调查,保证了问卷的有效回收率,且样本的选取具有代表性意义。

2. 问卷的编制

贵阳市新生代农民工就业质量调查研究问卷主要由三部分组成,第一部分是个人基本信息,包括性别、年龄、学历水平、所属行业、技术等级和工作年限六项基本信息;第二部分是新生代农民工就业质量基本状况调查,通过收入、劳动合同签订、社会保险的购买、周工作时间、工作稳定性和培训状况六个维度来了解其就业质量的客观状况。为了更深入了解新生代农民工的就业质量状况,我们还从主观层面入手,考察了新生代农民工的就业满意度情况,即第三部分包括对工资、雇主、工作环境和工作本身的满意度调查。详细问卷见附录。

四 新生代农民工就业质量基本情况与影响因素分析

1. 样本基本情况

本次调研活动在贵州省贵阳市共发放了300份问卷,收回291份,有效问卷共278份,问卷有效回收率为97%。其个人信息基本情况如表5-8所示。

表5-8　　　　　　　　　　性别比例

性别	人数	百分比(%)
男	197	70.9
女	81	29.1

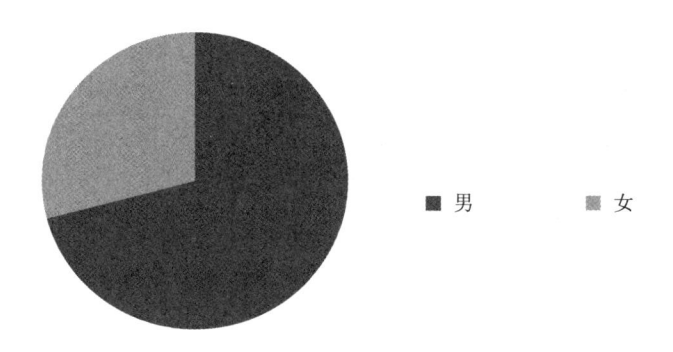

图 5-3　性别比例分布

从表 5-8、图 5-3 可以看出，在这次调查的新生代农民工中，男性 197 名，占总数的 70.9%；女性 81 名，占总数的 29.1%，男性人数约是女性人数的 2.4 倍。可见，在外出务工的新生代农民工中以男性居多。这是因为在农村男性的责任和义务相对女性来说更重，他们需要很早就外出务工挣钱，为以后自己成立家庭和赡养父母做准备。女性则更多地倾向于在家分担家务，或选择在附近的乡镇企业就近工作。

表 5-9　　　　　　　　　　　民族成分比例

民族	人数	百分比（%）
汉族	194	69.9
少数民族	84	30.1

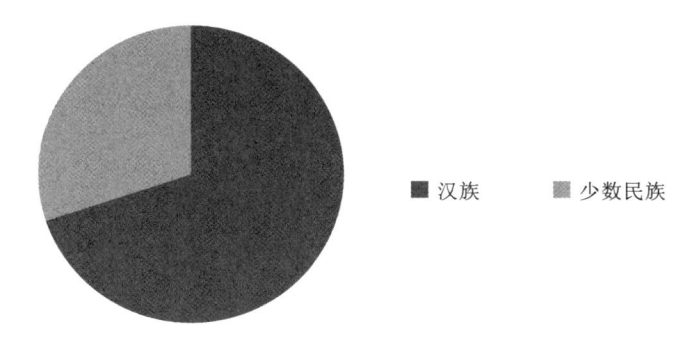

图 5-4　民族比例分布

由于贵州省是多民族共居的省份，全省涵盖了我国所有的 56 个民族，据我国第五次人口普查统计，全省人口超过 10 万的有汉族、苗族、布依族、侗族、土家族、彝族、仡佬族、水族、白族和回族。其中，少数民族人口约占全省总人口的 40%。为此，我们将民族的考察分为汉族和少数民族两项，汉族以外的民族全都看作少数民族。由表 5-9、图 5-4 可知，此次调查民族为汉族的新生代农民工 194 人，占调查总人数的 69.9%；少数民族新生代农民工 84 人，占调查总人数的 30.1%，少数民族的新生代农民工占到了高达 30% 以上的比例。从整体来看，由于调查人数较多，汉族和少数民族新生代农民工样本基数都较大，样本具有一定的代表性，可用于之后分析民族这一因素对新生代农民工就业质量的影响。

表 5-10　　　　　　　　　年龄区间比例

年龄区间（5 岁）	人数	百分比（%）
16—20	68	24.3
21—25	94	34
26—30	116	41.7

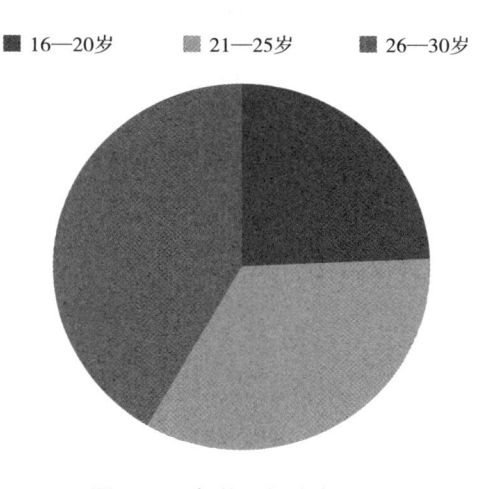

图 5-5　年龄区间分布比例

表 5-11　　　　　　　　　　描述统计量（一）

	N	极小值	极大值	均值	标准差
年龄	278	1	3	2.17	.797
有效的 N	278				

图 5-5、表 5-10 显示，20 岁及其以下的新生代农民工有 68 名，占总数的 24.3%；21—25 岁的新生代农民工 94 名，占总数的 34.0%；26—30 岁的新生代农民工 116 名，占总数的 41.7%。其中，处在 16—20 岁和 21—25 岁两个年龄段的新生代农民工超过半数，通过 SPSS 软件分析，观察到在描述统计量表中，年龄的均值为 2.17，即新生代农民工的平均年龄处在 21—25 岁（见表 5-11）。25 岁以下的新生代农民工在总数中几乎占了一半，年龄结构成分偏向年轻化。这与现在的农村孩子成熟较早有较大的关系，他们接受完一定学校教育之后，就开始为生活做打算，年纪轻轻就离开家乡到城市务工挣钱。

表 5-12　　　　　　　　　　受教育情况比例

学历	人数	百分比（%）
小学及以下	38	13.6
初中	116	41.7
高中	65	23.3
大学及以上	59	21.4

由表 5-12 和绘制出的图 5-6 可清晰看出，小学及其以下文化程度的新生代农民工有 37 名，占总数的 13.6%；初中文化程度的新生代农民工 116 名，占总数的 41.7%，高中学历的新生代农民工有 65 名，占总数的 23.3%；大学及以上学历的新生代农民工 59 名，占总数的 21.4%。在过去老一代农民工中，小学及以下和初中文化程度占了很大一部分，极少数

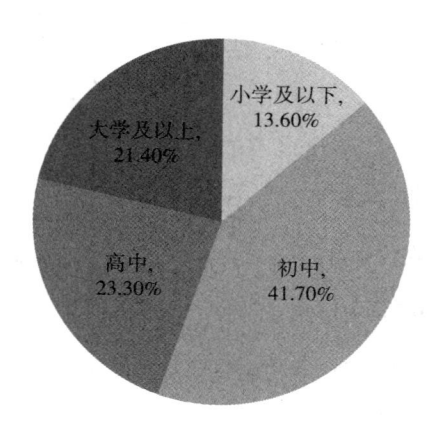

图 5-6　学历分布

具有高中文化程度，鲜有大学及以上学历的农民工，文化水平普遍偏低，而新生代农民工的受教育情况有了明显改善，高中及其以上文化水平的新生代农民工占 44.7%，几乎与初中及以下文化水平新生代农民工所占比例持平，大学及以上学历的新生代农民工更是占到了高达 21.4% 的比例，与之前农民工这一群体中大学生极其罕见形成了鲜明对比。可见，当代的新生代农民工已不再是文化水平较低的一个群体，他们具有一定的文化知识。

表 5-13　　　　　　　　各行业调查人数统计

行业	人数
制造业	68
建筑业	86
服务业	83
其他行业	41

为了对贵阳市新生代农民工的就业质量进行深入分析，我们不可能把所有行业都纳入进来，因为要对每一个行业都进行具体分析的话，这将需要非常庞大的数据支撑，而时间和精力都是难以达到的。所以，在这里我

们重点分析新生代农民工主要集中的制造业、建筑业和服务业，所有其他行业统一计入"其他行业"这一选项。在收回的278份问卷中从事制造业的新生代农民工68人，从事建筑业的新生代农民工86人，从事服务业的新生代农民工83人，其他行业新生代农民工41人。

为了研究新生代农民工的就业行业分布情况，我们使用在火车站、汽车站等地点随机发放的150份问卷，统计了其中的143份有效问卷。由于这150份问卷是随机发放的，样本基数较大具有一定代表性，因而可以用来分析新生代农民工行业分布的大体特点。

据表5-13统计，从事制造业的新生代农民工68人，所占比例为23.6%；从事建筑业的新生代农民工86人，所占比例为29.9%；从事服务业的新生代农民工83人，所占比例为28.9%；从事其他行业的新生代农民工共41人，所占比例为14.2%。从事制造业、建筑业和服务业的新生代农民工占了约超过2/3的比例，其他所有行业的新生代农民工仅占了约1/3的比例。可见，新生代农民工主要从事制造业、建筑业和服务业，这与目前新生代农民工主要集中于第二、第三产业的实际情况也是相符合的。还可以看出，从事服务业的新生代农民工占据高达37.0%的比例，而之前农民工主要分布在制造业和建筑业，从事一些工作环境差又危险的体力工作。越来越多的新生代农民工进入服务业这一新兴行业中，相比于制造业、建筑业等传统行业，服务业环境较好，不再是单纯地从事体力工作，在这一行业工作往往具有较大的发展空间。

表5-14　　　　　　　　　　技术等级

技术等级	人数	百分比（%）
无技术人员	202	72.8
初级技工	38	13.6
中级技工	22	7.8

续 表

技术等级	人数	百分比（%）
高级技工及以上	16	5.8
合计	278	100.0

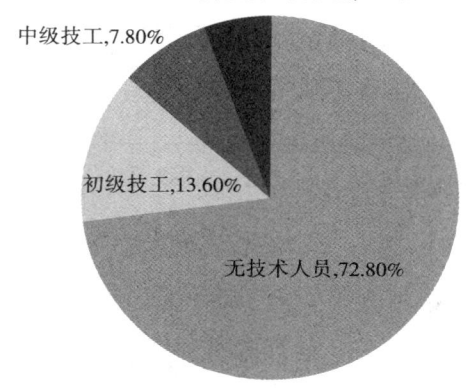

图 5-7 技术等级分布

本书把技术等级分为四个层次，分别为无技术人员、初级技工、中级技工和高级技工及以上。其中，无技术人员 202 人，比例为 72.8%；初级技工 38 人，比例为 13.6%；中级技工 22 人，比例为 7.8%；高级技工及以上的 16 人，比例为 5.8%（见表 5-14、图 5-7）。无技术人员占总体的比例高达 72.8%，可见，新生代农民工依然存在技能不高甚至无技术的问题，但也可能是因为新生代农民工的学历有所提升，拥有的知识文化越来越多，无须单纯依靠一些专门的技术来挣钱。通过之后在就业质量上的差异性检验，我们将证明技术是否是影响新生代农民工就业质量的一个重要因素。

新生代农民工的工作稳定性可以用新生代农民工的工作变更频率来衡量，这里的工作年限是计算的新生代农民工的累计工作时间，并不能反映自身的工作稳定性，但随着工作年限的增加，新生代农民工的社会阅历、工作经验等相继增加，收入提高等，在一定程度上可间接提高新生代农民工的就业质量，本书把其纳入考虑范围进行分析。我们把工作年限划分为四个区间，即工作时间不满1年、1—3年（含3年）、3—5年（含5年）、5年以上。其中，工作时间不满1年的新生代农民工有27人，占9.7%；工作时间为1—3年的新生代农民工58人，占20.4%；工作时间为3—5年的新生代农民工57人，占20.4%；工作时间达5年以上的新生代农民工共136人，占49.5%（见表5-15、图5-8）。

表5-15　　　　　　　　　工作年限统计

工作年限	人数	百分比（%）
不满1年	27	9.7
1—3年（含3年）	58	20.4
3—5年（含5年）	57	20.4
5年以上	136	49.5
合计	278	100

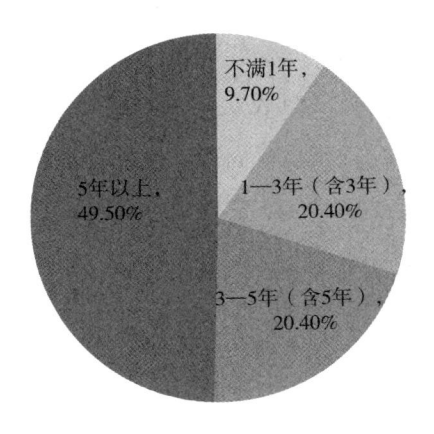

图5-8　工作年限分布

综上，这次调查选取的新生代农民工比较具有代表性，样本质量较高，能够比较全面地反映出目前贵阳市新生代农民工的整体就业质量状况。接下来我们对就业质量的各级指标进行分析，通过汇总统计，总结出了贵阳市新生代农民工在每一具体指标上的实际情况。

2. 就业质量指标分析

根据上述采集到的样本数据，按照设计的就业质量指标体系，新生代农民工就业质量情况分为以下五个部分。

第一，工作条件类指标分析。

表5-16　　　　　　　　月收入基本情况

月收入	人数	百分比（%）
2000元以下	24	8.7
2000—2799元	127	45.6
2800—3599元	81	29.1
3600—4400元	19	6.8
4400元以上	27	9.7
合计	278	100

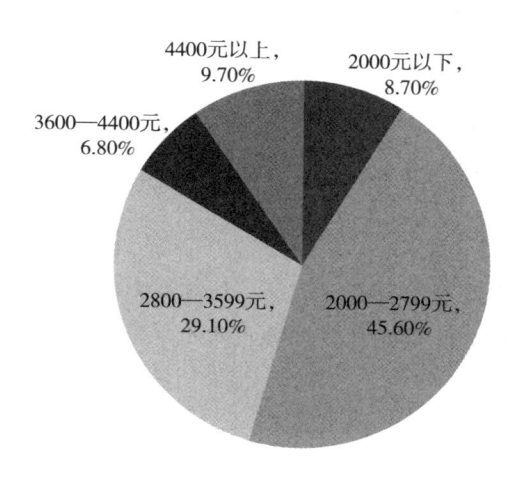

图5-9　月收入分布

表 5-17　　　　　　　　　　　描述统计量（二）

	N	极小值	极大值	均值	标准差
月收入	278	1	5	2.63	1.066
有效的 N	278				

根据《关于调整 2015 年贵州省最低工资标准的通知》，一类地区（云岩区、南明区、乌当区、白云区、花溪区、观山湖区和清镇市）的月最低工资标准为 1600 元；二类地区（开阳县）的月最低工资标准为 1500 元；三类地区（息烽县和修文县）的月最低工资标准为 1400 元。经过在调查中的走访，发现新生代农民工的月平均收入大多在 2000 元以上，极少部分月平均收入还处在 2000 元以下的最低标准水平。同时，考虑到贵阳市居民的月基本费用状况，我们把月收入划分为 2000 元以下、2000—2799 元、2800—3599 元、3600—4400 元、4400 元以上五个层次（见表 5-16、图 5-11）。在这次调查统计中，贵阳市新生代农民工月平均收入在 2000 元以下的有 24 人，占 8.7%；月平均收入在 2000—2799 元的有 127 人，占 45.6%；月平均收入在 2800—3599 元的有 81 人，占 29.1%；月平均收入在 3600—4400 元的有 19 人，占 6.8%；月平均收入在 4400 元以上的有 27 人，占 9.7%。通过 SPSS 软件分析，在描述统计量表中观察到，月收入的均值等于 2.63（见表 5-17），即贵阳市新生代农民工的月收入大约在 2800 元，相比上一代农民工的收入有了大幅度的提高。但从表 5-16 可以看出，月收入在 2000—2799 元的新生代农民工所占比例高达 45.6%，说明新生代农民工之间收入差距较大，约半数的新生代农民工的收入处于 2000—2799 元，相比于其他社会群体收入水平依然较低。

表 5-18　　　　　　　　　周平均工作时间

周工作时间	人数	百分比（%）
30 小时以内	22	7.8
30—40 小时	43	15.5
41—50 小时	84	30.1
50 小时以上	129	46.6
合计	278	100

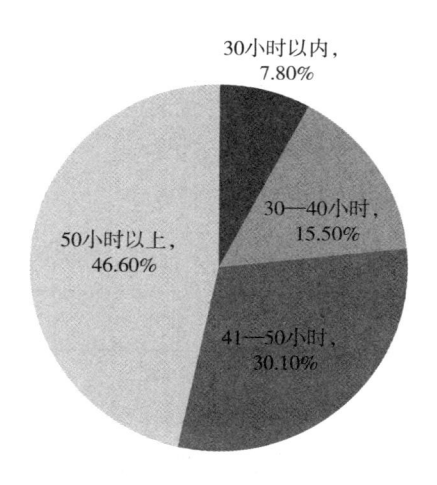

图 5-10　周平均工作时间分布

观察表 5-18 图 5-10 可以看出，在调查的 278 名贵阳市新生代农民工中，有 22 人每周工作时间在 30 个小时以内，占 7.8%；43 名新生代农民工每周工作时间在 30—40 个小时，占 15.5%；84 名新生代农民工每周工作时间在 41—50 个小时，占 30.1%；129 名新生代农民工的周工作时间在 50 个小时以上，占 46.6%。其中，7.8% 的新生代农民工周工作时间不到 30 个小时，根据劳动—闲暇理论，新生代农民工这一群体由于收入基数偏低，闲暇时间过多并不是新生代农民工自身所愿，造成其就业质量偏低。在国家标准周工作时间 30—40 个小时的新生代农民工仅占 15.5%，41—50 个小时以内的约占 1/3 的比例，50 个小时以上的几乎占到了 1/2 的比例。这与新生代农民工工作的行业有很大关系，他们主要集中在制造业、建筑业和服务业，而这三个行业工作时间都相对较长，很多工厂、企业并不严格遵守国家规定的标准水平，私自延长工作时间，尤其是最近兴起的服务行业，多数需要夜间工作，大大延长了员工的工作时间，加上制造业和建筑业劳动强度大，都严重影响到新生代农民工的就业质量。

表 5–19　　　　　　　　　　工作变更情况

工作变更频率	人数	百分比（%）
不满半年	16	6.4
半年到一年	30	11.7
1—2 年	40	16
两年以上	57	22.3
无变更	111	43.6
合计	254	100

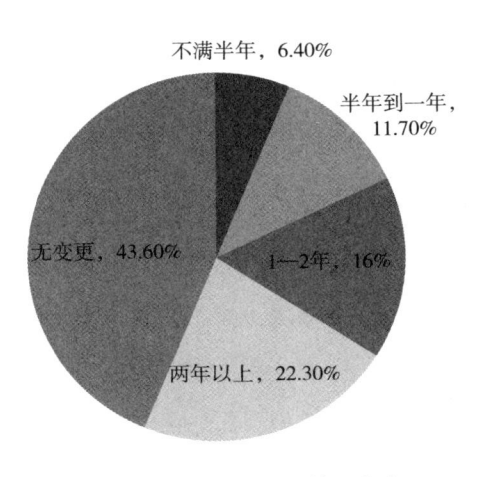

图 5–11　工作变更情况分布

我们通过调查贵阳市新生代农民工的工作变更频率来衡量其就业稳定性，考虑到研究的精确性，在统计过程中我们剔除了无工作变更但工作年限不满一年的数据，因为这部分人刚步入工作，工作时间太短，对于之后是否会变更工作还无法确定，因此这部分数据不具有代表性。表 5-19 和图 5-11 是剔除不满足条件的样本后的数据，统计情况如下。

不满半年时间变更一次工作的新生代农民工有 16 人，占 6.4%；半年到一年时间变更一次工作的新生代农民工有 30 人，占 11.7%；1—2 年变更一次工作的新生代农民工有 40 人，占 16.0%；两年以上变更一次工作的新生代农民工 57 人，占 22.3%；无变更工作的新生代农民工有 111 人，占 43.6%。在累计百分比一栏中可以看出，新生代农民工的就业稳定性较低，一半以上的人工作不稳定，具有工作变动。经过深入访谈，我们还发现其工作变更情况具有显著的行业特征，接下来本书将借助下面的柱形图来说明各行业工作变更的具体情况。

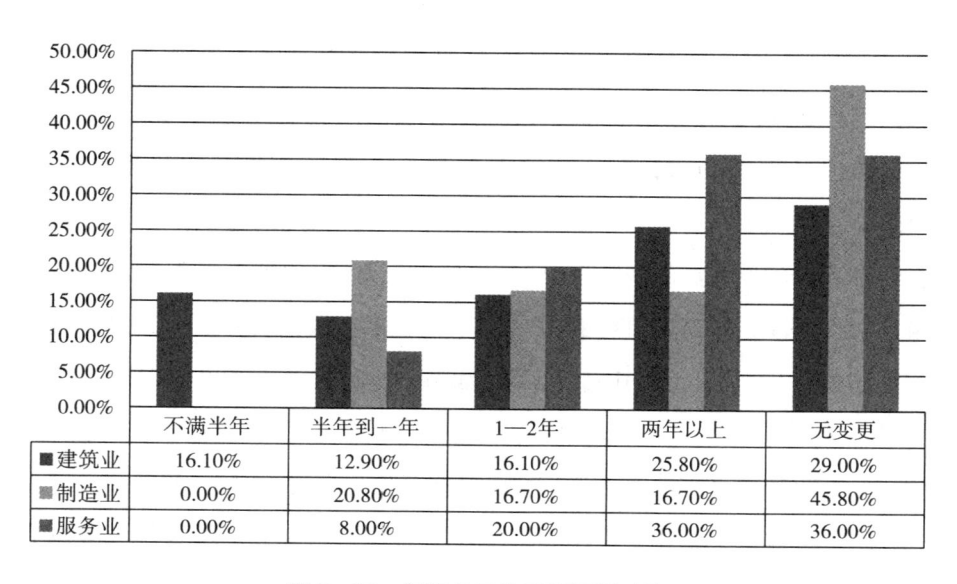

	不满半年	半年到一年	1—2年	两年以上	无变更
建筑业	16.10%	12.90%	16.10%	25.80%	29.00%
制造业	0.00%	20.80%	16.70%	16.70%	45.80%
服务业	0.00%	8.00%	20.00%	36.00%	36.00%

图 5-12　各行业工作变更情况对比

从图 5-12 可以看出，在制造业内，半年到一年变更一次工作的新生代农民工占 20.8%,其中多数表示,他们会在一个单位至少坚持工作一年,如果对工作不满意,大多选择过完年假后更换工作,而从后面的就业满意度调查中发现,制造业的满意度并不高;1—2 年和 2 年以上时间更换一次工作的新生代农民工均占 16.7% 的比例,相对较低;无工作变更的新生代农民工比例达到了 45.8%,对比建筑业和服务业相对高一些,原因是制造业的工作地点比较稳定,一般是开设在城市周边的工厂,居住在工厂附近的农民工倾向于长期在此工作,因此这些新生代农民工的工作就相对稳定。

建筑业一直以来都是一个流动性较高的行业,作业环境差,工作本身艰苦又具有一定的危险性,且业内员工多来自全国各地,这都加剧了该行业的流动性。其中不满半年变更一次工作的新生代农民工占 16.1%,相对制造业和服务业,这一比例颇高。这里是我们剔除了工作时间不到一年的新生代农民工后的数据,访问中发现他们中甚至有很多工作一个月就辞职,可见,现代的新生代农民工不再像传统的农民工那样踏实地出卖体力,他们频繁地更换工作,想要寻求一份自己更加满意的工作;半年到一年时间更换一次工作的新生代农民工占 12.9%;1—2 年更换一次工作的新生代农民工占 16.1%;两年以上时间更换一次工作的新生代农民工占 25.8%;无工作变更的新生代农民工占 29.0%。在建筑业工作的人员,存在经常变换工作地点的现象,由于建筑业不同项目地理位置不同,项目期限长短也不同,长期项目可能 3—5 年,有的甚至长达十年之久,短期项目有的却只有几个月时间,因此员工经常到不同地点施工。虽然工作并没有更换,工作地点却时常变动,因此,按照无工作变更的比例 29.0% 这一数据统计新生代农民工的工作稳定性,其就业质量是要大打折扣的。

在服务业,无工作更换的新生代农民工占 36.0%,工作更换率达到了 64.0%。服务业由于对技术要求不高,且现在的服务业大多数对员工提供岗前培训,经过短期培训,员工很容易能够胜任当前工作,加之现在服务业比较发达,如餐饮业、销售业,还有一些金融保险业等,寻找一份服务业内的工作也相对容易些。这些都在宏观上增加了新生代农民工更换工作的可能性。

表 5-20　　培训情况分布

培训时间	人数	百分比（%）
无员工培训	175	63.1
3 天及以内	19	6.8
4—7 天	16	5.8
1 周以上	68	24.3
合计	278	100

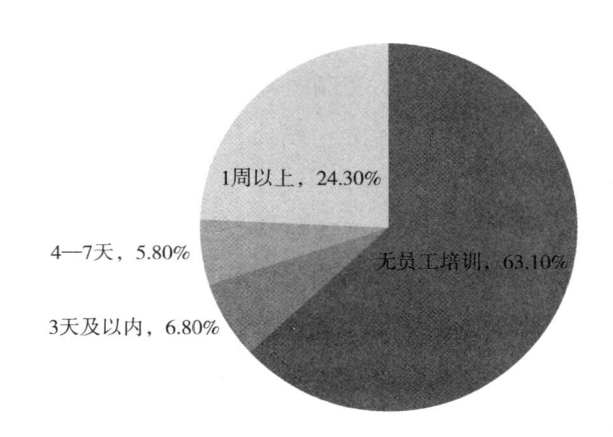

图 5-13　培训情况比例分布

岗前培训可以帮助员工更加胜任自己的工作，不但有利于企业自身的发展，也利于员工个人的成长。在这次调查的 278 名新生代农民工中，有 175 人在工作中没有员工培训，占 63.1%；19 人具有了 3 天或 3 天以内的培训经历，占 6.8%；16 人参加了 4—7 天的员工培训，占 5.8%；68 人有过 1 周以上的培训时间，占 24.3%。其中，无员工培训的比例占到了 63.1%，新生代农民工的培训情况并不乐观（见表5-20）。其具体行业的员工培训情况如图5-13、图5-14所示。

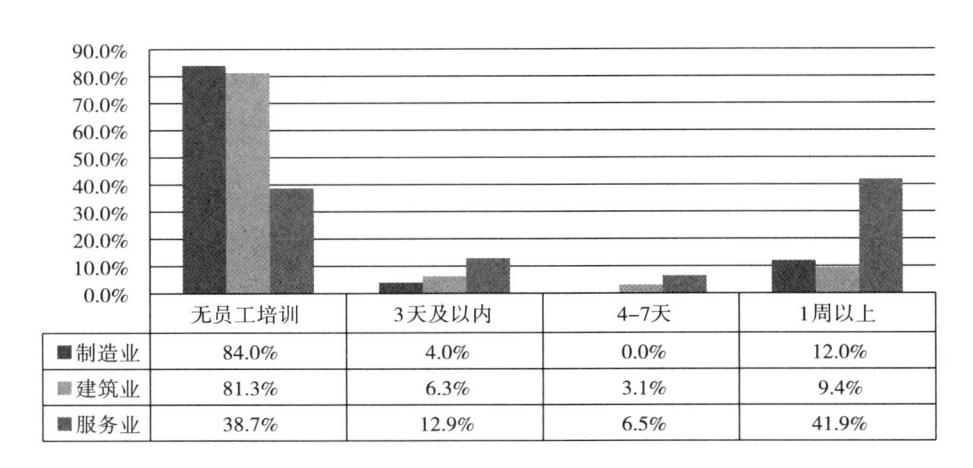

	无员工培训	3天及以内	4-7天	1周以上
制造业	84.0%	4.0%	0.0%	12.0%
建筑业	81.3%	6.3%	3.1%	9.4%
服务业	38.7%	12.9%	6.5%	41.9%

图5-14 各行业员工培训情况对比

从柱形图5-14可以看出，在制造业有84.0%的新生代农民工没有进行任何员工培训就直接上岗工作，同样，在建筑业也具有高达81.3%的新生代农民工在上岗前没有接受过员工培训。据调查，许多制造业工厂并不为工人提供培训，新进员工以学徒身份上岗，利用老员工帮带新员工的模式开展工作，度过三个月至半年的学徒期，直到新员工具备熟练工作的能力为止。在学徒期间，员工的工资和福利等都相对较低。在建筑业，很多新生代农民工甚至表示，他们的工作不需要也没听说过相关培训。可见，建筑行业的新生代农民工依然存在从事的工作劳动强度大、技术含量低的现象。而在服务行业情况却大不相同，这个行业的员工不但要具备一定的专业知识，更需要较高的礼仪素质等，企业人员的服务态度甚至在一定程度上决定着整个企业的盛衰。所以，服务行业的企业比较注重员工的岗前培训，培训内容不仅仅是包括行业内的一些相关规定和准则，但对技术的要求相对不高，其培训内容主要是对员工的行为方式、待客礼仪等服务态度的规范。在柱形图5-14中显示，服务业对员工培训时间达 1 周以上的新生代农民工占了高达 41.9% 的比例,反映了服务业对员工培训的极大重视。

第二,工作环境类指标分析。

表 5-21　　　　　　　各工作环境指标情况

工作环境指标	选项	人数	百分比(%)
物理环境	环境质量较好	49	17.5
	环境质量一般	159	57.3
	环境质量较差	70	25.2
安全环境	不会对人体健康构成任何威胁	127	45.6
	可能会对人体健康造成威胁,但威胁性小	108	38.8
	对人体健康具有严重威胁,但有保护措施	35	12.6
	对人体健康具有严重威胁,且无保护措施	8	2.9

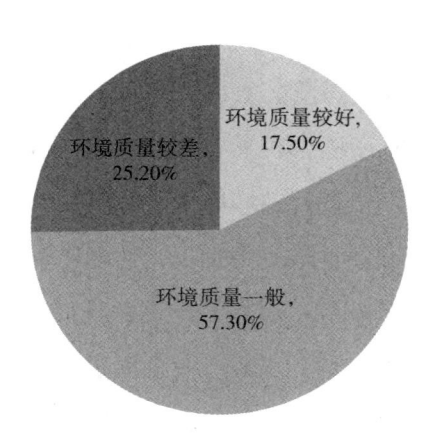

图 5-15　物理环境质量分布

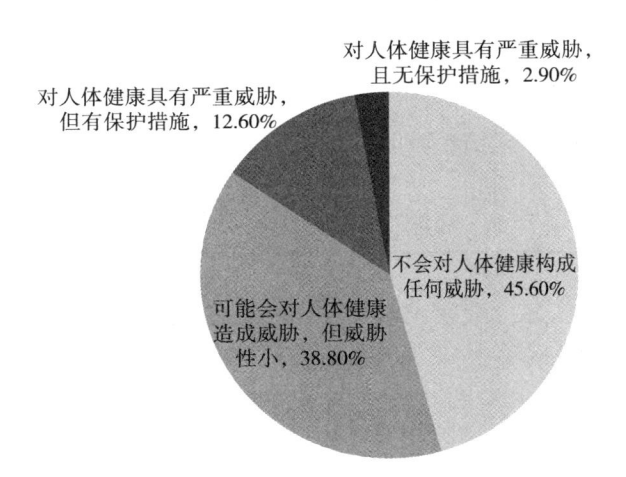

图 5-16 安全环境质量分布

本书将工作环境指标分为物理环境和安全环境，物理环境主要是指工作场所所处空间质量状况，包括自然和人工环境，如空气、光、温度、湿度等。安全环境是对工作安全性的考察，可通过工作操作是否对人体有危险或威胁来衡量安全性的高低。

由图 5-15 可知，工作场所的物理环境质量较好的有 49 人，占 17.5%；物理环境质量一般的有 159 人，占 57.3%；物理环境质量较差的有 70 人，占 25.2%。物理环境虽然在短期内不会对人体造成危害，但长期处在物理环境较差的环境中仍然会对人体健康构成威胁。其中只有 17.5% 的新生代农民工所处的物理环境较好，却有高达 25.2% 的新生代农民工处于较差的物理环境中。调查中发现，物理环境较差的多分布在建筑业和制造业，尤其是在一些加工制造工厂集中分布的区域，污染严重、空气污浊，环境质量十分差，部分服务行业也由于管理不善、空气流通不好等造成环境质量较低；而物理环境较好的仅有少数在服务业工作的新生代农民工。

对安全环境的统计中，不会对人体健康构成任何威胁的有 127 人，占 45.6%；可能会对人体健康造成威胁，但威胁性小的有 108 人，占

38.8%；对人体健康具有严重威胁，但有保护措施的有35人，占12.6%；对人体健康具有严重威胁，且无保护措施的有8人，占2.9%（见图5-16）。可见，超过半数的新生代农民工所处的工作环境对人体健康有威胁性，有2.9%的比例是对人体健康具有严重威胁的，且无任何保护措施，一旦发生事故后果将十分严重。

因此，应该加大规范物理环境，如企业可以引进净化空气装置，做好供水、供暖，从而做好预防措施，在源头上减少威胁人体健康的隐患。对安全环境更要加强管理，近几年来，由于一些事故的发生，我国对企业的安全管理越来越严格，任何企业的创办都要符合国家安全标准，并对企业定期检查是否存在安全隐患，大大减少了事件发生的概率。经过调查我们发现，对具有威胁人体健康的企业，基本上都按照国家要求配备安全保护设施，多数事故的发生源于工人在工作中操作不当，是完全可以避免的。工人自己首先应该提高安全意识，在操作时严格按照操作标准，这才是保护自己人身健康安全的第一道防线。

第三，劳动关系类指标分析。

表5-22　　　　　　　　各劳动关系指标情况

劳动关系指标	选项	人数	百分比（%）
劳动合同	书面合同	59	21.4
	口头合同	135	48.5
	无	84	30.1
工会组织	有	11	3.9
	没有或不清楚	267	96.1
民主管理	职工代表大会	8	2.9
	其他民主管理形式	92	33.0
	无	178	64.1

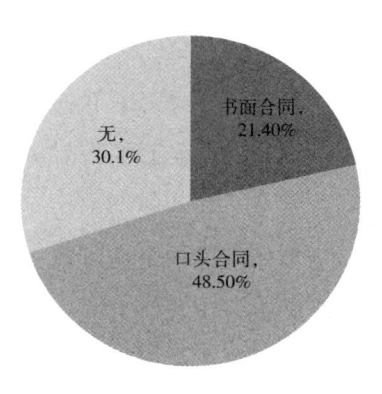

图 5-17　劳动合同签订比例

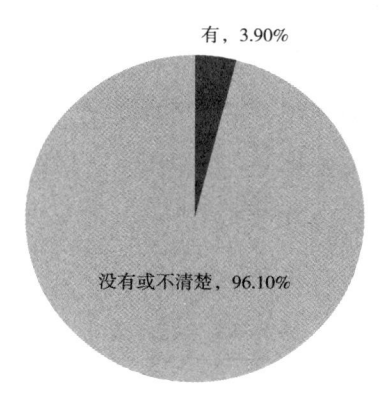

书面合同，21.40%
口头合同，48.50%
无，30.1%

图 5-18　工会组织参与比例

有，3.90%
没有或不清楚，96.10%

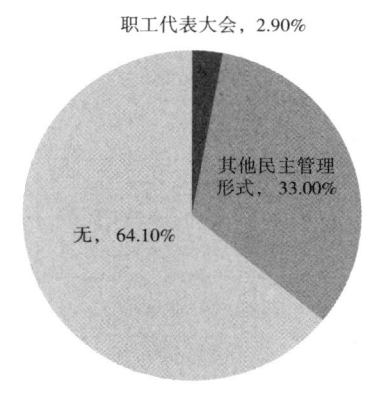

图 5-19　民主管理情况

职工代表大会，2.90%
其他民主管理形式，33.00%
无，64.10%

我们选取了三个劳动关系指标,即劳动合同、工会组织和民主管理。针对劳动合同这一指标,有59人签订了书面劳动合同,占比21.4%(见图5-17);135人进行了口头约定,即具有口头协议,占比48.5%;84人既无书面合同,也没有口头协议,占30.1%。可以看出,新生代农民工的劳动合同签订率较低,1/3的人在劳动关系上没有任何保障。在采访中发现,很多新生代农民工表示,他们并没有签订过书面劳动合同,但基本上与雇主都有口头约定。在数据中也显示,有48.5%的新生代农民工与雇主建立劳动关系的方式是采用口头协议,在劳动合同指标项中所占比例最高(见表5-22)。口头合同虽然和书面合同一样具有法律效力,它给员工承诺了一种保障,使员工具有安全感,但当员工和雇主出现纠纷时,由于没有可以证明劳资双方权利义务可依托的书面凭证,通常难以举证和分清责任,而企业规则和标准等大多由雇佣方制定,加上存在信息不对称现象,一旦双方发生纠纷,十分不利于员工。

图5-18展示了工会组织的参与情况,在本次调查的278名新生代农民工中,有11人参与工会组织,仅占3.9%;96.1%的新生代农民工没有参加工会组织。新生代农民工的工会参与率非常低。据调查,这与很多单位并没有设立帮助工人群体的工会组织有很大关系,许多新生代农民工甚至没有听说过工会。

基于我国整体工会组织并不多的现状,我们这里还调查了新生代农民工是否存在其他民主管理方式。其中,单位具有职工代表大会的新生代农民工8人,占2.9%;具有其他民主管理形式的新生代农民工92人,占33.0%;无任何其他民主管理方式的178人,占64.1%(见图5-19)。可见,具有职工代表大会的比例也非常少,但在不少企业确实存在某些民主管理形式。例如在一些制造业工厂,员工定期参加企业会议,他们可以在会议上发表自己的建议和观点,有的是关于提升工作效率的建议,有的是有利于员工自身的观点,或者有益于员工与雇主、员工与员工间关系的改善,但从宏观层面分析,无论是利于工作之本身,还是利于员工的建议,都有利于企业的长远发展。

第四，社会保障类指标分析。

社会保障类指标是用来衡量贵阳市新生代农民工的工作福利状况的，即社会保险的购买情况。在本次调研中，这一大类指标的统计情况如下表5-23所示。

表5-23 社会保险购买情况

社会保险	选项	人数（人）	百分比（%）
养老保险	有	54	19.4
	无	224	80.6
医疗保险	有	57	20.4
	无	221	79.6
工伤保险	有	46	16.5
	无	232	83.5
失业保险	有	24	8.7
	无	254	91.3
生育保险	有	5	6.7
	无	76	93.3

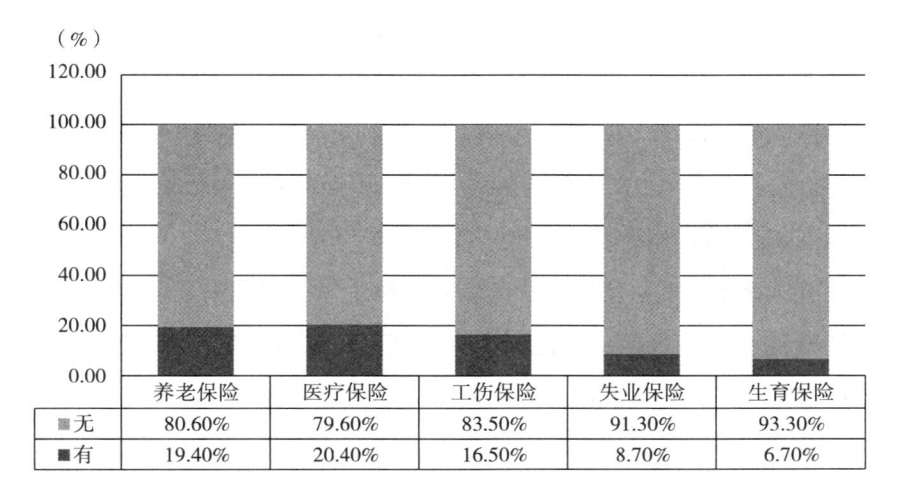

（%）	养老保险	医疗保险	工伤保险	失业保险	生育保险
■ 无	80.60%	79.60%	83.50%	91.30%	93.30%
■ 有	19.40%	20.40%	16.50%	8.70%	6.70%

图 5－20　社会保险购买比例

在统计的 278 名新生代农民工中，有 54 人购买了养老保险，占 19.4%；57 人购买医疗保险，占 20.4%；46 人具有工伤保险，占 16.5%；24 人具有失业保险，占 8.7%；其中女性新生代农民工共 81 人，有 5 人具有生育保险，占 6.7%。目前，我国新生代农民工的社会保险购买率非常低，图 5－20 的百分比堆积图清晰显示，这次调查的 278 名新生代农民工的社会保险购买情况非常不乐观。出现这种情况的原因有三。其一，源于企业为了节省成本，经常私自从中减少员工福利，甚至不遵守国家法律法规，不为员工购买保险。其二，也有新生代农民工自身原因。在访问中发现，很多新生代农民工并不重视企业是否为他们购买保险，只关注工资的高低。而这种情况也并不少见，多数企业在雇佣工人之初便询问他们是否需要帮助其购买保险，并明确告知，购买保险会扣除一定比例的工资，如果不购买保险，这部分资金可放入工资。为了能够获得少量工资的增加，大多数新生代农民工会选择不购买社会保险，外地的新生代农民工几乎都选择不购买社会保险，只有在当地或工作单位附近的少数农民工，考虑到养老健康问题，才可能会购买养老保险和医疗保险。其三，在建筑业从事高危工作的员工，考虑到安全问题，会购买工伤保险。而相对不太普及的失业保险更容易受到忽视,由于当前登记的失业率是城镇失业率,对新生代农民工就业率的关注更是少之又少。生育保险与失业保险的情形大体相似,虽然政府方面也一直在倡导提高女性地位,宣传增加女性福利,却一直得不到重视,使得女性生育保险的开展并不能得到保障。

第五,就业满意度分析。

就业满意度分析是新生代农民工对整体工作多方面的满意度调查,主要是调查新生代农民工在工作上的一些主观感受,虽然可能带有一定的主观偏向性,却是新生代农民工的真实感受,把其与就业质量的客观衡量指标放在一起研究,可以使我们对贵阳市新生代农民工就业质量的衡量更加准确。本书的就业满意度这一大类指标主要包括对工资的满意度、对雇主的满意度、对工作环境的满意度和对工作本身的满意度。在本次调研中,具体统计情况如表5-24所示。

表5-24　　　　　　　　　就业满意度调查

满意度指标	很不满意	不满意	一般	满意	很满意
工资满意度	16.5%	28.2%	39.8%	10.7%	4.9%
雇主满意度	7.8%	23.3%	42.7%	18.4%	7.8%
工作环境满意度	5.8%	21.4%	52.4%	13.6%	6.8%
工作认同度	6.8%	18.4%	52.4%	14.6%	7.8%

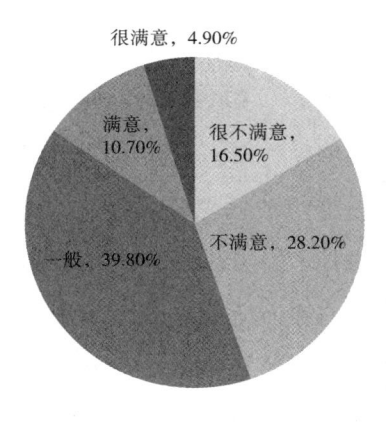

图5-21　工资满意度情况比例

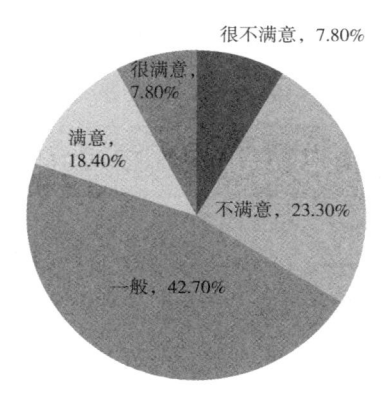

图 5-22　雇主满意度情况比例

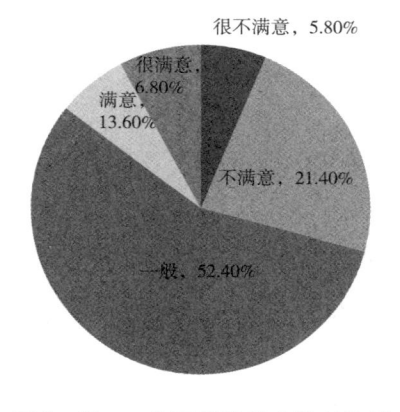

图 5-23　工作环境满意度情况比例

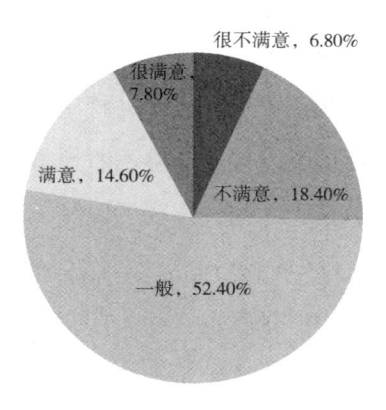

图 5-24　工作认同度情况比例

表 5-25　　　　　　　　　　描述统计量（三）

	N	极小值	极大值	均值	标准差
工资满意度	278	1	5	2.59	1.043
雇主满意度	278	1	5	2.95	1.023
工作环境满意度	278	1	5	2.94	.927
工作认同度	278	1	5	2.98	.960
有效的 N	278				

运用 SPSS 软件分析，我们得到描述统计量表 5-25，其中，工资满意度的均值为 2.59，雇主满意度的均值为 2.95，工作环境满意度的均值为 2.94，工作认同度的均值为 2.98（见表 5-25）。可以看出，工资满意度明显低于其他三项满意度的均值，但都处于一个较低的满意度层次，贵阳市新生代农民工的满意度状况并不乐观。

目前，对工资的满意度较低是大多数工人群体普遍存在的一个现象，由于物价水平上升较快，人们的消费水平近几年来也大幅提高，即使工资已多次上调，且相比之前有了较大改善，但仍不能满足人们的需求，而工资收入几乎是工人阶级的全部收入来源，这使得他们对工资的满意度较低。但很不满意的新生代农民工人数并不太多，仅占 16.5% 的比例（见图 5-21），在访谈中不少新生代农民工表示，相对于工资的高低，他们更加看重能否在工作中学到知识，使自己能够不断地得到成长。这也是新生代农民工与老一代农民工的最大区别，体现了农民工这个群体在新时代中的进步。

在雇主满意度的统计中，对雇主（很）不满意的占 31.1%，即约 2/3 新生代农民工对雇主的满意情况比较乐观，而这源于部分人群对雇主满意度较好。我们在访问中发现，服务业的满意度普遍较其他行业高，在服务行业，雇主往往有更多时间和员工相处（服务业工作时间较长，且雇主和员工多在共同的环境中工作），从而有更多时间与员工交流，能够清楚地知道员工的实际状况，包括工作状况和其自身状态。有些雇主和员工之间就像朋友，他们关心员工的工作和生活，当遇到困难时，为其提供帮助或解决办法，他们之间更多的是一种融洽的朋友关系。而在制造业和建筑业，员工几乎每天都在工厂或工地工作，除了在定期召开的一些会议上之外，员工很少能见到雇主。他们之间缺乏沟通，对彼此状况非常不了解，因此存在问题也在所难免，造成员工对雇主的满意度较低（见图5-22）。

在工作环境满意度情况比例图中，有5.8%的新生代农民工对工作环境很不满意，21.4%的新生代农民工对工作环境不满意，超过半数的新生代农民工对工作环境的满意度为一般，13.6%感到满意，6.8%认为很满意（见图5-23）。在访问中，多数新生代农民工对工作环境并不十分关注，他们大多已习惯自己的工作环境，且环境意识还比较薄弱。工作环境满意度较高的多是在服务行业，虽然服务业工作时间较长，工作较累，但相比于制造业和建筑业，其工作环境要干净、安全、优雅很多。

在工作认同度的统计中，有6.8%的新生代农民工感到很不满意，18.4%的新生代农民工感到不满意，他们多数对自身的工作不那么感兴趣，认为目前的工作没有发展空间。这也在一定程度上造成他们对工作缺乏激情，从而形成一个恶性循环。52.4%的新生代农民工对工作的认同度为一般，这部分农民工自身没有太大的追求，他们只注重工资的高低，不太考虑自己是否对工作有兴趣或是否有发展空间，也可能是因为他们自身起点较低，再加上没有知识和技能的支撑，即使工作枯燥低端，也愿意工作，并不奢求自身兴趣和未来发展（见图5-24）。只有极少部分新生代农民工在工作认同度方面是满意或很满意的，他们中一部分是因为学历较高或者因为具有较高的技能，有一定选择工作的权利，从而拥有一份自己认同的工作，还有一部分是因为其他多方面的原因。

由于对满意度的调查主观性比较强，且每个人都有不同的满意度衡量标准，使得就业满意度这一指标的调查比较复杂。但就总体统计而言，贵阳市新生代农民工就业满意度这一指标情况并不太好，进而在一定程度上影响其就业质量。

3. 贵阳市新生代农民工就业质量得分情况分析

根据问卷调查中各项指标所采集到的打分情况进行统计分析，相关指标的得分情况统计分析如表5-26、表5-27、图5-25所示。

表 5-26　　　　　　　　　描述统计量（四）

	N	极小值	极大值	均值	标准差
工作条件	278	10	28	18.37	4.320
工作环境	278	6	21	15.58	3.494
劳动关系	278	0	25	6.91	5.972
社会保障	278	0	24	3.73	6.810
就业质量得分	278	16	90	44.59	14.887
有效的 N	278				

表 5-27　　　　　　　　　得分情况统计

得分区间	人数	百分比（%）
30 分以下	24	8.7
30—50 分	194	69.9
51—70 分	33	11.7
70 分以上	27	9.7

	30分以下	30—50分	51—70分	70分以上
■系列1	8.7%	69.9%	11.7%	9.7%

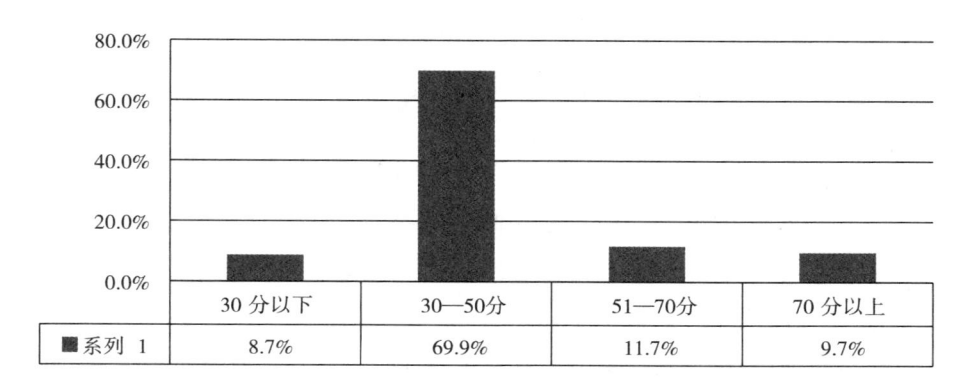

图 5-25 得分区间分布

从描述统计量表 5-29（四）中可以发现，在这次调查中，贵阳市新生代农民工就业质量的得分最高为 90 分，最低为 16 分，平均分为 44.59 分，从整体上看贵阳市新生代农民工就业质量处于一个较低的水平，且个体间就业质量水平相差悬殊。

由表 5-27 和图 5-25 可以清晰看出，贵阳市新生代农民工就业质量分布十分分散，就业质量得分在 30 分以下的占 8.7%，就业质量得分在 30—50 分的比例高达 69.9%，51—70 分与 70 分以上的均仅占 11.7%、9.7% 的很小部分比例。近 70% 的新生代农民工就业质量得分处于 30—50 分，只有极少数人就业质量得分较高。从各指标层来看，工作条件、工作环境、劳动关系和社会保障的平均得分依次为 18.37 分、15.58 分、6.91 分、3.73 分，它们所占各自指标总分的比重依次是 61.23%（18.37/30）、74.19%（15.58/21）、27.64%（6.91/25）、15.54%（3.73/24）。在这次对贵阳市新生代农民工就业质量的调查中，劳动关系和社会保障类得分所占其对应指标总分的比重远远小于工作条件指标和工作环境指标，说明贵阳市新生代农民工的就业质量在劳动关系和社会保障指标层得分很低；劳动关系和社会保障指标的标准差较大，也说明新生代农民工就业质量得分在这两个指标上分布较分散。调查中我们发现，在签订书面劳动合同的人中，他们的工作单位更有可能具有工会组织和其他民主管理形式；具有社会保险的人,基本上涵盖多个险种,而没有社会保险的人无任何险种。这都造成劳动关系和社会保障指标的标准差较大,使得贵阳市新生代农民工就业质量得分在这两个指标之间相差悬殊。

五 新生代农民工就业质量影响因素分析

1. 基本变量的差异性检验

前面分析中发现影响贵阳市新生代农民工就业质量的原因很多,现实中的影响因素更是不胜枚举。新生代农民工就业质量问题本身是一个多变量问题,把所有影响因素都考虑进来,不仅是复杂的而且是难以做到的。同时,许多变量之间可能存在相关关系,把所有影响因素都包含在内,统计也是不准确的。因此,根据第四章对贵阳市新生代农民工就业质量的描述性统计分析,同时结合贵州省的实际情况,我们选择出对新生代农民工就业质量影响比较关键的性别、受教育年限、技能、工作年限和能够代表贵州自身特色的民族这一变量,分别对就业质量一级指标做差异性检验,对贵阳市新生代农民工就业质量的影响因素进行预分析。性别和民族这两个变量均是将所有数据分成两组,我们只需观察两组数据的均值对一级指标的影响有何差异,可以对这两个变量做独立样本 T 检验,观察差异的显著性;而学历、技术和工作年限是将所有数据划分为多个组别,需要观察多组数据的均值对一级指标影响的差异,因此,我们要对这几个变量做单因素方差分析(One – Way ANOVA),观察差异的显著性。

第一,不同性别上的差异性检验。

通过做独立样本 T 检验来考察性别在新生代农民工总体就业质量及其各指标层上是否具有差异,其结果如表 5 – 28 所示。

表 5-28　　　　　　　　　不同性别上的差异性检验结果

		方差方程的 Levene 检验		均值方程的 t 检验	
		F	Sig.	t	Sig.（双侧）
工作条件	假设方差相等	.656	.420	.957	.341
	假设方差不相等			1.001	.321
工作环境	假设方差相等	.448	.505	-4.266	.000
	假设方差不相等			-4.463	.000
劳动关系	假设方差相等	.801	.373	1.549	.124
	假设方差不相等			1.704	.093
社会保障	假设方差相等	2.471	.119	1.273	.206
	假设方差不相等			1.310	.195
就业质量	假设方差相等	2.735	.101	.548	.585
	假设方差不相等			.629	.531

经过 Levene's 方差齐性检验（见表 5-28），$F=2.735$，$P=0.101$，因此可以认为在本例中男性新生代农民工与女性新生代农民工两个样本所在总体的方差是齐的。t 检验中，$t=0.548$，$P=0.585$（$P>0.05$），从而最终的统计结论为按 $\alpha=0.05$ 的水平，可以认为男性与女性新生代农民工就业质量无显著差别。从具体的各指标层来看，在工作条件指标层上，$t=0.957$，$P=0.341$，按 $\alpha=0.05$ 的水平，男性与女性新生代农民工在工作条件指标上无显著差别；在工作环境指标层上，$t=-4.266$，$P=0.000$（$P<0.05$），男性与女性新生代农民工在工作环境指标上存在显著性差异；在劳动关系指标层上，$t=1.549$，$P=0.124$，按 $\alpha=0.05$ 的水平，男性新

生代农民工与女性新生代农民工在劳动关系指标上无显著差别；在社会保障指标层上，$t=1.273$，$P=0.206$，按 $\alpha=0.05$ 的水平，男性新生代农民工与女性新生代农民工在社会保障指标上无显著差别。因此，性别对新生代农民工总体就业质量影响并不显著，但在工作环境指标上具有显著性差异。

第二，不同民族上的差异性检验。

通过做独立样本 T 检验来考察民族在新生代农民工总体就业质量及其各指标层上是否具有差异，其结果如表 5-29 所示。

表 5-29　　　　　　　　不同民族上的差异性检验结果

		方差方程的 Levene 检验		均值方程的 t 检验	
		F	Sig.	t	Sig.（双侧）
工作条件	假设方差相等	.002	.964	.616	.539
	假设方差不相等			.613	.542
工作环境	假设方差相等	.587	.445	.926	.357
	假设方差不相等			.865	.391
劳动关系	假设方差相等	.029	.864	-.097	.923
	假设方差不相等			-.098	.922
社会保障	假设方差相等	.751	.388	-.516	.607
	假设方差不相等			-.493	.624
就业质量	假设方差相等	.384	.537	.120	.905
	假设方差不相等			.114	.909

经过 levene's 方差齐性检验（见表 5-29），$F=0.384$，$P=0.537$，在

本例中汉族新生代农民工与少数民族新生代农民工两个样本所在总体的方差是齐的。在 t 检验中，由上表显示的检验结果，$t=0.120$，$P=0.905$，从而最终的统计结论为按 $\alpha=0.05$ 的水平，可以认为汉族新生代农民工与少数民族新生代农民工的就业质量无显著差别。而从其具体的各指标层来看，无论是在工作条件指标上，还是在工作环境、劳动关系和社会保障指标上，汉族新生代农民工与少数民族新生代农民工均不存在显著性差异（$P>0.05$）。

第三，不同学历水平上的差异性检验。

通过单因素方差分析考察不同受教育水平的新生代农民工在就业质量及其各指标层上是否具有差异，并进行事后变量间的两两双向比较分析，其结果如表 5–30、表 5–31 所示。

表 5–30　　　　　　　　不同学历水平上的差异性检验结果

		平方和	df	均方	F	显著性
工作条件	组间	164.305	3	54.768	3.117	.030
工作环境	组间	192.699	3	64.233	6.054	.001
劳动关系	组间	361.241	3	120.414	3.638	.015
社会保障	组间	294.997	3	98.332	2.195	.093
就业质量	组间	3467.044	3	1155.681	5.978	.001

表 5-31 不同学历水平上的多重检验

(I) 学历	(J) 学历	均值差 (I-J)	标准误	显著性
小学及以下	初中	-1.68605	4.27827	.694
	高中	-9.00000	4.67575	.057
	大学及以上	-15.40909*	4.75340	.002
初中	小学及以下	1.68605	4.27827	.694
	高中	-7.31395*	3.54263	.042
	大学及以上	-13.72304*	3.64452	.000
高中	小学及以下	9.00000	4.67575	.057
	初中	7.31395*	3.54263	.042
	大学及以上	-6.40909	4.10384	.122
大学及以上	小学及以下	15.40909*	4.75340	.002
	初中	13.72304*	3.64452	.000
	高中	6.40909	4.10384	.122

观察表 5-31 中的数据，对于就业质量总体得分，组间 $F=5.978$，$P=0.001$（$P<0.05$），可以认为不同受教育水平的新生代农民工在整体就业质量上存在显著性差异。在事后的多重比较分析中，小学及以下学历和初中学历的新生代农民工均与大学及以上学历的新生代农民工的就业质量状况之间存在显著性差异（$P<0.05$）。从各指标层来看，在工作条件、工作环境和劳动关系指标层上，不同受教育情况的新生代农民工得分之间存在显著性差异（$P<0.05$），而在社会保障指标层上，不同受教育情况的新生代农民工就业质量得分在 $\alpha=0.05$ 的水平上不存在明显差异，但在 $\alpha=$

0.1 的水平上也存在显著性差异。

第四，不同技术等级上的差异性检验。

通过单因素方差分析考察不同技术状况的新生代农民工在就业质量及其各指标层上是否具有差异，并进行事后变量间的两两双向比较分析，其结果如表 5-32 所示。

表 5-32　　　　　不同技术等级上的差异性检验结果

		平方和	df	均方	F	显著性
工作条件	组间	329.243	3	109.748	6.900	.000
工作环境	组间	85.745	3	28.582	2.445	.068
劳动关系	组间	385.856	3	128.619	3.915	.011
社会保障	组间	243.841	3	81.280	1.794	.153
就业质量	组间	3124.119	3	1041.373	5.292	.002

表 5-33　　　　　不同技术等级上的多重检验

（I）技术等级	（J）技术等级	均值差（I-J）	标准误	显著性
无技术	初级技工	-7.29333	4.08400	.077
	中级技工	-8.66833	5.21733	.100
	高级技工及以上	-20.96000*	5.95143	.001
初级技工	无技术	7.29333	4.08400	.077
	中级技工	-1.37500	6.21710	.825
	高级技工及以上	-13.66667*	6.84480	.049

续 表

（I）技术等级	（J）技术等级	均值差（I-J）	标准误	显著性
中级技工	无技术	8.66833	5.21733	.100
	初级技工	1.37500	6.21710	.825
	高级技工及以上	-12.29167	7.57580	.108
高级技工及以上	无技术	20.96000*	5.95143	.001
	初级技工	13.66667*	6.84480	.049
	中级技工	12.29167	7.57580	.108

观察表 5-33 中的数据，对于就业质量总体得分，组间 $F=5.292$，$P=0.002$（$P<0.05$），证明不同技术等级的新生代农民工的就业质量水平之间存在显著性差异。在事后的多重比较分析中，也发现拥有高级及以上技术的新生代农民工就业质量得分在 $\alpha=0.1$ 的水平上与其他新生代农民工的就业质量得分具有显著性差异。从各指标层来看，在工作条件和劳动关系指标层上，不同技术等级情况的新生代农民工得分之间存在显著性差异（$P<0.05$）；在工作环境指标层上，不同技术等级的新生代农民工在 $\alpha=0.1$ 的水平上也具有显著性差异；而在社会保障指标层上，不同技术等级情况的新生代农民工就业质量得分并没有明显的差异（$P>0.05$）。

第五，不同工作年限上的差异性检验。

通过单因素方差分析考察具有不同工作年限的新生代农民工在就业质量及其各指标层上的差异，并进行事后变量间的两两双向比较分析，其结果如表 5-34 所示。

表 5-34　　　　　　　　　　不同工作年限上的差异性检验结果

		平方和	df	均方	F	显著性
工作条件	组间	280.684	3	93.561	5.706	.001
工作环境	组间	21.658	3	7.219	.585	.626
劳动关系	组间	299.270	3	99.757	2.958	.036
社会保障	组间	113.070	3	37.690	.808	.492
就业质量	组间	1424.859	3	474.953	2.220	.091

表 5-35　　　　　　　　　　不同技术等级上的多重检验

(I) 工作年限	(J) 工作年限	均值差 (I-J)	标准误	显著性
不满一年	1—3 年（含 3 年）	-4.66190	5.61975	.409
	3—5 年（含 5 年）	-11.51905*	5.61975	.043
	5 年以上	-10.48824*	5.05854	.041
1—3 年（含 3 年）	不满一年	4.66190	5.61975	.409
	3—5 年（含 5 年）	-6.85714	4.51389	.132
	5 年以上	-5.82633	3.79243	.128
3—5 年（含 5 年）	不满一年	11.51905*	5.61975	.043
	1—3 年（含 3 年）	6.85714	4.51389	.132
	5 年以上	1.03081	3.79243	.786

续　表

（I）工作年限	（J）工作年限	均值差（I－J）	标准误	显著性
5年以上	不满一年	10.48824*	5.05854	.041
	1—3年（含3年）	5.82633	3.79243	.128
	3—5年（含5年）	－1.03081	3.79243	.786

观察表5－35中的数据，对于就业质量总体得分，组间$F=2.220$，$P=0.091$，即在$\alpha=0.1$的水平上不同工作年限的新生代农民工就业质量水平之间存在显著性差异。在事后的多重比较分析中可知，工作时间不满一年的新生代农民工的就业质量得分与工作3年以上的新生代农民工的就业质量得分存在显著性差异（$P<0.05$）。从各指标层来看，在工作条件和劳动关系指标层上，不同工作年限的新生代农民工就业质量得分之间存在显著性差异（$P<0.05$）；而在工作环境和社会保障指标层上，不同工作年限的新生代农民工就业质量得分之间没有明显差异（$P>0.05$）。

2. 分析模型的建立

上述我们依据重要性和特色性两个原则，选择出性别、民族、学历、技能和工作年限五个变量对贵阳市新生代农民工就业质量的影响因素进行了预分析，发现学历、技能和工作年限三个变量对其就业质量具有显著性的影响，性别和民族对贵阳市新生代农民工的就业质量影响不显著。但这也只是基于我们大胆猜测的基础之上的，这几个因素究竟在多大程度上影响贵阳市新生代农民工的就业质量，又是否具有一定的规律性，还需要定量分析加以验证。

为了得到就业质量水平与性别、民族、受教育程度和工作年限之间的关系，我们估计如下回归模型：

$$Y_t = \beta_1 + \beta_2 D_2 + \beta_3 D_3 + \beta_4 D_4 + \beta_5 D_5 + \beta_6 D_6 + \beta_7 X_7 + \beta_8 X_8 + \mu_i$$

式中：

$Y=$ 新生代农民工就业质量得分；

$D_2=1$，表示男性新生代农民工；$D_2=0$，表示女性新生代农民工；

$D_3=1$，表示汉族新生代农民工；$D_3=0$，表示少数民族新生代农民工；

$D_4=1$，表示具有初级技术的新生代农民工；

$D_5=1$，表示具有中级技术的新生代农民工；

$D_6=1$，表示具有高级及以上技术的新生代农民工；

$X_7=$ 受教育年限；

$X_8=$ 工作年限。

3. 过程及结果分析

根据调查问卷搜集到的数据，利用软件 SPSS20.0，由于性别、民族、技术等级为分类变量，我们先通过对其做变量转换，再进行线性回归，运行结果分析如表 5-36、表 5-37、表 5-38 所示。

表 5-36　　　　　　　　　　模型汇总

模型汇总[b]

模型	R	R 方	调整 R 方	标准估计的误差	Durbin – Watson
1	.685[a]	.470	.431	11.23306	1.422

表 5-37　　　　　　　　　　方差分析

Anova[a]

模型		平方和	df	均方	F	Sig.
1	回归	10617.612	7	1516.802	12.021	.000[b]
	残差	11987.262	95	126.182		
	总计	22604.874	102			

表 5-38 回归系数

系数ᵃ

模型		非标准化系数		标准系数	t	Sig.	共线性统计量
		B	标准误差				VIF
1	（常量）	13.663	4.638		2.946	.004	
	男性	-3.337	2.574	-.102	-1.296	.198	1.117
	汉族	-1.631	2.472	-.050	-.660	.511	1.050
	初级技工	2.399	3.468	.056	.692	.491	1.153
	中级技工	.205	4.391	.004	.047	.963	1.127
	高级技工及以上	9.647	5.053	.153	1.909	.049	1.144
	受教育年限	1.674	.306	.417	5.468	.000	1.040
	工作年限	3.602	.614	.494	5.863	.000	1.270

由以上运行结果可以看出，调整 $R^2 = 0.431$，模型拟合度良好。$F = 12.021$，$P = 0.000 < 0.05$，模型通过 F 检验，拒绝性别、民族、技术等级、受教育年限和工作年限对新生代农民工就业质量无影响的原假设，从而性别、民族、技术等级、受教育年限和工作年限这四个因素对新生代农民工的就业质量有影响。在回归系数表中，性别、民族、初级技工和中级技工的 P 值大于 0.05，没有通过 t 检验，即性别、民族、初级技工和中级技工对新生代农民工的就业质量影响不显著；高级及以上技术在 $\alpha = 0.1$ 的水平上显著；受教育年限和工作年限的 P 值远小于 0.05，对新生代农民工就业质量的影响十分显著。VIF 值均 <5，说明自变量之间不存在共线性。整体拟合效果较好，根据回归系数表中计算出的系数值，最终得到如

下回归结果：

$$Y_t = 13.663 - 3.337D_2 - 1.631D_3 + 2.399D_4 + 0.205D_5 + 9.647D_6 + 1.674X_7 + 3.602X_8$$

$t = (2.946)^{**} \ (-1.296) \ (-0.660) \ (0.692) \ (0.047) \ (1.909)^{*} \ (5.468)^{**} \ (5.863)^{**}$

$R^2 = 0.431$

式中，*表示 P 值低于10%；**表示 P 值低于5%。

上述结论表明，新生代农民工的就业质量与技术等级、学历和工作年限正相关，技术等级和学历对就业质量有显著性影响；与性别和民族负相关但并不显著。同时，尽管具有初、中级技术的新生代农民工与无技术的新生代农民工相比，就业质量看似没有实质性差异，但具有高级及以上技术的新生代农民工的就业质量明显要比无技术的新生代农民工高出很多。

为了比较出技术等级、学历和工作年限对就业质量影响程度的相对大小，表5－38中给出了消除对自变量影响后的标准化系数。其中，高级及以上技术的标准系数为0.153，学历的标准系数为0.417，工作年限的系数为0.494，即在高级及以上技术、学历和工作年限中，工作年限对就业质量的影响最大，其次是学历，最后是拥有高级及以上的技术。

模型讨论及总结。基于以上结果，我们也可以从现实中得到两个解释。其一，由于近年来我国经济飞速发展，居民生活水平均有了很大改善，男性女性无论是在收入还是其他方面之间的差别都在缩小，再加上政府出台的一些增加女性福利的政策，女性的地位大大提高，使得她们在就业上与男性的差别越来越小。其二，虽然贵州是一个多民族的省份，涵盖了我国的56个民族，但各民族之间相处融洽，在就业方面汉族新生代农民工与少数民族新生代农民工机会均等，享有相同的待遇，因而在就业质量上并无显著性差别。而学历、技术和工作年限这些因素在当今这个高速发展的年代愈显重要，每个人由于在知识的掌握、技术的纯熟高低和随着工作时间增加积累的工作经验的不同，使得他们在劳动力市场上的可替代程度不同，因而其就业质量差异显著。例如，对就业质量影响最显著的工作年限这个因素，刚参加工作的新生代农民工，他们由于对工作还不太熟悉，且缺乏相关工作经验，各方面的工作待遇都比较低；而参加工作时间较长的新生代农民工，他们对自己的工作甚至整个行业都比较了解，加上具有较多的工作经验，通常能更好地胜任工作。此外，如果员工在一个单位工作的时间越长，他们与雇主的关系也相对越稳定，即在劳动关系上情况较好，整体就业质量就比较高。

第三节　提高新生代农民工就业质量的建议

通过上述问卷设计的指标体系，对调查采集到的样本数据利用相关的统计分析方法，尽管在样本量和采集点的选择上有所欠缺，但是至少可以看出一些问题，为此我们认为在以下三个层面需要有所行动。

一　政府层面

正如前面分析的，反贫困和就业政策是政府宏观公共政策的重要组成部分，针对上述的分析，我们认为要提高新生代农民工就业质量，还应完善如下两项政策措施。

1. 改革和促进新生代农民工就业的相关政策，并加大政策执行力度

首先，蔡昉（2003）提出，虽然我国的户籍改革放松了对劳动力的转移控制，但制度对劳动力自由流动的障碍依然存在。要对我国的户籍制度进行更深层次的改革，并解除户籍和福利的关联，除了可以促进劳动力自由流动之外，还可以提升新生代农民工的就业质量。

其次，除了对原有制度的不合理之处进行改革之外，政府还应积极增加一些促进新生代农民工就业的相关政策。例如，为新生代农民工提供免费职业培训机构，许多新生代农民工既没有文化知识也没有技术，他们只能从事一些劳动强度大、技术含量低的工作，通过为这类群体提供免费的职业培训，让他们具有一技之长，不再是漫无目的地寻找工作。同时帮助推荐适合他们的工作，使得人岗更加匹配，进而提高其就业质量；为新生代农民工提供一些公共就业服务，开展就业扶持政策，为其组织专场招聘会，通过提前筛选一些适合他们就业的工作，减少新生代农民工寻找工作的时间，扩大其就业渠道。在招聘会现场设立就业免费咨询小组，为其解答就业疑惑并帮助他们解决就业中遇到的困难；及时追踪新生代农民工的就业和失业状况。在贵阳市就业局的调查发现，对失业率的统计只针对城镇居民，没有农村居民的相关就业和失业信息的统计，政府应加入对农民工这一特殊群体就业状况的关注。

最后，实际情况的改善，还需要政府对出台政策的贯彻和执行，只有政策真正落到实处，新生代农民工的就业质量才有望得到改善。

2. 做好对劳动力市场的监管工作，规范我国就业机制

由于我国市场经济发展还不完善，存在很多市场自身无法调节的问题，同时，劳动力市场自身存在信息不对称现象，使得劳资双方力量不均衡，这就需要政府来解决这些问题。目前，很多企业通过隐蔽手段来规避《劳动合同法》和《最低工资规定》等，利用信息不对称这一有利条件，要么不与劳动者签订劳动合同，要么隐瞒欺骗劳动者，与其签订不规范劳动合同或无效合同。政府必须强制企业严格遵守《劳动合同法》，对任何违规单位给以警告或处罚。而压低和拖欠民工工资、私自延长工作时间、加大劳动强度的现象更是普遍存在。在社会保障方面，用人单位虽然与员工进行协商，而员工为了多得一部分收入，只看到眼前利益，往往选择不购买社会保险。这些都需要政府的监管。例如，规定法定劳动时间的工资不得低于最低工资标准，对于工作时间超出国家规定的，要求其按照规定

的加班工资足额、按时支付，并按照国家规定为员工购买社会保险。政府还应该定期对企业进行检查，避免违规现象的发生；对于违规企业，必要时可通过强制性手段，要求用人单位严格按照相关的法律规定执行并缴纳相应罚款，切实保护好劳动者的权益，使我国的就业机制更加合理规范。

二 用人单位层面

提高新生代农民工就业质量，用人单位层面需做好以下三点。

1. 消除对新生代农民工的歧视，完善对新生代农民工的招聘流程

当今，无论是发达国家，还是发展中国家的劳动力市场都存在着不同程度的就业歧视现象，劳动就业歧视问题可以说是一个全球性问题。长期以来，由于第一代农民工在进城务工过程中暴露出的种种问题，造成整个社会对农民工这个群体存在着偏见。他们被认为素质修养偏低，受教育程度不高，不熟悉社会知识和务工常识，也没有什么专业技术，兴趣品位不高，对工作缺乏责任感和主动精神，只能从事那些脏、险、累、苦等技术含量低和城市人不愿接受的工作。第一代农民工由于是我国首次农村人口向城市发展的一个群体，难免会出现一些问题，部分农民工确实存在以上现象，但这并不能涵盖农民工整个群体。更多的农民工是能够吃苦耐劳、踏实肯干的，他们思想淳朴、诚实善良，身上也具有很多可贵的品质，而现在的新生代农民工基本上都接受过完整的教育，已具有较多的文化知识，个人素质修养也相应提高，不再是区别于城市就业群体的特殊群体。他们在城市就业过程中仍然会遇到种种困难，虽然与整个社会对他们的歧视不无关系，但关键还在于用人单位的做法。雇主对新生代农民工的歧视主要是先入为主的统计性歧视，即雇主将某种先入为主的群体特征强加在个人身上。由于雇主以任何一种方式来获取求职者的信息都需要付出一定的成本，因此，他们在评价求职者时，往往是利用求职者所属群体具有的某些一般性信息来帮助自己做出判断。在这种情况下，即使雇主对某位求

职者并不存在个人偏见，也会产生统计性歧视。由于之前社会上对农民工群体存在的偏见，雇主往往倾向于不雇用农民工，即使雇用他们，也认为农民工是一个生产效率低的群体，从而付给他们较低的工资。因此，为了提高新生代农民工的就业质量，首先用人单位应该从主观上去除对新生代农民工的歧视，客观公正地去评价这个群体，因为统计性歧视不仅会让企业失去一些好的员工，也可能会让企业雇用到差的员工，这对企业自身也是极为不利的。其次，还应规范对新生代农民工的招聘流程，现在的新生代农民工文化水平已经普遍提高或具有一定的技能，他们的个人能力和综合素质都有了较大改善，用人单位应对他们多一些了解，提供适合他们的岗位，这样他们才能发挥自身最大的作用，也有利于企业的发展。

2. 规范企业管理制度，保障劳动者权益

在制定企业管理制度时，首先应该严格依照法律、法规制定规章制度的原则；其次要坚持从公司实际出发；最后还要坚持民主集中制原则。现实中却有很多企业不遵守法律规定，超出国家规定工作时间、压低或拖欠农民工工资，在前面一章的统计中发现，调查的278名新生代农民工中，仅有19.4%的新生代农民工购买了养老保险，20.4%购买了医疗保险，16.5%购买了工伤保险，8.7%有失业保险，81位女性新生代农民工中，6.2%有生育保险，其社会保险购买率十分低。而延长工作时间可能会造成员工工作效率低，拖欠工资也会给企业声誉带来负面影响。最近，出现了不少企业由于没有为员工购买工伤保险，员工在工作时发生事故，企业却承担不起赔偿责任，甚至面临破产危机。基于以上问题考虑，企业应该制定合理的工作时间标准，按时、足额发放工资，主动为新生代农民工购买社会保险，同时，应与新生代农民工签订正规有效的劳动合同，这对雇用双方都是有利的。此外，用人单位还应鼓励工人成立或参加工会组织，或设立职工代表大会，大会成员应加入新生代农民工代表，也可以采取其他民主管理形式，让新生代农民工参与到决策中，增加与他们之间的沟通。由于新生代农民工往往处于企业的一线，对一线工作十分了解，他们的一些想法和建议会给企业带来很大帮助，促进企业的改进与发展。

3. 加大员工培训力度，规范就业形式

岗前培训是对新员工入职以前的一段培训教育，不仅是对新员工企业文化及其管理方式、组织结构的灌输，更是对具体工作内容、实际操作、安全条例和风险防范等的学习。新生代农民工年龄多数较小，又无丰富的工作经验，这个群体就更需要岗前培训。事实证明，经过入职前专业培训的员工会在工作中表现得更好，而发生违规、事故的频率也较低。更重要的是，新员工在最初进入企业时获得的信息往往决定了其以后在工作中的态度和行为，进而决定了他们未来在企业的发展。通过企业文化的宣传，使得员工对企业更加了解和认可，能够更好更快地融入企业中，促进企业内部和谐。同时，员工能够更加胜任自己的工作，在工作中不断地进行自我定位，逐步完善进步，从而在岗位上做出更大的贡献。这也有利于提升员工的满意度。在当前科学技术高速发展的信息时代，新的技术革命带来了知识、技术以及企业管理结构等方面的深刻变化，这就要求企业员工也必须不断地提升自己，从而形成一批高素质的员工队伍，才能使企业在激烈的市场竞争中立于不败之地。因此，不仅需要对员工进行岗前培训，作为一个要想立足长远不断进步的企业，对员工的培训应该是贯穿企业始终的。对于新生代农民工来讲，培训让他们在工作中更加游刃有余，增加了其对工作的认同度，使自身价值得到提升，大大改善了他们的就业质量。具体培训内容可分为三种。一是企业概况培训。即对新生代农民工进行企业文化、组织结构、企业产品、发展状况的介绍和培训，使其对企业概况有一个认识和了解，激发员工的使命感。二是工作技能培训。主要包括基本的专业知识和技能、具体操作方法与流程等。先对其进行基本专业知识的普及，再在实际工作中加以示范和指导。三是职业规划方面的指导。在思想上与新生代农民工多加沟通，了解他们的工作情况，帮助新生代农民工制订合理的职业生涯规划方案，增加他们的工作积极性。

三 新生代农民工自身层面

要提高就业质量,新生代农民工自身也需要做到以下三点。

1. 加大教育投入或增加技能学习,努力提高自身能力和综合素质

在前一章的分析中,我们发现学历和技能均对新生代农民工的就业质量具有显著性的影响,因此,新生代农民工应该注重文化知识和技能的学习。早在2000年,我国就已经普及九年义务教育,个别地区甚至已经试行12年义务教育,可见,我国对国民教育的重视。但很多农村居民为了能够早点出来工作挣钱,即使可以免费接受义务教育,他们的受教育年限依然达不到九年。通过前面的调查发现,没有较多文化知识和专业技术的新生代农民工,收入的增长仅依靠国家相关政策的调整,上升幅度较小,他们的工作提升空间更是十分狭小,往往很多年之后依然处于基层或一线工作。因此,新生代农民工应该加强知识文化的学习,运用强大的科学文化知识来武装自己,从而在劳动力市场占有一席之地。对于不擅长文化知识学习的新生代农民工,可以通过学习一些专门的技术来代替,如技工、餐饮、工程机械、服装设计、美容美发和汽修类等的培训,通过技能考核,均可以得到国家认可的技能证书,而拥有这些技能,可以使新生代农民工在劳动力市场上降低自身的可替代性,提升其就业机会和就业质量。此外,新生代农民工还要注重多方面知识的学习和能力的锻炼,努力提高自己的综合素质。

2. 提高劳动者权益保障意识,保护自身权益不受侵犯

新生代农民工就业质量低,很多权益得不到保障,除了有国家政策缺失、监管不到位,用人单位用工不规范、刻意不遵守国家规定的原因之外,也与新生代农民工自身有很大关系。据调查,多数新生代农民工不熟悉国家的法律政策,维权意识不足或维权能力较弱,不知道该如何保护自身的权益。这样,就会让用人单位有利用信息不对称这一优势的机会,侵

犯劳动者的权益。新生代农民工自身首先要熟悉《劳动合同法》《最低工资规定》和《社会保险法》等一系列与劳动者密切相关的法律政策，在出现侵犯自身权益问题时能够有效利用法律武器来维护自己的权益。例如，在签订劳动合同时，一定要与用人单位签订有效的劳动合同书，如果单位实在没有劳动合同书，至少要与其达成口头协议，且要有相关劳动关系证明。其次，检查用人单位制定的内部管理规定是否合法，如规定的工作时间、辞退条件、处罚条例等是否符合现有的法律法规，出现不合理现象要及时提出，劝阻修改，若用人单位执意违反法律规定，必要时可对其进行诉讼。最后，新生代农民工要严格按照用人单位规定的工作方式、流程进行操作，对于一些高危工作岗位上的员工，要严格按要求佩戴防护器具，对安全事故的发生做好自我防范。

3. 脚踏实地，筑就梦想

当今的新生代农民工，他们有想法、有追求，不断追寻自己想要的生活。从一方面来看，这是社会进步的体现，但正是因为他们比较有主见，另一方面也被社会认为是一个不稳定的群体，他们频繁更换工作，不再是能够吃苦耐劳的一代，无法踏实工作。其实，这是任何一个群体在寻找工作初期都普遍存在的一个现象，每一位求职者都想通过尝试不同的工作，从而找到一个既理想又与自身能力相匹配的岗位，这有利于劳动者和企业双方的发展。从这个角度来看，社会也应该更加包容新生代农民工这个群体。对于新生代农民工自身，首先，新生代农民工要加强专业知识或专业技能的学习，广泛汲取知识的同时做到精，这样在寻找工作时才不至于毫无方向，因而频繁跳槽，通过尝试多种工作才能找到适合自己的。文化知识的丰富和自身能力的提升，可以帮助新生代农民工明确方向，减少寻找工作的时间，使自己快速进入与自身相匹配的岗位中。其次，无论任何人要想在事业上有所成功，都必须一步一个脚印，勤奋务实，踏实走好每一步，做好每一件事。新生代农民工是有梦想的一个群体，只有在自己的岗位上兢兢业业、脚踏实地，才能实现自己的人生梦想。

第六章　失业与社会失业保险制度

在前面的分析中我们对贫困和就业的基本理论,以及反贫困和增进就业政策在贵州的实践和成效进行了分析。可以看出,不论是理论上还是实践中,就业是一个国家发展进程中解决失业问题、消除贫困、实现社会转型走上现代化道路的根本路径。而市场经济的运行规律表明,在政府实施积极的就业政策保障下,可以达到充分就业,推动社会的进步与发展,而经济运行的周期性和政府就业政策干预的漏损或失灵,以及社会问题必然导致失业的客观存在。为了体现社会的公平、正义,进而推进经济社会及文明的发展进程,作为一国治国理政重器组成部分之一的失业社会保险制度得以建立与发展,并成为一国治理贫困制度安排的"过滤"网。

第一节　失业

失业是一个历史范畴,是人类社会发展到一定历史阶段上的产物,尤其是英国工业革命后,工业化进程,推动人类向现代社会的发展,早在1603年标志着政府对贫困者承担责任和义务的英国《济贫法》颁布实施以后,使得世界各国对失业问题的解决产生了丰富多样的思想和理论流派,总归起来通常为"积极"和"被动"两种方式。所谓"积极"方式,就是通过采取一系列的政策措施，如工业、城镇化以及财政金融和贸易政策，促进充分就业；所谓"被动"方式，就是建立相应的社会保障制度来保障失业者的基本生活，并促进再就业。但即使经济繁荣充分就业，仍然需要社会保障制度来保障失业者的基本生活，以体现人的基本权利和人类社会的文明进程。我国改革开放以来经济社会发展取得了巨大成就，但整个经济社会发展转轨过程和建设发展中，使得"就业和失业在中国这样一个人口众多的国家，这样一个人口结构即将面临巨变的国家，无疑会是一个永恒的主题。就业是民生之本，人类与失业现象的斗智斗勇将永无止境"[①]"MLSS（最低生活保障制度）和失业保险就成为城市贫困问题的最后两道防线"[②]。可见，构建起有效的就业和社会失业保险机制，是确保经济发展、社会稳定繁荣的根本。

失业及失业现象源于英国的工业革命时期，最早产生于西方发达的资本主义国家，是资本主义市场经济发展的产物。一个失业率很高的社会不仅会造成人力资源的严重浪费，而且会引发各种社会问题，激发阶层矛盾。当今世界许多国家的政府都在探讨、解决这一重大难题，以期促进经济增长和社会发展。西方资本主义国家最早认识到失业问题给社会经济带来的严重危害，因此，在治理失业问题的实践过程中形成了比较系统、完善的失业理论。

一 关于失业

失业是社会经济发展到一定阶段的产物，是工业化社会不可避免的问题，失业不仅会对家庭和个人产生消极影响，而且会加剧社会矛盾，影响社会和谐的建构。

---

① 袁志刚：《失业经济学》，格致出版社2014年版，第4页。
② [英]彼得·汤森：《重构21世纪的社会保障——缓解贫困和保障人权》，杨方方译，《社会保障研究》2005年第1期。

(一) 失业的界定

关于失业的界定，各个学者有着不同的认识。学者毛健（2004）认为"失业是一种经济现象，是指劳动者在有能力工作、可以工作并且确实在寻找工作的情况下不能得到适宜职业而失去收入的情况"[①]。学者郑功成（2005）和孙树菡（2008）都认为失业有广义和狭义之分。狭义上，郑功成认为失业是"具有劳动能力的处在法定劳动年龄阶段并有就业愿望的劳动者失去或没有得到有劳动报酬的工作岗位的社会现象"[②]，而孙树菡则认为狭义的失业就是指劳动者劳动过程的中断。广义上，郑功成从经济学的角度将失业定义为劳动力与生产资料相分离的状态，而孙树菡认为失业是指劳动者在劳动年龄范围内有劳动能力、有就业意愿，但没有找到任何工作的现象。从以上学者对失业进行界定的概念中可以总结出失业人员应具备以下三个条件：一是具有法定劳动年龄；二是有劳动能力并具有劳动意愿；三是正在努力寻找工作却没有找到工作。

我国的失业概念有着自己的特色。首先，我国失业人员的法定劳动年龄男是16—60岁，女是15—55岁。其次，我国的失业人员仅指城镇非农业户口的劳动者，不包括农村劳动者。最后，我国规定即使劳动者在从事社会劳动，但劳动报酬却低于当地城市居民的最低生活保障标准，这种情况也视同失业。此外，我们认为，在我国改革开放以来，向现代化迈进过程中，城镇化使得以土地为生产资料的劳动者，土地因城镇化和产业化被征用或占用以及集约化经营，而失去生产资料——土地，这些劳动者在没有获得新的就业岗位前，也应视为失业。

(二) 失业的类型

按照不同的分类标准可以将失业划分为不同的种类，如根据人们的意愿，可以将失业分为自愿性失业和非自愿性失业；根据失业的表现形式，

---

① 毛健：《失业保险》，中国劳动社会保障出版社2004年版，第2页。
② 郑功成：《社会保障学》，中国劳动社会保障出版社2005年版，第343页。

可以分为显性失业和隐性失业；根据失业的程度大小，可以分为完全失业和部分失业。而在国际上，通常根据失业的形成原因对其进行分类，主要分为摩擦性失业、结构性失业、周期性失业和季节性失业，下面对这4种失业类型进行简单介绍。

1. 摩擦性失业

摩擦性失业是指劳动者在变换就业岗位时由于劳动力市场的动态属性以及信息的不完善、不对称性导致的求职者与拥有空缺岗位的雇主之间相互寻找产生的时间滞差产生的失业。摩擦性失业持续时间较短，是一种正常性失业。它不是由于劳动力长期需求不足造成的，而是因为劳动力自己不愿意被雇用，因此，是一种自愿性失业。即使劳动力市场处于供求均衡状态，也会产生这种类型的失业。摩擦性失业不被认为是严重的经济问题，合理的劳动力市场制度有利于信息的流通，从而有利于减少失业。

2. 结构性失业

结构性失业是指由于经济结构、产业结构的变化以及技术进步、生产形式和规模的变化，使劳动力在包括技能、经验、工种、知识、年龄、性别、主观意愿、地区等方面的供给结构与需求结构不一致而导致的失业。[①]与摩擦性失业不同，结构性失业的持续时间较长，对经济社会产生的影响较大。结构性失业的产生不是由于劳动供求总量失衡，而是由于劳动力内部结构的失衡，表现为寻找工作的人与工作岗位不匹配。劳动力市场上出现失业与岗位空缺并存的现象。我国目前大部分失业都属于这一类型，并且在很长时间内难以改变。

3. 周期性失业

周期性失业与经济运行变化的周期紧密联系在一起，当经济处于萎缩时期，整个社会的经济产品和服务的总需求就会减少，导致有效需求不足

---

① 严燕飞：《结构性失业概念及类型研究》，《山东教育学院学报》2003年第5期。

从而出现大量失业人员。在劳动力市场上表现为劳动力的供给大于需求。这种失业是由经济的周期性变化引起的,且"经济周期往往难以预测,持续时间的长短以及对经济影响的深度和广度具有很大的不确定性,所以这种失业一旦出现就会相当严重且难以处理"[①]。

4. 季节性失业

季节性失业是指某些行业受市场的季节性变化的影响较大,由于季节性变化而引起的生产对劳动力的需求减少从而产生的失业现象。一般这种失业在农业、渔业、林业、运输业、旅游业和建筑业中比较明显。季节性失业可以提前预测并进行防范,因此,这种失业对社会经济不会造成较大的影响。

二 失业的衡量指标

失业程度的统计是反映失业问题的工具,是国家促进就业和控制失业的关键,失业统计关注的是非自愿失业人员,因此,自愿失业人员不在失业统计的范畴内。

(一) 失业人口

失业人口是衡量失业程度的绝对量指标,是指一个国家在一定时期内的全部失业人数,各个国家对失业人口的统计一般都是以进行失业登记为准。在我国,由于二元制经济结构的影响,失业人口的统计仍然沿用的是计划经济时期的城镇登记失业人口,即"持有非农户口,在一定劳动年龄(16 周岁至退休年龄)内,有劳动能力,无业而要求就业,并在当地就业服务机构进行求职登记的人员"[②]。这种统计方法只反映了城镇的失业人口数量,无法反映我国整体的真实失业人数。

---

① 李珍:《社会保障理论》,中国劳动社会保障出版社 2007 年版,第 215 页。
② 彭道宾:《探寻统计科学发展之路——统计科研课题报告 2010—2011》,西南交通大学出版社 2012 年版,第 154 页。

(二) 失业率

失业率是衡量失业程度的相对量指标,不仅可以"反映一个国家一定时期内的失业程度,还可以衡量不同性别、不同年龄、不同种族(民族)、不同行业以及婚姻状况不同的劳动力的失业程度",① 是指一定时期内失业人口占劳动力总人口的比率,是国际上通用的评价一个国家和地区就业水平和失业状况的主要指标。其计算公式为:失业率 = 失业人口/劳动力总人口×100%。国际上公认的失业率警戒线为7%,若超过该警戒线,则说明该国家或地区的失业问题很严重。

我国失业率的计算方法有两种:一是城镇登记失业率;二是调查失业率。城镇登记失业率根据城镇登记失业人口计算而得,是我国一直以来对外公布的失业率,只能反映劳动力市场的显性失业,却不能很好地反映隐性失业,因此低于实际失业率水平。调查失业率是指在调查期内的符合失业条件的人口占调查总人口的比率,统计调查口径更宽,能够更真实地反映我国的失业水平。2013年9月9日,我国首次对外公开了调查失业率的有关数据。

(三) 失业持续时间

失业的持续时间是衡量失业程度的又一重要指标,是指"新生劳动力或失去工作的人找到工作或重新找到工作所用的时间,也可以指一定范围内或某一类别的劳动力找到工作或重新找到工作所用的平均时间"②。失业持续时间的长短影响失业者家庭可支配资源是否会消耗殆尽。若一个国家或地区的失业者平均失业持续时间并不太长,则说明这个国家或地区的失业问题不是很严重。若失业持续时间过长,则说明这个国家或地区失业问题严重,会导致严重的社会问题产生。

---

① 沈水根:《中国城镇职工失业保险问题研究》,中国书籍出版社2013年版,第30页。
② 袁东明:《西方失业回滞理论述评》,《经济学动态》2002年第4期。

第二节 失业理论

失业作为一个历史范畴，是人类社会发展到一定历史阶段的产物，自英国工业革命以来，因失业而引起的社会问题日益突出，探讨和解决失业问题的各种政策和制度措施，推动了不同失业理论的形成和发展。

一 经济学视角下的失业理论及发展

作为古典自由主义的经济学创始人，亚当·斯密的"看不见的手"成为资本主义市场经济的基本理论，一方面，自由主义经济思想促进了资本的原始积累和扩张，促进了资本主义经济的发展；另一方面频繁发生的经济危机，又导致了失业现象的日趋严重，并逐步加深加剧了阶级矛盾。为此，催生了各种解决失业问题的理论，最具代表性的包括有效需求不足失业理论、"萨伊定律"、均衡工资就业论等。下面分别介绍9种失业理论。

1. 有效需求不足失业理论

在欧洲资本主义发展过程中的重商主义时期，经济学家们积极倡导消费和反对节约和储蓄，认为通过消费来带动经济的发展和繁荣，从而实现减少失业，实现充分就业。马尔萨斯在他的《政治经济学原理》一书中提出了"有效需求不足失业论"。认为"如果社会有效需求不足，有利的要素会因缺乏刺激而得不到发挥，市场上的商品会因为缺乏需求而出现过剩，进而出现失业和经济萧条等问题"[①]。资本主义经济学的观点通常是：储蓄水平决定投资水平，投资水平决定经济增长，经济增长决定了充分就业，充分就业决定了社会的稳定。而马尔萨斯的理论则表明，储蓄增加则消费下降，消费下降则经济衰退，经济衰退则失业上升，失业上升则社会

---

① 黄安余：《就业失业论》，中央编译出版社2015年版，第191页。

动荡。因此，在市场经济运行中，如何适时地处理好储蓄和消费的关系，是政府确保经济发展、降低失业率和实现社会稳定的关键。

2. "萨伊定律"

法国经济学家萨伊在1830年出版的《政治经济学概论》中，提出了"供给会自己创造需求"，在此前提下，认为："（1）在通常情况下，依靠价格机制的自发调节，商品市场和生产要素市场会自发趋于供求均衡，劳动力会自发实现充分就业；（2）供求关系对均衡的偏离是暂时的失业也是无关紧要的，因为它可以自动回复到均衡状态，（3）政府不应该干预经济，即使政府要干预经济，也仅限于'鼓励生产'而已。"① 由此可见，古典自由经济学家认为失业问题可以交由劳动力市场自发调节解决。

3. "剑桥学派"的失业论

作为英国"剑桥学派"的创始人，阿弗里德·马歇尔把力学中的均衡概念引用到政治经济学中，创建了以"均衡价格论"为核心和基础的经济学理论。马歇尔认为"工资"是劳动这个生产要素的均衡价格，即劳动的需求价格和供给价格相均衡的价格。所谓劳动需求价格是取决于"劳动边际生产率"，认为在生产资料不变动的情况下，劳动生产率随劳动者数量的增加而递减，最后增加的一个劳动者提供的生产率就是"劳动边际生产率"。所谓劳动供给价格是由养活、训练和维持有效劳动的成本决定的。② 依据马歇尔的理论，失业或失业率的存在，在于尚未实现劳动力均衡价格即"工资"的形成。作为新古典自由主义重要代表人物的庇古，在其《福利经济学》中专门研讨了"失业与短时间工作制"。庇古认为"从国民收入的角度讲，初步看来似乎解雇或者裁员的方法比短期工作制更加有害，不仅因为对失业的恐惧会使工人有意拖延完成工作的时间，而且因为遭受长期或短期失业会使工人的身心蒙上阴影。很明显，与短时间工作制相

---

① 童玉芬主编：《就业原理》，中国劳动社会保障出版社2011年版，第25页。
② ［英］马歇尔：《经济学原理》（上），朱志泰译，商务印书馆1983年版，第6页。

比，这种方法会造成失业工人的个人收入更大的损失，这不但会使失业工人本身，而且使其妻子、儿女均遭受到食物、衣物及燃料严重不足的威胁。如果问题进一步恶化的话，则这些不足很容易导致身体状况永久性的伤害。不仅如此，这也可能迫使失业工人为了满足生存的需要，最终走上道德败坏的不归之路"。① 由此可以看出，庇古认为失业不仅会给劳动力造成物质上的损失和心理上的伤害，严重时还会带来严重的社会问题。但"我们可以将他的著作看作一种非因果性的研究，专门研究就业水平与实际工资水平二者之间的函数关系。但这种研究解决不了决定就业实际水平的问题，更解决不了非自愿失业的问题"②。

4. 凯恩斯的"非自愿失业"理论

约翰·梅纳德·凯恩斯最初也是"萨伊定律"的追随者，在资本主义周期性经济危机愈演愈烈的现实下，不论是古典自由主义还是新古典自由主义经济理论，都难以应对。凯恩斯一反传统理论，在 1936 年出版了《就业、利息与货币通论》，构建起了其"有效需求理论"。关于失业理论，凯恩斯在古典学派的摩擦失业和自愿失业的理论基础上，提出了非自愿失业理论。他认为："我们所说的'非自愿'性的失业，并不是指劳动能力没有得到充分利用，这一点是十分明显的。例如，我们不会因为人可以每天工作 10 小时，就把 8 小时工作日称为'非自愿'性失业。我们也不能把有些人宁愿不工作也不肯接受低于某种限度的实际报酬的现象称为'非自愿'性失业。另外，将摩擦失业排除在我们的定义的非自愿性失业之外也是一种方便之举。因此，我们的定义可以陈述如下：如果工资物品的价格相对于货币工资有轻微的上升，而在现行工资制度下劳动力的总需求量与总供给量都增大，那么就会存在非自愿的失业现象。"③ 并指出："根据

---

① [英]庇古:《福利经济学》，金镝译，华夏出版社 2007 年版，第 397 页。
② [英]约翰·梅纳德·凯恩斯:《就业、利息与货币通论》，宋韵声译，华夏出版社 2015 年版，第 211 页。
③ 同上书，第 12 页。

这一定义我们可以得出结论：第二个假设中所假定的实质工资等于就业的边际负效用这句话，可以解释为：在实际生活中，没有非自愿性失业现象的存在。这种情况我们称之为充分就业。"① 因此，主张国家通过财政和货币政策干预经济，增加消费，刺激投资，从而实现充分就业。凯恩斯理论被多数资本主义国家采用，挽救了资本主义社会20世纪30年代的大危机，在经济理论学说上被归结为一场"凯恩斯革命"，在实践中，被称为"福利国家"建设的理论根源之一。

5. 菲利普斯曲线

菲利普斯（1914—1975），新西兰著名的经济学家，在1958年发表了著名的《1861—1957年英国失业率和货币工资变动率之间的关系》。在此文中，菲利普斯利用英国1861—1957年的工资统计资料，讨论了工资变动率和失业率之间的关系，即工资变动率与失业率之间是此消彼长、互为替代的关系。该观点一经提出，立刻引起了西方经济学的普遍关注。1960年，新古典综合学派的代表人物萨缪尔森（1915—2007）和索洛（1924— ）用美国的数据换掉英国的数据，将工资变动率换为物价上涨率，从而得出了通货膨胀率和失业率之间的替代关系，并将其命名为"菲利普斯曲线"（见图6-1）。

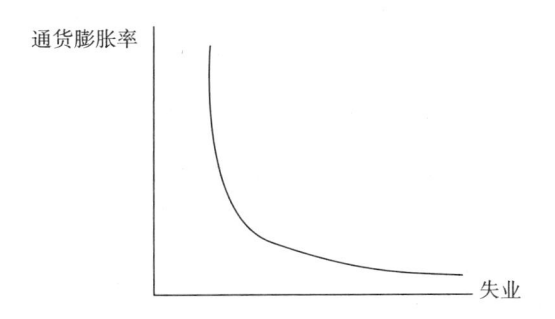

图6-1 菲利普斯曲线

---

① ［英］约翰·梅纳德·凯恩斯：《就业、利息与货币通论》，宋韵声译，华夏出版社2015年版，第12—13页。

菲利普斯曲线揭示了通货膨胀率和失业率并存的可能性，否认了一直以来凯恩斯理论认为的失业和通货膨胀不可能同时发生的论断。

如图6-1所示，横轴代表失业率，纵轴代表通货膨胀率，向右下方倾斜的曲线即为菲利普斯曲线。该曲线意味着在经济繁荣期，失业率下降，通货膨胀率上升；而在经济萧条期，失业率上升，通货膨胀率下降。该曲线上的每一个点，都代表了通货膨胀率和失业率的一对组合，都为政府提供了一个可供参考的经济方案。政府应选择何种程度的通货膨胀率和失业率，就要权衡社会对失业率和通货膨胀率的可接受水平。在这个水平范围内，寻找失业率、货币工资变动率和通货膨胀率的平衡点，从而制定一个社会可接受的货币政策和财政政策。[①]

6. 詹姆斯·托宾的结构性失业理论

詹姆斯·托宾是美国著名经济学家，他的"投资组合理论"使他获得了1981年诺贝尔经济学奖。20世纪七八十年代，在两次世界石油危机的冲击下，西方各个国家出现了通货膨胀率和失业率同时居高不下的局面，而菲利普斯曲线无法解释这种"滞胀"局面存在的原因。因此，新古典综合学派的一些经济学家开始运用市场经济中的产业结构变化来解释高通货膨胀率与高失业率并存的问题。其中，詹姆斯·托宾（1918—2002）提出了"结构性失业理论"。他认为所谓结构性失业，是指由于产业结构的升级与改革，劳动力的供给和需求在职业、技能、产业、地区分布等方面的不协调而引起的失业现象。一种情况是由于传统产业萧条、衰落，从事这些产业的劳动者失去了工作，由于自身工作技能、职业技术的限制，无法适应新产业的技术要求而找不到适合自己的工作；另一种情况是由于地区间经济发展的不平衡，落后地区的剩余劳动力由于地理位置的限制和信息不对称，无法流动到发达地区寻找工作，从而引起一部分人失业。结构性失业必然会出现剩余劳动力和工作岗位空缺并存的现象。由于工会的强大

---

① 莫荣：《国外就业理论、实践和启示》，中国劳动社会保障出版社2014年版，第96页。

力量使工资具有刚性，易涨不易跌，所以尽管劳动力市场中存在着失业，但货币工资不会下降，而只要存在工作空位，货币工资就会迅速上升。这样失业与工作空位的并存就转化为失业与货币工资上涨并存，进而转化为失业与通货膨胀并存的局面。

7. 弗里德曼的"自然失业率"假说理论

美国经济学家米尔顿·弗里德曼是货币学派的奠基人和主要代表，"自然失业率假说"理论是他1962年出版的著作《资本主义与自由》中倡导的理论，对20世纪80年代开始美国的里根的政治改革计划以及许多其他国家的经济政策都有极大影响，1976年获得诺贝尔经济学奖。在失业理论方面弗里德曼否认了菲利普斯曲线的正确性，主张发挥市场自发调节的作用来解决失业问题，反对最低工资水平的规定和工会对工资水平的干涉。认为社会总产量、总就业量和价格水平主要由货币供给系统决定，价格和工资具有相当大的灵活性，倡导自由市场机制，反对政府干预市场。弗里德曼的"自然失业率"假说是现代货币主义学派的基本假设之一，是货币主义学派失业理论的核心概念。他认为在劳动市场上，存在市场失业率和自然失业率。市场失业率是指市场上实际存在的失业率，而自然失业率是指在没有货币因素干扰的情况下，劳动力市场和商品市场自发供求力量发挥作用时处于均衡状态的失业率，即充分就业情况下的失业率。劳动力市场的供求机制使得实际工资水平具有伸缩性，从而调节劳动力的供给，在劳动力供求均衡时，总有一部分人不能实现就业，这部分不能就业的劳动力对总劳动力的比率即为自然失业率。主要包括以下三种情况：一是认为实际工资低于劳动力边际效率的自愿性失业；二是由于现行劳动力流动性不完善或信息不对称导致的摩擦性失业；三是由于经济结构的变化和技术的进步，使劳动力的技术水平与现行工作岗位不相适应产生的结构性失业。

8. 约瑟夫·斯蒂格利茨的"工资黏性理论"

美国经济学家约瑟夫·斯蒂格利茨作为新凯恩斯学派的主要代表人物

之一，他所著的《经济学》《公共部门经济学》等成为世界畅销的教材，尤其是对信息经济学的创立做出了重大贡献，2001年获得诺贝尔经济学奖。在失业研究方面，提出了工资黏性理论。所谓工资黏性是指工资不能随着需求的变动而迅速地调整，工资上升容易而下降困难。由于工资有名义工资和实际工资之分，因此，工资黏性也分为名义工资黏性和实际工资黏性。

名义工资黏性是指名义工资不随名义总需求的变化而变化，包括交错调整工资论和长期劳动合同论两种形式。

第一种，交错调整工资论，是指劳动者与用人单位双方通过雇用合同调整工资，由于合同签订的时间不同，工资调整会交错进行，从而使得工资总水平具有了惯性，而工资总水平又会影响产出和就业。该理论认为，在短期内无论是通过合同机制还是理性预期机制来稳定工资水平，都会导致通胀和失业并存。

第二种，长期劳动合同论。名义工资是由早先签订的合同确定下来的，在合同有效期内，工资不能随市场的外部变化而随意调整，工资具有黏性。通过订立长期劳动合同导致的工资黏性，外部人即使愿意接受较低的工资，由于缺乏合同保障也难以就业，从而产生非自愿失业。

关于实际工资黏性的理论主要有隐含合同论、局内人—局外人理论和效率工资论。

第一种，隐含合同论。隐含合同是指厂商与工人之间没有签订正式的工资合同，但在彼此之间存在着工人收入稳定的非正式协议。隐含合同论正是以这种隐含合同来说明工资与失业之间的关系。隐含合同论最初从公开信息条件下研究隐含合同，在完全信息条件下，工人的工资等于其边际产出的价值，厂商能够根据计算出来的工资标准发给工人工资。但现实中的情况是信息是不完全的，厂商和工人只能得到有限的信息，因此决定了均衡合同会出现无效率的非充分就业，而无效率的非充分就业通常不是采取工作分担的形式，而是采取解雇工人的形式。暂时失业的工人为了建立起一个"可靠者"的声誉,以求将来能得到更优惠的工资合同,往往会拒绝其他厂商提供的高工资的职位,所以,失业会继续存在。

第二种,局内人—局外人理论。"局内人是指目前已经在职的雇员,或暂时被解雇但与在职雇员同属于某一利益集团的人。局外人是指长期游离于企业之外的失业工人或短期在职的临时工。"① 局内人-局外人理论认为,局内人和局外人拥有不同的就业机会,局内人的工作受到劳动转换成本的保护,在工资决定上有着重要的讨价还价的能力,具有较强的就业优势和地位。即使局外人愿意接受比局内人低的工资,由于转换成本较大,厂商减少工资所得依然无法弥补成本,因此,厂商不愿意雇 et 低工资的局外人,而宁愿继续雇用局内人,这时,非自愿失业就会出现。

第三种,效率工资论。该理论认为工资具有激励作用,当工人出现怠工、偷懒行为时,厂商通过增加工人工资,提高工人怠工、偷懒时被发现的机会成本,从而使工人不愿意偷懒,提高工人的劳动效率。"效率工资的核心实质上是厂商为信息不对称下委托—代理关系所产生的道德危险所付出的一种租金。"②

9. 罗纳德·G. 伊兰伯格等的失业理论

罗纳德·G. 伊兰伯格等著的《现代劳动经济学》是当今美国劳动经济学领域最具影响力的一部经典教材。关于失业的论述,该书在劳动力市场存量—流量模型的基础上,探讨了摩擦性失业、结构性失业、需求不足性(周期性)失业和季节性失业的基础上,指出:"上面所提到的所有这些定义,都想以某种特定的方式来把充分就业定义为一个更为一般化的概念,把它当成是一种正常时候出现的失业率。如果我们假设,即使是劳动力市场处于均衡的时候(即在劳动力市场上既不存在过剩的需求,也不存在过剩的供给),也会存在摩擦性失业和季节性失业,那么很显然,自然

---

① 莫荣:《国外就业理论、实践和启示》,中国劳动社会保障出版社 2014 年版,第 120 页。
② 范旭东:《失业理论、失业保险机制设计与中国失业保险制度》,硕士学位论文,武汉大学,2005 年。

失业率就会受到下列这些因素的影响：处于就业状态的劳动者的自愿流动率；进出劳动力队伍的人员流动情况，以及失业者为找到可接受工作而需要花费的时间。这些因素在不同人口群体之间的差别是很大的，因此，任何一个时期的自然失业率都会受到劳动人口构成的强烈影响。"[1] 由此可见，失业理论的研究已经不仅仅是经济学领域研究探讨的唯一，它还受到社会人口及结构的影响。

以上所述，通过对西方经济学主要流派关于失业理论的介绍和分析，我们可以看出，在资本主义发展的进程中，不论是自由资本主义时期，还是全球化自由化时期，失业问题一直客观存在，不论是哪一种失业理论，市场规律是失业的决定影响因素。因此，尊重市场规律，采取适时的就业政策措施，实现充分就业，是确定市场化国家社会稳定的根本。

二 马克思主义的失业理论

卡尔·马克思（1818—1883）采用唯物主义的方法论，在深入分析和揭示资本主义社会经济规律的基础上，得出资本主义必然灭亡的结论，并构建起了科学社会主义理论和提出了建设共产主义社会制度的理想目标。在马克思的理论分析中，关于失业方面的理论，主要包括如下三个方面。

第一，劳动力商品理论。马克思在他的著作《资本论》中对资本的生产、资本的运作以及资本分配的全过程做了系统的论述，尤其是在《资本论》第一卷论述货币转化为资本时，集中探讨了劳动力商品的两个必要条件：一是劳动力所有者是"自由人"，能自由支配自己的劳动能力；二是除了自己的劳动力外，必须一无所有。劳动力是商品，它和其他商品一样具有使用价值和价值，其价值是由生产和再生产劳动力商品的社会必要时

---

[1] 罗纳德·G. 伊兰伯格等：《现代劳动经济学：理论与公共政策》，刘昕译，董克用校，中国人民大学出版社 2007 年版，第 591 页。

间决定的，工资是劳动力商品的价格。"劳动力卖不出去，对工人就毫无用处，不仅如此，工人会感到一种残酷的自然必然性；他的劳动能力的产生曾经需要一定量的生存资料，它的再生产又需要一定量的生存资料。"①这一论述包含了两层含义：一是劳动力商品的特点在于，一旦劳动力商品卖不出去，劳动力处于失业状态，其使用价值为零，而普通商品卖不出去，则可退出流通领域，仍然具有使用价值；二是就业与失业之间的关系，直接表现为劳动力商品的买卖上，劳动力商品交易成功，表明劳动力的就业，其使用价值的实现，反之则为失业，表明劳动力商品价值未能实现。

第二，资本主义相对过剩人口失业理论。马克思从资本主义最基本的细胞——商品，开展对资本主义制度的剖析和分析，说明了资本主义生产过程的利益对立性质。认为，在资本主义社会中，生产资料的所有者与生产者相分离，随着机器的使用和劳动生产力的提高，资本的有机构成提高，使得资本对劳动力人口的需求相对减少，一部分劳动力人口从生产中游离出来，成为相对于劳动力需求而言的过剩人口，即失业人口。马克思认为，失业是资本主义制度和资本主义生产方式发展的产物。依据劳动力商品学说，他指出"失业指劳动力人口作为商品停留在流通领域，未实现其价值，其使用价值未在生产活动中发挥作用"②，而产生这种现象的本质就在于失业人口的相对过剩性。马克思认为相对过剩人口，主要包括三种形式："第一，流动形式的过剩人口，即暂时找不到工作的临时失业工人；第二，潜在形式的过剩人口，主要是指农村的过剩人口；第三，停滞时期的过剩人口，指没有固定职业，主要依靠干些杂活维持生活的劳动者，其特点是劳动时间最长而工资最低。"③马克思之所以用"相对

---

① 童玉芬主编：《就业原理》，中国劳动社会保障出版社2011年版，第23页。
② 夏远洋：《我国失业统计的历史、现状及改革》，硕士学位论文，对外经济贸易大学，2002年。
③ 莫荣：《国外就业理论、实践和启示》，中国劳动社会保障出版社2014年版，第189页。

过剩人口"而不是用失业概念形容资本主义社会的劳动者不能得到工作的现象,是因为相对过剩人口能够更好地体现失业具有的资本主义制度的特征。

第三,社会主义普遍就业理论。在深刻揭示资本主义运行规律后,马克思认为不断的周期性经济危机的必然结果是资本主义走向灭亡。为此,马克思构建起了科学社会主义制度的理论。认为社会经济越发达,社会化大生产的程度越高,生产过程中一定量的已经物化在生产资料中的劳动必须有一定量的活劳动与之相适应,并保持一定的比例。这一比例在不同的产业甚至同一产业的不同部门都不尽相同。而且随着技术革命的不断深入,社会内部分工发生变化,不断使劳动力从一个部门(或行业)转向另一个部门(或行业),使得这一比例处于一个动态的系统中,这就要求劳动者与生产资料在数量、空间和时间上高度一致。资本主义国家无政府状态的竞争是无法适应这种社会化大生产的,只有建设社会主义国家,实现劳动力资源的有计划配置,根据社会需求和技术进步的变化调整自己的生产规模及结构,才能消除资本主义对人力、物力的巨大浪费,提高生产力。据此,马克思进一步认为无产阶级夺取政权后,生产资料和社会产品属于全体劳动成员所有,劳动力作为商品不再存在,价值规律不再发生作用,但是按比例分配社会劳动仍然存在,社会可以通过计划来实现社会劳动的按比例分配。由于劳动资源是按计划配置的,失业被彻底消除,因此,在马克思看来,社会主义没有失业现象[①]。

这里我们应该指出的是,一方面,片面地照搬马克思理论来对比现实,就得出马克思主义过时的观点是错误的,因为这种做法本身就是违反马克思唯物史观的;另一方面,正是马克思对资本主义制度及其运行规律的深刻揭示和阐释,才使得我们在社会主义制度建设中,不断解决面临的一个个具体现实问题,不断取得社会主义事业建设的巨大成就。因此,马

---

① 童玉芬主编:《就业原理》,中国劳动社会保障出版社2011年版,第24页。

克思主义仍然而且必然是社会主义事业建设和发展的强大的思想理论武器,同时,社会主义事业建设取得的成效过程,也是丰富和发展马克思主义理论和实践过程。

三 中国学者的失业理论

中国共产党第十一届三中全会,明确了党的工作重心转移到经济建设上,并明确了改革开放的建设道路。在经济体制不断深入深化的进程中,社会主义建设中"左"的思想逐步得到清除,确立了建设具有中国特色社会主义市场经济的发展道路。失业问题及其对失业的研究在社会主义市场经济建业中也日益引起关注,并产生了相应的研究成果,同时有针对性地实施了一系列的促进就业的政策措施和构建相应的就业和失业保障制度。就失业研究的成果来看,主要体现在相关专项研究著作和教材的编著两个方面。

第一,中国学者对失业研究最具代表性的是复旦大学经济学院袁志刚教授所著的《失业经济学》。在分析西方失业理论的基础上,针对21世纪初,国内学者提出的中国经济增长中"人口红利正逐渐消失"、步入"刘易斯转折点"的观点,他认为"中国仍有很多人口集中在农村,农业还远远不能成为现代产业,农业劳动生产率十分低下。同时中国人口和就业在区域间的分布相当不均衡,由于户籍制度的存在,土地和住房制度的扭曲,城市化率依然很低,农民工的市民化程度更低,严重影响了人口在城市的集聚和服务业的发展。在人口和劳动力流动自由难以完成的情况下,中国经济固有的增长模式难以突破,经济结构的升级受到阻遏,就业和失业问题依然严峻。同时,独生子女代受教育年限的延长和劳动态度的变化,要求我们的经济结构变化满足劳动供给结构的变化,但是我国经济转型并不顺利,其他要素市场如金融市场、土地市场等改革滞后,导致先进制造业和现代服务业发展比较滞后,特别是在2008年全球金融危机之后,中国式的粗放经济增长已经难以吸收我国每年 600 万—700 万的大学毕业生，新的结构性失业现象正在加剧"。为此提出："需要中国进入更加全面和深入经济体制改革之中，更加全面地融入全球经济，完善要素市场，让市场在资源配置中起决定性作用，提升资本、技术、土地和劳动力等诸生产要素的利用效率，做到真正的充分就业。"最后认为"就业和失业在中国这样一个人口众多的国家，这样一个人口结构即将面临巨变的国家，无疑会是一个永恒的主题。就业是民生之本，人类与失业现象斗智斗勇将永无止境"①

第二，对于失业的研究，另一具有代表性的著作，是华东政法大学政治学与公共管理学院黄安余教授著的《就业失业论》。该书果按"失业归因论""充分就业与失业""失业与通货膨胀""失业与公平效率"等经济学、社会学视角分析归纳了国内外有关就业失业的理论，并探讨提出了"就业衡量"和"失业衡量"，的理论观点。认为所谓"就业衡量"，包含两层意思：一是衡量就业的程度，就是政府广泛开展的就业统计；二是衡量就业的影响因素，究竟哪些因素在牵动着就业发展。从内在逻辑看，这些因素是就业理论研究根本无法回避的问题，或者说，就业理论在很大程度上正是研究这些因素及其相互关系，以及它们对市场和就业的影响。所谓"失业衡量"一是衡量市场失业程度；二是衡量失业的基本成因。失业类型是与失业成因紧密关联的，或者说，不同失业成因造就了不同失业类型。研究失业类型或失业归因的实践意义是，为政府失业治理提供对症下药的依据。② 由此，可以看出国内对就业失业理论的研究，不仅停留在现实的对策研究上，开始根据中国的具体实践，构建相应的理论框架和体系，为政府促进就业，实施充分就业政策提供相应的理论支持。

第三，在中国国内教材建设中专门研究失业理论的，最具有代表性的

---

① 袁志刚：《失业经济学》，格致出版社·上海三联书店·上海人民出版社 2014 年版，第 3—4 页。

② 黄安余：《就业失业论》，中央编译出版社 2015 年版，第 3—4 页。

是现任职于首都经济贸易大学劳动经济学院的童玉芬教授编写的教材《就业原理》。该教材第五章在分析了失业理论和失业度量的基础上,针对中国当前失业统计方面存在的问题,提出了改进中国就业失业统计制度路径:"首先,我国应该以抽样调查法作为就业与失业统计的主要方法,辅以登记调查等其他方法。其次,加大调查频度,完善统计方法。目前,我国公布的就业与失业统计数据是以年计的,这对实时的就业与失业没有太大的指导意义。可以借鉴 OECD 国家通用的数据模型,根据就业人数及其他就业数据的季度调整推算误差,然后再对数据进行实时修正。最后,增设就业与失业统计指标,如不充分就业、农村失业、城市非正规部门就业、城镇隐性失业、农村隐性失业等指标。甚至在不同区域、不同产业和不同行业间设立二级指标,作为就业与失业统计的有益补充。①"

从上述具有代表性的国内学者对失业研究的成果来看,除了归纳和总结国外研究的成果外,还根据我国经济不断深化改革发展的进程,结合实际对失业进行了深入的探讨,其中一个主要方面就是中国的失业统计,我们认为分析和统计中国的失业,必须考虑两个动态的因素。一是中国的土地与耕地及农业技术对农业劳动力的集聚能力和农业收入对农业人口生活的保障水平,因为农民是以土地为生产资料获取生活来源。换句话说,或严格地讲,只有失去耕地的农民才能计入失业。二是中国正处在整个经济体制的转轨过程中,而且这一过程的速度和取得的成效是人类发展史未有的,因此,很多成功的做法还未定型,难以用相应的指标去准确反映。例如一定数量的农民工,在农村有承包的土地和宅基地,在城市购有房产,有的还享有公租房,他们的就业就是游离在亦工亦农之间,难以用指标给以量化,如此等等。

---

① 童玉芬编:《就业论》,中国劳动社会保障出版社 2011 年版,第 107 页。

四　小结

上述我们较为系统地介绍和分析了国内外关于失业的思想和理论，我们可以清晰地得出如下四个方面的认识。

第一，失业是历史范畴，是人类社会发展到一定历史阶段上的产物。尤其是工业革命以后，伴随资本主义制度的建立和发展，其固有的周期性经济危机的加深加重，而引起失业对社会的危害性和破坏性也因此不断突出和严重，失业不仅成为经济问题，也逐步发展成经济社会问题，使得对失业的研究不断深入深化，逐步形成了一套较为完整的失业理论体系，对降低失业率、实现充分就业形成了较为成熟的理论指导。同时，推动了资本主义市场经济的不断完善和发展。

第二，资本主义制度市场经济的建设和发展过程表明，失业的类型和表现形式，不仅不同，而且逐步从单一形式向多样化发展，也相应地产生了不同的治理对策措施和制度安排。尤其是不论古典自由主义或新自由主义的经济理论，都不能从根本上解决失业问题，只有根据不同时期的经济状况，依据市场发展特征，采取市场调节和政府的干预政策，才能有效实现充分就业，这也是"就业是民生之本，人类与失业现象斗智斗勇将永无止境"[①]。的根本所在。

第三，关于失业的统计或计量标准，取决于一国市场经济建设及其发展的水平，尤其是市场经济培育和发展的程度——经济体制转轨时期，有些经济制度尚未定型和完善，对失业及其失业率的度量，难以体现精准是客观的正常现象，只要能体现市场客观需求，制定的对策措施的效果评价，才具备客观性，过于强调精准不仅难以实现精准，以此做出的对应政策措施的漏损反而更大，效果更难以达到预期。例如，我国当前使用的

[①] 袁志刚：《失业经济学》，格致出版社·上海三联书店·上海人民出版社2014年版，第4页。

"登记失业率",我们认为就是我国经济体制转轨进程中最为贴切的失业统计指标。

第四,失业与贫困之间存在因果关系,但并不是必然关系。也就是说,失业可以导致贫困,但贫困并非是导致失业的唯一原因。明确这一点的根本所在,在于有效地构筑反贫困的防线和治理贫困的保障网。

第三节 失业保险制度概述

上述失业理论结合我们前面分析的就业理论及其政策,我们可以看出,实施积极的就业政策是解决保障失业者福祉的根本措施,通常被学界认为是积极地解决失业问题的对策措施,而采取失业保险制度安排则被认为是一种被动的解决失业问题的制度安排。其实,我们认为失业保险制度的建设,不仅仅是被动地阻断失业者走向贫困的制度安排,其应该成为经济波动对劳动影响的"减震器"或劳动力资源配置的"调节器"。

一 失业保险的概念和特点

(一)失业保险的概念

"失业保险是指国家通过立法强制实行的,由社会集中建立基金,对因非自愿性失业而暂时中断生活来源的劳动者提供物质帮助,保障其基本生活,并通过转业训练、职业介绍等手段为他们实现就业创造条件的制度。"[①] 从这个概念中可以发现四点:失业保险是国家通过立法实施的,具有强制性;失业保险中的保险事故仅限于非自愿性失业,不包括自愿性失业;失业保险基金不仅指失业救济金,还包括转业训练、职业介绍等其他

---

① 赵浩等:《失业保险317问》,法律出版社2006年版,第10页。

物质帮助形式；失业保险具有双重功能，不仅要保障失业者的基本生活，还要促进其实现再就业，从而减少失业。失业保险是我国法律规定的一项社会保险制度，是我国社会保障体系中的重要组成部分，其实质就是通过建立失业保险基金，分散失业人员的社会风险，追求社会公平的一种社会制度。过去，人们对失业保险制度的认识停留在对失业人员发放失业保险金，从而保障失业人员的基本生活上。但自20世纪90年代以来，各国政府开始注重发挥失业保险促进就业功能，而不是单纯地发放救济金，把失业保险制度放在就业体系中去发展和完善，从而真正发挥失业保险"减震器"和"安全网"的作用。

（二）失业保险的特点

失业保险有以下5个特点。

1. 强制性

失业保险是一种强制性保险。这种强制性是指国家通过颁布有关法律，对失业保险的施用范围、资金来源、待遇标准、资格条件、管理机构及其职责以及法律责任等内容做出规定，以国家法律和行政的强制力保证失业保险制度的实施。失业保险与其他保险项目不同，因为失业风险并不都会降临在每一个劳动者身上，所以劳动者缴费后，并不一定能享受利益，非失业者不能享受失业救济，而且缴纳的费用不会返还，这就会影响劳动者的缴费积极性。因此，为了获得稳定可靠的失业保险基金以发挥失业保险的作用，失业保险必须通过国家制定法律、法规来强制实施，在失业保险制度覆盖范围内的单位及其职工必须参加失业保险并履行缴费义务。根据法律法规的规定，不履行缴费义务的单位和个人须承担相应的法律责任。

2. 互济性

失业保险具有保险的互助共济性，失业者相对于就业者而言总是少数，因此失业保险符合保险学的"大数法则"原理，使分布在少数人身上的失业风险在一个足够大的社会范围内进行分散，也就是常说的"人人为我，我为人人"。失业保险基金主要来源于社会筹集，由国家、单位和个人共同缴纳，缴费比例、缴费方式比较稳定，筹集的失业保险费，不分来源渠道，不分缴费单位的性质，全部并入失业保险基金，在统筹地区内统一调度使用以发挥互济功能。

3. 促进就业性

失业保险是基于失业问题的存在而建立的一种社会制度安排，不仅要向失业人员发放救济金，保障失业人员失业期间的基本生活需求，更重要的任务是通过转业培训和职业介绍提高失业人员的再就业能力，为他们寻找新的职业创造条件，从而促进失业人员再就业。所以，失业保险工作需要在就业服务体系中发展与完善，从而充分体现它促进就业的特性。

4. 权利与义务的相对对等性

这主要是针对商业保险完全的权利与义务的对等来说。尽管社会失业保险的基金负担是由国家、集体和个人负担，但保险的根本在于缴费享受待遇。也就是说，这种权利和义务虽然不同于商业保险那样完全"对价"，但失业者在职期间必须按规定缴纳失业保险费，才能在失业期间享受失业保险待遇。"失业人员在享受保险权利时为权利主体；而失业人员要取得权利主体的资格，必须依照失业保险制度的有关规定，在工作期间缴纳一定数量的失业保险费用，履行相应的保险义务，此时，失业人员为义务主体。每一位失业人员在失业保险法律关系中，既是失业保险事业的受益者，又是失业保险费用的承担者"，[1] 因此，失业保险强调权利与义务的对等性。

5. 对象的特定性

失业保险的保障对象是劳动年龄内的社会劳动者，是对有劳动能力但没有劳动机会的人提供的经济保障。而其他的社会保险项目，如养老保险、医疗保险、生育保险以及工伤保险等的保障对象是暂时或永久失去劳动能力的劳动者，以社会全体劳动者为保障对象，不仅包括未达到法定劳

---

[1] 朱喆：《我国失业保险制度改革研究》，硕士学位论文，西南财经大学，2007 年。

动年龄的人，还包括已经超过法定年龄从而退出劳动领域的人。而失业保险的保障对象具有特定性，是对没有丧失劳动能力、有就业意愿但又没有工作岗位的人提供的保障，劳动者只有同时具备这三个条件才能享受失业保险待遇。

二 失业保险制度的基本类型

根据目前世界各国结合自身国家经济社会发展的情况和水平，而构建起来的社会失业保险制度，可谓林林总总，但按照学界研究的结果，根据不同的标准可以对失业保险制度进行不同的分类，如按照失业保险基金来源和支付方式的不同，可将失业保险分为政府拨款型、政府资助型和自助型，而国际上通用的分类方法是按失业保险的责任主体进行分类，即按国家、雇主、个人的不同责任和受益人享受待遇的不同进行分类，可以分为社会保险型、社会救助型、雇主责任型和个人储蓄型等四种类型。

1. 社会保险型

社会保险型是失业保险最普遍的一种形式，目前世界上已建立失业保险制度的国家大多采取这种形式。社会保险型失业保险是指失业保险基金主要由企业和个人负担，只有受保人可以享受此待遇，这种失业保险的特点有三：其一，更加强调国家的强制性，雇主和个人不论其是否愿意，都必须缴纳失业保险费；其二，雇主和个人共同承担责任，失业保险费一般由雇主和个人双方负担；其三，强调权利与义务的对应关系，失业者享受失业保险待遇的前提是履行了缴费义务。

2. 社会救助型

社会救助型是指仅仅由国家或者政府承担全部费用，失业者必须经过收入的调查后才能确定是否在救济的范围内，只有那些被确认为无法生存的失业者才能享受失业救助金，一般将其称为"失业救济"。目前，采取这种类型的地区和国家主要有中国香港、澳大利亚、匈牙利、南斯拉夫、新西兰等。它的主要特点在于，政府直接承担责任，具有较强的保障力，但它增加了国家的财政负担，弱化了劳动者的责任感，容易造成失业者对这种失业救济的过分依赖。所以，近年来，失业救助型的失业保险制度汲取了失业保险型制度上的某些做法，如在承认劳动者享有失业保护是一项权利的同时，要求具备取得资格的条件或是在计算补偿金额时考虑以前的工资。

3. 雇主责任型

这种类型分为两种形式。一种是指国家通过法律规定雇主责任，由雇主承担全部失业保险费用，但由国家建立失业保险基金，它的优点是政府统一运作，统筹兼顾，能够更好地发挥失业保险基金的作用，但由雇主承担所有的失业保险费用会增加雇主的负担。另一种是一种极端形式，它不是在社会建立失业保险基金，而是在企业内部建立失业保险基金，由雇主运作，强调雇主对雇员负有完全责任。这是一种极低层次的被称为"自保型"的失业保险制度。在这种形式下，国家和社会不参与基金的运行，因此，社会化程度很低，基本上是由企业自己管理自己，资金运作不超出企业，不利于企业之间分担失业风险，难以发挥社会保险"互助共济"的作用。目前，只有个别国家采取这种类型的失业保险制度。

4. 个人储蓄型

"强制储蓄"型也称为个人储蓄型，是指由国家规定个人拿出工资的一部分进行储蓄，以防范失业风险。它完全属于自给自足型，从严格意义上讲，这并不是我们所讲的失业保险。但由于这种方式有利于增进储蓄，促进经济发展，被世界银行所重视，特别是对发展中国家的经济极为有利，因此被誉为"新加坡模式"或"智利模式"。

三 失业保险的功能

失业保险的功能主要包括两个方面：一是保障劳动者在失业期间的基本生活需求；二是促进劳动者实现再就业。

第一，保障劳动者在失业期间的基本生活需求，具有"安全网"和"减震器"的作用。

失业保险是整个社会保险体系的重要组成部分，是完备的社会保障体系必须具备的不可分割的内容，它对社会的安定和和谐发挥着重要作用。"从微观角度讲，失业保险的基本功能是保障失业者的基本生活。失业保险为失业者定时发放失业保险金，使劳动者的基本生活得到保障，有利于劳动者的身心健康，为劳动力素质提高和劳动力再生产的顺利进行提供了基本保障。从宏观经济运行角度来讲，失业保险具有熨平经济波动给劳动者个人所带来的就业波动影响的作用。宏观经济运行具有很大的不确定性，具有一定的周期波动性。当宏观经济处于繁荣或高涨时期，这时就业率较高，失业率较低，因此每一个就业者应该缴纳一部分失业保险金。一旦当宏观经济处于萧条或低潮时期，失业率大幅度上升，失业人员增加时，这笔在经济繁荣时期积累起来的失业保险金，就应该支付给失业者，使其能够维持基本的生计。因此，失业保险金的发放，对社会劳动秩序将起到稳定的作用。"[1] 因此，失业保险对社会的正常运行具有"安全网"和"减震器"的作用，维护着社会的安定与和谐。

第二，促进失业人员再就业，保证了社会再生产的顺利进行。

失业现象是现代社会不可避免的，随着社会经济的发展，人们对失业保险的认识有了进一步的深入，失业保险在满足失业人员基本生活需求之外，还有增加就业机会，促进失业人员再就业的功能。劳动力的再生产是社会再生产的基础，失业者收入中断，生活水平下降，会阻碍劳动力的再生产。失业保险制度的建立可以有效调节劳动力的供给，为经济发展提供合格的劳动力支持。在经济衰退期，失业保险通过给失业者发放救助金，维持其购买力，并通过职业咨询、职业培训、生产自救和以工代赈的方法为失业者提供就业机会，提高其工作技能，为再生产的顺利进行创造了必

---

[1] 朱喆：《我国失业保险制度改革研究》，硕士学位论文，西南财经大学，2007年。

要条件。

四 我国失业保险制度的建立与发展

我国失业保险制度开始于1986年，至今已有32年的时间，在这32年的发展历程中，失业保险制度不断发展和完善。

（一）失业保险制度的建立

20世纪80年代以后，我国开始了由农村到城市的经济体制改革，改革的重点内容是对国有企业转换经营机制，增强企业活力。为适应经济体制改革的需要，有效促进劳动力合理流动，保障国有企业（以下简称"企业"）职工在待业期间的基本生活需要，中共中央国务院于1986年7月12日颁布了《国营企业职工待业保险暂行规定》（国发〔1986〕77号，以下简称《暂行规定》），并于同年10月1日实施。该《暂行规定》的颁布实施，标志着我国失业（待业）保险制度的初步建立。《暂行规定》确立了我国失业保险制度的基本框架，明确了失业保险制度的基本内容。首先，其对失业保险的适用人员做出了明确规定，即"宣告破产的企业职工；濒临破产的企业法定整顿期间被精减的职工；企业终止、解除劳动合同的工人；企业辞退的职工"，但这里的"企业"仅指国有企业。其次，其规定了基金来源和基金收缴标准，基金主要由企业按照其全部职工标准工资总额的1%缴纳（缴纳所得税前列支），国家在必要时给予财政补贴，从而突出了国家和社会在失业保险中的地位和作用。该"待业保险"主要是从失业救济的角度设计失业保险，存在的主要问题是覆盖范围小，层次低，享受失业待遇的人员有限，失业保险的作用得不到充分发挥，在很大程度上只是一种制度象征。但它是第一次通过以建立和实施失业保险制度的方式来处理失业问题，具有深远影响，为以后失业保险制度的发展和完善打下了基础。

（二）失业保险制度的发展

随着经济体制改革的进一步深化和就业政策的调整，国有企业富余人员问题浮出水面,失业问题也越来越严重。为了配合企业各项改革措施的实施,在总结待业保险制度实践经验的基础上,1993年4月12日中共中央国务院颁布了《国有企业职工待业保险规定》(国发〔1993〕110号,以下简称《规定》),于同年5月1日起实施,同时废除1986年颁布的《国营企业职工待业保险暂行规定》。《规定》的颁布实施使我国失业保险制度进入了正常运行时期,开始发挥其应有的作用。在1986年《暂行规定》的基础上,1993年的《规定》进一步扩大了覆盖范围,在原来保障对象的基础上增加了"按照国家有关规定被撤销、解散企业的职工;按照国家有关规定停产整顿企业被精减的职工;依照法律、法规规定或者按照省、自治区、直辖市人民政府规定,享受待业保险的其他职工"等三类保障对象,并明确指出"待业保险工作应当与职业介绍、就业训练和生产自救等就业服务工作紧密结合,统筹安排",从而强调了保障失业人员的基本生活和促进再就业的双重功能。

在基金的筹集上,将基金的缴费基数由全部职工标准工资总额改为全部职工的工资总额,并将费率由1%下调至0.6%—1%。《规定》还制定了罚则,从而使失业保险制度更加完善。这次调整,使失业保险制度取得了明显的进展,参保人数、基金规模等都有迅速的增加。

(三) 失业保险制度的完善

随着社会主义市场经济体制的确立和现代企业制度的形成,以待业救济为本质特征的失业保险制度无法满足建立统一劳动力市场、实现劳动力资源合理配置和社会保障社会化的需要。为进一步改革和完善失业保险制度,中共中央国务院于1999年1月22日颁布实施了《失业保险条例》(国务院令第258号,以下简称《条例》),同时废除1993年的《国有企业职工待业保险规定》。

《条例》进一步扩大了失业保险制度的覆盖范围,不仅包括国有企业,还包括城镇集体企业、外商投资企业、城镇私营企业以及其他城镇企业,充分体现了社会主义市场经济对失业保险制度的要求。此外,《条例》对失业保险费的缴费比例进行了调整,确立了单位与个人的共同分担机制,要求个人以本人工资的1%缴纳失业保险费,单位按照工资总额的2%缴纳失业保险费,从而强化了个人责任,体现了权利与义务相对等的社会保险原则。《条例》在各方面都有了详细的规定,包括失业保险金的统筹与管理办法、领取失业救济金的失业人员应符合的条件及领取期限、劳动保障行政部门的职责以及社会保险经办机构的职责等。

1999年《失业保险条例》的颁布是我国失业保险制度由不规范走向规范、从计划走向市场的标志,体现了失业保险制度服务改革和稳定大局的精神,为形成具有中国特色的基本完善的社会保险制度打下了坚实基础(见表6-1)。

表6-1　　　　　　　我国社会保险制度发展的各阶段比较

	1986年《国营企业职工待业保险暂行规定》	1993年《国有企业职工待业保险规定》	1999年《失业保险条例》
覆盖范围	宣告破产的企业的职工;濒临破产的企业法定整顿期间被精减的职工;企业终止、解除劳动合同的工人;企业辞退的职工	除1986年的四类人员外,还包括按照国家有关规定被撤销、解散企业的职工;按照国家有关规定停产整顿企业被精减的职工;依照法律、法规规定或者按照省、自治区、直辖市人民政府规定,享受待业保险的其他职工	各类城镇企业,包括国有企业、城镇集体企业、外商投资企业、城镇私营企业以及其他城镇企业
基金的来源	国有企业按全部职工标准工资总额的1%缴纳保险费;待业保险基金的利息收入;政府的财政补贴	国有企业按全部职工工资总额的0.6%—1%缴纳保险费;待业保险基金的利息收入;政府的财政补贴	企业事业单位按本单位工资总额的2%、职工个人按本人工资的1%缴纳保险费;失业保险基金的利息;财政补贴;依法纳入失业保险基金的其他资金

续表

	1986年《国营企业职工待业保险暂行规定》	1993年《国有企业职工待业保险规定》	1999年《失业保险条例》
发放标准	失业人员原标准工资的50%—75%	当地民政部门规定的社会救济金的120%—150%	与最低工资和城镇居民最低生活保障线挂钩，低于当地最低工资，高于当地城镇居民最低生活保障线
享受期限	连续工作1年以上5年以下的，领取期限最长为12个月；连续工作5年以上的，领取期限最长为24个月	连续工作1年以上5年以下的，领取期限最长为12个月；连续工作5年以上的，领取期限最长为24个月	累计缴费时间满1年不足5年的，领取期限最长为12个月；累计缴费时间满5年不足10年的，领取期限最长为18个月；累计缴费时间10年以上的，领取期限最长为24个月
管理机构	劳动部门所属的失业保险机构	劳动部门所属的失业保险机构	劳动保障行政部门所属的社会保险经办机构
监督机构	无	县级以上政府部门成立有政府各个部门和工会参加的失业保险基金委员会	财政部门和审计部门

（四）失业保险的变革特征

从上述我国社会失业保险制度的建设发展历程可以看出我国失业保险制度是伴随我国社会主义事业建设，尤其是经济体制改革的进程不断改革和深化发展，而逐步建立起来，归纳起来主要有如下三个方面的特征。

1. 强调"生活保障"功能

中华人民共和国成立后，政府面对大量的战后失业者，实施了一系列临时性的失业救济措施。随着"三大改造"的完成，我国作为一个社会主义国家，实行了统包统配的就业制度，并不存在失业的问题。1978年改革开放以后，劳动合同制开始逐步实施，统包统配的就业制度开始瓦解，失业问题开始凸显，为了保障失业者的基本生活，确保国企改革的顺利进行，《暂行规定》应时而生。由于思想认识的局限和配套措施的定位，《暂行规定》还只是将"失业保险"称为"待业保险"。即使如此，《暂行规定》的出台使得我国的失业保险制度在制度上得以确立，意义十分重大。从《暂行规定》出台的背景和内容来看，《暂行规定》着重强调的是"生活保障"功能。根据《暂行规定》，待业保险的覆盖范围仅包括因为企业主观原因（辞退；终止、解除劳动合同）或客观原因（宣告破产；濒临破产需要整顿）而导致的失业人员，覆盖范围十分狭窄；待业保险基金支出项目主要是待业救济金、各种补助费和救济费、管理费，仅有待业职工转业训练费一项和就业促进有直接关系。由此可见，在失业保险制度的初创时期，主要强调的是"保障生活"。因此，失业保险建立之初的主要目的是保障国企下岗职工的生活，维系国家安定，确保经济改革的顺畅。

2. "促进就业"功能

随着经济体制改革的日益深化，尤其是经历了计划经济为主、市场调节为辅到有计划的商品经济，再到具有中国特色社会主义市场经济的经济体制改革，以市场经济为中心的社会管理制度建设，也逐步开始构建。显然，《暂行规定》在实际运行中面临的问题也越来越多，同样与"市场经济"的定位不相适应。为此，国务院在1993年下发了《国有企业职工待业保险规定》，对1986年实施的《暂行规定》予以多方面的调整。从调整的内容看，主要是对失业的覆盖范围、资金筹集、管理模式等方面进行了调整。从覆盖范围看，《规定》的覆盖人群不再局限于原来的国有企业职工，把大部分的劳动合同职工以及城镇职工等非国有企业职工纳入覆盖范围。覆盖范围虽然有了很大的提高，但是只要求国有企业必须参加，而其他单位参照执行；《规定》对待业救济金的领取期限、发放标准做了更为细致的规定。这些调整，实际上是严格化了失业保险金的给付，其目的在于促使失业人员改变一味依靠国家救济的思想，从而促使失业人员积极寻找工作。从待业保险基金支出范围来看，增加了直接用于促进就业的支出项目，包括职业培训补贴和职业介绍补贴。例如，《规定》第三十条规定，"待业保险机构应将待业保险延伸到企业，支持企业改革，促进待业职工再就业……"因此，《规定》除了保障失业人员基本生活的功能外，已经开始显现出促进就业的功能。这个时期的失业保险制度的调整虽然都是很小的调整，但是意义十分重大。失业保险覆盖范围由国有企业职工扩展到非国有企业职工，这表明失业保险制度定位已经不是仅仅作为经济改革的配套措施，更是开始作为一项每个就业者都应该拥有的保障。失业保险不再作为国有企业职工的特殊福利，而是每个劳动者都应该拥有的社会福利。其次，《规定》对待业救济金的领取期限、发放标准做了更为细致的规定。这表明，失业保险的参加和待遇享受程序更加规范化，为最终《失业保险条例》的出台奠定了基础。最后，失业保险基金增加了促进就业方面的项目支出。这表明，失业保险促进就业的功能已经受到关注。

3．"促进就业"功能的确立

进入 21 世纪，尤其是我国加入 WTO，随着经济改革的深化发展，逐步融入了经济全球化一体化的进程，运行了 20 多年的待业保险制度已经无法继续发挥其作用。国务院在 1999 年颁布了《失业保险条例》，该《条例》在保障基本生活的同时注重促进就业，表现有四。一是进一步扩大覆盖范围。突破了城乡界限的限制，将失业保险的适用范围扩大到了城镇各类企业、事业单位及其职工。因此，城镇失业者可以获得一份失业保障，并能够获取一定的就业帮助。二是调整了失业保险基金支出项目。取消了生产自救费、管理费，新增加了职业介绍补贴。失业保险基金支出项目更加合理，对于帮助失业人员实现再就业发挥了更大的作用。三是明确了享受失业保险的条件和程序。进一步明确了失业人员享受失业保险待遇的条件、停止享受的情形和申领待遇的程序，真正从制度上影响失业人员的就业行为。四是失业保险基金的统筹层次有了进一步的提高。之前，一般都是由市、县一级统筹失业保险基金。根据该《条例》的规定，失业保险基金实行市级和地级统筹。统筹层次的提高，有利于失业保险基金在更大范围内发挥社会互济的功能。

通过上述的不断深化和完善，2011年7月1日，我国正式颁布实施了《中华人民共和国社会保险法》，使得宪法赋予每一个公民的社会保障权利得以具体落实，社会失业保险制度作为其中的主要内容之一，各项规定和措施得到了法律规范，失业者的各项权利也得到了有效保障，该项法律在我国全面建成小康社会的进程中不断得到丰富和完善。

第四节　中外失业保险制度的比较与借鉴

失业保险制度随着工业化进程的加快而在世界范围内逐渐扩展。虽然各国在经济、文化、政府政策偏好等方面存在很大的差异，失业保险制度也不尽相同。然而，从世界各国失业保险改革的趋势来看，各国失业保险制度改革的方向都是从被动的失业保障向积极促进就业转变。本章介绍了具有代表性的美国、德国和日本失业保险改革的一些经验，以期对我国失业保险制度的改革有所启示。

一　国外失业保险促进就业的改革内容

（一）美国失业保险制度的改革

美国的失业保险制度有两次变化较大的改革。20世纪70年代，由于美国经济增长停滞和失业率的升高，美国失业保险基金收不抵支的问题开始凸显。为此，美国采取了多种措施降低了失业保险享受率，从而使得失业保险成本大幅下降。90年代以后，美国经济开始回暖，但是失业问题仍然相当严重。从这时开始，美国失业保险制度的改革开始强调失业保险在提供就业服务和减少失业方面发挥作用。根据这一改革思路，美国对失业保险制度的三个方面进行了改革。一是依据失业时间把失业人员进行区分，把参与再就业活动列为失业时间有可能较长的失业人员领取津贴的资格条件之一。为了促进失业人员早日就业，美国国会在1993年通过了一项法案，要求美国各州利用失业保险系统对失业人员进行就业概率分析。通过对失业人员的就业概率分析，辨别出有可能领取全期失业保险金的失业人员，要求这部分失业人员必须参加再就业活动，并以此为其继续领取失业保险金的必备条件。另外，对于就业概率特别小的失业人员，相关责任人员要给予其咨询、向用人单位推荐等就业援助服务。二是实施了就业补贴政策。补贴的对象主要是自我雇用者、受到国际贸易影响而失业的工人和参加职业培训的失业人员。这些补贴在一定程度上帮助了失业人员重新就业，甚至提供了新的就业岗位。三是整合失业保险、公共就业服务和职业培训计划为一站式就业中心，为公众提供一站式服务。一站式就业中心一方面帮助失业人员能够有针对性地寻找工作，另一方面也能帮助企业雇用到合适的职工。更重要的是，在一站式中心的框架内，公共就业服务与失业保险有了有效的衔接。例如，对于需要就业援助的失业人员，如果其不接受公共就业服务提供和推荐的工作岗位，公共就业服务就要告知失业保险经办机构，暂停失业人员失业保险金的发放。

（二）德国失业保险制度的改革

德国也是较早建立失业保险制度的国家之一。同美国类似，20世纪70年代，德国也遭遇了失业保险制度危机，不得不开源节流以维系失业保险制度的运行。90年代以后，东西德统一使得大量的劳动力和高水平的失业保险金造成高失业率的后果。2002 年，德国登记失业人数高达 400 多万，促使了四个"哈茨法案"的出台。四个"哈茨法案"都对德国的失业保险制度进行了变革，旨在促进失业人员再就业。哈茨的第一个法案，通过"惩罚"提高安置失业人员的速度。根据法案，失业人员负有失业登记的义务。如果雇员收到了雇主的解雇通知，则雇员必须尽快进行失业登记，否则失业保险经办机构就会按照规定减少此雇员的失业保险金。另外，没有家庭拖累的失业人员必须在 4 个月之内就业，否则就要接受官方提供的工作机会。如果拒绝，失业保险经办机构可能会停发失业人员的社会保险金；哈茨的第二个法案，失业人员创业可以获得创业补贴。根据法案，国家可以为失业人员提供最长为期 3 年的创业补贴，以鼓励失业人员进行自主创业。哈茨的第三个法案，严格了享受失业保险待遇的条件。根据法案，失业人员在失业前两年内必须满足 12 个月的参保时间。并且，如果失业人员不能够积极努力地寻找工作，失业保险经办机构可以停发失业人员的失业保险待遇。哈茨的第四个法案，将失业救济和社会救济合二为一，以社会救助的标准统一提供救济金，进一步激励失业人员寻找工作。

（三）日本失业保险制度的改革

日本失业保险制度①建立之初是以保障失业人员的基本生活为目标的。同美国和德国类似，20 世纪 70 年代的石油危机促使日本进行了失业保险制度改革，将原有的以保障基本生活水平为主转向保障生活与促进就业并重。90 年代以后，日本经济陷入长期衰退之中，失业率急速升高，失业保险支出增加。失业保险制度在促进长期失业人员在就业方面的作用十分有限，大量的非正式就业劳动者并没有参加失业保险，失业保险的收入减少。因此，日本失业保险制度也面临着十分严重的赤字问题。2001 年，日本对失业保险制度进行了改革。改革的主要内容有三。一是失业保险金的

---

① 1974 年，日本将原有的《失业保险法》改为《雇佣保险法》，这里为了行文方便，统称"失业保险"。

给付期限由失业人员的失业原因决定。具体来讲，如果失业人员是自愿离职的，失业保险给付期限就会短一些。如果失业人员是被迫离职的，失业保险给付期限就会长一些。而改革之前，不论失业人员的失业是本人自愿还是被迫，都会有同样时长的失业保险给付期限。二是降低了非正规就业人员参加失业保险的条件，失业保险的覆盖率得以大大提高。三是建立了针对失业人员的培训资助计划，增强了失业人员再就业的能力。

二 国外失业保险改革促进就业的经验启示

国外失业保险改革促进就业的经验启示有以下三点。

（一）失业保险制度既要"保障生活"又要"促进就业"

从美国、德国和日本的失业保险改革历程可以看出，失业保险在建立之初都是以保障失业者的基本生活为目标的。然而，由于经济衰退、产业结构的变化等原因，大量增长的失业人员使得失业保险面临赤字问题。面对这种情况，政策制定者通常会选择降低失业保险的待遇水平或者减少失业保险的受益人数。这样，不仅不能保障失业人员的基本生活水平，还会使参保人员质疑失业保险制度的可靠性。毫不夸张地说，仅仅为了保障失业人员的基本生活而建立的失业保险制度，一旦外部环境发生大的变化——如经济衰退，不仅不能很好地解决失业问题，反而会导致失业人员的数量越来越多。因此，各国纷纷对失业保险制度进行改革，使得失业保险可以促进失业人员再就业。失业保险制度不应该只是消极被动地进行生活保障，更重要的是要促进失业人员积极努力地寻找工作，实现再就业。

（二）失业保险制度改革要以促进就业为导向

从国外失业保险的改革历程可以看出，仅仅以保障失业人员基本生活为目标的失业保险制度，根本无法抵御由于外部环境变化导致的急速升高的失业率而引发的风险。因此，国外失业保险制度的改革都是以促进就业为导向。从美国、德国和日本的情况看，均是通过控制失业保险金的发放来使得失业人员积极再就业。美国是通过对失业人员的就业概率分析，辨别出有可能领取全期失业保险金的失业人员，要求这部分失业人员必须参加再就业活动，并以此为其继续领取失业保险金的必备条件；德国则是要求没有家庭拖累的失业人员必须在4个月之内就业，否则就要接受官方提供的工作机会。如果拒绝，失业保险经办机构可能会停发失业人员的社会保险金；日本则是规定失业保险金的给付期限由是失业人员的失业原因决定的。也就是说，如果失业人员是自愿离职的，失业保险给付期限就会短一些。如果失业人员是被迫离职的，失业保险给付期限就会长一些。虽然各个国家的做法不同，但是都是以促进就业为导向的。

（三）有效衔接失业保险和公共就业服务

与我国情况相比，国外在衔接失业保险和公共就业服务方面十分有效，有助于失业人员尽快实现再就业。以美国为例，美国的一站式就业中心一方面帮助失业人员能够有针对性地寻找工作，另一方面也能帮助企业雇用到合适的职工。并且，由于一站式中心的存在，失业保险能够与公共就业服务构成一个一体化的组织。二者在信息共享、促进就业方面共同发挥作用。例如，对于需要就业援助的失业人员，如果失业人员不接受公共就业服务提供和推荐的工作岗位，公共就业服务就要告知失业保险经办机构，失业保险经办机构就会暂停失业保险金的发放，从而促进失业早日实现再就业。在我国，失业保险和公共就业服务"貌合神离"。在贵阳市就业与职业技能开发中心调研时发现，这里能够进行失业保险事务的办理和技能鉴定，但是就业服务相关措施很有限。以用工信息的发布为例，仅仅是把用工信息贴在纸板上，并置于事务办理大厅内，其象征意义大于实际作用。

第五节 失业保险制度效果分析：基于贵州的实践

我国失业保险制度初建于 1986 年，经过二十多年的发展，经历了从无到有，从不规范到相对规范，从不成熟到逐渐成熟的发展过程。

一 贵州省失业保险制度构建概况

贵州省失业保险制度的建立和发展是在中华人民共和国成立后，伴随社会主义事业的建设，在国家政策方针指导下逐步建立发展起来。1950 年 6 月，政务院（国务院前身）制定了《救济失业工人暂行办法》，对失业保险享受范围、基金来源、发放办法等内容做了规定。该办法对失业人员采取了失业救济与就业安置相结合的保障措施，以保证社会安定，生产恢复，新生政权得到巩固。

1958 年起，在"左"的思想影响下，整个社会主义事业建设采取了"集中大统一"的方式，与此相适应在就业上实施了"统包统配、安置就业"的制度，一直到党的十一届三中全会确立了以经济建设为中心，实施改革开放以前，没有出台关于失业保险的法规，失业保险归于国家民政部门，纳入社会救济的范畴。中华人民共和国成立后的 30 年，失业保险制度基本处于空白时期。

改革开放后，为适应国有企业迫切需要改变固定用工制度的情况，国务院于 1986 年 7 月颁布了《国营企业实行劳动合同暂行规定》《国营企业招用工人暂行规定》和《国营企业辞退违纪职工暂行规定》，初步确立国有企业的劳动合同制度、新的用工制度和辞退职工制度，开始形成劳动市场的流动性，国家也不再实行无条件"包下来"的政策；同时，长期效益不良的国有企业走向破产，导致隐性失业开始显性化，失业保险制度应运而生。从

1986年至今，失业保险制度历经20多年，可分为以下三个阶段。

第一阶段，失业保险制度的产生（1986—1993）。1986年7月，国务院颁布的《国营企业职工待业保险暂行规定》（以下简称《暂行规定》）为中国建立失业保险制度的标志。《暂行规定》初步构建了失业保险制度的基本框架，对失业保险的实施范围、资金来源、支付标准、管理机构做了规定，并使用"待业"代替"失业"，为以后失业保险制度的完善和发展打下基础。贵州省于1986年10月颁布了《关于贯彻实施国务院〈国营企业职工待业保险暂行规定〉的若干具体规定》。

第二阶段，失业保险制度的发展（1993—1999）。确定社会主义市场经济体制改革目标后，国有企业纷纷转变经营管理机制，精减人员，压缩职工规模，将富余人员剥离出企业。1993年4月，国务院发布《国有企业职工待业保险规定》（以下简称《规定》），取代1986年颁布的《暂行规定》。很快贵州省出台了《贵州省实施〈国有企业职工待业保险规定〉办法》（以下简称《实施办法》）。

《规定》对原有失业保险制度做了四项调整。一是扩大失业保险覆盖范围，将保障对象由国有企业的四种人员扩大到撤销和解散企业的全部职工；停产整顿企业被精简的职工；企业辞退、除名或开除的职工；宣告破产企业的职工等七类九种人员。二是适当降低失业保险的统筹层次，将基金省级统筹调整为市、县级统筹，并在省和自治区建立调剂基金。三是明确失业保险应当与就业服务工作紧密结合，同时授权省级人民政府，可以批准从失业保险基金中支出为解决失业人员生活困难和促进再就业需支付的其他费用。四是将缴纳基数由企业标准工资总额改为工资总额，并规定费率幅度和修正失业保险待遇分发办法。

第三阶段，失业保险制度的确立（1999年至今）。为建立统一的劳动力市场、实现劳动力资源合理配置，1999年1月，国务院正式颁布《失业保险条例》（以下简称《条例》），《条例》及相关政策的出台，标志失业保险制度基本确立。《条例》取得的突破有八个。一是改"待业保险"为

"失业保险"。二是失业保险范围扩大到城镇企业事业单位职工。三是明确失业保险基金由国家、企业、职工个人三方共同承担。四是失业保险对象扩大到凡非自愿失业、办理了失业登记并有求职要求、按规定履行缴费义务的失业人员。五是调整失业保险金的给付期限和计发办法。六是对失业保险制度和社会救济制度的衔接做出规定。七是对违反《失业保险条例》的行为，制定惩罚条款。八是失业保险基金开支中增加了职业培训和职业介绍补贴的项目。同时，《贵州省失业保险办法》也随后出台。《贵州省失业保险办法》在保障基本生活的同时注重促进就业，体现在四个方面。一是进一步扩大覆盖范围。《贵州省失业保险办法》突破了城乡界限的限制，将失业保险的适用范围扩大到了城镇各类企业、事业单位及其职工。因此，城镇失业者可以获得一份失业保障，并能够获取一定的就业帮助。二是调整了失业保险基金支出项目。《贵州省失业保险办法》取消了生产自救费、管理费，新增加了职业介绍补贴。失业保险基金支出项目更加合理，对于帮助失业人员实现再就业发挥了更大的作用。三是明确了享受失业保险的条件和程序。《贵州省失业保险办法》进一步明确了失业人员享受失业保险待遇的条件、停止享受的情形和申领待遇的程序，真正从制度上影响失业人员的就业行为。四是失业保险基金的统筹层次有了进一步的提高。在《贵州省失业保险办法》出台之前，一般都是由市、县一级统筹失业保险基金。而根据《贵州省失业保险办法》规定，失业保险基金实行市级和地级统筹。统筹层次的提高，有利于失业保险基金在更大范围内发挥社会互济的功能。此外，贵州省还陆续出台了一系列有助于失业保险促进就业功能充分发挥的文件，如《贵州省失业人员职业培训和职业介绍补贴办法》《关于失业保险基金调剂用于再就业工作有关问题的通知》等。

二 贵州省失业及失业保险制度分析

依据实际调研和有关统计部门发布的统计数据，选取了城镇登记失业率、失业保险覆盖率、失业保险享受率、失业保险人均滚存结余、失业保险金替代率、人均发放保险金、人均失业保险基金支出和人均失业保险基金收入 8 个指标衡量贵州省失业现状，以作为下节失业保险制度就业促进效果实证评估的选取指标。

1. 城镇登记失业率（A_1）

城镇登记失业率是指年末城镇登记失业人数占年末城镇失业人数与年末城镇从业人员总数之和的比重。失业率直接描述了失业的程度，也在一定程度上间接描述了宏观经济和就业政策的综合效果。虽然我国城镇失业率饱受数据失真的诟病，但是并不妨碍我们对发展趋势的判断。

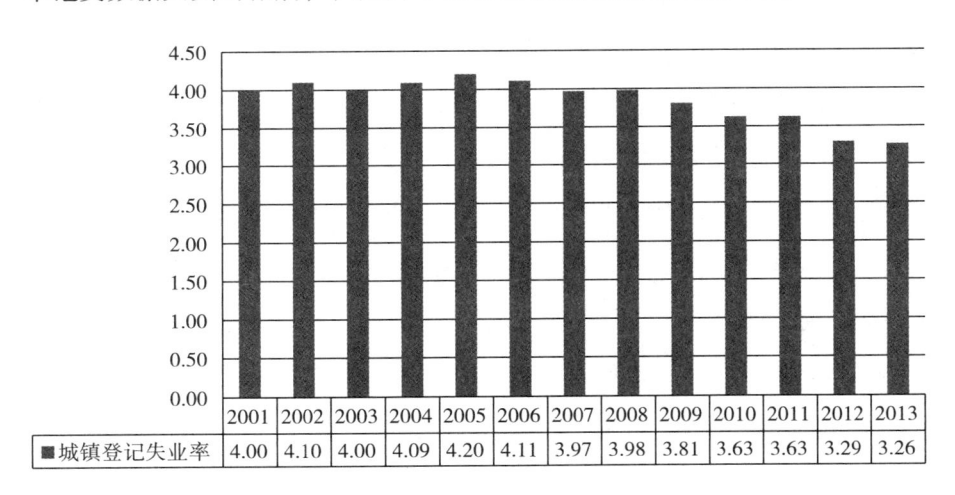

	2001	2002	2003	2004	2005	2006	2007	2008	2009	2010	2011	2012	2013
城镇登记失业率	4.00	4.10	4.00	4.09	4.20	4.11	3.97	3.98	3.81	3.63	3.63	3.29	3.26

图 6-2　2001—2013 年贵州省城镇登记失业率

从图 6-2 可以看出，2001—2013 年，贵州省城镇登记失业率整体上呈现一个平缓的倒 U 形，即从 2001—2005 年，失业率呈上升趋势，从 2005—2013 年呈现下降趋势。理论上，经济发展情况、国家就业政策和失业保险制度变革都会对失业率产生较大的影响。贵州省地区生产总值在 2001—2007 年持续增长，2008 年因国际金融危机生产总值增长幅度下降，而后开始回升。这表明，贵州省地区经济发展情况与失业率并无明显关联。实际上，这段时期的失业率变化在很大程度上是由于失业保险制度和国家就业政策导致的。2000年6月，贵州省出台了《贵州省失业保险办法》。与《实施办法》相比，变革后的失业保险制度最大的变化在于实行三方筹资的机制，并将失业保险的缴费比例提高到工资总额的3%，且农民工参保个人不需要缴费。这在一定程度上加重了企事业单位的负担，特别促使城镇私营企业逃避为职工参加失业保险。同时期，国家文件要求"下岗"要同失业并轨，在国企执行的情况较为理想，不过还是有较多的劳动者选择提前退休，同时很多隐性失业人员开始浮出水面，因此失业率有所提高。2005年以后，并轨工作基本完成。由于失业保险开始深入人心，就业人员的参保意识和需求也渐渐增强，多数企业也能够依法缴纳失业保险费，失业保险促进就业的功能开始显现，并且政府陆续出台了多方面的促进就业的政策，失业率开始慢慢下降。

2. 失业保险覆盖率（A_2）

失业保险覆盖率是指实际参加失业保险的人数与失业保险制度应覆盖到的就业人数的比值。失业保险覆盖率直观描述了失业保险制度的发展状况。失业保险覆盖率越高，失业保险的覆盖面也就越大，能够享受失业保险的人数也就越多，个人承担的失业风险也就越小，失业保险促进就业的功能也就能有更大的机会得以发挥。

表6-2　　　　　　　2001—2013年贵州省失业保险覆盖率

年份	参保人数（万人）	城镇就业人数（万人）	覆盖率（%）
2001	136.36	246.75	55.26
2002	132.22	257.19	51.41
2003	127.96	402.29	31.81
2004	129.93	418.00	31.08
2005	129.30	434.00	29.79
2006	131.07	442.00	29.65

续 表

年份	参保人数（万人）	城镇就业人数（万人）	覆盖率（％）
2007	134.55	458.00	29.38
2008	141.36	501.33	28.20
2009	144.60	512.95	28.19
2010	152.48	525.76	29.00
2011	160.52	554.14	28.97
2012	173.46	596.06	29.10
2013	185.17	639.67	28.95

从表6－2可以看出，贵州省失业保险参保人数整体上呈现增长趋势，但增长的速度和幅度都很小。2001—2013年，参加贵州省失业保险的人数由136.36万增长到了185.17万。13年间，共增加了48.81万，平均每年增加3.75万，平均每年的增长速度为2.75％。然而同时期，贵州省城镇就业人数由246.75万增加到639.67万，增加了392.92万，平均每年增加30.22万，平均每年以12.25％的速度增长。可以看出，参保人数的增长速度远远慢于城镇就业人员的增长速度，失业保险覆盖率持续下降，并从2003年开始稳定在28％—32％。为什么失业保险覆盖率会这么低呢？一个可能的解释是：正规部门就业人员在减少，非正规部门就业人员在增加，并且非正规部门的就业人员参保比例较低。2001年贵州省城镇国有单位在岗职工为190.45万人，集体单位在岗职工为40.48万人。而到了2013年，贵州省城镇国有单位在岗职工下降到了152.41万人，集体单位在岗职工仅为5.49万人。也就是说，从总量上来看，正规部门就业人数共减少了73.03万人。与之形成巨大反差的是，其他单位的就业人数已由2001年的

25.99 万人增长到了 2013 年的 115.37 万人。也就是说，非正规部门就业人数共增加了 89.38 万人。另外，贵州省失业保险覆盖率的提高存在着很大困难。实际上，城镇就业人数不一定包括相当数量的农民工和灵活就业人员，而将这一群体纳入失业保险也存在诸多困难。

3. 失业保险享受率（A_3）

失业保险享受率是指符合失业保险待遇领取条件的失业人数与城镇登记失业人数的比值。失业保险享受率直观描述了失业保险对于失业人员的保障范围。

表 6-3   2001—2013 年贵州省失业保险享受率

年份	享受失业保险待遇人数（万人）	城镇登记失业人数（万人）	享受率（%）
2001	0.90	11.14	8.08
2002	1.59	11.08	14.35
2003	1.33	11.18	11.90
2004	1.19	11.61	10.25
2005	1.26	12.13	10.39
2006	1.50	12.12	12.38
2007	1.42	12.13	11.71
2008	1.26	12.56	10.03
2009	1.07	12.34	8.67
2010	1.21	12.18	9.93
2011	1.08	12.51	8.63
2012	1.02	12.56	8.12
2013	1.33	13.66	9.74

失业保险制度建立的目的就是分散风险，平滑劳动者在就业期和失业期的消费，提高劳动者及其家庭收入的稳定性。在理论上，失业保险制度应当覆盖到所有失业人员，并且能够保障其基本生活和促进就业。由失业保险享受率的定义可知，符合失业保险待遇享受条件的失业人数和城镇登记人数两个因素决定了失业保险享受率。由于无法准确得知符合失业保险领取条件的失业人数（毕竟无法排除符合失业保险待遇领取条件的失业人员由于种种原因没有享受到失业保险待遇的情形），这里采用享受失业保险待遇人数替代，即用实际上已经享受失业保险金的失业人数来估计符合领取失业保险金条件的失业人数。从表6-3可以看出，2001—2013年，贵州省享受失业保险待遇的人数、城镇登记失业人数和失业保险享受率都呈现窄幅波动的状况。具体来说，每年享受失业保险人数起伏不定，城镇登记失业人数总体看呈现增加的趋势，失业保险享受率则呈现先升后降的形态。从数值看，平均享受失业保险待遇人数为1.24万，平均城镇登记失业人数为12.09万，平均失业保险享受率仅有10.32%，最高时为14.35%，最低为8.08%。可见，失业保险享受率一直处于很低的水平。那么，是什么原因造成的这种情况呢？根据《贵州省失业保险办法》的规定，享受失业保险待遇的条件有三：其一，按照规定参加失业保险；其二，按照规定履行缴费义务满一年的；其三，非因本人意愿中断就业的，并已办理失业登记并有求职要求。因此，贵州省失业保险享受率长期处于低水平的原因可能有三：其一，许多登记失业的失业人员本身并没有按照规定参保或者未能履行一年的缴费期；其二，按照规定参保的失业人员并没有登记失业或者登记失业但没有求职要求；其三，失业人员本人自愿失业的。

4. 失业保险基金人均滚存结余（A_4）

失业保险基金人均滚存结余是失业保险基金余额与所有参加失业保险人数的比值。失业保险基金人均滚存结余直观描述了参加失业保险人员人均失业保险基金余额，衡量了失业保险基金抵抗失业风险的能力。

	2001	2002	2003	2004	2005	2006	2007	2008	2009	2010	2011	2012	2013
人均滚存结余	80.45	54.24	164.94	175.18	191.65	248.73	176.69	350.20	34.90	150.33	579.37	485.41	263.54

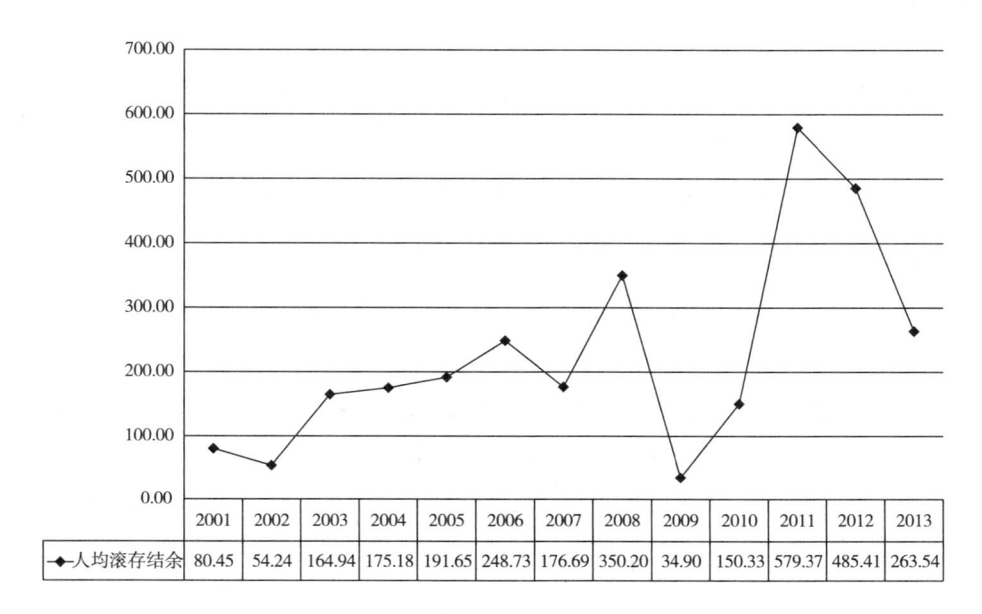

图 6-3　失业保险基金人均滚存结余

失业保险基金人均滚存结余越多，说明失业保险基金抵抗失业风险的能力就越高。失业保险基金抵抗风险的能力越高，失业保险保障失业人员基本生活和促进就业的能力也就越强。从图 6-3 可以看出，贵州省失业保险人均滚存结余整体呈现上升趋势，但波动很大，表明贵州省失业保险基金承受失业风险的能力存在不确定性。2001—2013 年，失业保险人均滚存结余最高时为 579.37 元，最低为 34.90 元，平均为 227.36 元。贵州省失业保险人均滚存结余变动剧烈既有失业保险制度本身变革的原因，也有外部环境变动的原因。2000 年贵州省出台了《贵州省失业保险办法》，规定实行个人、企业和国家三方筹资的机制，并将缴费比例增加到了工资总额的 3%。因此，失业保险基金收入得以快速增加，失业保险基金人均滚存结余也在逐步增长。2005 年，国家出台了《关于切实做好国有企业下岗职工基本生活保障制度向失业保险制度并轨有关工作的通知》和《关于充分发挥失业保险作用积极推进并轨工作的通知》两个文件。贵州省政府根据这两个文件的精神，积极推进并轨工作，领取失业保险金的人员增加，失业保险基金支出增加，失业保险基金人均滚存结余出现下降。随着并轨工作的完成，失业保险基金人均滚存结余开始增加。2008—2013 年，失业保险基金人均滚存结余波动幅度很大，这主要是经济波动造成的。2008 年爆发了全球性的金融危机，我国经济也深受影响。贵州省虽然是内地地区，但也受到了很大的影响，失业人数陡然上升；同时，政府开始重视失业保险基金促进就业方面的工作。这样，贵州省失业保险基金支出迅猛增加。失业保险基金人均滚存结余迅速减少。为了应对金融危机，政府实施了"四万亿"的刺激政策。短期内投资迅速增加，就业形势快速好转，失业保险基金人均滚存结余快速增加。然而之后，中国经济开始进入"新常态"，经济增速减缓，就业形势开始严峻，失业人员逐渐增多，贵州省失业保险基金人均滚存结余开始下降。

5. 失业保险金替代率（A_5）

失业保险金替代率是指享受失业保险待遇的失业人员人均获得的人均失业保险金收入和在岗职工平均工资的比值。失业保险金替代率直观描述了失业人员能够从失业保险待遇中获得的总收入，衡量了失业保险对失业人员基本生活的保障能力。从理论上讲，失业保险金替代率越高，失业保险金的生活保障水平也越高，失业人员寻求工作的积极性也就越低；反之，失业人员寻找工作的积极性就会越高。

失业保险的作用之一就是平滑劳动者在就业期间和失业期间的消费。在就业期间，劳动者缴纳失业保险税，履行参保义务；在失业期间，劳动者领取失业保险金，保障其基本生活，为再就业提供生活保障。从表 6 - 4 可以看出，贵州省失业保险金替代率并不高，在保障失业人员基本生活方面作用有限。2001 年，贵州省失业人员每年人均失业保险金收入为 1369.03 元，相当于当年在岗职工平均工资的 15.23%。2013 年，贵州省失业人员每年人均失业保险金收入为 13155.2 元，相当于当年在岗职工平均工资的 26.8%。无论是从绝对值还是比值来看，贵州省失业保险对失业人员基本生活的保障能力有了较大的提高。然而，横向相比，失业人员的人均失业保险金水平依然很低。失业保险金替代率最高时为27.78%，仅相当于在职人员平均工资的1/3左右。虽然，贵州省在岗职工平均工资不断上升，人均失业保险金收入也在持续增加，但是失业保险金替代率增长速度十分缓慢，个别年份还会出现下降的倾向。因此，贵州省平均失业保险金替代率长期处在较低的水平上，最高时也没有达到职工平均工资的1/3。按照贵州省最低消费水平，如果失业人员只有失业保险金的收入，那么失业者仅能勉强维持生存，很难帮助失业者实现再就业。这就与失业保险制度建立的目标和功能相背离。

表6-4　　　　　　　2001—2013年失业保险金替代率

年份	人均失业保险金收入（元）	在岗平均工资（元）	替代率（%）
2001	1369.03	8991.00	15.23
2002	1494.77	9810.00	15.24
2003	2786.31	11037.00	25.25
2004	3020.33	12431.00	24.30
2005	3389.69	14344.00	23.63
2006	4008.33	16815.00	23.84
2007	4815.25	20668.00	23.30
2008	5596.10	24602.00	22.75
2009	5129.42	28245.00	18.16
2010	6224.30	31458.00	19.79
2011	9304.56	37331.00	24.92
2012	11871.02	42733.00	27.78
2013	13155.20	49087.00	26.80

6. 人均发放失业保险金（A_6）

人均发放失业保险金是指领取失业保险金的失业人员实际获得的失业保险金数额。根据《贵州省失业保险办法》，符合领取失业保险金条件的失业人员按照其缴费年限的不同，领取失业保险金的期限也不同。最短3个月，最长24个月。失业保险金的标准，则按失业前单位所在县（市、区、特区）最低工资标准的70%执行。目前，贵州省失业保险金标准按照三类地区划分：一类地区为581元；二类地区为511元；三类地区为455元。2001—2013年，贵州省人均发放失业保险金呈现平稳增长态势。2001年人均发放失业保险金为2038.89元，2013年人均发放失业保险金为7593.98元，平均每年增加423.16元，平均增长率为20.96%，远远超过国民经济的增长速度（见图6-4）。

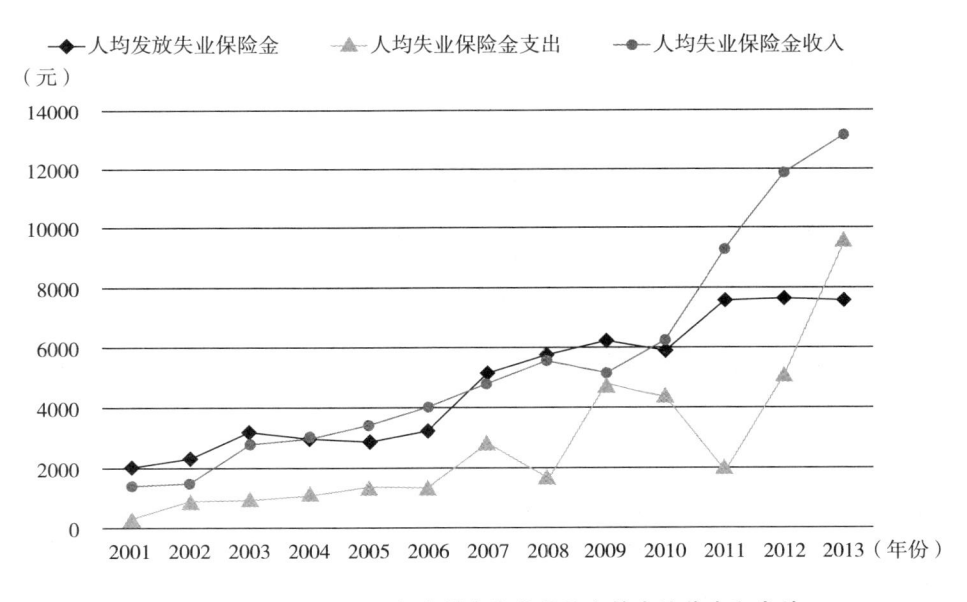

图6-4　2001—2013年贵州省失业保险金的人均收支和发放

7. 人均失业保险基金支出（A_7）

人均失业保险基金支出是指失业保险基金支出总额与城镇登记失业人数的比值。人均失业保险基金支出直观描述了失业人员能够从失业保险基金获得的收益水平。除了直接用于发放失业保险金，失业保险基金的支出范围还包括职业介绍补贴、职业培训补贴、调剂就业专项资金等。2001—2013年，人均失业保险基金支出整体上呈现上升趋势。具体来看，2001—2006年，人均失业保险基金支出呈现缓慢的上升趋势；2006—2007年，出现了一个相对比较高的增长幅度。原因是2005年国家出台了《关于切实做好国有企业下岗职工基本生活保障制度向失业保险制度并轨有关工作的通知》和《关于充分发挥失业保险作用积极推进并轨工作的通知》两个文件。贵州省政府根据这两个文件的精神，积极推进并轨工作和促进就业，失业保险基金支出快速增加；2007—2008年，人均失业保险基金支出开始回落；2008—2013年，人均失业保险基金支出大幅度波动。原因主要与这一时期国际国内经济发展的大起大落直接相联系，如2008年的全球金融危机，我国应对的"4万亿"投资，等等。

8. 人均失业保险基金收入（A_8）

人均失业保险基金支出是指失业保险基金收入总额与城镇登记失业人数的比值。人均失业保险基金收入直观描述了失业人员能够从失业保险基金获得的保护力度。理论上，人均失业保险基金收入和失业保险基金的保护力度具有正相关关系。从图6-4可以看出，2001—2013年，人均失业保险基金收入整体上呈上升趋势。尤其是2009—2013年，人均失业保险基金收入增长幅度巨大。

三　失业保险制度就业促进效果的实证评估

（一）失业保险促进就业效果的综合分析

1. 因子分析法简介和选择原因

首先，因子分析法简介。作为一种多元统计方法，因子分析法的原理是从研究相关矩阵内部的依赖关系出发，以变量之间的相关程度为依据进行分组，旨在把相关程度较高的变量分为一组，而各个组之间的相关程度则要求较低。这样，在尽可能保全所有信息的前提下，从所有的变量中提取出几个不相关的变量，再依据方差贡献率确定权重，最后计算出综合得分。简单地讲，因子分析法就是把相关度较高的变量归结为一类变量，每一类变量被视作一个因子，用少数的几个因子来反映原有资料的信息，从而达到了描述多个变量之间的关系的目的。这里假设原始变量为 A_1，$A_2\cdots AP$，因子分析法的基本过程主要包括以下六步。

第一，标准化原始变量。旨在消除由于变量的计量单位造成的不合理的影响。

第二，求出标准化数据 ZA_1，$ZA_2\cdots ZAP$ 的相关系数矩阵 R。

第三，计算相关系数矩阵 R 的特征值，并求出相应的一组正交单位特征向量。

第四，求出累计贡献率，计算公共因子数量和因子载荷矩阵 M。

第五，对因子载荷矩阵 M 作方差最大正交旋转。

第六，求出因子得分，根据得分对研究的问题作进一步的分析。

其次，选择因子分析法的理由。失业保险促进就业效果的综合评价分析归属于多元变量的综合评价问题。根据权重确定的方式不同，通常分为主观赋权法和客观赋权法。主观赋权法是根据主观经验确定各个指标的权重，定性地对事物做出评判。主观赋权法由于具有简单实用、容易理解、易于操作等优点而被广泛使用。但是，主观赋权法本身也具有几个很大的缺陷：一是忽视了指标权重和数字之间的联系；二是忽视了指标之间的内在联系；三是存在赋权重复的情况，这样没有办法确保评价结果的科学性、客观性和有效性。而客观赋权法是运用多元统计分析的定量评价方法。其原理是依据各个评价指标的内在关联程度，进而确定各个指标权重，避免了人为因素的影响。鉴于以上的分析，本文采用了一种客观赋权法——因子分析法，对失业保险促进就业的效果进行综合分析。

2. 分析指标的选取

首先，选取原则。选择分析指标时，一方面要参考国外的通常做法，另一方面也要根据我国的失业保险制度的发展情况和相关统计数据，并遵循以下三个基本原则。

第一，目的性原则。指标的设计和选取要围绕研究的目的进行。本文研究的目的在于综合分析贵州省失业保险促进就业的效果。在分析过程中，还要能够反映各个指标的作用大小。以此为基础，从而能够为失业保险制度改革的方向提供依据。因此，分析指标的设计和选择一方面要考虑对当前失业保险制度的合理评价，另一方面也能够体现未来失业保险制度改革趋势。考虑到本文所用的是时间序列数据，因此分析指标应该能够进行纵向的比较，具有历史可比性。

第二，科学性原则。指标的设计和选取，必须达到科学性的要求。在理论上，指标要有科学依据；在实际操作中，指标要切实可行。科学性原则，就是要求本书无论是在指标名称、计量单位还是在指标口径、计算方法上都要从失业保险制度的本身特性出发。设计和选用的指标，要能较好地反映失业保险促进就业效果的变化趋势。只有保证设置和选用指标的科学性、可靠性、代表性，才能保证分析结果的有效性与真实性。

第三，可行性原则。指标的设置和选取要具有可行性。可行性就是要求设计和选用的指标符合实际情况，能够从统计资料或实际调查中取得准确、可靠的数据。要根据实证检验的具体要求，相应地设计和选取各个指标。更重要的是，每一个指标都应该具有一个明晰的含义，不能毫无意义，为了指标而指标。影响劳动者就业的因素非常多，并且失业保险制度通常涉及国家的就业政策。这就要求设计和选取指标的时候，在具备操作的前提下尽量全面，小心谨慎地对影响因素进行辨别。因此，在保证指标能够反映评价目标的前提下，设计和选用的指标尽量容易采集和整理。即使有些指标在理论分析上十分重要，如果在实际中不具备可操作性，则舍弃不用。

其次，指标的选取。国外学术界和统计部门通常运用失业保险金期限缩短的长度、领取失业金的耗尽率、重新就业的速度、再就业率等指标评价和监测失业保险促进就业的效果。在国内，统计资料一般并没有这方面的数据。因此，采用以上的指标来衡量贵州省失业保险促进就业的效果显然不具备可操作性。在参考国际上的一般做法和考虑到因子分析法的要求，本节依据实际调研和有关统计部门发布的统计数据，选取上节阐述的8个指标。

最后，综合分析。第一，适当性检验。若要进行因子分析，必须首先进行因子分析的适当性检验。根据 Kaiser（1974）提出的判断标准，当 KMO 值超过 0.5 时，表明通过检验。在本书，通过运用 SPSS19.0 软件进行 KMO（Kaiser – Meyer – Olkin）抽样适当性检验和 Bartlett 球面性检验。

表 6-5 给出了检验结果：KMO 值为 0.581，大于 0.5；Bartlett 球面性检验值为 129.686，在自由度为 28 时，达到了显著水平，拒绝 Bartlett 球度检验的不适合因子分析的假设。因此，原始变量通过了适当性检验，可以进行因子分析。

表 6-5　　　　　　　　　KMO 和 Bartlett 的球形度检验

取样足够度的 KMO 度量		**0.581**
Bartlett 的球形度检验	近似卡方	129.686
	df	28
	Sig.	0.000

第二，公共因子提取。

表 6-6　　　　　　　　　解释的总方差

成分	初始特征值			旋转平方和载入		
	合计	方差的(%)	累计(%)	合计	方差的(%)	累计(%)
1	5.002	62.525	62.525	3.523	44.034	44.034

续　表

成分	初始特征值			旋转平方和载入		
	合计	方差的(%)	累计(%)	合计	方差的(%)	累计(%)
2	1.281	16.011	78.536	2.760	34.502	78.536
3	0.852	10.653	89.189			
4	0.532	6.647	95.836			
5	0.270	3.377	99.213			
6	0.047	0.585	99.798			
7	0.016	0.197	99.995			
8	0.000	0.005	100.000			

表 6-6 给出了所有变量的初始特征值和方差贡献率以及经过方差最大正交旋转后的方差累计贡献率。从表 6-6 可以看出：前两个公共因子可以解释 78.536% 的原始信息，且通过方差最大正交旋转法旋转后，这两个公共因子的方差累计贡献率没有发生变化；提取的公共因子的累计方差贡献率超过 70%。因此，这里提取了 2 个公共因子。

3. 进行因子载荷矩阵构建

因子载荷矩阵的构建采用的是主成分分析法，表 6-7 给出了因子载荷矩阵的结果。接着，运用方差最大正交旋转法对因子载荷矩阵进行旋转，得到了旋转成分矩阵（见表 6-8）。这样做，旨在简化矩阵结构，可以很好地解释各个因子。

表 6-7　　　　　　　　　　　　　成分矩阵

	成分	
	1	2
A_1	-0.888	0.382
A_2	-0.668	-0.524
A_3	-0.558	0.362
A_4	0.714	0.405
A_5	0.712	0.611
A_6	0.941	-0.124
A_7	0.777	-0.408
A_8	0.975	-0.102

表 6-8　　　　　　　　　　　　旋转成分矩阵

	成分	
	1	2
A_1	-0.930	-0.263
A_2	-0.189	-0.828
A_3	-0.661	-0.071
A_4	0.299	0.765
A_5	0.167	0.923
A_6	0.809	0.497
A_7	0.860	0.174
A_8	0.821	0.535

由表 6-7 和表 6-8 可知：其一，第一个公共因子高载荷的指标有 A_2（失业保险覆盖率）、A_6（人均发放失业保险金）、A_7（人均失业保险基金支出）和 A_8（人均失业保险基金收入）。从共性上看，这四个变量都侧重于衡量失业保险的保障水平，因此这里将第一个公共因子命名为水平因子（B_1）。其二，第二个公共因子高载荷的指标有 A_1（城镇登记失业率）、A_3（失业保险享受率）、A_4（失业保险金替代率）和 A_5（失业保险金滚存结余）。从共性上看，这四个变量都侧重衡量失业保险的保障能力，因此这里将第二个公共因子命名为能力因子（B_2）。

4. 建立因子得分函数

根据因子得分矩阵（见表 6-9），得出因子得分函数：

$B_1 = -0.326A_1 + 0.154A_2 - 2.65A_3 - 0.089A_4 - 0.190A_5 + 0.207A_6 + 0.321A_7 + 0.202A_8$

$B_2 = 0.119A_1 - 0.402A_2 + 0.149A_3 + 0.336A_4 + 0.460A_5 + 0.43A_6 - 0.149A_7 + 0.061A_8$

表 6-9 成分得分系数矩阵

	成分	
	1	2
A_1	-0.326	0.119
A_2	0.154	-0.402
A_3	-0.265	0.149
A_4	-0.089	0.336
A_5	-0.190	0.460
A_6	0.207	0.043
A_7	0.321	-0.149
A_8	0.202	0.061

5. 计算得分

求出每一个因子的贡献率与两个因子的贡献率之和的比值,得到综合得分模型:

$$B = 0.561B_1 + 0.439B_2$$

最后,运用 SPSS19.0 软件计算每一个因子得分和综合得分,并进行排名。

表 6-10　　　　　　　2001—2013 年各年因子得分与综合得分

年份	因子1	排名	因子2	排名	综合得分	排名
2001	0.17	6	-2.21	13	-0.88	12
2002	-0.80	9	-1.57	12	-1.14	13
2003	-1.05	12	0.47	5	-0.38	11
2004	-0.86	10	0.31	7	-0.35	9
2005	-0.95	11	0.36	6	-0.37	10
2006	-1.12	13	0.66	3	-0.34	8
2007	-0.41	8	0.31	7	-0.09	7
2008	-0.31	7	0.63	4	0.10	5
2009	0.86	3	-0.90	11	0.09	6
2010	0.72	4	-0.45	10	0.21	4
2011	0.46	5	1.15	1	0.76	3
2012	1.36	2	0.95	2	1.18	2
2013	1.94	1	0.27	9	1.21	1

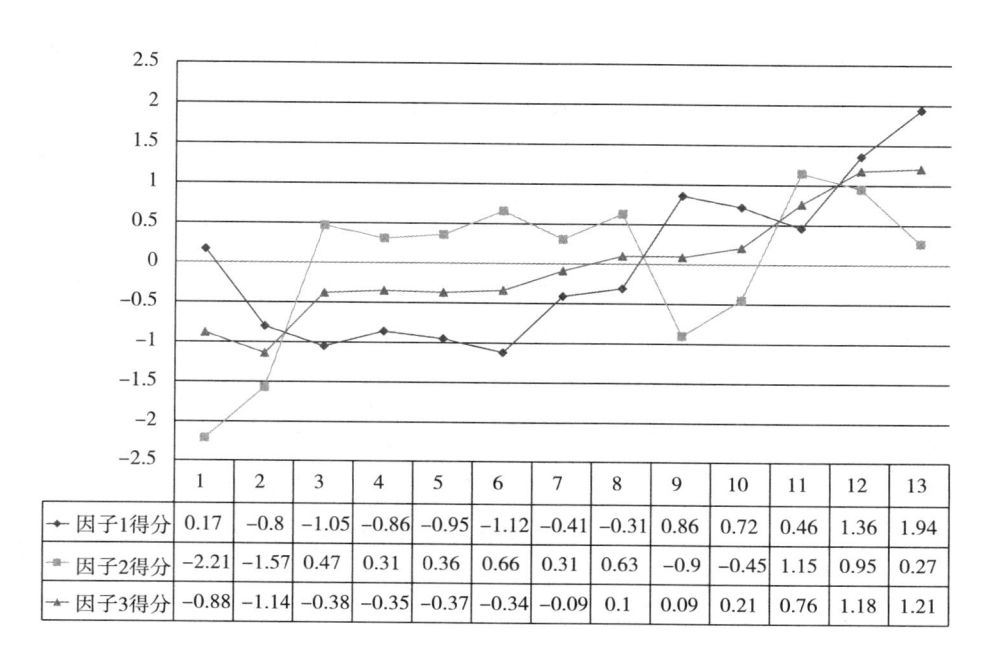

	1	2	3	4	5	6	7	8	9	10	11	12	13
因子1得分	0.17	−0.8	−1.05	−0.86	−0.95	−1.12	−0.41	−0.31	0.86	0.72	0.46	1.36	1.94
因子2得分	−2.21	−1.57	0.47	0.31	0.36	0.66	0.31	0.63	−0.9	−0.45	1.15	0.95	0.27
因子3得分	−0.88	−1.14	−0.38	−0.35	−0.37	−0.34	−0.09	0.1	0.09	0.21	0.76	1.18	1.21

图 6−5　2001—2013 年贵州省失业保险促进就业功能变化趋势

6. 得分结果分析

第一，因子得分分析。根据各因子得分和综合得分结果，可以得到 2001—2013 年贵州省失业保险促进就业功能变化趋势。从图 6−5 可以看出，2001—2013 年，两个公共因子 B_1（保障因子）和 B_2（能力因子）整体上呈现上升趋势。不同的是，能力因子的变化趋势波动很大。这表明，贵州省失业保险制度无论是保障水平还是保障能力都有所增长。具体来说有二。其一，第一个公共因子——失业保险保障水平因子，由 A_2（失业保险覆盖率）、A_6（人均发放失业保险金）、A_7（人均失业保险基金支出）和 A_8（人均失业保险基金收入）四个指标构成，累计贡献率为 44.03%。从得分方面来看，A_7（人均失业保险基金支出）得分相对较高，这表明人均失业保险基金支出对失业保险保障水平有着相对较大的影响。A_6（人均发放失业保险金）得分相对较低，这表明人均发放失业保险金水平较低，造成失业保险保障水平有限。其二，第二个公共因子——失业保险保障能力因子，由 A_1（城镇登记失业率）、A_3（失业保险享受率）、A_4（失业保险金替代率）和 A_5（失业保险金滚存结余）四个指标构成，累计贡献率为 34.50%。从得分方面来看，A_5（失业保险金滚存结余）得分相对较高，这表明失业保险金滚存结余对失业保险保障能力有着相对较大的影响。A_1（城镇登记失业率）得分相对最低，这表明城镇登记失业率的变化对失业保险保障能力的影响有限。

第二，综合得分分析和相关结论。从图 6-5 可以看出，2001—2013 年贵州省失业保险制度就业促进的作用功能总体上呈现平稳上升的趋势。从图形的变化情况来看，综合得分的走势与第一个公共因子得分走势相似。这表明，失业保险促进就业的功能在很大程度上受到失业保险保障水平的影响。换句话说，失业保险保障水平越高，失业保险促进就业的功能就越强。

综合以上分析，主要结论有如下三点。

结论一，2001—2013 年，贵州省失业保险制度促进就业的功能平稳提升。

结论二，从各个指标得分来看，失业保险覆盖率、人均发放失业保险金、人均失业保险基金收入、失业保险享受率、失业保险金替代率等指标得分都较低，这些因素是制约失业保险促进就业功能未能得以充分发挥的重要障碍。

结论三，失业保险保障水平越高，失业保险促进就业的功能就越强。

（二）制约失业保险促进就业的因素及产生原因分析

1. 失业保险覆盖率较低

从实证结果来看，失业保险覆盖率是制约失业保险促进就业的因素之一。从数据来看，从 2003 年开始，贵州省失业保险覆盖率的稳定在 28%—32%，超过七成的就业人员并没有被失业保险所覆盖。那么，是什么原因造成失业保险的覆盖率比较低呢？主要原因有两个。一是正规部门就业人员没有全部参加失业保险。最典型的就是公务员群体，这部分群体由于极其稳定的工作性质，一般都不参加失业保险，即使被开除了，也能按照相关规定领取失业金。另外一个比较典型的群体是在集体企业和私营企业就业的外来务工人员。这部分群体虽然在制度上被覆盖到了，但是由于本身参保意识不强、部分企业故意逃避缴纳失业保险费等原因，实际上并没有参保。二是以灵活就业人员、自由职业者、季节工为主体的非正规就业人员并没有被纳入失业保险制度的覆盖范围。原因在于非正规就业人员的工作和收入都不具有稳定性，很难保证持续性地缴纳失业保险费。并且，对于很多非正规就业人员来说，他们本身收入就很低，失业保险费的缴纳就是一笔不小的支出。

2. 失业保险保障水平较低

实证结果表明，人均发放失业保险金、人均失业保险基金收入、失业保险享受率、失业保险金替代率等因素都妨碍了失业保险促进就业功能的发挥。从共性上讲，这几个因素都反映了失业保险的保障水平比较低。以失业保险金替代率为例，2001年，贵州省失业人员每年人均失业保险金收入为1369.03元，相当于当年在岗职工平均工资的15.23%。到了2013年，贵州省失业人员每年人均失业保险金收入为13155.2元，从绝对值金额上看，有了很大的提高，但也仅仅相当于当年在岗职工平均工资的26.8%。为什么失业保险的保障水平会这么低呢？从发展失业保险制度的历程来看，失业保险金的发放标准一直都是政府决定。按照目前的标准，失业保险金要按照低于当地最低工资标准但高于城市最低生活保障标准的水平由各省市自行设定。贵州省失业保险金的标准是按失业前单位所在县（市、区、特区）最低工资标准的70%执行。这样的标准，显然只能维持失业人员的基本生存，无法使得失业人员有所余力地寻找工作。

3. 失业保险基金使用效率不高

实证分析结果表明，人均失业保险基金支出对于失业保险促进就业的效果有着很大的影响。从数据来看，贵州省失业保险基金使用效率不高，在很大程度上制约了失业保险促进就业功能的发挥。2013年，贵州省失业保险基金累计结余超过50亿元。巨额的失业保险基金结余，表明失业保险基金没有得到充分的使用。由于历史原因，我国失业保险的主要功能以保障失业人员的基本生活为目标，直接用于促进就业的支出项目非常少。一方面，根据规定，只限于失业人员领取在失业保险给付期内接受职业培训和介绍的补贴；另一方面，职业培训和介绍的补贴标准很低，且多数培训项目培训时间短，技能水平低，能够顺利完成培训的人员很少。

4. 失业保险制度与就业相关方面缺乏联动机制

从失业保险制度的发展历程看，失业保险制度为提升促进就业功能而进行的变革非常注重失业保险本身制度的变革和完善，而忽略了构建失业保险制度与就业相关方面联动运行机制，从而制约了失业保险促进就业作用的发挥。以失业保险与就业服务为例，失业保险经办机构主要负责失业保险登记、失业保险费的收缴和失业保险金的发放等工作，很少负责就业推荐、职业培训、发布就业信息等工作，而这部分主要由公共就业服务机构负责。由于缺乏联动的运行机制，失业保险促进就业的效果大大降低。如果构建起失业保险与就业服务的联动运行机制，就可以将失业保险的经办环节与就业服务的环节进行有机结合，从而可以大大提升失业保险促进就业的效果。

四 提升失业保险制度就业促进功能的建议

以上对贵州省失业保险促进就业的效果进行了全面的分析，发现失业保险覆盖率、人均失业保险基金支出、失业保险金替代率等因素制约着失业保险促进就业功能的发挥。上一节以美国、德国和日本为例，扼要阐述了以促进就业为导向的失业保险制度改革内容以及我国失业保险制度改革的启示。在这些工作的基础上，本节就失业保险促进就业方面存在的问题提出了一些对策建议，以期进一步提升失业保险促进就业的功能。

（一）提高失业保险覆盖率

第一，继续扩大正规部门就业人员的覆盖率。从数据来看，贵州省失业保险覆盖率从 2003 年开始就稳定在 28%—32%，超过七成的就业人员并没有被失业保险所覆盖。然而，发达国家的失业保险制度基本包括了所有的劳动者。扩大失业保险的覆盖范围，不仅是保险"大数法则"的内在要求，更是有利于增强失业保险制度抵抗风险的能力，发挥促进就业的作用。正规就业人员参加失业保险的情况较好，也是失业保险的主体人群。然而，现实中依然有几类人群并没有被失业保险所覆盖。具体来说，主要包括三类人员。一是公务员人员。根据有关规定，我国的公务员不需要参加失业保险，如果被开除可以依据相关规定领取失业金，以保障其基本生活。公务员不需要参加失业保险的原因是，公务员是名副其实的"铁饭碗"，根本不存在失业的问题。但是，随着改革的进一步深化，"铁饭碗"的时代也会过去，聘任制公务员将会成为未来主要用工形式。这样，公务员也将面临失业问题。因此，将失业保险制度覆盖到公务员，不仅是发展趋势的需要，也是保障公务员权益的内在要求。二是在集体企业和私营企业就业的外来务工人员。由于人群本身参保意识不强、部分企业故意不缴费等原因，这部分人群虽然在制度上已经被覆盖，但实际上并没有参保。因此，要加大宣传参保的优势和提高这部分人群的参保意识，对于雇用外来务工人员的企业给予一定的税收优惠，确保部分人群能够真正地被覆盖到。三是乡镇企业的就业人员。城乡二元体制已经被打破，部分省市（如江苏省）已经开始实行城乡统一的失业保险制度。这意味着，农村劳动者失业后，也能够与城镇职工同等地享受失业保险待遇。

第二，探索非正规就业人员的制度覆盖。非正规就业人员主要包括灵活就业人员、自由职业者、季节工等。市场经济的发展、就业形式的严峻，使得灵活就业得以迅速发展。以贵州省为例，2001—2013 年，非正规就业人数由 25.99 万增长到了 115.37 万，增长率高达 343.9%。在学界，很多研究者认为目前的失业保险制度不宜把非正规就业人员纳入其中。理由有三：一是非正规就业人员的工作和收入都不具有稳定性，很难保证失业保险缴费的持续性；二是对于非正规就业人员享受失业保险待遇的资格条件难以界定；三是对于很多非正规就业人员来说，他们本身收入就很低，货币的边际效用相对较高。对他们来说，当期的消费远比未来的消费要重要得多。因此，他们也很可能选择不参保。那么如何将这一庞大的人群纳入失业保险呢？本书认为：一方面，要对非正规就业人员进行分类。对于长期性的临时工、季节工等，促进劳动合同的签订，以便参加失业保险。另一方面，要积极探索对非正规就业人员的制度设计，实现制度覆盖。实现制度覆盖的目的，在于承认他们作为劳动者所应该享有的权益，这有利于我国劳动力市场的建设和发展。其次，把非正规就业人员纳入制度覆盖，能够提高他们就业的稳定性和质量，有利于让更多的失业人员能够通过非正规就业的途径找到工作。

（二）提高失业保险保障水平

笔者认为，提高失业保险保障水平可从以下两个方面入手。

第一，适当提高失业保险金替代率。在第三节失业保险金替代率的分析中，可以看出，2001—2013 年贵州省失业保险金替代率虽然有所提高，但总体水平依然很低。2001 年，贵州省失业人员每年人均失业保险金收入为 1369.03 元，相当于当年在岗职工平均工资的 15.23%。2013 年，贵州省失业人员每年人均失业保险金收入为 13155.2 元，相当于当年在岗职工平均工资的 26.8%。无论是从绝对值还是比值来看，贵州省失业保险对失业人员基本生活的保障能力有了较大的提高。然后，横向相比，失业人员的人均失业保险金水平依然很低。失业保险金替代率最高时为 27.78%，仅相当于在职人员平均工资的 1/3 左右。这与国际劳工组织建议的失业保险水平不低于失业者原有工资的 50% 标准相去甚远。较低水平的失业保金替代率虽然能够在一定程度上激励失业者积极寻找工作，但是仅仅够失业人员维持生存的失业保险金很可能让失业人员陷入贫困，根本不能够有效地寻找工作，这就与失业保险制度建立的目标和功能相背离。因此，要适当提高失业保险金替代率，让失业人员可以有所准备、针对性地寻找工作，实现再就业。

第二，适当延长累计缴费时间较短人员的给付期限。学界一般认为，在提高失业保险金替代率的同时，要同时缩短失业保险的给付期限。这样做的目的在于，防止失业人员由于待遇水平的总体提高而降低寻找工作的努力程度。本书并不打算反对这种观点，但是持有保留意见。原因在于，贵州省失业保险金替代率本身就处于低水平，如果提高失业保险金替代率并同时缩短给付期限，根本实现不了提高失业保险保障水平的目标。并且，在本章第三节的定量分析结果表明，失业保险保障水平的提高，可以有效促进失业人员再就业。因此，要在不改变给付期限的前提下提高失业保险金替代率。在这一基础上，本书还建议适当延长缴费时间较短的人员的给付期限。事实上，这一建议主要针对的是大学毕业生群体。为什么要延长缴费时间较短的人员的给付期限呢？对于刚刚毕业的大学生而言，第一份工作大多数都是为了生存而选择。当他们工作1—3年后，才会对自己的工作能力和兴趣有真正的了解。这个时候，给予他们较长给付期限，有利于他们寻找到与自己相匹配的工作，从而提高了就业的稳定和质量。另外，一般来说，缴费时间较长的人员，其工作经验也更为丰富，当其失业以后也能够很快地找到工作。

（三）提高失业保险基金的使用效率

提高失业保险基金的使用效率可以从以下几个方面入手。

第一，设立失业保险创业基金以鼓励失业人员创业发展。在完善失业保险基金安全营运的基础上，可从基金收益中安排一部分资金建立失业人员创业孵化基金，对于进行创业的失业人员给予小额贷款、创业奖励、场租补贴等，以鼓励失业人员进行创业，以创业带动就业。国外很多国家都有类似的做法。比如德国，可以为失业人员提供最长为期3年的创业补贴，以鼓励失业人员进行自主创业。在日本，专门为失业人员设立了促进就业资金，失业人员可以无担保、无抵押地从日本政策性金融机构获得贷款进行创业。要强调的是，建立创业基金的同时，也要加强创业服务的建设。具体来说，就是要放松对失业人员创业资金申请的审核，注重失业人员创业事前、事中、事后的全程跟踪服务。具体内容有三：一是加强创业前对创业对象的项目选择和指导服务。建立创业项目分析评价体系，加强创业项目库建设，引导创业失业人员根据市场发展形势需要和自身特长，科学合理确定创业项目，减少创业的盲目性；二是加强创业培训，不断提高创业失业人员的实际创业能力和市场应变能力，提高创业成功率；三是加强创业指导服务和贷后跟踪管理。通过专家指导团队对创业的失业人员实行创业指导服务和贷后跟踪管理，随时掌握创业对象的经营动态，及时帮助解决创业的失业人员在创业和发展过程中遇到的困难和问题，防范贷款风险。

第二，提高用于促进就业项目的支出水平。从目前失业保险基金的收支状况来看，由于失业保险基金使用效率比较低，失业保险基金存在较大结余。2013年，我国失业保险基金累计结余超过2000亿元，贵州省失业保险基金累计结余也超过了50亿元。然而，用于促进就业项目的支出水平非常低。依据《贵州省失业保险办法》的规定，有关失业保险基金用于促进就业的只有职业培训补贴和职业介绍补贴两个。以职业培训补贴为例，2013年贵州省人均职业培训补贴只有175.70元。这对于失业人员而言，根本微不足道。因此，要适当提高促进就业支出水平，这样才能更好地发挥失业保险促进就业的作用。

（四）构建失业保险制度与就业相关方面的联动机制

构建失业保险制度与就业相关方面的联动机制可从以下三个方面

入手。

第一，构建失业保险与就业服务的联动机制。从失业保险制度的发展历程看，尚未建立起失业保险制度与就业相关方面的联动运行机制，从而制约了失业保险促进就业作用的发挥。以失业保险与就业服务为例，失业保险经办机构主要负责失业保险登记、失业保险费的收缴和失业保险金的发放等工作，很少负责就业推荐、职业培训、发布就业信息等工作，而这部分主要由公共就业服务机构负责。由于缺乏联动的运行机制，失业保险促进就业的效果大大降低。笔者在贵阳市就业与职业技能开发中心调研时发现，这里能够进行失业保险事务的办理和技能鉴定，但是与就业服务相关措施却很有限。以用工信息的发布为例，仅仅是把用工信息贴在纸板上，并置于事务办理大厅内，其象征意义大于实际作用。如果构建起失业保险与就业服务的联动运行机制，就可以将失业保险的经办环节与就业服务的环节进行有机结合，从而可以大大提升失业保险促进就业的效果。在这方面，我们应该多借鉴国外的做法，将失业保险和公共就业服务有效地衔接起来。例如，美国就整合了失业保险、公共就业服务和职业培训计划为一站式就业中心，为公众提供失业和再就业服务。

第二，构建失业保险与职业学校的联动机制。通常情况下，登记失业人员所在地的就业与职业技能开发中心都会要求失业较长时间的失业人员参加职业培训，如果登记人员拒绝参加职业培训，就会遭到停发失业保险金的处罚。失业人员一般能够参加职业培训，因而培训机构的教学质量直接影响着失业人员的质量。贵州省共有300家培训机构，通过走访调查技能培训、创业培训、转岗培训的情况，发现多数培训机构硬件设施条件很差，场地狭小，并且教师流动性较大，教学质量和课时难以得到很好保证。并且办学层次低，缺乏特色。大多数培训项目都是计算机、烹饪方面的培训，培训时间仅持续一个月左右，培训效果不是很理想，参加培训后的失业人员真正自谋职业或自主创业的寥寥无几。另外，很多培训地点设在相对较远的乡镇，交通不便，检查人员难以监察。因而，失业保险应该与职业学校建立联动运行机制。职业学校的软硬件都较好,师资力量较好,方便有关部门的监督,能够较好地保证教学质量,从而提高失业人员就业和创业的能力。

第三,构建失业保险与企业用工的联动机制。建立失业保险与企业用工的联动机制,不仅能够预防失业,更能促进就业。失业保险与企业用工联动机制的建立有三项工作可作。一是要激励企业不裁员或少裁员。在经济不景气的时候,企业一般会减少用工需求甚至裁员。这个时候,可以通过社会保险补贴的政策,降低企业用工成本,激励企业不裁员或者少裁员。另外,由于产业结构优化而致使企业兼并重组的,采取"稳岗补贴"政策,尽量减少企业裁员的数量。二是激励企业主动进行技能培训和转岗培训。对于一些改制的企业,能够进行组织下岗人员参加技能培训并安排就业的,失业保险经办机构可以予以培训补贴。三是鼓励企业录用失业人员。对于录用了失业人员的企业,失业保险经办机构可以给予社会保险补贴或者就业补贴。可见,建立失业保险和企业用工的联动机制,能够从整体上发挥失业保险促进就业的功能。

第七章　贫困治理中的失业保险制度改革与深化

1978年12月中国共产党召开了第十一届三中全会，在思想上"拨乱反正"，纠正了我国社会主义事业建设中的极"左"思想，在经济上确立了以"经济建设"为中心的工作方针。正式明确了我国经济体制改革，实施对外开放社会主义事业建设的道路。至今，已经走过了近40年的历程，取得了举世瞩目的成就。其中在经济体制改革方面，走过了从"计划经济为主，市场调节为辅"到"有计划商品经济"，再到"建设具有中国特色社会主义市场经济"的探索改革发展历程；与此相适宜在社会建设和管理方面，经历了"解决温饱"到"建设小康社会"，再到"全面建成小康社会"的建设和发展过程。由此可以看出，经济的改革成效为社会发展及其管理提供了相应的物质基础，不断跟进和完善的社会事业和管理的发展，又保障了经济的不断深化发展。这样的良性循环，不仅推动了中国特色社会主义事业的发展，而且目标越来越清晰地指向中国梦——中华民族的伟大复兴。

第一节　关于小康社会

当前，在习近平为核心的党中央带领下，中国全面建成小康社会的各项事业正逐步变成现实，决战扶贫攻坚，实现精准扶贫目标，各项社会管理制度也处于定型和创新发展时期。为此,通过对"小康社会"的分析和理解,从某种意义上来说有利于我们正确认识中国特色社会主义事业的基本内涵,并以此为思想理论指导,推动社会主义各项建设事业更快、更好地发展。

一 从"四个现代化"到"小康之家"

1. 关于"四个现代化"

在中国共产党的领导下,中华人民共和国成立后,在"一穷二白"的基础上,带领全国人民,克服各种困难,经过十多年的社会主义建设,基本上构建起了完善的工业体系,人民生活得到了根本改善。1964年12月21日,根据毛泽东的提议,周恩来在三届人大一次会议上宣布,我国今后的战略目标是:"要在不太长的历史时期内,把我国建设成为一个具有现代农业、现代工业、现代国防和现代科学技术的社会主义强国,赶上和超过世界先进水平。"这是我们党第一次完整科学地提出"四个现代化",并将之确立为党的战略目标。但一年多之后,开始的"文化大革命",提出以"阶级斗争为纲",使得随后刚提出和实施的"四个现代化"发展战略被迫中断,近十年的"文化大革命"使整个国民经济走到了崩溃边缘。直到1975年1月13日,周恩来在四届人大一次会议上所做的《政府工作报告》中,重申"四个现代化"的目标,提出要"在本世纪内,全面实现农业、工业、国防和科学技术的现代化,使我国国民经济走在世界的前列"。这次提出的"四个现代化"目标与60年代最大的区别和突出之处,是限定了时间节点。60年代提出的是"在不太长的历史时期内",而70年代则限定为"在本世纪内"。尽管在1976年10月,结束了"文化大革命","四个现代化"的战略目标没有改变,但由于社会主义事业建设中的"左"的思想没有得到根除,仍然以"跃进"的方式实施"四化建设",不仅加剧了脆弱的国家财政负担,而且构建在计划经济体制基础上的国民经济体系比例更加失调。这一时期，正如我国改革开放总设计师邓小平总结的那样："脑子有点热，对自己的估计不很切合实际，大的项目搞得太多，基本建设战线太长，结果就出现问题了。"针对所处的现状，在进行了充分的国内外调研的基础上，了解到了中国与世界现代化先进水平之间的巨大差距。为此，邓小平指出"我们头脑里开始想的同我们在摸索中遇到的实际情况有差距"，我们要在 20 世纪末实现四个现代化的雄心壮志是不现实的。

2. 中国式现代化

1979 年 3 月 21 日，邓小平在会见英国客人时，第一次提出了"中国式的四个现代化"的全新概念。他说："我们定的目标是在本世纪末实现四个现代化。我们的概念与西方不同，我姑且用个新说法，叫作中国式的四个现代化。现在我们的技术水平还是你们五十年代的水平。如果本世纪末能达到你们七十年代的水平，那就很了不起。"两天后，他在政治局会议上又把他刚刚提出的"中国式的四个现代化"表述为"中国式的现代化"。他说："我同外国人谈话，用了一个新名词：中国式的现代化。到本世纪末我们大概只能达到发达国家七十年代的水平，人均收入不可能很高。"3 月 30 日，他在理论工作务虚会上的讲话中提出："中国式的现代化，必须从中国的特点出发。"并指出："底子薄"和"人口多，耕地少"是中国实现四个现代化和中国现代化建设"必须看到"和"必须考虑"的"两个重要特点"。

1979 年 12 月 6 日，邓小平会见了日本首相大平正芳。指出："我们要实现的四个现代化，是中国式的四个现代化。我们的四个现代化的概念，不是像你们那样的现代化的概念，而是'小康之家'。到本世纪末，中国的四个现代化即使达到了某种目标，我们的国民生产总值人均水平也还是很低的。要达到第三世界中比较富裕一点的国家的水平，比如国民生产总值人均一千美元，也还得付出很大的努力。就算达到那样的水平，同西方来比，也还是落后的。所以，我只能说，中国到那时也还是一个小康的状态。"可以看出,在邓小平"实事求是"的思想指导下,中国经济社会发展的战略目标,依据国内现实,放眼国际,开始从"四个现代化"向"中国式现代化"再到"小康"这一更加切合中国经济社会发展的水平目标转移。

3. 小康之家

邓小平说:"中国这样的底子,人口这样多,耕地这样少,劳动生产率、财政收支、外贸进出口都不可能一下子大幅度提高,国民收入的增长速度不可能很快。"所以"我们的四个现代化是中国式的。""小康之家"的中国式的现代化,"不是西方的现代化","不能同西方比。"邓小平说:如果我们的国民生产总值真正达到每人平均1000美元,那我们的日子比他们2000美元还要好过。"因为我们这里没有剥削阶级,没有剥削制度,国民总收入完全用之于整个社会,相当大一部分直接分配给人民。他们那里贫富悬殊很大,大多数财富是在资本家手上。"并认为:"小康"是"四个现代化的最低目标""就是还不富裕,但日子好过"。"社会存在的问题能比较顺利地解决。"由此可以看出,中国"四化"的内容,在不断调整的基础上,还通过量化的指标给予具体表现。这不仅在思想上开始逐步根除计划经济体制下因"左"的思想导致的不切合实际的经济社会发展道路,还让人民看出社会主义事业建设与发展,与自身生活改变具有实实在在的现实性。1978年12月18日中国共产党十一届三中全会召开,明确了党的工作重心转移到经济建设上,实施改革开放,从根本上纠正了社会主义事业建设中的"左"的影响,高举"实事求是"的社会主义建设大旗。为此,1982年9月党的十二大正式把邓小平提出的20世纪末实现小康目标的构想确定为今后20年中国经济建设总的奋斗目标,即从1981年到20世纪末的20年,力争使全国工农业的年总产值翻两番,即由1980年的7100

亿元增加到 2000 年的 2.8 万亿元左右。人民的物质文化生活达到小康水平。① 为中国梦的扬帆，明确了基本的航程。

二 全面建设小康社会

中国共产党十一届三中全会，成为中国社会主义事业建设的历史转折点，以经济建设为中心的一系列改革措施，极大地解放了生产力，激发了劳动积极性，释放出了极具活力的经济发展潜力，人民生活水平得以有效改善和提高，规划未来的发展成为党和国家思考的重要内容。

1. "三步走"发展战略

"计划经济为主，市场调节为辅"到"有计划商品经济"的经济体制改革总体框架和进程，推动了中国经济在 20 世纪 80 年代以两位数的速度，高速发展，人民生活得到了有效改善，"温饱"问题逐步得以解决。1987 年 4 月 30 日，邓小平在同西班牙政府副首相格拉的会谈中，指出："我们原定的目标是，第一步在八十年代翻一番。以一九八〇年为基数，当时国民生产总值人均只有二百五十美元，翻一番，达到五百美元。第二步是到本世纪末，再翻一番，人均达到一千美元。实现这个目标意味着我们进入小康社会，把贫困的中国变成小康的中国。那时国民生产总值超过一万亿美元，虽然人均数还很低，但是国家的力量有很大增加。我们制定的目标更重要的还是第三步，在下世纪用三十年到五十年再翻两番，大体上达到人均四千美元。做到这一步，中国就达到中等发达的水平。这是我们的雄心壮志。"此后，在 1987 年 10 月召开的中国共产党第十三次全国代表大会上，正式通过确认了邓小平提出的分三步实现现代化的经济发展战略。1988 年，提前实现了国民生产总值比 1980 年翻一番的目标。"三步走"的第一步发展战略提前实现。到 1990 年，我国经济平均每年增长 9%，大大

---

① 张爱茹：《"从'小康''到全面'——邓小平小康社会理论形成和发展述论"》，邓小平纪念网，http://cpc.people.com.cn/n/2014/0714/c69113-25279758.html。

高于世界经济的平均发展速度。我国人民生活水平实现了由贫困到温饱的历史性跨越。1991年3月，七届人大四次会议通过的《关于国民经济和社会发展十年规划和第八个五年计划纲要》对小康生活做出了新的表述，即："我们所说的小康生活，是适应我国生产力发展水平，体现社会主义基本原则的人民生活的提高，既包括物质生活的改善，也包括精神生活的充实；既包括居民个人消费水平提高，也包括社会福利和劳动环境的改善。"可以看出，这时的"小康"的内涵更加丰富，包括经济发展、社会基本建设和人民生活水平三个维度，比起改革开放之初的经济发展和人民生活达到"温饱"有了更新、更深刻的认识。

2. 全面建设小康社会

进入20世纪90年代，改革开放已经过去十多年。1992年10月，中国共产党的第十四次全国代表大会胜利召开，大会在总结过去经济改革的基础上，提出要在90年代初步建立起社会主义市场经济体制，实现全国人民生活达到小康水平的第二步发展目标；到建党100周年的时候，在各方面形成一整套更加成熟、更加定型的制度；到下世纪中叶新中国成立100周年的时候，达到第三步发展目标，基本实现社会主义现代化。中国共产党第十四次全国代表大会的召开，提出了建设有中国特色社会市场经济的构想，标志着改革开放以来确立的经济体制改革的定型，就是坚定不移地走中国特色社会主义市场经济道路，建设具有中国特色的社会主义市场经济，人民生活为此达到全面小康。更为重要的是规定了实现全面小康社会的两个重要时间节点：中国共产党建党100年和中华人民共和国成立100年。也就是说，在中国共产党领导下发挥政治制度优势，用百年的时间，走过资本主义制度几百年走过的路，从而体现社会主义制度的优越性。这种自信和信心来自对改革开放以来取得成就的总结。①

---

① 张爱茹：《"从'小康''到全面'——邓小平小康社会理论形成和发展述论"》，邓小平纪念网,http://cpc.people.com.cn/n/2014/0714/c69113-25279758.html。

三 全面建成小康社会

进入 21 世纪，中国特色社会主义市场经济建设，在不断深化改革和完善的进程中，逐步融入全球经济自由和一体化进程，取得了举世瞩目的成就，经济发展成为推动世界经济发展的引擎。

1. 小康社会目标的新发展

20 世纪 80 年代初期，中国改革开放的总设计师邓小平规划了在 20 世纪末中国小康社会的目标是"解决温饱"。进入 21 世纪，中国经济改革取得的成就，使得人民生活在"温饱"的基础上向着"民生"水平发展，通过整个经济发展融入全球化一体化进程，"民生"为"小康社会"建设目标的基本内容，得到了全面的提升和发展。2012 年 11 月 8 日，中国共产党召开了第十八次全国代表大会，中共中央总书记胡锦涛代表大会作了题为《坚定不移沿着中国特色社会主义道路前进，为全面建成小康社会而奋斗》的报告。胡锦涛总书记指出：综观国际国内大势，我国发展仍处于可以大有作为的重要战略机遇期。我们要准确判断重要战略机遇期内涵和条件的变化，全面把握机遇，沉着应对挑战，赢得主动，赢得优势，赢得未来，确保到 2020 年实现全面建成小康社会宏伟目标。根据我国经济社会发展实际，要在十六大、十七大确立的全面建设小康社会目标的基础上努力实现新的要求。具体来说有以下五点。

第一，经济持续健康发展。转变经济发展方式取得重大进展，在发展平衡性、协调性、可持续性明显增强的基础上，实现国内生产总值和城乡居民人均收入比 2010 年翻一番。

第二，人民民主不断扩大。民主制度更加完善，民主形式更加丰富，依法治国基本方略全面落实，法治政府基本建成，司法公信力不断提高，人权得到切实尊重和保障。

第三，文化软实力显著增强。社会主义核心价值体系深入人心，文化产业成为国民经济支柱性产业，社会主义文化强国建设基础更加坚实。

第四，人民生活水平全面提高。基本公共服务均等化总体实现，全民受教育程度和创新人才培养水平明显提高，就业更加充分，收入分配差距缩小，社会保障全民覆盖。

第五，资源节约型、环境友好型社会建设取得重大进展。①

可以看出，进入21世纪，具有中国特色社会主义事业建设取得了举世瞩目的成效，经济发展，不仅融入了全球化一体化的格局，而且成为推动世界经济的重要力量。人民生活水平得到了前所未有的改善，为建设文明富强的社会主义国家奠定了坚实的经济社会基础。

2. 决胜全面建成小康社会

要说中国共产党第十八次全国代表大会，提出了"全面建成小康社会"，并赋予了"小康社会"建设的新内容和新要求，那么2017年10月18日召开的中国共产党第十九次全国代表大会是一次将各项"小康社会"指标和要求按照时间节点落实到人民的各项需求中的总动员和规划未来的大会。根据习近平总书记《决胜全面建成小康社会，夺取新时代中国特色社会主义伟大胜利》的报告，我们认为呈现出以下四个方面的标志性。

第一，标志着中国特色社会主义道路的定型。习近平总书记的报告《决胜全面建成小康社会，夺取新时代中国特色社会主义伟大胜利》（以下简称《报告》）全面总结了我国改革开放以来的探索，明确了走具有中国特色社会主义道路，建设具有中国特色社会主义市场经济。通过改革开放近40年的不断改革和完善，构建起了社会主义市场经济体系。也就是说，具有中国特色社会主义道路及市场经济经过建设已经定型。中国共产党的第十九次全国代表大会制定的社会主义事业的新目标，开启了新的航程。正如《报告》中指出的那样："改革开放之初，我们党发出了走自己的路、

---

① 胡锦涛：《坚定不移沿着中国特色社会主义道路前进　为全面建成小康社会而奋斗》，人民网，http://cpc.people.com.cn/18/n/2012/1109/c350821 - 19529916 - 3.html。

建设中国特色社会主义的伟大号召。从那时以来,我们党团结带领全国各族人民不懈奋斗,推动我国经济实力、科技实力、国防实力、综合国力进入世界前列,推动我国国际地位实现前所未有的提升,党的面貌、国家的面貌、人民的面貌、军队的面貌、中华民族的面貌发生了前所未有的变化,中华民族正以崭新姿态屹立于世界的东方。经过长期努力,中国特色社会主义进入了新时代,这是我国发展新的历史方位。"站在新的起点上,认为"中国特色社会主义进入新时代,意味着近代以来久经磨难的中华民族迎来了从站起来、富起来到强起来的伟大飞跃,迎来了实现中华民族伟大复兴的光明前景;意味着科学社会主义在二十一世纪的中国焕发出强大生机活力,在世界上高高举起了中国特色社会主义伟大旗帜;意味着中国特色社会主义道路、理论、制度、文化不断发展,拓展了发展中国家走向现代化的途径,给世界上那些既希望加快发展又希望保持自身独立性的国家和民族提供了全新选择,为解决人类问题贡献了中国智慧和中国方案"。同时,"这个新时代,是承前启后、继往开来、在新的历史条件下继续夺取中国特色社会主义伟大胜利的时代,是决胜全面建成小康社会、进而全面建设社会主义现代化强国的时代,是全国各族人民团结奋斗、不断创造美好生活、逐步实现全体人民共同富裕的时代,是全体中华儿女勠力同心、奋力实现中华民族伟大复兴中国梦的时代,是我国日益走近世界舞台中央、不断为人类作出更大贡献的时代"[①]。可见,中国共产党第十九次全国代表大会,不仅为改革开放的探索期画上了圆满的句号,还根据经济社会发展的成就,规划了未来的发展方向。

第二,标志着中国特色社会主义制度的无比优越性。20世纪80年代中后期,党和国家根据当时的经济社会发展水平,制定了"三步走"发展战略。面对即将到来的21世纪,1997年9月18日,中国共产党第十五次

[①] 习近平:《决胜全面建成小康社会 夺取新时代中国特色社会主义伟大胜利》,人民出版社2017年版,第10—11页。

全国代表大会，大会通过了江泽民总书记所作的《高举邓小平理论伟大旗帜，把建设有中国特色社会主义事业全面推向二十一世纪》的报告，其中将"三步走"战略细化为"两个一百年"的奋斗目标。即第一个一百年，是到中国共产党成立100年时（2021年）全面建成小康社会；第二个一百年，是到新中国成立100年时（2049年）建成富强、民主、文明、和谐的社会主义现代化国家。这也就是伟大的中国梦。而中国共产党第十九次全国代表大会上，习近平总书记的报告则详细地规划了实现"中国梦"的具体时间表和线路图，他指出"在2020年全面建成小康社会、实现第一个百年奋斗目标的基础上，再奋斗15年，在2035年基本实现社会主义现代化。从2035年到21世纪中叶，在基本实现现代化的基础上，再奋斗15年，把我国建成富强民主文明和谐美丽的社会主义现代化强国"[①]。也就是说，在中国共产党的领导下，通过社会主义事业建设，带领全国人民用"两个一百年"的时间，不仅要取得中华民族的独立事业和发展，而且通过百年的自力更生社会主义建设，取得了资本主义国家通过几百年的积累和殖民掠夺取得的成就。

第三，标志着中国共产党始终"把人民对美好生活的向往作为奋斗目标"是矢志不移的。"立党为公，执政为民"，尽管改革开放以来，经济发展已经走在了世界前列，人民生活得到了前所未有的改善和提高，但中国共产党"坚持以人民为中心"初心没有变。2015年11月27—28日针对全国未脱贫的7000多万贫困人口，中共中央国务院召开了中央扶贫工作会议，习近平总书记作重要讲话，指出"脱贫攻坚已经到了啃硬骨头、攻坚拔寨的冲刺阶段，必须以更大的决心、更明确的思路、更精准的举措、超常规的力度，众志成城实现脱贫攻坚目标，绝不能落下一个贫困地区、一个贫困群众"。提出"要坚持精准扶贫、精准脱贫，重在提高脱贫攻坚成

[①] 习近平：《决胜全面建成小康社会 夺取新时代中国特色社会主义伟大胜利》，人民出版社2017年版，第10—11页。

效",实施"五个一批工程"(一是发展生产脱贫一批,引导和支持所有有劳动能力的人依靠自己的双手开创美好明天,立足当地资源,实现就地脱贫。二是易地搬迁脱贫一批,贫困人口很难实现就地脱贫的要实施易地搬迁,按规划、分年度、有计划组织实施,确保搬得出、稳得住、能致富。三是生态补偿脱贫一批,加大贫困地区生态保护修复力度,增加重点生态功能区转移支付,扩大政策实施范围,让有劳动能力的贫困人口就地转成护林员等生态保护人员。四是发展教育脱贫一批,治贫先治愚,扶贫先扶智,国家教育经费要继续向贫困地区倾斜、向基础教育倾斜、向职业教育倾斜,帮助贫困地区改善办学条件,对农村贫困家庭幼儿特别是留守儿童给予特殊关爱。五是社会保障兜底一批,对贫困人口中完全或部分丧失劳动能力的人,由社会保障来兜底,统筹协调农村扶贫标准和农村低保标准,加大其他形式的社会救助力度)①。2016年春节前夕,习近平到江西看望慰问广大干部群众,再次强调:②"我们党是全心全意为人民服务的党,将继续大力支持老区发展,让乡亲们日子越过越好。在扶贫的路上,不能落下一个贫困家庭,丢下一个贫困群众。"2017年10月18日,在中国共产党第十九次全国代表大会上,习近平在《决胜全面建成小康社会夺取新时代中国特色社会主义伟大胜利》中又明确指出"坚决打赢脱贫攻坚战。让贫困人口和贫困地区同全国一道进入全面小康社会是我们党的庄严承诺。要动员全党全国全社会力量,坚持精准扶贫、精准脱贫,坚持中央统筹省负总责市县抓落实的工作机制,强化党政一把手负总责的责任制,坚持大扶贫格局,注重扶贫同扶志、扶智相结合,深入实施东西部扶贫协作,重点攻克深度贫困地区脱贫任务,确保到二〇二〇年我国现行标准下农村贫困人口实现脱贫,贫困县全部摘帽,解决区域性整体贫困,做

---

① 习近平:《在中央扶贫工作会议上的讲话》(2015),http://www.pincai.com/article/662463.htm。
② 习近平:《一个都不能少的小康社会》,《全国两会地方谈》(2016),http://www.china.com.cn/lianghui/news/2016-03/03/content_37929240.htm。

到脱真贫、真脱贫"①。可见，正是中国共产党根植于人民，对人民的无限忠诚，成就了中国共产党及领导的事业能够取得一个又一个辉煌的成就。

第四，标志着实现"中华民族的伟大复兴"具有强大的政治制度和组织保障。"领导我们事业的核心力量是中国共产党。指导我们思想的理论基础是马克思列宁主义。"——《中华人民共和国第一届全国人民代表大会第一次会议开幕词》（1954年9月16日《人民日报》）。习近平总书记在中国共产党第十九次全国代表大会中指出"伟大斗争、伟大工程、伟大事业、伟大梦想。其中起决定作用的是党的建设新的伟大工程"②。关于新时期中国共产党的组织建设，习近平总书记指出"新时代党的建设总要求是：坚持和加强党的全面领导，坚持党要管党、全面从严治党，以加强党的长期执政能力建设、先进性和纯洁性建设为主线，以党的政治建设为统领，以坚定理想信念宗旨为根基，以调动全党积极性、主动性、创造性为着力点，全面推进党的政治建设、思想建设、组织建设、作风建设、纪律建设，把制度建设贯穿其中，深入推进反腐败斗争，不断提高党的建设质量，把党建设成为始终走在时代前列、人民衷心拥护、勇于自我革命、经得起各种风浪考验、朝气蓬勃的马克思主义执政党"③。中国共产党能做到"与时俱进"确保执政党自身"青春活力"的根本法宝在于始终以"从严治党"的标准来加强自身建设。在组织保障方面，习近平总书记报告中强调"党是领导一切的。必须增强政治意识、大局意识、核心意识、看齐意识，自觉维护党中央权威和集中统一领导，自觉在思想上政治上行动上同党中央保持高度一致，完善坚持党的领导的体制机制，坚持稳中求进工作总基调，统筹推进'五位一体'总体布局，协调推进'四个全面'战略布

---

① 习近平：《决胜全面建成小康社会　夺取新时代中国特色社会主义伟大胜利》，人民出版社2017年版，第47—48页。
② 习近平：《决胜全面建成小康社会夺取新时代中国特色社会主义伟大胜利》，人民出版社2017年版，第17页。
③ 同上书，第61—62页。

局,提高党把方向、谋大局、定政策、促改革的能力和定力,确保党始终总揽全局、协调各方"①。由此,我们可以看出,强有力的组织保障措施,确保了中国共产党能够有效带领全国人民克服前进道路上的一切困难,向着既定的目标方向奋勇前进。

根据上述的分析和对习近平总书记在中国共产党第十九次全国代表大会报告的学习理解,结合本研究的内容笔者得出以下三点认识。

第一,政治制度的优势得以彰显。从"四个现代化"到"小康"再到"全面建成小康"和最终实现伟大的中国梦。中国人民在中国共产党的领导下,一路走来,彰显出在马克思主义的思想理论指导下,并结合中国半封建、半殖民地的现实情况,选择社会主义道路,并创新地提出了具有中国特色的社会主义道路,不仅在实践中,而且在理论上丰富和发展了马克思社会主义理论,赋予了社会主义建设事业新的生命力。实践证明,以中国共产党执政为核心、全国人民代表大会和多党政治协商为构架的政治制度,充分地体现了中国历史的选择和必然,也是中国半封建、半殖民地社会的经济发展水平决定的。这种"民主集中"的政治体制,能有效在思想上和组织上保证执政党的各项方针政策得以有效贯彻执行,实现一个又一个的伟大发展战略目标。又由于中国共产党本身就根植于人民,服务于人民,是人民的先锋队,因此,思想、目标、方针和路线都来自人民,这就确保了中国共产党执政的合法性和必然性,从而形成了社会主义事业建设各项目标得以有效实现的政治保障。

第二,"小康社会"的目标指向就是根除贫困。"小康社会"是经济发展取得成效后在社会层面的综合反映指标。市场化国家的实践表明市场经济规律的一个必然结果是"优胜劣汰"。据此,加上长期的殖民掠夺完成了原始积累,依据科学技术的进步,成就了市场化国家今天的文明,即使

---

① 习近平:《决胜全面建成小康社会夺取新时代中国特色社会主义伟大胜利》,人民出版社2017年版,第20—21页。

如此，也没有任何一个市场国家宣称其社会制度是尽善尽美的，就连经济总量目前居世界第一的美国，至今仍有3000多万的贫困人口没有医疗保障。但中国的"小康"建设道路遵循市场规律，实现"先富带后富，最终共同富裕"，通过政府实施的积极就业政策和扶贫政策，辅以多种贫困治理措施，向世人庄重地承诺"在扶贫的路上，不能落下一个贫困家庭，丢下一个贫困群众"。可以看出中国的小康社会，不是某一个政党、某一个利益团体或阶层的小康社会，是全体人民大众的"小康社会"。经济发展在增强国力的同时，实现"更高质量的充分就业"，反贫困的制度安排和治理机制其根本是为了实现社会的公平和正义。

第三，"小康社会"的实现是对基本人权的最佳诠释。套用西方的一句人权理论即"天赋人权，生而平等"，这里不去探究"人权"究竟是不是由"天"赋予的，但人最基本的权利——生命权或生存权，却是不争的事实和常识。那种脱离这一基本的认识而奢谈人权的做法，不是别有用心，就是虚伪的表现。唯有在解决了人的生命或生存权的基础上，才有可能去谈论人权、发展人权。套用一句俗话"饭都吃不饱，或生存都成问题，哪来的人权"。亦如"但是从贫困绝望中产生的引诱，以及伴随而来的正义感的丧失，对于道德观念的影响往往会毁其一生"[①]，因此，中国社会主义事业建设中的人权建设目标的第一步就是解决基本的人权——"温饱"。换句话说，中国特色社会主义事业的人权建设，起步于基本的人权亦即人的生存权。因为，迄今为止世界上没有哪个政党、哪个国家或国际组织，将反贫困作为一项事业，并以国家为主体，自上而下动员全社会可以动员的力量，共同构建起针对贫困的反贫困治理体系和运行机制，并取得举世瞩目的成就，并对人类反贫困事业做出应有的贡献，同时，也是对发展中国家人权事业的建设和发展，在思想理论和实践上贡献了中国智慧。

---

① ［英］马尔萨斯：《人口原理》，丁伟译，敦煌文艺出版社2007年版，第339页。

第二节　贫困与社会失业保险基于贵州的实践分析

中国的反贫困事业起步于 20 世纪 80 年代中期，经历了从"输血与造血"到"八七扶贫"攻坚计划，再到"西部大开发"，以及进入 21 世纪的"国定贫困县"再到"集中连片特困地区"和目前的"精准扶贫"，可以说是伴随经济改革开放的深入、深化发展而不断持续发力，使得反贫困进入了"极度贫困"和"深度贫困"的攻坚克难的决胜阶段。据统计 2012 年年底到 2016 年年底，全国贫困人口由 9899 万减少到 4335 万，年均减少 1391 万，农村贫困发生率由 10.2% 下降至 4.5%，脱贫攻坚取得显著成就。同时社会保障体系自身建设和完善，使得其反贫困的兜底作用越发突出，从而遏制贫困的安全网也越织越密。到 2017 年 10 月，全国已经有 9 亿多人被养老保险制度覆盖，13.5 亿人享有医疗保险，失业保险参保人数为 18089 万，参保率为 23.3%，有 230 万人领取失业保险金。与社会养老和医疗保险 95% 以上的参保率相比，社会失业保险的保障功能还有待进一步发展。基于贵州省是全国贫困面最大、贫困深度最深、贫困发生率最高等特征，以及数据资料的可得性，下面以此为对象，展开分析研究。

一　贵州省城镇贫困与失业现状

贵州省作为我国的欠发达省份，其城镇贫困的规模和程度比较严重，据《2015 年贵州省国民经济和社会发展统计公报》，截至 2015 年年底，全省享受城市居民最低生活保障人数 40.28 万人，占贵州省城镇人口总数的 2.7%。在城市低保对象中，失业者所占的比例最高，登记失业人数所占比例为 11.73%，未登记失业人数所占比例为 25.90%，两项合计共占 37.63%。若加上老年人和在校学生两类无业人员所占的比例，则所占比例高达70.97%。可见，失业型贫困群体已经构成了城镇贫困阶层的主体，这是城镇贫困特有的贫困现象。

（一）贵州省城镇贫困现状

1. 城镇贫困人口的规模及构成情况

城镇贫困人口的规模：一般而言，被纳入城镇居民最低生活保障范围的人口被认为是城市贫困者。据《2015年贵州省国民经济和社会发展统计公报》数据，截至2015年年底，贵州省的城镇居民总数为1482.74万人，最低生活保障人数为40.28万人，占全省城镇居民总数的2.70%。2010—2015年贵州省城镇贫困状况如表7-1所示。

表7-1　　　　　贵州省城镇贫困状况（2010—2015）

	2010	2011	2012	2013	2014	2015
城镇低保人数（人）	539805	543443	530247	513277	476300	402800
城镇人口（万人）	1176.25	1212.76	1268.52	1324.89	1403.57	1482.74
贫困发生率（%）	4.59	4.48	4.18	3.87	3.39	2.70

数据来源：根据各年《贵州省国民经济和社会发展公报》整理

2010—2015年，贵州省的城镇人口数量逐年增加，由2010年的1176.25万增加到1482.74万。虽然城镇人口规模扩大，但城镇低保的人数逐年递减。从2010年城镇最低生活保障人数为53.98万减少到2015年的40.28万。2010—2015年，贫困发生率也从4.59%下降到2.70%，减贫效果显著。贵州省城镇反贫困效果显著的主要原因有以下两点：一是国家和地方政府在社会保障方面的财政投入力度加大；二是经济增长对劳动力的需求增加，部分低保人员收入增加，脱离贫困。但是，截至2015年年末，贵州省城镇低保的人数仍有40.28万，这是一个不低的贫困人数，反城镇贫困工作任重道远。

城镇贫困人口的构成情况：一般情况下，我们将享受城镇最低生活保障的群体视为城镇贫困人口。国家统计局将城镇贫困人口按两种标准划分：一类，按人员性质分为女性、三无人员、残疾人三类；二类，按年龄分类分为成年人、老年人、未成年人；其中成年人包括在职人员、灵活就业人员、登记失业人员、未登记失业人员，未成年人包括在校生和其他。据《中国民政统计年鉴2015》，2014年年末，贵州省城镇最低生活保障人群构成情况如表7-2所示。

表7-2　贵州省城镇最低生活保障人群构成情况（2014）

	人数（人）	比例（%）
城镇居民最低生活保障人数	476165	
其中：在职人员	5818	1.22
灵活就业	102009	21.42
登记失业	56492	11.86
未登记失业	127310	26.73
老年人	74487	15.64
在校生	82282	17.28
其他	27767	5.83
其中：女性	181363	38.08
残疾人	28879	6.06
三无人员	15027	3.15

数据来源：根据《中国民政统计年鉴2015》整理

由表7-2可知，在城市低保对象中，失业者所占的比例最高，登记失业人数和未登记失业人数两项合计共占38.59%，若加上老年人和在校学生两类无业人员所占的比例，则所占比例高达71.51%。大量人群失去工作或是未能就业，失去生活来源，因而陷入贫困。显然，失业是造成贵州省城镇贫困的重要原因。

2. 城镇贫困人口生活状况

近几年来，贵州省城市居民的生活状况逐渐好转，收入也呈现出快速增长的趋势，但城镇中有部分人口仍未脱离贫困。从城镇贫困群体的收入水平看，尽管10%的最低收入户的收入一直增加，2011—2014年，年可支配收入由3979.15元增加到5949.96元，增长了49.52%，但是与全省人均值的比例一直保持在30%左右，并没有多大变化（见表7-3）。由此可见，尽管收入在增加，但是最贫困收入户的相对贫困程度并没有得到缓解，相对贫困仍然严重。

表7-3　贵州省城镇居民家庭人均全年可支配收入情况（2011—2014）

年份	10%最低收入户（元）	年增长率（%）	全省人均值（元）	年增长率（%）	10%最低收入户/全省人均值（%）
2011	3979.15		12863		30.93
2012	4244.01	6.65	14143	9.05	30.01
2013	4824.55	13.68	16495	14.26	29.25
2014	5949.96	23.33	18700	13.37	31.82

注：城镇贫困人口的消费水平：根据《贵州统计年鉴2015》的数据，将2014年贵州省10%的最低收入户的消费水平与城镇居民的平均消费水平做了比较，表中共计算了28个项目的比例

表7-4　贵州省城镇困难户消费水平与城镇居民平均消费水平比例

项目	比例	项目	比例
粮食（千克）	0.86	糖类（元）	0.69
食用植物油（千克）	0.76	烟草类（元）	0.53
猪肉（千克）	0.77	白酒（千克）	0.56
牛肉（千克）	0.62	鲜果（千克）	0.63
鸡（千克）	0.56	糕点（千克）	0.55
鸭（千克）	0.64	鲜乳品（千克）	0.49
鲜蛋（千克）	0.56	摩托车（辆）	1.53
鱼（千克）	0.62	家用汽车（辆）	0.33
鲜菜（千克）	0.74	洗衣机（台）	0.99
电冰箱（台）	0.95	组合音响（套）	0.69
彩色电视机（台）	0.98	照相机（架）	0.30
家用电脑（台）	0.64	微波炉（台）	0.61
空调器（台）	0.49	淋浴热水器（台）	0.74
固定电话（部）	0.67	移动电话（部）	0.99

由表7-4可见，城镇贫困户的食品结构比较单一，主要消费鲜菜和猪肉，但都低于平均消费水平。可以看出，贫困者的食物消费不足，易造成营养不良。另外，在耐用消费品方面，贫困户拥有的家用汽车、空调器、照相机的数量都不足平均水平数量的一半，主要使用彩色电视机、移动电话等消费品。

(二) 贵州省城镇失业现状

1. 城镇登记失业人数和登记失业率

城镇登记失业人数和登记失业率是衡量城镇失业状况的重要指标。2010年以来,全国以及贵州省的城镇登记失业人数逐年上升,然而城镇登记失业率分别徘徊在4.05%和3.26%左右。出现这种现象可能是因为经济复苏,新增就业岗位增加。然而,根据政府部门的统计数据所能反映的贵州省的失业状况是比较有限的。据《贵州省就业失业登记管理办法》第十条规定:在城镇常住地稳定就业满6个月的农村进城务工人员和其他非本省户籍人员失业后,在城镇常住地办理。由于户籍制度的限制以及个人不愿登记的情况,该组数据并不能完全反映城镇失业的情况。

表7-5 全国与贵州省城镇失业情况比较(2010—2015)

年份	城镇登记失业人口(万人)		城镇登记失业率(%)	
	全国	贵州	全国	贵州
2010	908	12.18	4.04	3.63
2011	922	12.51	4.05	3.63
2012	917	12.56	4.06	3.29
2013	926	13.66	4.05	3.26
2014	952	14.09	4.09	3.27
2015	966	14.49	4.05	3.29

数据来源:根据各年《国民和社会经济发展统计公报》整理

2. 城镇失业群体的构成情况

目前,贵州省城镇失业群体主要是由城镇新增劳动力、城镇下岗失业人员和高校毕业生三部分群体构成。其中,城镇下岗职工是城镇失业人员的主要部分。据统计，2015年贵州省城镇新增下岗职工已达到11.07万人，占城镇劳动力人口总数的24.6%。在市场经济体制下，优胜劣汰，大量职工下岗加剧了城市的就业压力。由于大学扩招以及劳动力市场的需求变化，高校毕业生的就业形势严峻。据贵州省人力资源和社会保障厅《2015年第四季度城市公共就业服务机构市场供求状况分析》报告显示，第四季度用人单位通过职业介绍机构提供的就业岗位有4787896个，而通过职业介绍机构求职的人数为4733299人，依然是劳动力供给大于需求。

第三节 失业保险的反贫困功能

失业保险制度是对非因本人意愿暂时中断就业失去劳动收入的人员提供收入和再就业服务的一种社会保险制度。它由国家立法强制实施，从就业人员的工作年份中拨出一部分收入，缴纳失业保险费即为失业保险金。投保人在投保期满一年之后，如因失业中断收入来源，即可按照失业保险制度的规定，领取失业保险津贴，使得失业期间的基本生活得到保障。同时，失业保险具有促进就业的功能。可以说，失业保险制度从保障失业人员的基本生活、促进失业人员再就业和预防失业三个方面来增加失业贫困人员的收入，从而减少贫困。

一 收入保障功能

失业保险制度的收入保障功能是指失业保障制度保障失业人员基本生活的功能，它是失业保险制度最基本的功能。保障失业人员基本生活的功能主要体现在以下三个方面：发放失业保险金，提供医疗补助，提供丧葬补助和抚恤金。

第一，失业保险金的发放标准：《失业保险条例》（以下简称《条例》）规定，失业人员领取失业保险金的标准介于当地城市居民的最低工资标准与最低生活保障标准之间。根据《贵州省失业保险办法》（省人民政府令第49号）以及《关于调整2015年贵州省最低工资标准的通知》（黔人社厅发〔2015〕23号）文件，贵州省目前的失业保险金标准统一为1120元/人·月。

失业保险金的发放期限：《条例》第十七条规定，失业人员失业前累计缴纳失业保险费的时间为1年以上不足5年的，领取失业保险金的最长期限为12个月；5至10年的，领取失业保险金的最长期限为18个月；累计缴费时间超过10年的，领取失业保险金的最长期限为24个月。重新就业后再次失业的，领取失业保险金的期限合并计算最长期限为24个月。贵州省根据相关政策规定：累计缴费时间满1年不足2年的，领取期限为3个月；时间满2年不足3年的，领取期限为6个月；时间满3年不满4年的，领取期限为9个月；时间满4年不足5年的，领取期限为12个月；时间满5年不足6年的，领取期限为14个月；时间满6年的，领取期限为15个月；以后每增加1年，领取期限增加1个月，最长不超过24个月。重新就业后，再次失业的，领取失业保险金的期限合并计算最长期限为24个月。

第二，提供医疗补助。根据《贵州省失业保险实施办法》，贵州省的医疗补助金标准为本地最低工资标准的5%。目前，贵州省的最低工资为1600元/人·月，可计算出贵州省的医疗补助为80元，并按月随失业保险金一起发放。失业人员在失业期间住院，可向社会保险经办机构申请报销医疗费，一般疾病的医疗报销比例为35%，重症疾病的报销比例为50%，失业人员领取失业保险金期间，无论住院几次，其累计报销金额最高不超过失业保险金总额的1.5倍。这里的重症疾病主要包括爆发性肝炎、心肌梗死、恶性肿瘤、瘫痪、一次诊治费用超过2万元等12种情况的疾病。如果失业人员在失业前已经参加了基本医疗保险，失业期间仍参保续费的，不再享受失业医疗诊治费的报销。

第三，提供丧葬补助和抚恤金。根据《贵州省失业保险实施办法》，在领取失业保险金期间，失业人员死亡的，其家属可以向社会保险经办机构申请一次性领取丧葬补助金和抚恤金。目前，贵州省丧葬补助金的标准为 1500 元。供养的配偶、直系亲属抚恤金标准为：供养 1 人的，为 2100 元；供养 2 人的，为 3150 元；供养 3 人的，为 4200 元。

二 促进就业功能

失业保险制度的促进就业功能是指以促进失业人员实现再就业为目的，为失业人员提供职业培训和职业介绍等再就业培训服务，从而促进失业人员再就业的功能。促进就业功能主要体现在以下两方面：提供职业培训和职业介绍。

第一，提供职业培训。职业培训机构免费为在领取失业保险金期间的失业人员提供一次免费培训。

第二，提供职业介绍。职业介绍机构免费为符合领取失业保险金条件的失业人员办理《贵州省失业人员失业证》，并对在领取失业保险金期间的失业人员免费提供求职登记、职业指导、就业咨询和中介服务。

三 预防失业功能

失业保险制度的预防失业功能主要体现在对在调整产业结构的过程中，对不裁员、少裁员的企业，由失业保险基金给予稳岗补贴，从而减少失业。2008 年，为了应对金融危机，中央出台了一系列增加就业预防失业的措施，援企稳岗政策是其核心部分。通过"五缓四减三补贴"等措施，有效减轻了企业负担。2015 年 6 月，贵州省下发了《关于失业保险支持企业稳定岗位有关问题的通知》［以下简称《通知》（黔人社厅〔2015〕12 号）。《通知》明确，由失业保险基金给予的稳岗补贴主要用于职工生活补助、缴纳社会保险费、转岗培训和技能提升培训等相关支出。稳岗补贴来自失业保险金的累计结余，并按企业及职工上年失业保险缴费额的20%—30%的比例拨付。为企业提供稳岗补贴，其目的在于支持企业开展职工培训，稳定就业岗位，从而减少失业。

第四节　失业贫困问题的解决对策

贵州省失业保险制度的建设基本与全国的建设步伐同步，然而贵州省失业保险制度的不完善，在一定程度上削弱了其遏制贫困的作用。

一　现行失业保险制度存在的问题及原因分析

现行失业保险制度存在以下三个问题。

第一，失业保险的覆盖面窄。《贵州省失业保险办法》（以下简称《办法》）第二条规定，按照条例要求缴纳失业保险费的本省行政区域内的城镇企事业单位的失业人员，享受失业保险待遇。同时指出，这里的城镇企业，是指国有企业、城镇集体企业、外商投资企业、港澳台投资企业、城镇私营企业以及其他企业。然而，在实际的操作过程中，贵州省享受失业保险待遇的主要是国有企业、集体企业以及大中型的外资企业，小型企业和私营企业的职工参保率较低，部分农民工和个体户几乎没有参加失业保险的意识。2015年，贵州省参加失业保险的非公有制经济组织成员仅为24.31万人，占非公有制职工人数的7.12%，这种状况反映了贵州省失业保险制度的覆盖面窄。2014年和2015年，贵州省城镇登记失业人数分别为14.09万和14.49万，领取失业保险金人数分别为1.54万和1.56万，领取失业保险金的人数只占失业人数的10.92%和10.76%。而这两年参加失业保险的人数分别为191.86万人和205.31万人，说明参加失业保险的主要集中在正规就业领域，非正规就业领域的人员基本没有参保。

第二，失业保险的促进再就业功能没有得到充分发挥。《办法》中第十条规定，领取失业保险金期间的失业人员享有免费参加职业培训和获得职业介绍的机会。2013—2015年，贵州省用于职业培训和职业介绍的总金额为2943.25万元，只占失业保险基金总支出的3.08%。三年中，贵州省培训人数逐年减少，由2013年的16908人减少到2015年的9939人，减少了38%。除此之外，这三年中，贵州省的失业保险金中的结存额逐年增加，2015年为1310亿元。由于失业保险基金的严格管理使用，即只能用于失业保险金的发放、失业期间的医疗救助费、职业介绍、职业培训和支持企业的稳岗补贴，从而限制了失业保险基金用于促进就业和预防失业的用途。

第三，失业保险费征缴困难。《关于调整失业保险费率的有关问题的通知》（黔人社厅发〔2015〕15号）规定，2015年3月开始，单位缴纳失业保险费的比例为1.5%，个人缴纳失业保险费的比例为0.5%。企业是缴纳失业保险费的主体，失业保险的征缴能否顺利进行与企业对缴纳失业保险的认识有关。效益好的单位，发生失业的概率小，因此，不愿意缴纳失业保险费。效益差的企业缺乏资金，因此，在缴纳失业保险费方面，能拖就拖，能欠就欠。由于失业保险互济性的特点，效益好的企业认为不存在失业，缴纳失业保险费是在为效益差的企业做贡献，因而，不愿意缴纳失业保险费，谎报单位的职工人数和职工工资，甚至拒绝缴纳失业保险费。

针对上述存在的问题我们认为主要是基于如下四个原因。

第一，思想观念尚未改变。在计划经济体制下由于受"左"的思想影响，加上"一大二公"的平均主义运行机制，对处于无业状态下劳动者不仅从"阶级"划分上给予政治上歧视，导致了逐步在社会上形成了对失业者的较为根深蒂固的"社会排斥"性思维和人格上的不平等待遇。殊不知，在市场经济运行体制下，不论属于哪一种类型，都是一种常态，只不过导致的原因因经济运行的不同情况而有所不同而已。因此，尽管我国社会主义市场经济运行体制已经建立和健全完善，但受传统计划经济思维惯性的影响，即使失业了也不愿意去失业部门登记，这种惯性思维一定程度还在代际传播，即"啃老族"的存在，便是佐证。

第二，各项改革制度衔接配合还有待于深化，由于我国经济体制改革是一个逐步渐进的深化过程，社会制度的构建也依次以"搭积木"方式构建，因此，在企业税收负担和社会保险费负担之间，没有进行相应的横向衔接测算，一定程度增加了企业的税费负担。另一方面，由于微观经济改革首先从原国有企业开始，逐步建立适应市场经济体制而构建现代企业制度，为了促进就业和地方经济发展，对公有经济成分之外的经济主体，没有相应的法律法规强迫非公参与失业保险制度。这两个方面的原因直接影响了失业保险的参保率偏低。

第三，各种劳动待遇和保障标准之间缺乏差异缺乏科学衔接。社会失业保险待遇与劳动法中的最低工资标准、城乡最低生活保障制度标准，以及社会平均工资水平之间的关系没有一个明确的等级差异，加上社会自然形成的不规范收入预期和劳动关系，使得普遍认为做点小生意，也比领取失业保险金强，劳动者从而不愿意参加失业保险。

第四，尽管我国社会主义市场经济已经定型，但各项制度和政策，以及相应的法律法规之间还缺乏有效的衔接和调整，也就是还必须有一个"磨合适应"期，这就使得劳动力动态及其监管，难以准确把握，甚至做到监管。尤其是当发生一些重大应对政策措施时，如何应对，如根据国内国际经济形势的发展，通常国家会采取一些重大财政政策、金融政策和就业政策举措来确保经济发展和充分就业等。

二 基于完善失业保险制度的反贫困对策

为完善失业保险制度，笔者提出以下五项反贫困对策。

第一，扩大失业保险的覆盖面。只要有工作就有失业的可能，因此失业保险应覆盖所有劳动者。《宪法》第十一条指出，"国家保护个体经济、私营经济等非公有制经济的合法权利和利益。国家鼓励、支持和引导非公有制经济的发展，并对非公有制经济依法实行监督和管理"。目前，贵州省的非公有制企业参加失业保险存在困难，为此，贵州省可在以下两方面做出改进。一是出台鼓励和强制非公有制企业参加失业保险的政策。如上海市出台了《关于进一步抓好非公有制组织扩面参保工作的通知》，对参保的非公有制企业在税收上给予一定优惠。二是对非公有制企业参加失业保险进行有效监督。有关部门对应参保而未参保的企业进行清理和整顿。除此之外，及时将农民工、农村富余劳动力和刚毕业未找到工作的大学生等失业人员纳入失业保险的范围之内。

第二，改革失业保险的制度设计，增强失业保险促进再就业功能。改革失业保险的制度设计可从以下三个方面着手。其一，调整失业保险的给付期，实行差别保险金数额制，缩短领取失业保险金的时间，尽快实现再就业。例如法国政府规定，前四个月失业者领取的失业保险金为日基准工资的57.4%，之后每4个月按一定比例下调。其二，增加失业保险中领取失业保险金的义务，增强失业者的再就业意识。如规定失业者在领取失业保险金之前需要到指定机构提供失业期间找工作的证明材料，如招聘单位及联系方式，应聘职位及被拒绝的理由。其三，适当调整失业保险金的支出结构，更加倾向于促进就业方面的支出。为优化失业保险金的支出结构，可以增加如下四个项目。一是职业资格证书补贴制度，可根据获取职业证书的难易程度，对失业者进行不同程度的补贴，包括按一定比例报销失业者在学习期间的报名费、培训费等。二是对招聘失业人员的企业给予必要的经济补贴。如从失业保险金中拨付部分资金，对创造规定就业岗位的企业给予经济性奖励。三是对提前就业的失业人员延长领取失业保险金的时间。四是对有创业规划的失业者，一次性给予创业补贴。

第三，建立有效机制，保障失业保险基金的征缴。其一，对企业缴纳失业保险费实行差别费率制。目前，贵州省对企业缴纳失业保险费实行的是固定费率制，即在不考虑企业的效益，城镇企事业单位都要按照本单位工资总额的 1.5% 缴纳失业保险费，这样导致一些企业产生抵触。差别费率制的做法：一是考虑到不同企业的失业风险不同；二是不同行业的企业的失业风险不同。美国的差别税率非常典型，其差别税率在 5.4%—10.5%。这种做法不仅可以制约企业解雇员工，而且可以提高企业缴纳失业保险费的积极性。其二，加强失业保险的立法层次。国务院颁布的《失业保险条例》及地方政府制定的《失业保险办法》是目前我国权威的行政性规定，但我国的失业保险法还未出台，制度缺乏强制性和权威性。若《失业保险法》制定，不仅可以使失业保险更加规范化、制度化，而且可以增加失业保险基金的数额。

第四，伴随科学技术的发展，大数据时代的到来和广泛应用，利用精算技术，一方面从纵向科学构建税费关系及对未来国内国际经济形势的预测，建立相应的动态调整机制，以适应经济形势的发展；另一方面，在各项劳动及劳动保护和社会保障制度之间，以最低生活保障为底线，在最低工资、失业保险金、平均工资水平和贫困线之间构建相应的等级差别和联动机制，共同构建牢固的劳动社会保障安全网。

第五，加强法制建设，深化机构改革。我国第一部《社会保险法》于2011年7月1日正式颁布实施，但由于经济社会的飞跃发展，许多条款已经难以适应"全面建成小康社会"的需要，应根据中国共产党第十九次全国代表大会所确立的新时代及其发展战略，进行必要修订，使得各项制度规定运行在法律规范的轨道上。在深化机构改革方面，鉴于养老保险与失业保险，以及就业方面的紧密联系，应建立统一的管理机构，依托大数据在统一数据平台上进行有效运行。不仅能有效提高管理机构的效率，做到机构精简的同时，可以规避部门分割之间所导致的政策"漏损"，更为重要的是能够科学把握和预判养老、失业和就业的动态，使得各项政策措施能有效衔接，高效运行。

后　　记

那是在2008年夏天，在时任贵州财经大学陈厚义校长办公室，谈及公共管理学科建设发展和本人的科研时，陈校长指出两点：一是要有特色，尤其是贵州的反贫困；二是要有标志性成果。当时我就给校长承诺，结合我国社会保障制度的建设，用十年时间完成"基本养老制度建设与反贫困研究""基本医疗保险制度建设与反贫困研究"和"失业保险制度建设与反贫困研究"三大研究课题。在完成了"基本养老保险制度建设与反贫困"研究，书稿交由中国社会科学出版社郭晓鸿编辑后，得到了郭晓鸿编辑的鼓励和支持，2012年12月由中国社会科学出版社出版了拙著《基本养老保险制度建设与老年贫困研究》。2014年12月，作为贵州省哲学社会科学立项资助的课题成果《基本医疗保险制度的改革与反贫困研究》一书由中国社会科学出版社出版。在这一进程中，因将"失业保险与反贫困的研究"作为指导劳动经济学研究生的研究领域和选题，才有了《贫困治理中的就业与失业社会保险深化改革研究》的基本构架和研究基础；另一方面，2013年我承担的"社会保险经办机构'三分离'改革研究"获国家社科基金一般项目立项。2014年年底，贵州财经大学机构改革成立了新的公共管理学院，本人担任院长，2015年9月本人负责的公共管理学科被贵州省批准为省级特色重点学科，并在2007年1月被批准为贵州省区域内一流学科予以建设，在其本人担任院长，中整个行政管理工作的中心都在围绕2016年11月接受教育部本科教育审核性评估，这些都一定程度分散了

· 391 ·

研究的专注力，尤其伴随年龄的增长，我的精力和能力都在逐步衰退，更加困难的是不时会有病痛的发生，因此，时常表现出心有余而力不足和无奈。这些因素使得该研究成果的最终形成一推再推。即使如此，也没有动摇我当初的承诺，所以在该研究体系完成之时，本人也接近退休年龄，在此必须特别感谢一直以来关心、支持、信任和理解我在学术研究方面社会科学出版社的郭晓鸿编辑和各位亲朋好友，还有我那些已经毕业或是在读的研究生。请你们对我的严格要求给予宽容和理解，对你们指导得不够给予谅解。

王飞跃

2017 年 12 月

贵阳花溪碧桂园